D1750370

Die Ganztagsschule

STUDIEN ZUR PÄDAGOGIK DER SCHULE
Herausgegeben von Stephanie Hellekamps, Wilfried Plöger
und Wilhelm Wittenbruch
Mitbegründet von Rudolf Biermann

BAND 37

Zu Qualitätssicherung und Peer Review
der vorliegenden Publikation

Die Qualität der in dieser Reihe
erscheinenden Arbeiten wird vor der
Publikation durch die Herausgeber der Reihe
geprüft.

Notes on the quality assurance and peer
review of this publication

Prior to publication, the quality of the
work published in this series is
reviewed by the editors of the series.

Matthias Morten Schöpa

Die Ganztagsschule

Entwicklungsstand, Nutzungspräferenzen
und Perspektiven in Mecklenburg-Vorpommern

Bibliografische Information der Deutschen Nationalbibliothek
Die Deutsche Nationalbibliothek verzeichnet diese Publikation
in der Deutschen Nationalbibliografie; detaillierte bibliografische
Daten sind im Internet über http://dnb.d-nb.de abrufbar.

Zugl.: Greifswald, Univ., Diss., 2012

Gedruckt auf alterungsbeständigem,
säurefreiem Papier.

9
ISSN 0721-4189
ISBN 978-3-631-64896-4 (Print)
E-ISBN 978-3-653-03944-3 (E-Book)
DOI 10.3726/978-3-653-03944-3

© Peter Lang GmbH
Internationaler Verlag der Wissenschaften
Frankfurt am Main 2014
Alle Rechte vorbehalten.
Peter Lang Edition ist ein Imprint der Peter Lang GmbH.

Peter Lang – Frankfurt am Main · Bern · Bruxelles ·
New York · Oxford · Warszawa · Wien

Das Werk einschließlich aller seiner Teile ist urheberrechtlich
geschützt. Jede Verwertung außerhalb der engen Grenzen des
Urheberrechtsgesetzes ist ohne Zustimmung des Verlages
unzulässig und strafbar. Das gilt insbesondere für
Vervielfältigungen, Übersetzungen, Mikroverfilmungen und die
Einspeicherung und Verarbeitung in elektronischen Systemen.

Dieses Buch erscheint in der Peter Lang Edition
und wurde vor Erscheinen peer reviewed.

www.peterlang.com

Inhaltsverzeichnis

1 Zum wissenschaftlichen Anliegen der Publikation 9
   1.1 Das deutsche Schulsystem in der Kritik 9
   1.2 Ziel der Publikation und Forschungsanliegen 17

2 Wissenschaftliches Vorgehen 27
   2.1 Forschungsdesign und forschungsmethodisches Vorgehen 27
   2.2 Wissenschaftstheoretischer Hintergrund 29
   2.3 Untersuchungspopulation 30
   2.4 Analyse- und Auswertungsprozess 34

3 Ganztagsschulentwicklung in der Bundesrepublik Deutschland 35
   3.1 Beschlüsse der KMK 2001 35
   3.2 Das Investitionsprogramm „Zukunft Bildung und Betreuung" 39
   3.3 Entwicklungsstand der Ganztagsschulen 44

4 Entwicklung der Ganztagsschule in Mecklenburg-Vorpommern 51
   4.1 Das Schulgesetz vom 13. Februar 2009 als gesetzliche
       Grundlage 51
   4.2 Maßnahmen des Ministeriums für Bildung, Wissenschaft
       und Kultur Mecklenburg-Vorpommern zur Entwicklung
       der Ganztagsschule 54
   4.3 Einflussfaktoren auf die Ganztagsschulentwicklung in
       Mecklenburg-Vorpommern 62
       4.3.1 Rahmenbedingungen zur allgemeinen Schulentwicklung 62
       4.3.2 Rahmenbedingungen zur Ganztagsschulentwicklung 70
   4.4 Zur Entwicklung der Ganztagsschule in Mecklenburg-
       Vorpommern aus statistischer Sicht 74

5 Empirische Untersuchungen zu Nutzungspräferenzen
von Schülern in der Ganztagsschule und Effekten
der Teilnahme 81
   5.1 Aussagen zur Schülerpopulation 81
       5.1.1 Gesamtpopulation nach soziodemografischen Merkmalen ... 81
       5.1.2 Gesamtpopulation nach schulbezogenen Merkmalen 88
       5.1.3 Beschreibung nach der Familienstruktur 96

- 5.1.4 Beschreibung nach dem Erwerbsstatus der Eltern 100
- 5.1.5 Beschreibung nach dem Leistungsstand 109
- 5.2 Aussagen zur Nutzung von Ganztagsangeboten im Zeitverlauf 117
  - 5.2.1 Entwicklung der Teilnahmequote 117
  - 5.2.2 Zeitlicher Nutzungsumfang 124
  - 5.2.3 Motive für die Teilnahme 133
  - 5.2.4 Darstellung der Angebotsstruktur 147
  - 5.2.5 Aussagen zu den Nutzungspräferenzen 149
- 5.3 Aussagen zu den sozialbezogenen, lernbezogenen und hedonistischen Effekten von Ganztagsangeboten 168
- 5.4 Aussagen zu den Betreuern und Lehrkräften der Ganztagsangebote 179
- 5.5 Aussagen zur Schülerorientierung von Ganztagsangeboten 184
- 5.6 Unterricht und Lehrer aus Sicht der Schüler 213
  - 5.6.1 Unterrichtsgestaltung 213
  - 5.6.2 Unterrichtsformen 217
  - 5.6.3 Einschätzung der Lehrer außerhalb des Unterrichts 225
- 5.7 Korrelationsanalysen 231
  - 5.7.1 Korrelationen mit der Anzahl der Teilnahmetage an Ganztagsangeboten 231
  - 5.7.2 Korrelationen zwischen den Einschätzungen der Betreuer bzw. Lehrer und den Effekten von Ganztagsangeboten 235
  - 5.7.3 Korrelationen zwischen den Einschätzungen der Effekte von Ganztagsangeboten 238
  - 5.7.4 Korrelationen zwischen den Einschätzungen der Betreuer bzw. Lehrer und den Subdimensionen 238
  - 5.7.5 Korrelationen zwischen den Einschätzungen der Subdimensionen 240
  - 5.7.6 Korrelationen zwischen den Einschätzungen der Effekte und der Subdimensionen von Ganztagsangeboten 242
  - 5.7.7 Korrelationen zur Zufriedenheit mit den Ganztagsangeboten 244
- 5.8 Wirkungen der Teilnahme an Ganztagsangeboten 246
  - 5.8.1 Zufriedenheit mit den Ganztagsangeboten 246
  - 5.8.2 Einstellung zur Schule 251
  - 5.8.3 Ganztagsangebote und ihre Chancen für die Schüler 257

Inhaltsverzeichnis

6 Zusammenfassung der Untersuchungsergebnisse und
  Schlussfolgerungen 265
  6.1 Zusammenfassende Betrachtung 265
  6.2 Schlussfolgerungen und Konsequenzen 281

Literaturverzeichnis 297

Internetverweise 303

Abbildungsverzeichnis 305

Tabellenverzeichnis 309

1. Zum wissenschaftlichen Anliegen der Publikation

1.1 Das deutsche Schulsystem in der Kritik

Die Ergebnisse internationaler Vergleichsstudien, insbesondere die der PISA[1]-, TIMSS[2]- und IGLU[3]-Studien, stellten Wissenschaftler und Schulpraktiker ebenso wie Politiker und Erziehungsberechtigte vor die Frage, inwieweit das bundesdeutsche Schulsystem adäquat auf die in der Bundesrepublik veränderten allgemeingesellschaftlichen und ökonomischen Rahmenbedingungen reagiert und diese angemessen in ihrer Entwicklung berücksichtigt hat. Dabei nehmen neben der demografischen Entwicklung, die einerseits durch eine zahlenmäßig abnehmende und andererseits durch eine zugleich alternde Gesellschaft gekennzeichnet ist, und den verschiedenen Formen des partnerschaftlichen Zusammenlebens auch der Strukturwandel zur Dienstleistungs- und Wissensgesellschaft, die zunehmende Internationalisierung sowie die finanzielle Situation der öffentlichen Haushalte wesentlichen Einfluss auf die Entwicklung des bundesdeutschen Bildungswesens (vgl. Autorengruppe Bildungsberichterstattung 2008, S. 15). Vor allem aber stellte sich die Frage, wie es bei den internationalen Vergleichsstudien zu einem solch – im Vergleich zu den anderen OECD-Staaten – schlechten Abschneiden Deutschlands kommen konnte.

Um Erklärungsansätze zu finden, wurden sowohl vergleichende Analysen auf internationaler Ebene, d. h. vorrangig zwischen Deutschland und den anderen OECD-Staaten, als auch auf nationaler Ebene, d. h. zwischen den jeweiligen Bundesländern, genutzt. Der Blick auf die Bildungssysteme der Staaten, die im internationalen Vergleich deutlich bessere Ergebnisse erreichen als Deutschland (vgl. PISA-Konsortium 2007, S. 81, 229, 259), macht deutlich, dass sich in den besten Bildungssystemen in den vergangenen Jahren Wandlungsprozesse und die Entwicklung neuer Steuerungsinstrumente vollzogen sowie Investitionen statt Kürzungen finanzieller Zuwendungen stattgefunden haben, die sich zielgerichtet und systematisch an der Schulentwicklung orientieren (vgl. Oelkers 2003, S. 9f.).

---

1 PISA = „Programme for International Student Assessment" (Programm zur internationalen Schüler-bewertung).
2 TIMSS = Third International Mathematics and Science Study.
3 IGLU = Internationale Grundschul-Lese-Untersuchung.

Diese Erkenntnisse haben einen maßgeblichen bildungspolitischen Einfluss auf die Schulentwicklung in der Bundesrepublik genommen[4] und lösten auf nationaler Ebene ein breites Interesse über die aktuelle Situation des deutschen Bildungswesens, „über seine Leistungsfähigkeit und seine wichtigsten Problemlagen, über Bildungsprozesse im Lebenslauf und über die Entwicklung des deutschen Bildungswesens im internationalen Vergleich" (Autorengruppe Bildungsberichterstattung 2008, S. 1) aus. Um diesem gesamtgesellschaftlichen Interesse Rechnung zu tragen, beschloss die Ständige Konferenz der Kultusminister in Deutschland (KMK) 2006 für den Schulbereich eine Gesamtstrategie zur Etablierung eines Bildungsmonitorings. Das Ziel eines solchen international anerkannten und verbreiteten Monitorings besteht darin, „kontinuierliche, datengestützte Informationen über Rahmenbedingungen, Verlaufsmerkmale, Ergebnisse und Erträge von Bildungsprozessen für [die] Bildungspolitik und [die] Öffentlichkeit bereitzustellen" (ebd.). Für die Erstellung eines solchen Monitorings wurden vier wesentliche Komponenten definiert, zu denen die Ergebnisse

- internationaler Schulleistungsuntersuchungen (PISA, TIMMS, IGLU),
- zentraler Überprüfungen zur Erreichung von Bildungsstandards und deren Vergleich auf Länderebene,
- von Vergleichsarbeiten in Verbindung mit den Bildungsstandards sowie
- einer gemeinsamen Bildungsberichterstattung in Form nationaler Bildungsberichte gehören (vgl. ebd., S. 1ff.).

Auf der Grundlage des Verwaltungsabkommens zwischen Bund und Ländern vom 21. Mai 2007 (siehe auch Artikel 91b, Abs. 2 GG) wurde der Auftrag zu einer aktuellen, umfassenden empirischen Bestandsaufnahme – dem zweiten nationalen Bildungsbericht – gegeben, der „das deutsche Bildungswesen als Ganzes abbildet

---

4   In der Regierungserklärung vom 13.06.2002 zum Thema „Bildung und Innovation" erklärte der Bundeskanzler Gerhard Schröder zu den Ergebnissen der PISA-Studie 2000: „Wir dürfen es uns nicht zu leicht machen und die durch die PISA-Studie zutage getretenen Probleme auf die Schwierigkeiten von Kindern mit Sprachdefiziten, etwa in Migrantenhaushalten, reduzieren. Diese Schwierigkeiten haben auch andere Länder, deren Schüler weit besser abgeschnitten haben. Natürlich ist es ein Alarmsignal, wenn die Hälfte der Kinder aus Zuwandererfamilien nur die Hauptschule schafft oder die Schule gar ohne jeden Abschluss verlässt. Hier darf die Bildungspolitik nicht wegsehen, sondern hier müssen wir gezielt fördern, aber die Betroffenen auch fordern."
(www.archiv.bundesregierung.de/bpaexport/regierungserklaerung/64/84264/multi.htm)

Zum wissenschaftlichen Anliegen der Publikation

und von der frühkindlichen Bildung, Betreuung und Erziehung bis zu den verschiedenen Formen der Weiterbildung im Erwachsenenalter reicht" (Autorengruppe Bildungsberichterstattung 2008, S. 1).

Zu den wichtigsten Erkenntnissen des zweiten nationalen Bildungsberichtes gehören – auf das Schulwesen bezogen – die Feststellungen, dass

- von 2001 nach 2006 ein Anstieg der Leistungen bei den 15-jährigen Schülern[5] in den Bereichen Mathematik und Naturwissenschaften, jedoch nicht hinsichtlich der Lesekompetenz zu verzeichnen ist,
- die Zahl der Schüler, die die Schule ohne Hauptschulabschluss verlässt, unverändert hoch ist (2006: ca. 76.000),
- zwar der Anteil der Studienberechtigten von 2001 bis 2006 gestiegen ist, die durch den Wissenschaftsrat gesetzte Zielmarke jedoch noch nicht erreicht wurde (vgl. auch http://www.wissenschaftsrat.de/Veroeffentlichungen.htm),
- der Anteil der 20- bis unter 25-Jährigen, die über einen Abschluss des Sekundarbereichs II verfügen, in Deutschland mit ca. 72% (2006) sowohl unter dem Stand von 2000 als auch unter der Erwartung der EU liegt, die für diesen Abschluss bis 2010 einen Anteil von mindestens 85% anstrebte (vgl. Autorengruppe Bildungsberichterstattung 2008, S. 8).

Betrachtet man den Verlauf des schulischen Werdegangs von Kindern und Jugendlichen, so stellt der Bildungsbericht fest, dass seit Ende der 1990er Jahre der Anteil der schulpflichtigen Kinder, der verspätet eingeschult oder zurückgestellt wurde, deutlich zurückgegangen ist und es gleichzeitig zu einem Anstieg an vorzeitigen Einschulungen (über 7% aller Einschulungen) gekommen ist. Um insbesondere im sprachlichen Bereich mögliche Defizite frühzeitig erkennen und gezielt abbauen zu können, wird in allen Bundesländern bereits vor der Einschulung der Sprachfeststellung und -förderung zunehmend Aufmerksamkeit gewidmet, wobei sowohl die dabei praktizierten Verfahren als auch der Umfang an Fördermaßnahmen länderspezifisch sehr unterschiedlich sind. Der weitere schulische Werdegang ist dadurch gekennzeichnet, dass der Anteil der Schüler, der nach der Grundschule an eine – sofern in den Bundesländern vorhandene – Hauptschule wechselt, von 2004 bis 2006 weiter gesunken (-2,6 Prozentpunkte) ist, während in vergleichbarem Umfang mehr Schüler an das Gymnasium und damit an eine höher qualifizierende Schulart wechselten. Die Entscheidung, welche Schulart die Schüler

---

5   Zur vereinfachten Schreibweise wird die männliche Form verwendet. Damit ist zugleich auch die weibliche Form gemeint.

nach der Primarstufe besuchen, stellt sich in den Untersuchungen als relativ stabil heraus, da nur etwa drei Prozent der Schüler aus den Jahrgangsstufen 7 bis 9 ihre Entscheidung für die getroffene Schulart korrigieren.

Bei den Schülern, die die Schulart nachträglich wechselten, bestätigt sich jedoch auch die Tendenz des Abwärtswechsels, da fünfmal mehr Schüler in eine niedriger qualifizierende Schulart wechseln als in eine höher qualifizierende. Neben dem höheren Anteil an Wechslern in niedriger qualifizierende Schularten stellen sich der nahezu unverändert hohe Anteil an Wiederholern in der Sekundarstufe I (2006/2007: 169.946 Schüler bzw. 3,6%) (vgl. ebd., S. 258; Tab. 1) sowie der Anteil der Schüler, der die Schule verlässt, ohne zumindest den Hauptschulabschluss erreicht zu haben, als weitere wesentliche Problemfelder für das bundesdeutsche Schulsystem dar (vgl. ebd., S. 9).

Der in den PISA-Studien insbesondere für Deutschland festgestellte Zusammenhang zwischen sozialer Herkunft und Bildungserfolg (vgl. auch Baumert/ Schümer 2001, S. 385; PISA-Konsortium Deutschland 2004, S. 236) zeigt sich auch in den Untersuchungen zum zweiten Bildungsbericht, wobei durch diesen auch deutlich wird, dass dieser Zusammenhang nicht nur in der Phase des Übergangs von den allgemein bildenden Schulformen in die berufliche Bildung und die Hochschulen fortdauert, sondern in dieser Phase teilweise noch stärker auftritt.

Daraus ergibt sich die Notwendigkeit einer tiefer gehenden Betrachtung einerseits der Faktoren, die Einfluss auf die soziale Herkunft nehmen, und andererseits des Bildungserfolges von Kindern und Jugendlichen mit unterschiedlichem sozialen Hintergrund.

Die Ergebnisse des zweiten Bildungsberichts machen diesbezüglich deutlich, dass 28% der Kinder mindestens einer der nachfolgend festgestellten Risikogruppen, die bereits einzeln für sich die Bildungschancen von Kindern und Jugendlichen deutlich verschlechtern und in den vergangenen Jahren durch steigende Schülerzahlen gekennzeichnet ist, angehören:

- **Risikogruppe 1:** Familien, in denen kein Elternteil erwerbstätig ist.
  Zu dieser Gruppe gehörte 2006 mehr als jedes zehnte Kind unter 18 Jahren.
- **Risikogruppe 2:** Familien, in denen kein Elternteil einen Abschluss des Sekundarbereiches II hat.
  Zu dieser Gruppe gehörten 13% der Kinder.
- **Risikogruppe 3:** Familien, bei denen das Einkommen unter der Armutsgefährdungsgrenze lag.
  Zu dieser Gruppe gehörten 23% der Kinder (vgl. Autorengruppe Bildungsberichterstattung 2008, S. 10f.).

Zum wissenschaftlichen Anliegen der Publikation

Der Einfluss von Bildungsstand und sozialem Status der Familie auf den Bildungsweg von Kindern und Jugendlichen hat sich laut Bildungsbericht verstärkt. So wurde festgestellt, dass mit einem höheren sozioökonomischen Status geringere Hauptschul-, dagegen aber höhere Gymnasialbesuchsquoten einhergehen und der Anteil der Kinder, der aus Akademikerfamilien stammt, häufiger ein Studium aufnimmt als Kinder aus nicht-akademischen Familien – und dieses bei vergleichbaren Abiturnoten.

Auch der Migrationshintergrund wirkt sich in Deutschland – wie bereits in den PISA-Studien nachgewiesen – negativ auf den Bildungsweg von Kindern und Jugendlichen aus. So haben die PISA-Studien gezeigt, dass im Vergleich der Leistungen zwischen 15-jährigen Schülern mit und ohne Migrationshintergrund in allen Kompetenzbereichen eine hohe Differenz vorliegt, die sich insbesondere bei den Schülern der ersten und zweiten Generation mit Migrationshintergrund zeigt. Auffällig sind dabei auch der Anstieg der Differenz von 2000 nach 2006 sowie eine fast ausschließlich höhere Differenz der zweiten Generation gegenüber der ersten Generation (vgl. Autorengruppe Bildungsberichterstattung 2008, Tab. D6-3A).

Der negative Einfluss des Migrationshintergrundes auf den Bildungsweg trifft besonders dann zu, wenn der Anteil an Personen mit Migrationshintergrund regional sehr hoch ist, da insbesondere dort eine starke sozialräumliche Segregation bereits ab dem Kindesalter in den Kindertagesstätten beginnt, die sich häufig in der Schullaufbahn fortsetzt und sich verstärkend auf die Benachteiligungen auswirkt, die im Migrationshintergrund begründet sind.

Verstärkt haben sich in den vergangenen Jahren in Deutschland auch die geschlechterspezifischen Disparitäten. Diese zeigen sich darin, dass Mädchen ihren schulischen Werdegang insgesamt erfolgreicher und mit weniger Problemen behaftet absolvieren als Jungen. Die Unterschiede zeigen sich unter anderem darin, dass Mädchen im Durchschnitt früher eingeschult werden, in der Schlüsselkompetenz „Lesen" bessere Leistungen erreichen, häufiger einen Schulabschluss erreichen und den Übergang von der Schule in die Berufsausbildung insgesamt schneller und erfolgreicher bewältigen.

Da sich insbesondere die Disparitäten in der vorzeitigen und verspäteten Einschulung sowie bei der Wiederholung der Jahrgangsstufen auf die gesamte Schulzeit auswirken, müssen diese Aspekte auch hinsichtlich einer geschlechter- und altersspezifischen Angebotsstruktur im Rahmen des Ganztagsschulbetriebes Berücksichtigung finden.

Auch im beruflichen Werdegang werden Unterschiede deutlich, da sich Mädchen häufiger für eine Ausbildung entscheiden, die in einem anspruchsvolleren Bereich liegt, die Hochschulreife deutlich häufiger erreichen und demzufolge auch die Mehrheit der Hochschulabsolventen bilden, ein aufgenommenes Studium seltener abbrechen und später während ihrer Berufstätigkeit Weiterbildungsangebote stärker nutzen.

Insgesamt zeigt sich eine Zunahme an Risiken für Jungen im Kindes- und Jugendalter, die sich darin äußert, dass Jungen insgesamt häufiger im Bildungssystem scheitern. Besonders problematisch werden diese Risiken dann, wenn der geschlechterspezifische Aspekt gekoppelt ist mit einem Migrationshintergrund oder einem geringen sozialen Status der Familie (vgl. Autorengruppe Bildungsberichterstattung 2008, S. 11f.).

Die im zweiten Bildungsbericht dargestellten Disparitäten im Bildungsverlauf verstärken die Notwendigkeit nach einer grundlegenden Reform des bundesdeutschen Bildungssystems, das Mädchen wie Jungen, deutschen Schülern wie Migranten, Kindern und Jugendlichen aus bildungsfernen wie -nahen, sozial schwachen wie starken Schichten gleiche Bildungschancen in allen Kindheits- und Jugendphasen bietet sowie die Forderungen nach der Sicherstellung von Rahmenbedingungen, die zu einer Verringerung der bestehenden Chancenungleichheiten erforderlich sind.

Die große Bedeutung einer adäquaten Ausstattung der einzelnen Bildungsbereiche mit Finanzressourcen für die Leistungsfähigkeit des Bildungswesens, „für das wirtschaftliche Wachstum, für die Sicherung der Humanressourcen der Volkswirtschaft sowie für den Erhalt der Chancengleichheit der Individuen" (Statistisches Bundesamt 2009a, S. 4) wurde auf dem Bildungsgipfel am 22.10.2008 in Dresden hervorgehoben und als Ergebnis dessen zwischen der Bundeskanzlerin und den Ministerpräsidenten der Länder vereinbart, bis zum Jahr 2015 für Bildung und Forschung 10% des Bruttoinlandsprodukts aufzuwenden (vgl. ebd.; Statistisches Bundesamt 2008, S. 5). Die Entwicklung der gesamten öffentlichen und privaten Bildungsaufwendungen zeigt von 1995 bis 2005 (141,6 Mrd. Euro) eine Zunahme der Ausgaben von etwa 13,4 Mrd. Euro, von 2006 (etwa 142,9 Mrd. Euro) demzufolge eine Zunahme von etwa 14,7 Mrd. Euro, was einer Steigerung von rund einem Prozent gegenüber dem Vorjahr entsprach. Der größte Anteil der Ausgaben entfiel dabei auf die allgemein bildenden Bildungsgänge, gefolgt von den Ausgaben für den Tertiärbereich (vgl. ebd., S. 18).

Betrachtet man die Bildungsausgaben in Relation zum erwirtschafteten Bruttoinlandsprodukt, so ist jedoch festzustellen, dass sich der Anstieg disproportional zur wirtschaftlichen Entwicklung in Deutschland vollzogen hat. Demnach haben sich die Ausgaben – gemessen am Anteil am Bruttoinlandsprodukt von 1995 (6,9%) nach 2005 (6,3%) und nach 2006 (6,2%) – insgesamt verringert. Besonders stark ist dabei zwischen 1999 und 2005 eine Verringerung der Ausgaben im beruflichen

Weiterbildungssektor festzustellen, die sich sowohl bei der Bundesagentur für Arbeit (ca. 70%) als auch bei Unternehmen (ca. 16%) zeigt (vgl. Autorengruppe Bildungsberichterstattung 2008, S. 12; Statistisches Bundesamt 2008, S. 18ff.). Der Anteil der Bildungsausgaben an den öffentlichen Ausgaben ist zwar von 1995 bis 2005 (9,7%) um 1,2 Prozentpunkte gestiegen, lag damit jedoch sowohl hinsichtlich des Anteils als auch der Steigerung unter den Daten des OECD-Durchschnitts (1995: 11,9%; 2005: 13,2%) und des EU19[6]-Durchschnitts (1995: 10,7%; 2005: 12,1%).

Die disproportionale Steigerung der Bildungsausgaben zur Entwicklung der Wirtschaftskraft in Deutschland und damit auch das Verhältnis zwischen den öffentlichen Ausgaben für Bildung zum Bruttoinlandsprodukt zeigen sich auch im internationalen Vergleich, bei dem Deutschland 2005 sowohl unter dem OECD- als auch unter dem EU19-Durchschnitt lag (vgl. ebd., S. 58f.).

Als eine weitere Herausforderung wird die Entwicklung der Personalsituation an den allgemein bildenden Schulen eingeschätzt. Diese ist vor allem durch einen – im internationalen Vergleich betrachteten – prozentual sehr hohen Anteil von Lehrkräften gekennzeichnet, die 50 Jahre und älter sind und deren Anteil im Schuljahr 2006/2007 im Primarbereich ca. 53% und im Sekundarbereich I bereits ca. 51% betrug.

Daraus ergibt sich die Notwendigkeit, in den kommenden ca. 15 Jahren „diese Lehrkräfte durch pädagogisch, psychologisch, fachlich und fachdidaktisch qualifiziertes Personal zu ersetzen" (Autorengruppe Bildungsberichterstattung 2008, S. 13) und dabei gleichzeitig die Attraktivität der Ausbildung in den Fächern deutlich zu erhöhen, in denen eine besonders starke Nachfrage (z. B. Mathematik, Naturwissenschaften, technische Fächer) bestehen wird. Neben der Absicherung des Bedarfs an Lehrkräften für die Erteilung des regulären Unterrichts wird auch auf den steigenden Bedarf an Personal für die Realisierung von außerunterrichtlichen Angeboten verwiesen, der insbesondere durch den starken Anstieg schulischer Einheiten mit Ganztagsangeboten zwischen 2002 und 2006 begründet ist (vgl. ebd., S. 12).

Lag der Anteil der Verwaltungseinheiten mit Ganztagsbetrieb in öffentlicher und privater Trägerschaft an allen Verwaltungseinheiten 2002 bei 16,3%, so stieg dieser Anteil bis 2006 auf mehr als das Doppelte (33,6%) (vgl. Sekretariat

---

6 EU15 (Europäische Mitgliedstaaten vor dem 1. Mai 2004) plus vier weitere OECD-Mitgliedstaaten (insgesamt: Belgien, Dänemark, Deutschland, Finnland, Frankreich, Griechenland, Großbritannien, Irland, Italien, Luxemburg, Niederlande, Österreich, Polen, Portugal, Schweden, Slowakei, Spanien, Tschechische Republik und Ungarn).

der Ständigen Konferenz der Kultusminister der Länder in der Bundesrepublik Deutschland[7] 2009, S. 1*).

Neben der weiteren quantitativen Erhöhung des Umfangs an frühkindlichen, allgemein bildenden, berufsausbildenden und Erwachsenen qualifizierenden Bildungsangeboten sieht der Bildungsbericht die weitere Qualitätsentwicklung im bundesdeutschen Bildungswesen als zentrale Herausforderung der kommenden Jahre. Zu den wichtigsten Aufgaben zählen dabei

- „die Minderung von Risikolagen für Kinder auf der Grundlage eines frühzeitigen und verstärkten Einsatzes geeigneter Interventions- und Fördermaßnahmen,
- die Förderung von Grundkompetenzen im Sekundarbereich I als Voraussetzung für verstärkte Übergänge in die Berufsausbildung und die Hochschule,
- die Reduzierung der Anzahl der Schüler ohne Schulabschluss,
- die gezielte Unterstützung für junge Menschen mit Migrationshintergrund, nicht nur durch eine kontinuierliche Sprachförderung" (Autorengruppe Bildungsberichterstattung 2008, S. 14).

Die Erkenntnis über die Notwendigkeit der Lösung dieser Aufgaben hat sich spätestens seit Veröffentlichung der Ergebnisse der PISA-Studie 2006 nicht nur in der Wissenschaft, sondern auch in der Politik durchgesetzt[8]. Auch über die Frage, wie diese Aufgaben gelöst werden sollen, wird in der Politik diskutiert[9].

---

7   Bei den folgenden Literaturangaben wird anstelle der Formulierung „Kultusminister der Länder in der Bundesrepublik Deutschland" das Kürzel „KMK" verwendet.
8   Der damalige KMK-Präsident Prof. Dr. Zöllner stellte fest, „dass es im Gegensatz zum OECD-Trend in Deutschland gelungen ist, in den sechs Jahren seit PISA 2000 eine kontinuierliche positive Entwicklung anzustoßen. Diesen Aufwärtstrend gilt es abzusichern und auszubauen, vor allem müssen wir die nach wie vor bestehenden Benachteiligungen für Schüler aus bildungsfernen Elternhäusern und mit Migrationshintergrund noch entschiedener angehen. Bei der durchgehenden Sprachförderung vom Kindergarten bis in die Sekundarstufe I müssen wir unsere Anstrengungen weiter verstärken, um die Leistungsabstände zwischen leistungsschwachen und leistungsstärkeren Schülern zu reduzieren, das Niveau insgesamt zu heben und zu besseren Bildungschancen beizutragen." (Sekretariat der Ständigen Konferenz der KMK 2007a).
9   Die Bundesbildungsministerin Frau Annette Schavan, forderte, alles daran zu setzen, „die Voraussetzungen für Chancengerechtigkeit in der Bildung zu schaffen. Bildungserfolg darf nicht länger von der sozialen Herkunft abhängen. Hier müssen wir unsere Anstrengungen bei unserer konsequenten Bildungsoffensive noch weiter verstärken: Dazu gehört eine starke frühkindliche Bildung und eine gut funktionierende

Die Entwicklungen im bundesdeutschen Bildungssystem werden auch auf internationaler Ebene aufmerksam verfolgt und beurteilt, wobei die daraus abgeleiteten Empfehlungen innerhalb Deutschlands kontrovers diskutiert und nicht in allen Punkten geteilt werden.

Einigkeit zwischen der Kultusministerkonferenz und dem Bericht des UN-Sonderberichterstatters Vernor Muñoz Villalobos vom 21. März 2007, der im Februar 2006 bei einer zehntägigen Reise das deutsche Schulsystem inspizierte, um sich einen Einblick in das Bildungssystem zu verschaffen, bestand beispielsweise darin, „dass es eines der wichtigsten Ziele bei der Weiterentwicklung des deutschen Bildungssystems ist, die Abhängigkeit von Bildungserfolg und sozialer Herkunft aufzuheben und allen Kindern und Jugendlichen – gleich welcher Herkunft – die besten Chancen auf Bildung in Schule, Beruf oder Hochschule zu bieten" (Sekretariat der Ständigen Konferenz der KMK 2007b). Differenzen in der Einschätzung zeigen sich jedoch hinsichtlich der Forderung des UN-Sonderberichterstatters nach grundlegenden Änderungen der deutschen Schulstruktur. Auch wenn durch die Kultusministerkonferenz eine Diskussion über die Struktur des deutschen Bildungswesens als durchaus legitim angesehen wird, rät sie doch aufzupassen, „dass dabei nicht der eigentliche Paradigmenwechsel aus den Augen gerät, der darin besteht, jede Schülerin und jeden Schüler unabhängig von der Schulform individuell zu fördern" (ebd.). Der weitere konsequente Ausbau von Ganztagsschulen scheint nach Ansicht der Kultusministerkonferenz ein Weg zu sein, Kinder und Jugendliche – insbesondere mit Migrationshintergrund und aus bildungsfernen Familien – individuell und besser zu fördern und eine größere Chancengleichheit zu erreichen, wobei man sich allerdings durch die Erfahrungen in der Bildungsforschung auch bewusst ist, „dass es einige Jahre dauert, bis solche Reformen Wirkung zeigen" (ebd.).

1.2 Ziel der Publikation und Forschungsanliegen

Um Aussagen nicht nur zum aktuellen quantitativen, sondern auch zum qualitativen Stand der Entwicklung der Ganztagsschulen in der Bundesrepublik zu erhalten, begannen im Jahre 2004 die Vorbereitungen der „Studie zur Entwicklung von Ganztagsschulen" (StEG), einem länderübergreifenden Forschungsprogramm zur

---

Ganztagsschule. Außerdem muss der Übergang zwischen den einzelnen Schulformen einfacher werden. Jedes Kind in diesem Land muss die Chance auf die bestmögliche Bildung bekommen." (Sekretariat der Ständigen Konferenz der KMK 2007a).

Ganztagsschulentwicklung auf Bundesebene und somit die Planung und Organisation einer Längsschnittstudie in drei Erhebungswellen (2005, 2007 und 2009) (vgl. www.projekt-steg.de).

Die Basiserhebung von StEG hat gezeigt, dass sich die Angebote an den Ganztagsschulen äußerst vielfältig gestalten und häufig durch unterschiedliche Teilnehmergruppen gekennzeichnet sind. Es wird daher als erforderlich angesehen, dass – ergänzend zu der quantitativen Längsschnitterhebung von StEG – weitere qualitative Studien durchgeführt werden, „um das Zustandekommen und die Gestaltung der Angebote, den Prozess der Nutzung und die Ergebnisse aus unterschiedlichen Perspektiven nachzuzeichnen" (ebd., S. 377f.).

Im Mittelpunkt der weiteren Betrachtungen sollten dabei auch die mit der Ganztagsschule verbundenen Erwartungen hinsichtlich einer besseren individuellen Förderung aller Schüler stehen. Dazu sollten sowohl die schulspezifischen Konzepte zur individuellen Förderung als auch die Maßnahmen zu ihrer Implementierung im Unterricht und in den Angeboten sowie die dazu eingesetzten Differenzierungsmaßnahmen untersucht werden bzw. die bereits vorhandenen Ergebnisse aus anderen ganztagsschulspezifischen Forschungsprojekten verstärkt genutzt werden. Neben der quantitativen Entwicklung der Angebote und dem Nutzungsverhalten der Schüler wird in der Evaluation der Effekte spezifischer Angebote, bspw. bei den Lerneffekten der Hausaufgabenbetreuung und den Förderangeboten, weiterer Forschungsbedarf gesehen. Diese Untersuchungen sollten differenziert nach der jeweiligen Ganztagsschulform erfolgen, da die Ergebnisse der Basiserhebung gezeigt haben, dass zwar an gebundenen Ganztagsschulen sowohl differenziertere Konzepte als auch vielfältigere Lernformen als an offenen Ganztagsschulen entwickelt wurden, dass aber zwischen gebundenen und offenen Ganztagsschulen keine klare Trennung beim quantitativen und inhaltlichen Ausbau der Ganztagsangebote festzustellen ist (vgl. ebd., S. 378f.).

Analysen zum aktuellen Stand wissenschaftlicher Begleitungen der Ganztagsschulentwicklung haben gezeigt, dass es in den einzelnen Bundesländern eine Vielzahl von Projekten und Einzeluntersuchungen gibt, die „den eigenen Forschungsintentionen und den dort entwickelten Forschungslinien" entspringen (Prüß/Kortas/Richter/Schöpa 2007, S. 109). Da sich diese in der Regel am erforderlichen Forschungsbedarf des jeweiligen Bundeslandes orientieren, „können auf einzelnen Gebieten profunde Ergebnisse auch für die Gesamtentwicklung hervorgebracht werden" (ebd.). Eine Darstellung der länderbezogenen und länderverbundenen Untersuchungen wurde durch die Mitglieder der Forschungsgruppe „Schulentwicklung in Mecklenburg-Vorpommern" erarbeitet und 2007 veröffentlicht (siehe Bettmer u. a. 2007).

Zum wissenschaftlichen Anliegen der Publikation

Das dieser Publikation zugrunde liegende Forschungsdesign greift den aus der Basiserhebung von StEG abgeleiteten Forschungsbedarf spezifisch unter dem Aspekt der „Entwicklung von Ganztagsschulen in Mecklenburg-Vorpommern" auf. Davon ausgehend wurden vier Untersuchungsbereiche festgelegt, denen zwölf wissenschaftliche Fragestellungen zugeordnet wurden.

- **Erster Untersuchungsbereich:**

Der erste Untersuchungsbereich setzt sich mit der Entwicklung der Ganztagsschulen in Mecklenburg-Vorpommern aus rechtlicher und statistischer Sicht auseinander und bildete einen wesentlichen Bestandteil der theoretischen Forschungsarbeit der Forschungsgruppe „Schulentwicklung in Mecklenburg-Vorpommern" (FoSE). Ihm sind zwei Fragestellungen zugeordnet:

1. *Welche rechtlichen Grundlagen sind in Mecklenburg-Vorpommern geschaffen worden, die den systematischen und kontinuierlichen Aufbau neuer Ganztagsschulen sowie die Weiterentwicklung der bestehenden Ganztagsschulen zum Ziel haben?*
2. *Wie ist der gegenwärtige Entwicklungsstand der Ganztagsschulen in Mecklenburg-Vorpommern auf der Grundlage der Anforderungen der KMK einzuschätzen?*

- **Zweiter Untersuchungsbereich:**

Der zweite Untersuchungsbereich widmet sich dem Teilnahmeverhalten der Ganztagsschüler unter den Aspekten der Teilnahmequote, des zeitlichen und quantitativen Nutzungsumfangs, der Beweggründe für die Teilnahme an bzw. die Auswahl von Ganztagsangeboten. Grundlage stellen die Ergebnisse der empirischen Untersuchungen der Forschungsgruppe „Schulentwicklung in Mecklenburg-Vorpommern" dar. Im Mittelpunkt stehen folgende Fragestellungen:

3. *Welche Entwicklungen zeigen sich im Teilnahmeverhalten der Ganztagsschüler hinsichtlich der Teilnahmequote und des zeitlichen sowie quantitativen Nutzungsumfangs?*
4. *Welche Motive und Einflussfaktoren sind für die Schüler hinsichtlich der Teilnahme am Ganztagsschulbetrieb bedeutsam und wie hat sich deren Bedeutung über den Erhebungszeitraum für die Schüler entwickelt?*
5. *Welche Entwicklungen sind bezüglich des Nutzungsumfangs während des Erhebungszeitraumes festzustellen und welche Arten von Ganztagsangeboten werden von den Schülern hinsichtlich ihrer Teilnahme bevorzugt?*

- **Dritter Untersuchungsbereich:**
Im dritten Untersuchungsbereich steht die Frage, wie Ganztagsschüler ihre Angebote hinsichtlich der Wahrnehmung von Effekten sowie der Art und Weise des Lernens und Arbeitens einschätzen und ob sich hierbei Zusammenhänge zur Einschätzung der Lehrer und Betreuer von Ganztagsangeboten zeigen, im Mittelpunkt der Betrachtung. Untersucht wird auch, ob sich Zusammenhänge zwischen dem zeitlichen Teilnahmeverhalten an Ganztagsangeboten und den Einschätzungen der Ganztagsschüler zeigen. Folgende Fragestellungen sollen hierzu beantwortet werden:

6. *Welche sozialbezogenen, lernbezogenen und hedonistischen Effekte von Ganztagsangeboten stellen teilnehmende Schüler fest und welche Unterschiede zeigen sich in den Aussagen der Schüler der gebildeten Schülergruppen[10]?*
7. *Wie schätzen die Schüler die Ganztagsangebote bezüglich der Art und Weise ein, wie in ihnen gearbeitet und gelernt wird, und welche Unterschiede zeigen sich in den Einschätzungen zwischen den gebildeten Schülergruppen?*
8. *Welche Zusammenhänge lassen sich zwischen den Einschätzungen der Ganztagsschüler hinsichtlich der Bewertung der Effekte und der Schülerorientierung sowie hinsichtlich der Effekte und den Einschätzungen über die Lehrkräfte bzw. Betreuer in den Ganztagsangeboten feststellen?*
9. *Lassen sich Zusammenhänge zwischen dem zeitlichen Teilnahmeverhalten an Ganztagsangeboten und den Einschätzungen der Ganztagsschüler feststellen?*

- **Vierter Untersuchungsbereich:**
Der vierte Untersuchungsbereich trägt einen perspektivorientierten Charakter. Ziel ist es, Aussagen zu möglichen Wirkungen der Teilnahme an Ganztagsangeboten auf die Wahrnehmung des Unterrichts, zu den Einschätzungen über die Lehrkräfte bzw. Betreuer sowie über die Beurteilung der Chancen, die sich aus der Teilnahme an Ganztagsangeboten für die Schüler ergeben können, treffen zu können. Hierfür wurden folgende drei Fragestellungen definiert:

10. *Zeigen sich Unterschiede in der Wahrnehmung des Unterrichts durch Ganztagsschüler und Halbtagsschüler?*

---

10 Um ein differenziertes Bild der Einschätzung der befragten Schüler zu erhalten, wurden als Einteilungskriterien das Geschlecht, die Familienstruktur, der Erwerbsstatus, der kulturelle Status, die Jahrgangsstufe, die Schulart sowie der Leistungsstand gewählt und je nach Fragestellung verwendet.

Zum wissenschaftlichen Anliegen der Publikation

11. *Welcher Grad der Zufriedenheit der Ganztagsschüler mit den Ganztagsangeboten lässt sich über den Erhebungszeitraum feststellen, und inwieweit zeigen sich Zusammenhänge zwischen der Einschätzung der Zufriedenheit und weiteren untersuchten Bereichen, wie der Anzahl der Tage, an denen Schüler Ganztagsangebote besuchen, den Einschätzungen zu den Lehrkräften bzw. Betreuern und den Effekten?*
12. *Wie beurteilen die Ganztagsschüler die nachhaltigen Wirkungen ihrer Teilnahme an den Ganztagsangeboten zu den jeweiligen Erhebungszeitpunkten für sich persönlich und wie haben sich diese Wirkungen über den gesamten Erhebungszeitraum entwickelt?*

Im Fokus der Betrachtungen stehen daher

- die Darstellung der rechtlichen Rahmenbedingungen zur sowie fördernde Einflussfaktoren auf die Entwicklung der Ganztagsschulen in Mecklenburg-Vorpommern, um zu prüfen, welche Grundlage zur Entwicklung von Ganztagsschulen vorhanden ist und welche Intentionen die Landesregierung diesbezüglich gegenwärtig und perspektivisch setzt,
- die quantitative Entwicklung der Ganztagsschulen in Mecklenburg-Vorpommern,
- die Darstellung und Analyse der Entwicklung des Teilnahmeverhaltens von Ganztagsschülern durch die Erhebungen von 2005, 2007 und 2009,
- die Analyse der Nutzungspräferenzen der Schüler an den Ganztagsangeboten auf empirischer Grundlage,
- Untersuchungen über die Notwendigkeit der Entwicklung und Bereitstellung von Ganztagsangeboten, ihrer Organisation und die damit verbundene Steuerungsverantwortung der Schule in Zusammenarbeit mit außerschulischen Einrichtungen,
- das Ableiten von Anforderungen an die künftige Angebotsstruktur an Ganztagsschulen und des weiteren Handlungs- und Untersuchungsbedarfes, um Perspektiven für die weitere Gestaltung der Ganztagsschulen in Mecklenburg-Vorpommern aufzuzeigen.

Die Publikation nimmt außerdem Bezug auf den 12. Kinder- und Jugendbericht, der unter der Thematik „Bildung, Betreuung und Erziehung vor und neben der Schule" steht und sich den beiden thematischen Schwerpunkten „Förderung im Elementarbereich" und „Angebote für Kinder und Jugendliche im Schulalter" widmet. Damit hat die Sachverständigenkommission „das Aufwachsen von Kindern und Jugendlichen – vor allem vor und neben der Schule – in den Mittelpunkt ihrer Aufmerksamkeit gerückt" (BMFSFJ 2005, S. 11) und neben den Themen

Bildung, Betreuung und Erziehung auch Bildungs- und Erziehungsprozesse als zentrale Eckpunkte des Berichtes definiert. Ausgehend von der bereits in den Jahren zuvor geführten öffentlichen Diskussion um die Betreuung und Bildung von Kindern und Jugendlichen als Folge der sich – vor allem in den westdeutschen Bundesländern – gewandelten familiären Konstellationen und der Frage, „wer in welcher Form und in welchem Umfang für die Bildung, Betreuung und Erziehung der nachwachsenden Generation zuständig ist" (ebd., S. 17), sieht die Kommission die Diskussion um diese drei Bereiche als „Ausdruck eines gemeinsamen Problemzusammenhangs" (ebd.).

Neben der Familie rückt – verstärkt durch das in den internationalen Vergleichsstudien deutlich gewordene Problem, „dass neben den unbefriedigenden schulischen Leistungen vor allem die damit verbundene soziale Frage, d. h. die Überwindung der herkunftsabhängigen Unterschiede im deutschen Bildungssystem nicht wirklich gelöst ist" (ebd., S. 18) – die Schule stärker in den Mittelpunkt der Diskussion – einerseits in der Kritik, da sie aufgrund ihrer bisherigen, traditionellen Struktur nicht ausreichend auf die gesamtgesellschaftlichen Veränderungen reagieren konnte, andererseits als Hoffnungsträger in Form der „Ganztagsschule als die beste Antwort auf die Bildungs- und Betreuungsdefizite der deutschen Halbtagsschule" (ebd.).

Mit der Thematik „Bildung, Betreuung und Erziehung vor und neben der Schule" spannt die Sachverständigenkommission einen weiten Bogen, der sowohl durch altersspezifische als auch durch institutionelle und inhaltliche Aspekte gekennzeichnet ist und demzufolge davon ausgeht, „dass öffentliche Bildungs-, Betreuungs- und Erziehungsangebote künftig so organisiert werden müssen, dass dadurch nicht nur ein Aufwachsen in einem neuen Zusammenspiel von privater und öffentlicher Erziehung, von Familie und Kindertagesbetreuung, von Schule und außerschulischen, auch gewerblichen Angeboten ebenso verlässlich wie qualifiziert möglich wird, sondern dass dadurch auch nachhaltige familien- und kindheitspolitische Effekte zu erwarten sind" (ebd.). Die Kommission macht somit deutlich, dass „nicht nur die Quantität, sondern auch die Qualität der Angebote auf der Agenda politischer Gestaltung" steht (ebd., S. 19). Dieses erfordert sowohl für Einrichtungen des Elementar-, als auch des Primar- und Sekundarbereichs Konzeptionen – und hierbei im Besonderen für Ganztagsschulen –, in denen Bildung, Betreuung und Erziehung aufeinander abgestimmt sind: „Nur in einer konsequent komplementären Berücksichtigung dieses Dreiklangs kann es gelingen, weiterführende Antworten auf diese grundlegenden Herausforderungen am Beginn des 21. Jahrhunderts für Deutschland zu finden." (ebd.)

Zum wissenschaftlichen Anliegen der Publikation

Mit dem Ausbau und der Entwicklung der Ganztagsschulen in Deutschland geht es somit mehr als nur um eine Schulreform, da deutlich wird, dass Schulen nicht nur für Bildungsfragen, sondern auch für die Schaffung ganztägiger Bildungs-, Betreuungs- und Erziehungsangebote zuständig sind. Dadurch muss auch das Verhältnis von Schule und Familie neu bestimmt werden, da es bei den Betreuungsangeboten nicht nur um ihre Verlässlichkeit, sondern auch um die Berücksichtigung der Interessen und Bedarfe von Eltern und Familien geht.

Der 12. Kinder- und Jugendbericht definiert nach der Expertise von Merchel vier wesentliche Ziele der Ganztagsschule:
„**Jugendpolitisch** sollen optimale Entwicklungsbedingungen für Kinder und Jugendliche geschaffen werden.
Bildungspolitisch sollen ganztägige Angebote eine bessere Entwicklung der Kompetenzen aller Kinder und Jugendlichen sowie einen Abbau herkunftsbedingter Benachteiligungen ermöglichen.
Familienpolitisch soll durch ein bedarfsgerechtes, ganztägiges Angebot eine bessere Balance von Familie und Beruf erreicht werden.
Arbeitsmarktpolitisch soll mit einem verlässlichen System der ganztägigen Förderung und Betreuung von Kindern das vorhandene Qualifikationspotential, insbesondere von Frauen, besser zum Tragen kommen." (ebd., S. 487)

In der Argumentation für die Ganztagsschule spielen die bildungspolitischen Motive eine zentrale Rolle, auch wenn der Erfolg der in dieser Hinsicht gestellten Erwartungen in Bezug auf eine bessere Bildung und Förderung wissenschaftlich noch nicht nachgewiesen ist, da größere quantitative Untersuchungen über Ganztagsschulen auf Bundesebene erst durch das StEG-Konsortium stattgefunden haben. Dagegen sind familien- und arbeitsmarktpolitische sowie demografische Gründe klar belegbar, da sich ganztägige Bildung, Betreuung und Erziehung fördernd auf die Schaffung gesellschaftlicher Bedingungen auswirken kann, die eine Erhöhung der Geburtenrate befördern können (vgl. ebd.).

Im Auftrag des Deutschen Jugendinstituts (DJI) wurde ein Vergleich von ausgewählten Stellungnahmen aus Verlautbarungen und Positionspapieren von 22 Organisationen und Verbänden zum Ausbau von Ganztagsschulen erarbeitet.

Aus diesem Vergleich wird deutlich, dass die bildungspolitische Argumentation oftmals vor familien- und arbeitsmarktpolitischen Begründungen steht. Auch wenn erkannt wird, dass sich Familie und Beruf besser vereinbaren lassen, so stehen doch die Erwartungen hinsichtlich der Erweiterung des Bildungsverständnisses und größerer Chancen für die Einführung neuer Lernformen im Vordergrund.

Insgesamt lassen sich folgende Ziele aus den Stellungnahmen ableiten:

- die Einführung einer ganzheitlichen Bildung,
- die Entwicklung der Schule zu einem gemeinsamen Lebens- und Lernort und einer toleranten Bildungsstätte,
- die Entwicklung und Förderung des eigenverantwortlichen und sozialen Lernens innerhalb einer pädagogischen Kultur,
- stärkere Möglichkeiten zur Partizipation an Entscheidungen und zur Integration der Schüler in den Unterricht durch ganzheitliche Lernprozesse,
- ein stärkerer Beitrag zur Persönlichkeitsentwicklung und zur Befähigung von solidarischem Handeln,
- eine Verbesserung der Bildungschancen und der Chancengleichheit für alle Kinder,
- die Rhythmisierung des Schultags, um einen Wechsel zwischen aktiven Lern- und Übungs- sowie Ruhephasen zu ermöglichen,
- die stärkere Verwendung von alternativen Lernformen, von Projektarbeit und fächerübergreifendem bzw. fächerverbindendem Lernen,
- die stärkere individuelle Förderung der Schüler (vgl. ebd., S. 488f.).

Der theoretische Erkenntnisgewinn steht in einem engen Bezug zu diesen Zielsetzungen und basiert auf der in Mecklenburg-Vorpommern durchgeführten wissenschaftlichen Längsschnittstudie zur Entwicklung der Ganztagsschulen über den Zeitraum von 2005 bis 2009.

Durch die Auswertung der empirischen Daten unter dem Aspekt der Nutzungspräferenzen von Schülern in Bezug auf die Ganztagsangebote können erstmals wissenschaftlich belegbare Aussagen darüber getroffen werden, in welchem Maße sich die Ganztagsschule in Mecklenburg-Vorpommern hinsichtlich des Teilnahmeverhaltens der Schüler etabliert hat, inwieweit unterschiedliche Schülergruppen die Ganztagsangebote zur individuellen Förderung und Entwicklung ihrer Persönlichkeit nutzen und Wirkungen dieser festzustellen sind, diese an der Gestaltung der Ganztagsschule partizipieren und sich ihre Teilnahme auf die Einstellung zur Schule auswirkt.

Durch die Darstellung der Teilnahmemotive kann gezeigt werden, welche Gründe für Schüler zur Teilnahme an den Ganztagsangeboten vorrangig relevant sind, welche Arten von Ganztagsangeboten durch sie favorisiert bzw. wie diese von ihnen hinsichtlich der wahrgenommenen Wirkungen eingeschätzt werden und wie die Schüler die Chancen, die sich aus ihrer Teilnahme an den Ganztagsangeboten ergeben, für ihre weitere Entwicklung bewerten.

Zum wissenschaftlichen Anliegen der Publikation

Die differenzierte Betrachtung ausgewählter Schülergruppen und die Vergleiche zwischen ihnen ermöglichen neben einer umfassenden Gesamteinschätzung aller befragten Schüler eine gezielte Analyse nach spezifischen Gesichtspunkten. Der daraus resultierende theoretische Erkenntnisgewinn berücksichtigt somit vielfältige unterschiedliche Rahmenbedingungen, z. B. die Jahrgangsstufe, die Schulart, das Geschlecht, den Leistungsstand, die Familien-konstellation, den Erwerbsstatus der Eltern oder den kulturellen Status, die maßgeblichen Einfluss auf die Schüler nehmen und die in der spezifischen Entwicklung und Gestaltung des Ganztagsschulbetriebes Berücksichtigung finden müssen.

Die Betrachtung der Ganztagsschüler unter soziodemografischen und schulbezogenen Merkmalen soll Aufschluss darüber geben, ob die Teilnahme am Ganztagsschulbetrieb einen selektiven Charakter hat, d. h. ob bestimmte Schülergruppen von der Möglichkeit einer Teilnahme an Ganztagsangeboten stärker profitieren als die jeweils dazugehörenden Vergleichsgruppen. Die Beantwortung dieser Frage zielt auch auf eine Prüfung der Argumente für die Notwendigkeit der Ganztagsschule aus sozial- und bildungspolitischer Sicht, nachdem die Ganztagsschule insbesondere zu einer Erhöhung der Chancengleichheit für Schüler aus bildungsfernen und sozial benachteiligten Schichten führen und eine Antwort auf den hohen Bedarf nach ganztägiger Betreuung zur Vereinbarkeit von Familie und Beruf darstellen soll. Es gilt daher zu prüfen, ob sich die Anteile der Ganztagsschüler in den jeweiligen Vergleichsgruppen in einem solchen Maße voneinander unterscheiden, dass sich die sozial- und bildungspolitischen Argumente zur Einrichtung und Entwicklung von Ganztagsschulen bestätigt sehen.

Die Erkenntnisse beziehen sich somit nicht nur auf die Entwicklung der Ganztagsschule im Allgemeinen, sondern vorrangig auf die Entwicklung der Ganztagsschule unter Berücksichtigung ausgewählter spezifischer Aspekte. Auf der Grundlage dieses theoretischen Erkenntnisgewinns wird der aktuelle Stand der Ganztagsschulentwicklung in Mecklenburg-Vorpommern dokumentiert sowie Schlussfolgerungen und Konsequenzen für die weitere Gestaltung abgeleitet.

2 Wissenschaftliches Vorgehen

2.1 Forschungsdesign und forschungsmethodisches Vorgehen

Parallel zu den Erhebungen der „Studie zur Entwicklung von Ganztagsschulen" (StEG) führte in Mecklenburg-Vorpommern die Forschungsgruppe „Schulentwicklung in Mecklenburg-Vorpommern" (FoSE) die Befragung der Schüler und Lehrkräfte 2005, 2007 und 2009 an ausgewählten Ganztagsschulen durch. Das Forschungsdesign von FoSE und StEG stellt sich unter dem Aspekt der Schülerbefragungen – die Gegenstand dieser wissenschaftlichen Arbeit sind – wie folgt dar:

Abb. 1: Forschungsdesign

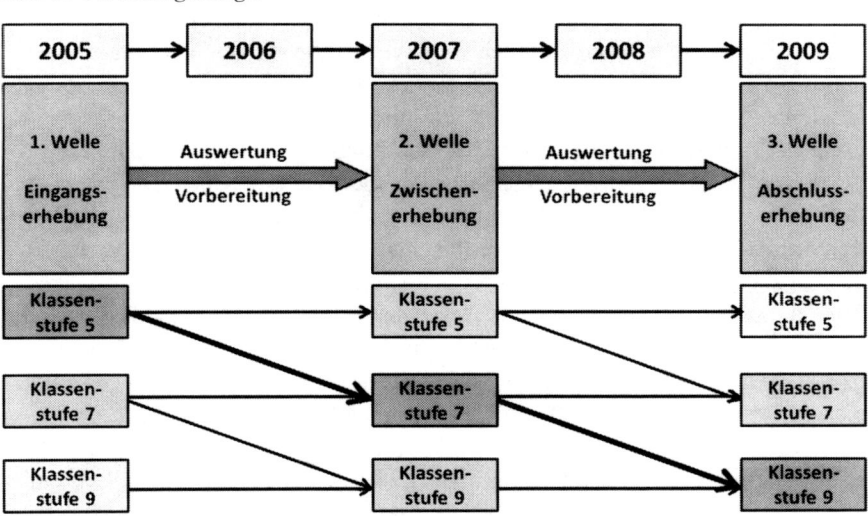

(Quelle: Prüß u. a. 2010, S. 114, vgl. auch www.projekt-steg.de/steg/de/projektdesign.html)

Die wissenschaftliche Begleitung durch die Forschungsgruppe wurde an der Ernst-Moritz-Arndt-Universität Greifswald, Institut für Bildungswissenschaften, Lehrstuhl Schulpädagogik und schulbezogene Bereiche der Sozialpädagogik, von Oktober 2004 bis Juli 2010 realisiert. Neben der Entwicklung der Ganztagsschulen in Mecklenburg-Vorpommern wurde dem Organisationsaspekt „Mehr

Selbstständigkeit für Schulen", an dem im Rahmen des gleichnamigen Modellprojektes vom Schuljahr 2004/05 bis zum Schuljahr 2006/07 20 Schulen, darunter 17 Ganztagsschulen, teilnahmen, besondere Aufmerksamkeit gewidmet.

Ziel der wissenschaftlichen Begleitung war es, Entwicklungs- und Arbeitsergebnisse der an der Erhebung teilnehmenden Schulen zu erfassen, um auf der Grundlage der untersuchten, sehr differenziert arbeitenden Einzelschulen generelle Entwicklungen bei der Gestaltung der Ganztagsschulen in Mecklenburg-Vorpommern zu identifizieren. Ausgehend von diesen Ergebnissen sollten Empfehlungen abgeleitet werden, wie die künftige Entwicklung der Ganztagsschulen und der Selbstständigen Schulen in Mecklenburg-Vorpommern zu gestalten sei.

Die Planung, Organisation und Durchführung der Schülererhebung wurde durch die Forschungsgruppe „Schulentwicklung in Mecklenburg-Vorpommern" realisiert. Die Erfassung der Daten aus den Fragebögen in Form von SPSS-System-Dateien (SAV-Dateien) übernahm der „Datenservice Ludwig" aus Leipzig. Die SPSS (Statistical Package for Social Sciences)-Software entspricht am besten den Auswertungsabsichten, die das Forschungsprojekt verfolgte.

Die SPSS-System-Dateien wurden vor ihrer Analyse auf mögliche Fehler geprüft und diese bei Vorhandensein beseitigt (Datenbereinigung). So mussten Codes für bestimmte Variablen entfernt werden, die nicht im Codeplan standen, und Filter nachträglich gesetzt werden, um die Beantwortung von Fragen nur durch die gewünschten Schülergruppen (z. B. Ganztagsschüler) sicherzustellen. Die bereinigten Datensätze von FoSE und StEG wurden nach Abschluss jeder Erhebungswelle zusammengefügt, wobei die jeweiligen Items aufgrund der Veränderungen zwischen den einzelnen Erhebungen vor dem Zusammenfügen miteinander abgeglichen werden mussten. Diese einheitliche Vorgehensweise ermöglichte es, dass nach der zweiten Erhebungswelle die bereinigten Datensätze der ersten beiden Erhebungen bzw. nach der dritten Erhebungswelle die Datensätze aller drei Erhebungen zusammengefasst und somit über alle drei Messzeitpunkte hinweg gemeinsam miteinander verglichen und ausgewertet werden konnten. Nach der dritten Erhebung 2009 stand somit eine Gesamtdatei zur Verfügung, die sowohl die Datensätze der Schüler aller Erhebungszeitpunkte als auch beider Erhebungsgruppen beinhaltete. Dadurch wurden Grundauszählungen für alle Variablen ermöglicht, die Angaben zu den bedingten prozentualen und den bedingten absoluten Häufigkeiten für die jeweiligen Items enthielten und somit einen zeitlichen Vergleich der Erhebungszeitpunkte erlaubten. Zur vereinfachten Darstellung ausgewählter Aspekte der Ganztagsschulentwicklung wurden dann aus mehreren Items Mittelwertskalen gebildet, wenn diese über eine gleiche Kategorienanzahl und Codierung verfügten. Für die berechneten Mittelwertskalen, aber auch für einzelne Variablen, konnte dann geprüft werden, ob zwischen ihnen und Kontrollvariablen bzw. unabhängigen Variablen Zusammenhänge

Wissenschaftliches Vorgehen

bestehen und – sofern sich diese gezeigt haben – wie stark sie ausgeprägt sind. Die in den Untersuchungen geprüften Zusammenhänge beziehen sich in der Regel auf das Erhebungsjahr 2009 und nicht auf einen Vergleich aller drei Erhebungszeitpunkte. Der Grund für diese Festlegung kann darin gesehen werden, dass in die Untersuchungen alle an den Erhebungen teilgenommenen Schüler und nicht ausschließlich Längsschnittschüler einbezogen wurden. Zusammenhänge zwischen den drei Erhebungszeitpunkten können daher nicht dargestellt werden, weil es sich zu den einzelnen Erhebungszeitpunkten nicht um die exakt gleichen Schüler (Längsschnittschüler) handelt und festgestellte Entwicklungen somit immer auf die Aussagen der Gesamtpopulation und nicht auf die der Längsschnittschüler beziehen.

2.2 Wissenschaftstheoretischer Hintergrund

Den wissenschaftstheoretischen Hintergrund stellt das im Rahmen des Forschungsvorhabens entwickelte Dimensionenmodell eines funktionierenden Ganztagsschulbetriebes dar.

Abb. 2: Dimensionenmodell der Ganztagsschule

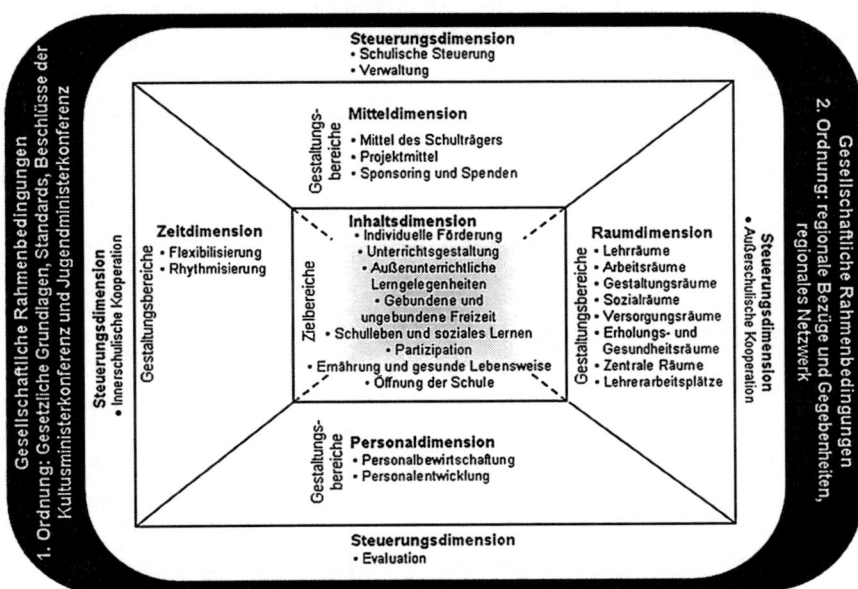

(vgl. Prüß u.a. 2010, S. 31ff.)

Schule muss immer im gesamtgesellschaftlichen Kontext betrachtet werden. Hierzu gehören die rechtlichen Rahmenbedingungen erster Ordnung, wie die gesetzlichen Grundlagen, Standards und Beschlüsse der KMK oder der Jugendministerkonferenz ebenso wie die regionalen Bezüge, Gegebenheiten und Netzwerke zweiter Ordnung. Die schulische Steuerung und Verwaltung, Ergebnisse von Evaluationen sowie inner- und außerschulische Kooperationen nehmen als Steuerungsdimension maßgeblichen Einfluss auf die Gestaltungs- und Zielbereiche von Raum-, Zeit-, Mittel-, Personaldimension und Inhaltsdimension (vgl. auch Holtappels 2009, S. 111ff.), „die dann auf der Maßnahmenebene durch die Realisierung vielfältiger Gestaltungselemente umgesetzt werden." (Prüß u.a. 2010, S. 31)

Für die Entwicklung der Ganztagsschulen in Mecklenburg-Vorpommern haben diese Dimensionen sowohl bei der Umwandlung von Halbtags- in Ganztagsschulen als auch bei der konzeptionellen Weiterentwicklung offener Ganztagsschulen in gebundene Ganztagsschulen eine maßgebliche Bedeutung, wobei „die Steuerungsdimension fundamental ist und gemeinsam mit der Zeit-, Raum-, Mittel und Personaldimension auf die Umsetzung der Inhaltsdimension ausgerichtet ist. Jene Dimensionen dienen der Umsetzung der pädagogischen Intentionen der Zielbereiche (Inhaltsdimension) und ermöglichen erst die Schaffung der Ganztagsschulkultur. Alle Dimensionen müssen für sich durchdacht, konzipiert und beschrieben und dann im Zusammenhang mit und in den Gestaltungsbereichen durch die Gestaltungselemente umgesetzt werden." (Prüß u.a. 2010, S. 32f.)

Die vorliegende Publikation widmet sich daher insbesondere den Zielbereichen und Gestaltungselementen der Inhaltsdimension. Da ihre Darstellung mittels der empirischen Untersuchungen im Fokus der thematischen Betrachtung steht, soll auf weiterführende Erklärungen und Ausführungen zum Dimensionenmodell verzichtet und auf die vertiefende Literatur verwiesen werden (vgl. ebd.).

2.3 Untersuchungspopulation

Wurden in die Untersuchungen von StEG sechs Personengruppen einbezogen (Schüler der Jahrgangsstufen 5, 7 und 9; Schulleiter; Lehrkräfte; Eltern; weiteres an der Schule tätiges pädagogisches Personal sowie Kooperationspartner der Schulen), so legte FoSE den Schwerpunkt der Untersuchungen auf die Schüler der Jahrgangsstufen 5, 7 und 9, die Lehrkräfte und die Schulleiter (vgl. Prüß u. a. 2010, S. 114).

Um für die Schüler und Lehrkräfte sowohl aus den Erhebungen von FoSE als auch von StEG vergleichbare Daten zu erhalten, wurden die Untersuchungsfelder zwischen FoSE und StEG genau aufeinander abgestimmt. Dieses wurde schon dadurch

Wissenschaftliches Vorgehen

erforderlich, da drei Ganztagsschulen, die von StEG untersucht wurden, auch zu der Gruppe der 17 Ganztagsschulen gehörten, die von FoSE im Rahmen des Modellprojektes „Mehr Selbstständigkeit für Schulen" untersucht wurden. Eine weitere Schnittstelle zwischen den beiden Forschungsgruppen ergab sich im Bereich der Ganztagsschulen, an denen FoSE Schulleitererhebungen durchführte. Hier wurden an 26 Ganztagsschulen Befragungen der Schulleiter sowohl durch FoSE als auch durch StEG durchgeführt, auch wenn hierbei darauf verwiesen werden muss, dass FoSE eigene und von StEG unabhängige Fragebögen entwickelte. Insgesamt wurden somit 29 Ganztagsschulen in Mecklenburg-Vorpommern sowohl durch die Forschungsgruppe „Schulentwicklung in Mecklenburg-Vorpommern" als auch im Rahmen der „Studie zur Entwicklung der Ganztagsschulen" untersucht.

Abb. 3: Schnittmenge der Untersuchungspopulationen von FoSE und StEG auf der Grundlage der ersten Schulleitererhebung (N=139) (vgl. ebd.)

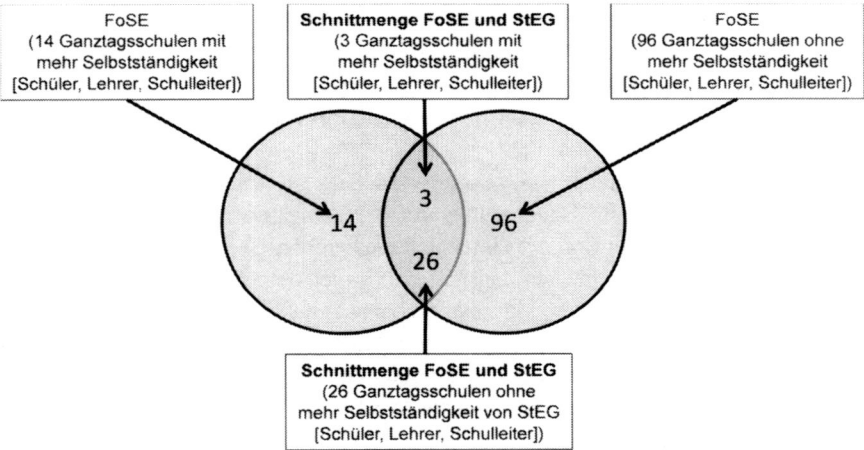

Zur Schaffung einer umfangreichen Datenbasis, die den Vergleich der Datensätze aus den Schüler- und Lehrererhebungen aller an den Erhebungen teilnehmenden Ganztagsschulen ermöglicht, wurde auf der Grundlage standardisierter, kompatibel gestalteter und gemeinsam genutzter Fragebögen sichergestellt, dass die erhobenen Daten über den gesamten Erhebungszeitraum systematisch verfolgt (5. Klasse → 7. Klasse → 9. Klasse) werden konnten.

Auf dieser Grundlage kann sichergestellt werden, dass die Forderungen, die die Hauptgütekriterien wissenschaftlicher Forschungsarbeit an die in den

Untersuchungen verwendeten wissenschaftlichen Messmethoden stellen, in vollem Umfang gerecht werden. Die Zusammenführung der Schüler- bzw. Lehrerdaten beider Erhebungsgruppen ermöglichte es, dass besondere Aspekte der Wirksamkeit von Ganztagsschulen in Mecklenburg-Vorpommern in ihrer Entwicklung von 2005 nach 2009 untersucht und dargestellt werden können.

Da an drei Ganztagsschulen mit mehr Selbstständigkeit durch StEG Daten erhoben wurden, wurde mit dem Konsortium vertraglich vereinbart, dass diese Daten im Anschluss an die Datenerhebung und -bereinigung erstens mit den Daten von FoSE zusammengefügt werden, um eine Totalerhebung der Ganztagsschulen mit mehr Selbstständigkeit im Hinblick auf die Lehrerbefragung zu gewährleisten und exakte Aussagen treffen zu können. Zweitens wurde nach Abstimmung mit dem Auftraggeber (Ministerium für Bildung, Wissenschaft und Kultur Mecklenburg-Vorpommern) mit dem Konsortium vereinbart, dass die landesspezifischen Daten für Mecklenburg-Vorpommern von StEG der Forschungsgruppe FoSE zur Verfügung gestellt werden.

Die Daten der Ganztagsschulen mit mehr Selbstständigkeit konnten so mit den Lehrer- und Schülerdaten von StEG zusammengeführt werden. Die Schulleiterbefragung wurde unabhängig von der StEG-Studie vorgenommen.

Insgesamt liegt hiermit ein umfassendes Datenmaterial vor, das Aussagen zur Entwicklung der Ganztagsschulen in Mecklenburg-Vorpommern unter verschiedenen Gesichtspunkten ermöglicht.

Bei der Stichprobenziehung von FoSE wurden die gleichen Aspekte berücksichtigt, die auch bei StEG von Bedeutung waren. Als Ausgangspunkt der Stichprobenziehung wurde die Definition der Untersuchungspopulation gewählt. Dieses stellte sich für StEG als problematisch dar, da „sich hinter dem Begriff Ganztagsschule nur scheinbar ein einheitlicher, klar abgrenzbarer Typus von Schule verbirgt. Zwar wurden seitens der Kultusministerkonferenz (KMK) für alle Bundesländer grundsätzlich vorgegeben, dass unter Ganztagsschulen nur jene Schulen zu verstehen sind, die an mindestens drei Tagen in der Woche für mindestens sieben Stunden Betreuung anbieten, eine Mittagsmahlzeit vorsehen und bei denen das Vormittags- und Nachmittagsangebot in einem konzeptionellen Zusammenhang zueinander stehen [...]. Diese Vorgaben lassen aber hinreichend Spielraum für länderspezifische Regelungen und die konkrete Umsetzung vor Ort. Entsprechend variieren sowohl Begrifflichkeiten als auch Vorgaben und Kriterien für den Ganztagsbetrieb zwischen den Ländern und sind nicht einheitlich geregelt." (Quellenberg u. a. 2007, S. 56f.) Aufgrund der großen Bandbreite der in die Erhebung einbezogenen Schulen kann jedoch sichergestellt werden, „dass die StEG-Stichprobe den wesentlichen Teil der aktuellen Ganztagsschullandschaft abbildet" (ebd., S. 59).

Hinsichtlich des Stichprobenfehlers verweist StEG darauf, dass „es sich – wie bei den meisten Schuluntersuchungen, die im Klassenverband durchgeführt werden – um

Wissenschaftliches Vorgehen

eine mehrschichtige Klumpen-Stichprobe [handelt], das heißt, die primären Auswahleinheiten waren nicht direkt Schüler oder Schülerinnen, sondern zunächst Schulen. Die sekundäre Auswahleinheit innerhalb der gezogenen Schulen waren Schulklassen und innerhalb dieser Klassen alle Schüler/innen" (ebd.). Aufgrund der großen Anzahl von Klumpen, also der Anzahl der ausgewählten Schulen und Klassenverbände, kann begründet angenommen werden, „dass eine Korrektur der Standardfehler für die diskriptiven Darstellungen [...] nicht zwingend notwendig war" (ebd., S. 60). Zur Ermittlung der an den FoSE-Erhebungen teilnehmenden Schüler wurden in den Jahrgangsstufen 5, 7 und 9 jeder an der Befragung teilnehmenden Ganztagsschule zwei Klassen zufällig ausgewählt, in denen dann alle Schüler befragt wurden.

Eine Besonderheit in der Auswahl der Klassen in Bezug auf die teilnehmenden Ganztagsschulen lag darin, dass zum Schuljahr 2005/2006 in Mecklenburg-Vorpommern das Längere gemeinsame Lernen eingeführt wurde. Dieses hatte zur Folge, dass ab der zweiten Erhebung 2007 an den Gymnasien keine Schüler der Jahrgangsstufe 5 befragt werden konnten, dafür jedoch an den Regionalen Schulen und Gesamtschulen mehr Schüler und in der Regel somit auch mehr Klassen in dieser Jahrgangsstufe unterrichtet wurden. Auf Auswirkungen dieser Verschiebung wird in den Untersuchungsergebnissen ausführlich eingegangen.

In der folgenden Tabelle sind die Anzahl der befragten Schüler, Lehrer und Schulleiter, der Rücklauf (ausgefüllte, gültige Fragebögen) und die Rücklaufquote für die drei Erhebungswellen 2005, 2007 und 2009 zusammengestellt. Diese Zahlen sind für die von FoSE und StEG erhobenen Daten – mit Ausnahme der Schulleiterdaten – getrennt ausgewiesen.

Tab. 1: *Rücklauf der einzelnen Befragungsgruppen*

Population		2005			2007			2009		
		Befragt	Rücklauf	Rücklaufquote (%)	Befragt	Rücklauf	Rücklaufquote (%)	Befragt	Rücklauf	Rücklaufquote (%)
Schüler	FoSE	1.990	1.741	87,49	1.721	1.510	87,74	1.946	1.773	91,11
	StEG	3.190	2.428	76,11	2.451	1.886	76,95	2.724	2.039	74,85
Gesamt		5.180	4.169	80,48	4.172	3.396	81,40	4.670	3.812	81,63
Lehrer	FoSE	651	459	70,51	643	444	69,05	408	339	83,09
	StEG	887	553	62,34	733	479	65,35	821	483	58,83
Gesamt		1.538	1.012	65,80	1.376	923	67,08	1.229	822	66,88
Schulleiter	FoSE	139	108	77,70	108	86	79,63	82	70	85,37

(Quelle: Schüler-, Lehrer-, Schulleitererhebungen 2005, 2007, 2009)

Trotz der Kompatibilität der Schülerfragebögen von FoSE und StEG muss darauf verwiesen werden, dass durch StEG nach der ersten und zweiten Erhebungswelle einige Items verändert, entfernt oder neu hinzugefügt wurden. Da FoSE besondere Aspekte der Ganztagsschulentwicklung auf landesspezifischer Ebene über alle drei Erhebungswellen untersuchen wollte, wurden einige Items trotz dieser Änderungen beibehalten, so dass diese Items zwar für alle drei Erhebungen ausgewertet werden konnten, die Datensätze jedoch nur für die von FoSE untersuchten Ganztagsschulen vorliegen. In den Untersuchungen dieser wissenschaftlichen Arbeit wird sich dieses in den jeweils angegebenen Gesamtwerten ebenso widerspiegeln wie in der Auswahl der Erhebungsjahre.

2.4 Analyse- und Auswertungsprozess

Auf der Grundlage einer Literaturanalyse wurden Argumentationslinien zur Entwicklung der Ganztagsschule in der Bundesrepublik im Kontext mit bedeutsamen rechtlichen und strukturellen Maßnahmen ihrer Realisierung sowie der gegenwärtige Entwicklungsstand zum Auf- und Ausbau der Ganztagsschulen dargestellt. Ausgehend von den dargelegten theoretischen Grundlagen wurde anhand empirischer Untersuchungen die Entwicklung des Nutzungsverhaltens ausgewählter Schülergruppen an Ganztagsschulen in Mecklenburg-Vorpommern dargestellt und analysiert, um eine theoretisch-empirische Begründung zur Weiterentwicklung der Ganztagsschulen insbesondere in Mecklenburg-Vorpommern unter dem Aspekt außerunterrichtlicher Ganztagsangebote geben zu können.

Die Ergebnisse der PISA-Studie 2000 aus ganztagsschulspezifischer Sicht zugrunde legend, wurden bildungspolitische Entwicklungen, deren rechtliche Verankerungen sowie die quantitative Entwicklung der Ganztagsschule in der Bundesrepublik dargestellt, um die zunehmende Etablierung der Ganztagsschule in der Schulpraxis widerzuspiegeln.

Zur Darstellung der empirischen Ergebnisse wurde zudem eine eingehende Betrachtung der Untersuchungspopulation nach eingangs festgelegten Kriterien vorgenommen. Diese Betrachtung diente der differenzierten Beschreibung der Gesamtpopulation und der nachfolgend tiefergehend betrachteten Teilpopulationen.

Ausgehend von einer Analyse des Teilnahmeverhaltens der Schüler wurden Motive für die Teilnahme an Ganztagsangeboten aus Sicht der jeweiligen Schülergruppen ermittelt, festgestellte Effekte dargestellt und Wirkungen der Teilnahme bestimmt.

3 Ganztagsschulentwicklung in der Bundesrepublik Deutschland

3.1 Beschlüsse der KMK 2001

Die Ergebnisse der PISA-Studien haben deutlich gemacht, dass deutsche Schüler erhebliche Kompetenzdefizite aufweisen und es besonderen Nachholbedarf hinsichtlich der individuellen Förderung leistungsschwacher Schüler gibt, die als „Risikogruppe" betrachtet werden (vgl. Deutsches PISA-Konsortium 2001, S. 171). Die hohe soziale Chancenungleichheit, die sich sowohl bei den Übergängen zwischen den Schularten als auch während der gesamten Schulzeit insbesondere bei Schülern aus bildungsfernen bzw. einfachen sozialen Verhältnissen zeigt, stellt das deutsche Bildungswesen insgesamt vor die Notwendigkeit eines tiefgreifenden Wandels.

Mit der Diskussion über das deutsche Bildungswesen wurde auch der bisherige Bildungsbegriff zunehmend kritisch hinterfragt und es wurden die Forderungen lauter, ihn sowohl inhaltlich als auch pädagogisch zu überprüfen und entsprechend den gesamtgesellschaftlichen Erfordernisse zu erweitern. Aus inhaltlicher Sicht lassen sich nach Oelkers (1988) dem Bildungsauftrag der Schule – die Vermittlung von Zugängen zur Welt bei ganzheitlicher Förderung der Persönlichkeitsentwicklung – drei grundlegende Aufgabenbereiche zuordnen:

1. „Die Aufklärung des Verstandes über den Zusammenhang gesellschaftlicher und individueller Prozesse.
2. Als Basisqualifikation: Verstehen aufschließen, Entwicklung von Können fördern, um das Leben zu bewältigen.
3. Gewährung von gleichen Bildungschancen und somit der Ausgleich von Defiziten im Bildungsgefälle allgemein bildender Schulen." (Oelkers 1988, S. 120)

Ergänzend zu diesen Aufgabenbereichen hat das Bundesjugendkuratorium bildende Prozesse strukturell nach folgenden Settings unterteilt:

- „Formelle Bildung: Die formelle Bildung ist strukturiert, hierarchisch gliedert, verpflichtend, auf Leistungszertifikate ausgerichtet und baut zeitlich aufeinander im Schul-, Ausbildungs- und Hochschulsystem auf.

- Nicht-formelle Bildung: Nicht-formeller Bildung liegen organisierte Prozesse zugrunde, jedoch mit einem Angebotscharakter und somit freiwillig.
- Informelle Bildung: Informelle Bildung geschieht ungeplant, ohne Bildungsabsicht, im Umfeld von Familie, Freunden, Nachbarschaft, Freizeit und Arbeit. Sie ist zugleich unverzichtbare Voraussetzung und Fundament, auf dem formelle und nicht-formelle Bildungsprozesse aufbauen." (Bundesjugendkuratorium 2001, S. 23)

Die Ganztagsschule kann durch die Realisierung eines engen Zusammenwirkens von formellen, nicht-formellen und informellen Bildungsprozessen den gestiegenen Anforderungen hinsichtlich der Qualifikationen und des verlangten Fähigkeitsniveaus von Schulabgängern besser gerecht werden, da nicht die Vermittlung eines in sich abgegrenzten Fachwissens, sondern der Erwerb von Schlüsselkompetenzen und die Vorbereitung der Schüler auf ihr Leben in der Wissensgesellschaft im Vordergrund stehen (vgl. Höhmann u. a. 2006, S. 14). Die Berücksichtigung aller drei Settings in einem ganztägigen und ganzheitlichen Bildungskonzept ermöglicht wiederum das Entstehen verschiedener Erfahrungssettings. Unter Beachtung der umfangreicher zur Verfügung stehenden Zeit an ganztägig arbeitenden Schulen bieten sich gegenüber Halbtagsschulen zugleich erweiterte Möglichkeiten, alle drei Settings über den ganzen Tag verteilt und für Kinder und Jugendliche individuell wirksam werden zu lassen. Damit besteht die berechtigte Chance, auch Schüler zu erreichen, die Lernprozessen gegenüber demotiviert und durch eine negative Lerneinstellung gekennzeichnet sind, die aufgrund erlebter Misserfolge resigniert und der Schule den Rücken gekehrt haben, die aus bildungsfernen oder sozial problembehafteten Elternhäusern stammen und durch diese kaum oder keine schulische Unterstützung erhalten oder die zur „Risikogruppe" gezählt werden müssen. Die Nutzung dieser Chance ist nach Ansicht der Europäischen Kommission eine Voraussetzung für die Entwicklung einer „Lernkultur für alle", da durch die stärkere Einbindung nicht-formeller und informeller Bildungsprozesse auch Schüler zum Lernen ermutigt werden können, die sich bereits aus Lernprozessen zurückgezogen haben (vgl. Europäische Kommission 2001, S. 14).

Die KMK griff auf ihrer Sitzung vom 05./06.12.2001 die Ergebnisse der PISA-Studie 2000 auf und verabschiedete sieben Handlungsfelder, mit denen langfristige Verbesserungen im bundesdeutschen Schulsystem erreicht werden sollen:

1. „Maßnahmen zur Verbesserung der Sprachkompetenz bereits im vorschulischen Bereich,

2. Maßnahmen zur besseren Verzahnung von vorschulischem Bereich und Grundschule mit dem Ziel einer frühzeitigen Einschulung,
3. Maßnahmen zur Verbesserung der Grundschulbildung und durchgängige Verbesserung der Lesekompetenz und des grundlegenden Verständnisses mathematischer und naturwissenschaftlicher Zusammenhänge,
4. Maßnahmen zur wirksamen Förderung bildungsbenachteiligter Kinder, insbesondere auch der Kinder und Jugendlichen mit Migrationshintergrund,
5. Maßnahmen zur konsequenten Weiterentwicklung und Sicherung der Qualität von Unterricht und Schule auf der Grundlage von verbindlichen Standards sowie eine ergebnisorientierte Evaluation,
6. Maßnahmen zur Verbesserung der Professionalität der Lehrertätigkeit, insbesondere im Hinblick auf diagnostische und methodische Kompetenz als Bestandteil systematischer Schulentwicklung,
7. Maßnahmen zum Ausbau von schulischen und außerschulischen Ganztagsangeboten mit dem Ziel erweiterter Bildungs- und Fördermöglichkeiten, insbesondere für Schüler mit Bildungsdefiziten und besonderen Begabungen." (Sekretariat der Ständigen Konferenz der KMK 2002, S. 6f.)

Damit rückte die KMK die Diskussion um die Ganztagsschule bundesweit in den Mittelpunkt der bildungspolitischen Diskussion und dieses nicht nur aus sozialpolitischer und erzieherischer, sondern auch aus schulpädagogischer Sicht. Oelkers formulierte 2003: „Die beiden zentralen Reformthemen in der nationalen Reaktion auf PISA sind Ganztagsschulen und nationale Bildungsstandards." (S. 26) (vgl. auch Oelkers 2009, S. 38ff.)

Mit dem siebten Handlungsfeld hob die KMK nicht nur die Bedeutung der Ganztagsschule im Allgemeinen, sondern auch aus schulpädagogischer Sicht im Besonderen hervor, indem zwei wesentliche Zielrichtungen der Ganztagsschule konkret festgelegt wurden: durch zusätzliche schulische und außerschulische Ganztagsangebote sollten einerseits die Bildungs- und Fördermöglichkeiten an den Schulen erweitert werden und andererseits sollten sich diese auf leistungsschwächere wie leistungsstärkere Schüler gleichermaßen beziehen. Diese Ziele ließen sich mit einer ausschließlichen Erweiterung der Angebote im außerschulischen Bereich nicht erreichen. Vielmehr bedurfte es grundlegender Veränderungen innerhalb der regulären Unterrichtszeit und dieses sowohl aus zeitlich-organisatorischer als auch methodischer Sicht.

Unter diesem Aspekt erschließen sich auch weitere Handlungsfelder: Erweiterte Bildungs- und Fördermöglichkeiten setzen eine höhere „Professionalität der Lehrertätigkeit, insbesondere im Hinblick auf diagnostische und methodische

Kompetenz" (Sekretariat der Ständigen Konferenz der KMK 2002, S. 7) voraus, die für „Maßnahmen zur wirksamen Förderung bildungsbenachteiligter Kinder, insbesondere auch der Kinder und Jugendlichen mit Migrationshintergrund" (ebd.) erforderlich sind und „auf der Grundlage von verbindlichen Standards sowie eine[r] ergebnisorientierte[n] Evaluation" (ebd.) an den Schulen implementiert werden sollten.

Die Förderung bildungsbenachteiligter Kinder orientierte sich dabei im Wesentlichen auf den „Ausgleich sowohl schulischer als auch sozialer Benachteiligungen, die Sprachförderung und die Sicherung des Übergangs in Ausbildung und Beruf" (ebd., S. 11). Dieses erfordert nach Auffassung der KMK „Förderkurse in der unterrichtsfreien Zeit und die Intensivierung der Kooperation von Schule und Jugendhilfe bzw. der Schulsozialarbeit" (ebd.) sowie „verbindliche, individuelle Lern- und Förderpläne" (ebd.), auf deren Grundlage die Schüler stärker an ihrem eigenen Entwicklungsprozess partizipieren sollen. Diese Forderungen finden sich auch im Handlungsfeld zum Ausbau von schulischen und außerschulischen Ganztagsangeboten wieder: So sollen Ganztagsschulen „an mindestens drei Wochentagen zusätzliche Bildungs- und Betreuungsmöglichkeiten" (ebd., S. 15) anbieten und „Nachmittagsangebote in Form von [...] Arbeitsgemeinschaften oder Kursen, die von außerschulischen Kooperationspartnern durchgeführt werden" (ebd.), bereitstellen. Auch wenn dieses noch in der offenen Form und damit auf der Grundlage der freiwilligen Entscheidung einzelner Schüler und nicht zwingend für den gesamten Klassenverband realisiert werden kann, so wird deutlich, dass zwischen Ganztagsangeboten und regulärem Unterricht an der Ganztagsschule eine enge Verzahnung bestehen sollte. Ganztagsangebote sollen Schülern nicht nur ein erweitertes Spektrum an Freizeitmöglichkeiten bieten, sondern auch im Unterricht behandelte Themen aufgreifen, wiederholen und vertiefen, dieses sowohl inner- als auch außerhalb der Schule sowie durch Lehrkräfte als auch außerschulische Partner – Schule und ihr Umfeld gemeinsam als Lern- und Lebensorte oder zusammengefasst: die Schaffung und Nutzung regionaler Bildungslandschaften zur Verringerung von Leistungsdefiziten und zur Entwicklung und Förderung von Leistungsstärken und besonderen Begabungen.

Mit der Festlegung, dass „Maßnahmen zum Ausbau von schulischen und außerschulischen Ganztagsangeboten mit dem Ziel erweiterter Bildungs- und Fördermöglichkeiten, insbesondere für Schüler mit Bildungsdefiziten und besonderen Begabungen" (Sekretariat der Ständigen Konferenz der KMK 2002, S. 7) zu den sieben Handlungsfeldern gehören, in denen – als Konsequenz aus den Ergebnissen der PISA und PISA-E Erhebungen des Jahres 2000 – die Bundesländer und die KMK vorrangig tätig werden sollen, machte die KMK bereits frühzeitig auf die Bedeutung von Ganztagsangeboten aufmerksam und verdeutlichte andererseits auch die bereits bestehenden länderspezifischen Unterschiede in der Ausgestaltung der Ganztagsschule und in der Realisierung von Ganztagsangeboten, die sich bspw. im Ausbauvolumen und in der Form der Angebote zeigen.

3.2 Das Investitionsprogramm „Zukunft Bildung und Betreuung"

Um die Bundesländer im flächendeckenden quantitativen Auf- und qualitativen Ausbau von Ganztagsschulen – Schulen mit ganztägigen Angeboten inbegriffen – und damit in der „Schaffung einer modernen Infrastruktur im Ganztagschulbereich" (BMBF 2003, S. 2) zu unterstützen und den „Anstoß für ein bedarfsorientiertes Angebot in allen Regionen" (ebd.) zu geben, beschloss die damalige Bundesregierung aus SPD und Bündnis90/Die Grünen eine langfristig angelegte finanzielle Unterstützung in Form des Investitionsprogramms „Zukunft Bildung und Betreuung" (IZBB), das am 12.05.2003 von Bund und Ländern unterzeichnet wurde. Für eine anfangs geplante Laufzeit bis 2007 und eine im Rahmen von Auszahlungsmaßnahmen verlängerte Frist bis zum 31.12.2008 stellte der Bund den Ländern „auf der Basis des Artikels 104a Abs. 4 Grundgesetz Finanzhilfen für Investitionen zum Aufbau neuer Ganztagsschulen, zur Weiterentwicklung bestehender Schulen zu Ganztagsschulen, zur Schaffung zusätzlicher Ganztagsplätze an bestehenden Ganztagsschulen sowie zur qualitativen Weiterentwicklung bestehender Ganztagsschulen" (ebd., S. 3) zur Verfügung, wobei sich der Verwendungszweck dieser Investitionsmittel insbesondere auf „erforderliche Neubau-, Ausbau-, Umbau- und Renovierungsmaßnahmen, Ausstattungsinvestitionen sowie die mit den Investitionen verbundenen Dienstleistungen" richtete (ebd.).

Die Verwaltungsvereinbarung legte ferner fest, wie sich die jährlichen Beträge auf die einzelnen Bundesländer verteilen. Für die Höhe der Beträge waren die Schülerzahlen der Grundschulen und der Sekundarstufe I je Bundesland im Vergleich zur Gesamtheit dieser Schülerzahlen im Bundesgebiet für das Schuljahr 2000/2001 entscheidend. Über die Vergabe der bereitgestellten Mittel an die Schulen entschieden die Bundesländer auf der Grundlage eigener landesspezifischer Vorschriften. In diesen musste auch festgelegt werden, welchen Eigenanteil die Schulträger im Rahmen einer Mitfinanzierung erbringen sollten, da das Investitionsprogramm eine Zusatzfinanzierung in einer Höhe von bis zu 90% der zuwendungsfähigen Ausgaben darstellte und die Finanzierung des Restbetrages durch den jeweiligen Antragsteller gewährleistet sein musste.

Die Länder hatten den Bund über ihre jährlichen Vorhaben zu unterrichten und sich dabei an den jährlich zur Verfügung gestellten Finanzhilfen zu orientieren. Wurden diese Mittel nicht ausgeschöpft, hatten die Länder die Möglichkeit, die nicht ausgenutzten Mittel in das Folgejahr zu übertragen und den dann zur Verfügung stehenden Betrag entsprechend zu erhöhen, wenn sie dieses dem Bund bis zum 30. Juni des jeweiligen Jahres mitgeteilt hatten (vgl. ebd., S. 5).

Bereits während der ersten beiden Jahre wurde deutlich, dass der Prozess der Antragstellung und -prüfung, der Bereitstellung und Abrechnung aller erhaltenen Mittel einen Zeitumfang in Anspruch nehmen würde, der den geplanten Zeitraum bis zum 31.12.2008 überschreitet. Am 11. November 2005 verabschiedeten die Regierungsparteien von CDU, CSU und FDP im Koalitionsvertrag eine „Ergänzende Information zur Verwaltungsvereinbarung Investitionsprogramm ‚Zukunft Bildung und Betreuung'", die die kostenneutrale Verlängerung des Förderzeitraums bis zum 31.12.2009 vorsah und von allen Bundesländern getragen wurde. Die Verlängerung des Zeitraums hatte weder Einfluss auf die Höhe und Aufteilung der Programmkosten noch auf die Verteilung der Mittel auf die Länder und trat nach Vorlage der Zustimmung aller Bundesländer zum 24. November 2006 in Kraft (vgl. BMBF 2006).

Auf der Grundlage der Jahresberichte der Länder aus 2003 bis 2007 sowie den endgültigen Vorhabenplanungen für das Jahr 2008 konnten die in diesem Zeitraum geförderten 6.918 Ganztagsschulen nach Schularten aufgeteilt werden. Dabei zeigt sich, dass von diesen Schulen mehr als die Hälfte (53%) Grundschulen waren und erst mit einem großen Abstand Gymnasien (12%) und Hauptschulen (11%) folgen. Vergleichsweise gering gefördert wurden Gesamtschulen (5%) (vgl. www.ganztagsschulen.org/_downloads/BMBF_Grafiken08. pdf, S. 5).

Um Ursachen für diese sehr unterschiedlichen Anteile bestimmen zu können, sollten zwei weitere Aspekte berücksichtigt werden:

- Die Anzahl der Schulen je Schulart in Deutschland (Stand: Schuljahr 2007/2008) macht deutlich, dass der größte Anteil auf die Grundschulen entfällt und dieser Anteil fast der Hälfte (49,5%) der allgemein bildenden Schulen der Primarstufe und der Sekundarstufen I und II (außer Abendschulen und Kollegs) entspricht.

Tab. 2: Anzahl der Schulen und ihr prozentualer Anteil an den allgemein bildenden Schulen in Deutschland (Schuljahr 2007/2008)

Schulart	Anzahl Schulen gesamt	Anteil in %
Grundschulen	16.649	49,5
Schulartunabhängige Orientierungsstufe	1.062	3,2
Hauptschulen	4.578	13,6
Schularten mit mehreren Bildungsgängen	1.288	3,8
Realschulen	2.775	8,2
Gymnasien	3.078	9,1
Integrierte Gesamtschulen	670	2,0
Freie Waldorfschulen	199	0,6
Förderschulen	3.360	10,0
Gesamt	**33.659**	**100,0**

(Quelle: Statistisches Bundesamt 2009b, S. 37, eigene Berechnungen)

- Schulartspezifisch betrachtet, gibt es auch bei den Grundschulen (5.822), den Hauptschulen (1.543), den Förderschulen (1.897) und den Gymnasien (942) die meisten Ganztagsschulen. Analysiert man den prozentualen Anteil der Ganztagsschulen an der Gesamtheit einer Schulart, so ergibt sich eine andere Verteilung: Integrierte Gesamtschulen liegen als Ganztagsschulen mit einem Anteil von 82,4% deutlich über dem bundesdeutschen Gesamtdurchschnitt (37,9%) aus dem Schuljahr 2007/2008, gefolgt von den Förderschulen (56,5%), den Schularten mit mehreren Bildungsgängen (56,4%) und der schulartunabhängigen Orientierungsstufe (50,6%). Unterhalb des Gesamtdurchschnitts liegt dagegen der prozentuale Anteil bei den Realschulen (23,3%), den Gymnasien (30,6%), den Hauptschulen (33,7%) und den Grundschulen (35,0%).

Abb. 4: Anzahl der Schulen bzw. der Ganztagsschulen je Schulart und Anteil der Ganztagsschulen je Schulart im Schuljahr 2007/2008

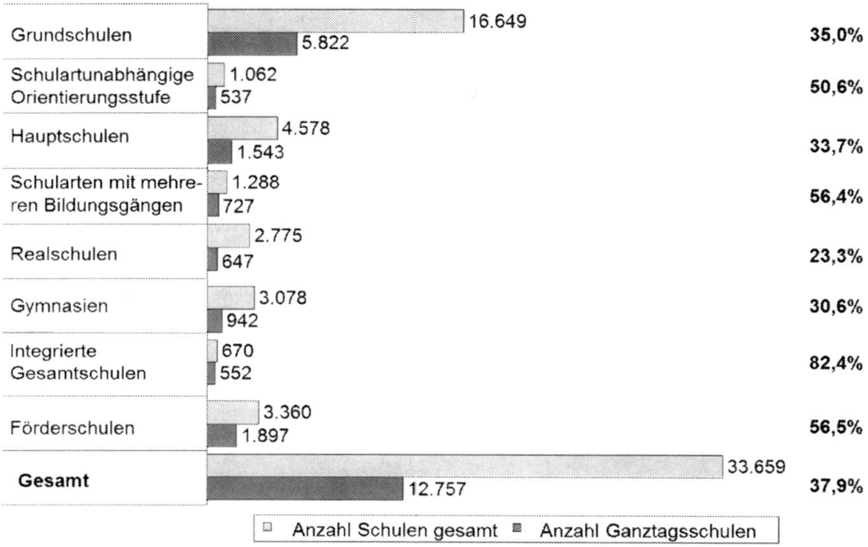

Schulart	Anzahl Schulen gesamt	Anzahl Ganztagsschulen	Anteil
Grundschulen	16.649	5.822	35,0%
Schulartunabhängige Orientierungsstufe	1.062	537	50,6%
Hauptschulen	4.578	1.543	33,7%
Schularten mit mehreren Bildungsgängen	1.288	727	56,4%
Realschulen	2.775	647	23,3%
Gymnasien	3.078	942	30,6%
Integrierte Gesamtschulen	670	552	82,4%
Förderschulen	3.360	1.897	56,5%
Gesamt	33.659	12.757	37,9%

(Quelle: Autorengruppe Bildungsberichterstattung 2008, Tab. D3-1A, S. 259, Statistisches Bundesamt 2009b, S. 37, eigene Berechnungen)

Im Vergleich der schulartspezifischen Daten wird deutlich, dass die drei Schularten (Gymnasien, Hauptschulen, Grundschulen), bei denen der geringste prozentuale Anteil an Ganztagsschulen im Schuljahr 2007/2008 zu verzeichnen ist, zugleich die sind, in denen die meisten Schulen durch das IZBB gefördert wurden bzw. für die eine Förderung beantragt wurde.

Tab. 3: Entwicklung der Ganztagsschulen nach Schularten (Schuljahr 2006/2007)

Schulart	Rangfolge nach realisierten und zur Förderung vorgesehenen Schulen von 2003 bis 2008	Rangfolge nach Ausbaugrad an Ganztagsschulen
Grundschulen	1.	5.
Gymnasien	2.	7.

Ganztagsschulentwicklung in der Bundesrepublik Deutschland

Schulart	Rangfolge nach realisierten und zur Förderung vorgesehenen Schulen von 2003 bis 2008	Rangfolge nach Ausbaugrad an Ganztagsschulen
Hauptschulen	3.	6.
Förderschulen	4.	2.
Schularten mit mehreren Bildungsgängen	5.	3.
Gesamtschulen	6.	1.
Realschulen	7.	8.
Freie Waldorfschulen	8.	4.

(Quelle: Sekretariat der Ständigen Konferenz der KMK 2009, S. 13* ff., eigene Berechnungen)

Seit der Verabschiedung des Investitionsprogramms „Zukunft Bildung und Betreuung" im Jahr 2003 ist es zu einem Ausbau der Ganztagsschulen in allen Schularten und zu einem Anstieg des prozentualen Anteils an Ganztagsschulen in Bezug auf alle Schulen in den jeweiligen Schularten gekommen.

Hierbei ist hervorzuheben, dass der Anstieg des prozentualen Anteils nicht ausschließlich auf die Zunahme an Ganztagsschulen, sondern auch auf eine Abnahme der Anzahl an Schulen in den jeweiligen Schularten zurückgeführt werden und somit relativer Art sein kann (vgl. Sekretariat der Ständigen Konferenz der KMK 2009, S. 2*, Tab. 1.2). Neben den Anteilen der Ganztagsschulen an allen Schulen je Schulart ist zur Einschätzung der Ganztagsschulentwicklung auch die Betrachtung des prozentualen Anstiegs des Anteil an den Ganztagsschulen je Schulart vom Schuljahr 2003/2004 bis 2007/2008 bedeutsam.

Eine Analyse dieser Entwicklung macht deutlich, dass die Schularten (Grundschulen, Gymnasien, Hauptschulen), die am stärksten durch Mittel des IZBB gefördert wurden bzw. für eine Förderung vorgesehen waren, hinsichtlich des prozentualen Anstiegs an Ganztagsschulen nur den vierten, fünften und achten Platz belegen. Ein starker prozentualer Anstieg an Ganztagsschulen ist dagegen bei den Schularten mit mehreren Bildungsgängen festzustellen, die nur in einem geringen Maße gefördert wurden oder werden sollen.

Tab. 4: Vergleich der Schularten hinsichtlich der Förderung aus IZBB-Mitteln und prozentualem Anstieg in den Schuljahren 2003/2004–2007/2008

Schulart	Rangfolge nach realisierten und zur Förderung vorgesehenen Schulen von 2003 bis 2008	Rangfolge nach prozentualem Anstieg an Ganztagsschulen[11]
Grundschulen	1.	4.
Gymnasien	2.	8.
Hauptschulen	3.	5.
Förderschulen	4.	6.
Schularten mit mehreren Bildungsgängen	5.	2.
Gesamtschulen	6.	7.
Realschulen	7.	9.
Freie Waldorfschulen	8.	3.

(Quelle: Sekretariat der Ständigen Konferenz der KMK 2009; eigene Berechnungen)

Neben dem Investitionsprogramm „Zukunft Bildung und Betreuung" muss es demnach weitere die Ganztagsschulentwicklung befördernde Faktoren geben, die einen Anstieg der Ganztagsschulen in Deutschland von 2003 bis 2007 bewirkt haben.

3.3 Entwicklungsstand der Ganztagsschulen

Die Notwendigkeit, dass sich Schule auf Veränderungen in ihrem gesamten Umfeld einstellen und sich in Folge dessen weiterentwickeln muss, ist nicht neu. Schulen haben auf diese Notwendigkeit auch in der Vergangenheit – ihren Möglichkeiten entsprechend – reagiert und den sich vollzogenen gesellschaftlichen Wandel bewältigt (vgl. Rolff u. a. 1999, S. 11). Die Ergebnisse der PISA-Studie 2000 – besonders innerhalb des nationalen Rankings –, aber auch die der nachfolgenden Erhebungen von 2003 und 2006, haben jedoch deutlich gemacht, dass weder kosmetische Reformen am bestehenden System als „Soforthilfe" noch die bildungspolitische Schlussfolgerung, dass die konservativen Systeme leistungsfähiger sind, „weil sie sich nicht auf ‚Gesamtschulen' und ‚Kuschelpädagogik' eingelassen haben" (Oelkers 2003, S. 9), Schulentwicklungsprozesse ausgelöst

---

11 Der stärkste Anstieg zeigt sich bei der schulartunabhängigen Orientierungsstufe. Sie wird jedoch bei diesem Vergleich nicht berücksichtigt, da sie im Rahmen der zur Förderung vorgesehenen Schulen nicht enthalten ist.

haben, die einen tief greifenden Systemwechsel, der durch eine neue Schul- und Lernkultur gekennzeichnet ist, zur Folge hatten.

Der Ausbau des Anteils an Verwaltungseinheiten[12] mit Ganztagsschulbetrieb geriet somit zunehmend in den Fokus der Diskussion, da die Argumentationslinien für die Ganztagsschule nicht erst entwickelt werden mussten, sondern bereits lange bekannt waren und aus reformpädagogischer Sicht immer wieder in die Öffentlichkeit getragen wurden (vgl. Deutscher Bildungsrat 1969). Die Ergebnisse der PISA-Studie 2000 schienen nicht nur eine Bestätigung dieser Argumentationslinien zu sein, sondern stellten diese zugleich auch als eine Lösung für die empirisch festgestellten Defizite des bundesdeutschen Schulsystems dar. In den Mittelpunkt der Argumentation für den Ausbau eines flächendeckenden Netzes an Ganztagsschulen wurden dabei vor allem die individuelle Förderung aller Schüler und die Erhöhung der Chancengleichheit insbesondere für Schüler aus bildungsfernen und sozial benachteiligten Schichten, gerückt.

Das Sekretariat der Ständigen Konferenz der Kultusminister der Länder in der Bundesrepublik Deutschland formuliert die gesellschaftliche Bedeutung der Ganztagsschule wie folgt:

„Die gesellschaftliche Bedeutung von Ganztagsschulen bzw. -angeboten in Deutschland ist in den letzten Jahren deutlich angestiegen. Ursächlich hierfür sind zwei Entwicklungslinien: der hohe Bedarf nach ganztägiger Betreuung zur Vereinbarkeit von Familie und Beruf sowie die insbesondere durch die Ergebnisse der OECD-Studie PISA angeregte Diskussion über die besten Rahmenbedingungen für schulisches Lernen, zu denen viele Wissenschaftler, Lehrer, Eltern und Politiker auch die Ganztagsschule zählen." (Sekretariat der Ständigen Konferenz der KMK 2009, S. 4)

Der hohe Grad an Übereinstimmung von aufgedeckten Defiziten an bundesdeutschen Schulen einerseits und den Erwartungen – denn empirisch belegte Ergebnisse gab es bis dahin nur sehr oberflächlich (vgl. Ipfling/Lorenz 1979 und Ipfling 1981) – an die Ganztagsschule andererseits hätte vielleicht noch nicht unmittelbar zu einer derart forcierten Entwicklung der Ganztagsschulen in der Bundesrepublik geführt, wie sie sich ab 2003 vollzogen hat. Als bedeutsam für diese Entwicklung müssen zwei weitere wesentliche Ausgangsbedingungen

---

12 Gezählt werden immer Ganztagsschulen als schulartspezifische Einrichtungen. Die Daten werden nach Schularten untergliedert, d. h. wenn eine Ganztagsschule über einen Haupt- und einen Realschulzweig verfügt, werden beide gesondert ausgewiesen. Als Einzelschule mit diesen zwei Zweigen werden sie jedoch als Verwaltungseinheit gezählt. Die Summe der Einrichtungen nach Schularten ist daher nicht identisch mit der Zahl der Verwaltungseinheiten. Lediglich die Ganztagsschulen Mecklenburg-Vorpommerns werden als Verwaltungseinheiten ausgewiesen, da andere Zahlen noch nicht verfügbar sind.

gezählt werden, die aus zeitlicher Sicht maßgeblich positiven Einfluss nahmen: Zum einen entsprachen die Zielsetzungen der Ganztagsschule den bildungspolitischen Vorstellungen der zu dieser Zeit amtierenden Regierungsparteien von SPD und Bündnis 90/Die Grünen, und zum anderen stieß die Ganztagsschule auch in großen Teilen der Bevölkerung auf Zustimmung, da sich die mit ihr erhofften Vorzüge in besonderem Maße auf eine breite und nicht bereits privilegierte Schicht der Bevölkerung auswirken sollten.

Da aufgrund des Föderalismus die Länder und nicht der Bund die Hoheit bei der Gestaltung des Bildungssystems ihres jeweiligen Bundeslandes haben und somit allein entscheiden konnten, ob und wie sie den Ausbau und die Entwicklung von Ganztagsschulen fördern, schuf die Bundesregierung Rahmenbedingungen, die die Länder ausschließlich zum Ausbau und zur Weiterentwicklung von Ganztagsschulen nutzen konnten. Da Ganztagsschulen – so der vorhandene Kenntnisstand (vgl. Appel 1978 und 2004 sowie Appel u. a. 2003) – gegenüber der traditionellen Halbtagsschule einen höheren Raumbedarf haben und die bestehenden Halbtagsschulen diesem nicht gerecht werden konnten, unterzeichneten am 12.05.2003 Bund und Länder das Investitionsprogramm „Zukunft Bildung und Betreuung" (IZBB) (vgl. Kap. 3.2). Um einen bundesweit verbindlichen Standard für die Gestaltung der Ganztagsschulen zu implementieren, der jedem Bundesland als Grundlage für die Entwicklung ihrer Ganztagsschulen dienen sollte, definierte die Kultusministerkonferenz in ihrem „Bericht über die allgemein bildenden Schulen in Ganztagsform in den Ländern in der Bundesrepublik Deutschland – Schuljahr 2002/2003" wesentliche organisatorische und strukturelle Merkmale von Ganztagsschulen, während die inhaltliche Ausgestaltung in die Verantwortung der Länder gelegt wurde. Ganztagsschulen sind laut KMK „demnach Schulen, bei denen im Primar- und Sekundarbereich I

- an mindestens drei Tagen in der Woche ein ganztägiges Angebot für die Schüler bereitgestellt wird, das täglich mindestens sieben Zeitstunden umfasst,
- an allen Tagen des Ganztagsschulbetriebs den teilnehmenden Schülern[13] ein Mittagessen bereit gestellt wird,
- die Ganztagsangebote unter der Aufsicht und Verantwortung der Schulleitung organisiert und in enger Kooperation mit der Schulleitung durchgeführt werden sowie in einem konzeptionellen Zusammenhang mit dem Unterricht stehen."
(Sekretariat der Ständigen Konferenz der KMK 2009, S. 4).

---

13 Die an den Ganztagsangeboten teilnehmenden Schüler werden im Nachfolgenden – mit Ausnahme von Zitaten – als „Ganztagsschüler" bezeichnet. Schüler, die nicht an den Ganztagsangeboten teilnehmen, werden dagegen als „Halbtagsschüler" bezeichnet.

Zur Verantwortlichkeit der Länder in der Ausgestaltung der Ganztagsschule aus inhaltlicher Sicht trifft die KMK folgende Aussage: „Diese Definition trifft auf alle verschiedenen Formen der Ganztagsschulen in den Ländern zu. Die jeweiligen Bezeichnungen der Ganztagsschulen unterscheiden sich in den Ländern. Ebenso unterschiedlich stellen sich weitere organisatorische und inhaltliche Gegebenheiten dar, wie z. B. die Öffnungszeiten (zwischen drei und fünf Tagen pro Woche und zwischen sieben und neun Stunden pro Tag), die Differenzierung von für die Kinder verpflichtenden und freiwilligen Elementen des jeweiligen Angebots oder der Umfang von ergänzenden Ferienangeboten." (ebd.).

Das Zusammentreffen dieser verschiedenen fördernden Faktoren führte dazu, dass die Entwicklung der Ganztagsschule aus bildungspolitischer, parteipolitischer und sozialbezogener Sicht in einem solchen Maße legitimiert und aus finanzieller Sicht ermöglicht wurde, wie es zuvor in der Bundesrepublik noch nicht der Fall war. Die Folge dieser Konstellation war eine einsetzende kontinuierliche Entwicklung der Ganztagsschulen in allen Bundesländern. Gab es 2002 bundesweit an 16,3% der schulischen Verwaltungseinheiten einen Ganztagsschulbetrieb, an dem 9,7% aller Schüler der allgemein bildenden Schulen teilnahmen, so hat es hier einen derartigen Zuwachs gegeben, dass es im Schuljahr 2007/08 38,9% der Verwaltungseinheiten waren und 20,9% der Schüler eine der Formen der Ganztagsschule besuchten (vgl. Sekretariat der Ständigen Konferenz der KMK 2009, S. 10).

Der quantitative Anstieg an Verwaltungseinheiten mit Ganztagsschulbetrieb bundesweit sowie an Ganztagsschülern kann als ein Indiz für die positive Wirkung des Investitionsprogramms „Zukunft Bildung und Betreuung" (IZBB) auf die Ganztagsschulentwicklung gewertet werden.

Eine spezifische Betrachtung dieser Entwicklung wirft jedoch die Frage auf, ob die gegenwärtigen Entwicklungstendenzen den Intentionen der Ganztagsschule gerecht werden und ob sie die in die Ganztagsschule gesetzten Erwartungen gegenwärtig schon erfüllen.

Jedoch scheint es, dass das bundesdeutsche Schulwesen von der Realisierung der Ganztagsschule als die Schule, die nach den KMK-Beschlüssen 2001 als zweckmäßige Schulform für die Weiterentwicklung der Schule in der Bundesrepublik angesehen wurde, noch sehr weit entfernt ist (vgl. Sekretariat der Ständigen Konferenz der KMK 2002).

Um die hinsichtlich der Schularten sehr unterschiedliche Verteilung der Ganztagsschulformen übergreifend in der Entwicklung darstellen zu können, ist eine Betrachtung der Ganztagsschüler nach der Ganztagsschulform erforderlich. Aus der Verteilung wird deutlich, dass

- im Schuljahr 2003/2004 fast doppelt so viele Schüler am Ganztagsschulbetrieb in gebundener Form (566.707) teilgenommen haben als in der offenen Form (299.112) und dass das Verhältnis bei etwa 1,9:1 liegt,
- der Anteil der Schüler, der am Ganztagsschulbetrieb in gebundener Form teilnahm, von 2003/2004 bis 2007/2008 insgesamt kaum gestiegen ist (+11,9 Prozentpunkte),
- der Anteil der in der offenen Form teilnehmenden Schüler im gleichen Zeitraum stark angestiegen ist (+221 Prozentpunkte),
- im Schuljahr 2007/2008 das Verhältnis von Ganztagsschülern in der gebundenen Form zur offenen Form bei etwa 2:3 liegt.

Wahrscheinlich ist es einfacher, offene Ganztagsschulen zu implementieren als gebundene Formen zu entwickeln. Die Realisierung der teilweise gebundenen und der voll gebundenen Ganztagsschule erfordert im Gegensatz zur offenen Ganztagsschule einen höheren Einsatz an personellen und finanziellen Mitteln durch das Land, die Schulämter und Schulverwaltungen.

Es ist zu vermuten, dass man vor der weiteren konsequenten und verstärkten Durchsetzung der Ganztagsschule aufgrund abnehmender Haushaltsmittel insgesamt genauso zurückschreckt wie vor der Beförderung der gebundenen Ganztagsschule aufgrund des höheren Finanzierungs- und Versorgungsbedarfs. Das ehrgeizige Vorhaben der Implementierung der Ganztagsschule als flächendeckendes Angebot ganztägiger Bildung wird jedoch nur dann erfolgreich für eine höhere Bildungsleistung der gesamten Bundesrepublik sein, wenn

- das Entwicklungstempo nicht nur beibehalten, sondern massiv erhöht wird und
- alle Schüler einer Schule die Angebote nicht nur annehmen können, sondern vor allem Kinder und Jugendliche aus bildungsfernen Schichten diese auch tatsächlich gewollt wahrnehmen.

Mit der Definition zur Ganztagsschule durch die KMK und das Investitionsprogramm „Zukunft Bildung und Betreuung" durch den Bund wurden den Ländern zwei bedeutsame Grundorientierungen für die weitere Entwicklung ihrer Ganztagsschulen gegeben. Da sich die darin enthaltenen Vorgaben jedoch vorrangig auf zeitliche, organisatorische, bauliche sowie materielle und technische Aspekte beziehen, obliegt die inhaltliche Ausgestaltung der Ganztagsschule den Ländern selbst. Auf der Grundlage länderspezifischer Gesetze, Verwaltungsvorschriften, Konzepte und Richtlinien hat sich in der Bundesrepublik ein ausgesprochen heterogenes Bild von Ganztagsschulen entwickelt.

Dieses betrifft vielfältige Bereiche, wie z. B.

- die Verteilung der Ganztagsschulen auf die Primarstufe und Sekundarstufe I,
- die Verteilung der Ganztagsschulen auf die in den Ländern jeweils existierenden Schularten,
- die Umsetzung und Ausgestaltung der jeweiligen Ganztagsschulformen,
- die Einbindung und die Rolle außerschulischer Partner bzw. des nicht-pädagogischen Personals bei der Gestaltung des Ganztagsschulbetriebs,
- den Anteil der am Ganztagschulbetrieb teilnehmenden Schüler und
- die Schwerpunktsetzung der Arbeit an den Ganztagsschulen (vgl. auch Quellenberg 2007, S. 24ff.).

Insgesamt kann festgestellt werden, dass die Entwicklung der Ganztagsschulen in Deutschland nach 2003 durch einen kontinuierlichen Anstieg schulischer Verwaltungseinheiten mit Ganztagsschulbetrieb gekennzeichnet ist, der sich

- in den einzelnen Bundesländern sehr unterschiedlich darstellt,
- zwischen den einzelnen Schularten stark unterscheidet,
- stärker bei offenen als bei gebundenen Ganztagsschulen und
- in einem deutlichen Anstieg der an den – besonders bei den offenen – Ganztagsangeboten teilnehmenden Schülern zeigt.

4 Entwicklung der Ganztagsschule in Mecklenburg-Vorpommern

4.1 Das Schulgesetz vom 13. Februar 2009 als gesetzliche Grundlage

Zur Umsetzung der bildungspolitischen Ziele der während der 5. Legislaturperiode regierenden SPD/CDU-Koalition wurde das Erste Gesetz zur Änderung des Schulgesetzes vom 13. Februar 2006 in zweiter Lesung am 28. Januar 2009 durch den Landtag beschlossen, so dass es mit Beginn des Schuljahres 2009/10 in Kraft treten konnte. Mit der Schulgesetzänderung wurde sowohl für eine stärkere Berücksichtigung bildungspolitischer Entwicklungen auf Bundesebene als auch für eine bessere Umsetzung landesspezifischer Leitziele die rechtliche Grundlage geschaffen.

Wesentliche Änderungen bezogen sich unter anderem auf

- die Stärkung der Eigenverantwortung von Schule (z. B. § 39a „Qualitätsentwicklung und Qualitätssicherung an der Selbstständigen Schule"),
- den Ausbau von Ganztagsschulen (z. B. § 39 „Ganztagsangebote und Ganztagsschulen"),
- die Stärkung der Erziehungsfunktion von Schule (z. B. § 1 „Schulische Bildung und Erziehung für jeden"; § 62 „Bewertung und Beurteilung der Leistungen sowie des Arbeits- und des Sozialverhaltens"),
- das klare Beschreiben sämtlicher Pflichten der Eltern und der Schule (z. B. § 49 „Pflichten der Erziehungsberechtigten"),
- die Struktur, die Aufgaben und die Rolle der Schulbehörden (z. B. § 95 „Organisation der Schulbehörden"; § 97 „Schulbehörden und Schulaufsicht"; § 98 „Schulbehörden und Schulträger"; § 99 „Institut für Qualitätsentwicklung Mecklenburg-Vorpommern"),
- die Verbesserung der Berufswahlvorbereitung sowie auf
- Maßnahmen zur Verbesserung der Verknüpfung von Schule und Berufsausbildung (z. B. § 16 „Die Regionale Schule)

und fanden ihre Begründung sowohl in der Fortführung wesentlicher Zielsetzungen des auch von den bildungspolitischen Positionen der SPD geprägten Schulgesetzes von 2006 (vgl. Ministerium für Bildung, Wissenschaft und Kultur M-V

2006a) als auch in der Koalitionsvereinbarung zwischen der SPD und der CDU vom 06. November 2006 (vgl. SPD/CDU 2006).

Unter der Zielsetzung, „die außergewöhnlichen Fähigkeiten und besonderen Stärken" (Ministerium für Bildung, Wissenschaft und Kultur M-V 2009, S. 1) jedes einzelnen Schülers „im Sinne der Bildungsgerechtigkeit frühzeitig zu erkennen und zielgerichtet zu fördern" (ebd.) und „jeder Schülerin, jedem Schüler [...] die besten Bildungschancen [zu] bieten" (ebd.), sollte den Schulen ein veränderter, erweiterter Handlungsrahmen gegeben werden, der einerseits auf klaren staatlichen Vorgaben basiert und andererseits der Einzelschule Freiräume eröffnet und ihre Eigenverantwortung stärkt. Damit sollten die Voraussetzungen geschaffen werden, dass die Einzelschule „spezifischer und flexibler auf ihre konkreten Bedingungen sowie auf veränderte Zielstellungen reagieren [kann]" (ebd.).

Mit der Übertragung einer größeren Flexibilität und einer erhöhten Selbstständigkeit, die sich vor allem auf Maßnahmen des Personalmanagements, der Mittelbewirtschaftung und der Unterrichtsentwicklung bezogen, sollte ein wesentlicher Schritt zu einer verbesserten Schul- und Unterrichtsqualität an der Einzelschule erreicht werden. So wurde die Zuweisung der Lehrerstunden und damit eine Form der Schulfinanzierung von einem klassenbezogenen auf ein schülerbezogenes System umgestellt und eine Kontingentstundentafel eingeführt. Um den Wettbewerb zwischen den Schulen im Sinne einer qualitativen Weiterentwicklung und weiteren Profilierung der Einzelschule zu erhöhen und es Kindern und Jugendlichen auch aus ländlichen Regionen und sozial schwachen Familien zu ermöglichen, bis zum Abitur zur Schule zu gehen, wurde ab dem Schuljahr 2010/11 die freie Schulwahl auch für Kinder auf dem Lande beschlossen, die Fahrt zur Schule für Schüler der Sekundarstufe II in den Landkreisen kostenfrei gestaltet und die Mindestzahlen für Schüler in einer Jahrgangsstufe am Gymnasium auf dem Lande von 54 auf 44 gesenkt, wenn ohne dieses der einfache Schulweg zu einer anderen Schule mit einem gymnasialen Bildungsgang mehr als eine Stunde betragen würde. Als wesentlicher Schritt zur Qualitätsverbesserung des Bildungswesens wurde jedoch vor allem die flächendeckende Einführung der Selbstständigkeit gesehen, da mit ihr unter anderem „der effiziente Einsatz der Ressourcen der Einzelschule, die Erhöhung ihrer Verantwortung für die Erstellung eigener pädagogischer Konzepte und in diesem Zusammenhang auch für ihre Ergebnisse" (ebd.) erreicht werden sollten.

Eine Grundlage der Gesetzesänderung stellten dabei die Erfahrungen der 20 Modellschulen dar, die an dem zum Schuljahr 2004/05 gestarteten dreijährigen

Modellprojekt „Mehr Selbstständigkeit für Schulen" teilnahmen. Durch die Schaffung veränderter Rahmenbedingungen – insbesondere in den Bereichen des Personalmanagements und der Mittelbewirtschaftung – sollte sich der höhere Grad an Selbstständigkeit der Einzelschule förderlich auf „die nachhaltige Qualitätsverbesserung der schulischen Arbeit" (Ministerium für Bildung, Wissenschaft und Kultur Mecklenburg-Vorpommern[14] 2003c, S. 3) auswirken und „den Schülern den Erwerb von Kompetenzen [...] ermöglichen, die sie zu exemplarischem und vernetztem Denken sowie zu eigenverantwortlichem Lernen befähigen" (ebd.). In dem Konzept zum Modellprojekt wurden daher vier Arbeitsfelder festgelegt, mit denen dieses Ziel erreicht werden sollte:

Konnten die Modellschulen nach eigenem Ermessen selbst den Zeitpunkt und die Anzahl der zu bearbeitenden Arbeitsfelder „Personalmanagement", „Mittelbewirtschaftung" sowie „inner- und außerschulische Partnerschaften" bestimmen, so erhielt das Arbeitsfeld „Unterrichtsorganisation und -gestaltung" einen verpflichtenden Charakter. Die erweiterten Möglichkeiten eines selbstständigen und eigenverantwortlichen Handelns in den anderen drei Arbeitsfeldern sollten den Modellschulen vor allem „ermöglichen, bei der Unterrichtsorganisation und -gestaltung [...] selbstständige Entscheidungen treffen" zu können (ebd., S. 9).

Die Übertragung einer höheren Selbstständigkeit an die Einzelschule stellte in der 5. Legislaturperiode zwar neben dem weiteren Auf- und Ausbau der Ganztagsschulen einen zweiten Schwerpunkt der Bildungspolitik Mecklenburg-Vorpommerns dar, richtete sich aber wie die Entwicklung der Ganztagsschulen auch auf das gemeinsame Ziel einer verbesserten Unterrichts- und Erziehungsqualität, die im Sinne einer größeren Chancengleichheit und besseren individuellen Förderung allen Schülern zugutekommen und damit den Intentionen der Ergebnisse der PISA-Studie und anderer internationaler Vergleichsstudien Rechnung tragen sollte. Die mit dem Ersten Änderungsgesetz vom 16. Februar 2009 beschlossenen Neuregelungen bezogen sich damit – im Gegensatz zu den vorherigen Neufassungen des Schulgesetzes – nicht auf strukturelle Änderungen des Schulwesens durch Veränderungen der Schularten, sondern auf Maßnahmen einer gezielten qualitativen Verbesserung von Bildung und Erziehung.

---

14 Im Folgenden wird bei den Literaturverweisen anstelle der Bezeichnung „Mecklenburg-Vorpommern" das Kürzel „M-V" verwendet.

4.2 Maßnahmen des Ministeriums für Bildung, Wissenschaft und Kultur Mecklenburg-Vorpommern zur Entwicklung der Ganztagsschule[15]

Das Land Mecklenburg-Vorpommern hat in den vergangenen Jahren neben den Festlegungen im Schulgesetz mit der Verabschiedung von Verordnungen und Verwaltungsvorschriften sowie durch Kooperationsvereinbarungen mit anderen Institutionen und Einrichtungen für die Schulen Vorgaben und Richtlinien verabschiedet, die sich direkt oder indirekt förderlich auf die Einführung und Entwicklung des Ganztagsschulbetriebes auswirkten. Zu diesen zählen unter anderem nachfolgend in zeitlicher Abfolge aufgeführte Gesetze, Erlasse und Konzepte:

- Achtes Sozialgesetzbuch (Kinder- und Jugendhilfegesetz KJHG) vom 26.06.1990,
- Erstes Schulreformgesetz Mecklenburg-Vorpommern vom 26.04.1991,
- Gesetz zur Ausführung des Achten Buches des Sozialgesetzbuches – Kinder- und Jugendhilfe (AGKJHG-Org) vom 23.02.1993,
- Schulgesetz für das Land Mecklenburg-Vorpommern vom 15.05.1996,
- Verwaltungsvorschrift „Die Arbeit an der integrierten Gesamtschule" vom 04.07.1996,
- Verordnung über die Schulentwicklungsplanung in Mecklenburg-Vorpommern vom 11.07.1996,
- Schulbaurichtlinie des Landes Mecklenburg-Vorpommern vom 17.03.1997,
- Kinder- und Jugendförderungsgesetz (KJfG M-V) vom 07.07.1997,
- Verwaltungsvorschrift „Die Arbeit an der Grundschule" vom 08.09.1998,
- Verwaltungsvorschrift „Die Arbeit in der Ganztagsschule" vom 12.05.1999,
- Landesinitiative Jugend- und Schulsozialarbeit, 2000,
- Pädagogisches Konzept zur Entwicklung von Ganztagsschulen vom 22.06.2003,
- Verwaltungsvorschrift über die „Investive Förderung von Ganztagsschulen" vom 08.09.2003,

---

15 Das folgende Kapitel wurde durch den Autor dieser wissenschaftlichen Arbeit im Rahmen des Forschungsvorhabens erarbeitet und ist Bestandteil des unveröffentlichten Forschungsberichtes „Die Ganztagsschule in Mecklenburg-Vorpommern" (vgl Prüß u. a. 2010).

- Schulgesetz für das Land Mecklenburg-Vorpommern in seiner aktualisierten Form vom 13.02.2006,
- Verwaltungsvorschrift „Die Arbeit an der Ganztagsschule" in seiner aktualisierten Form vom 15.03.2006,
- Schulgesetz für das Land Mecklenburg-Vorpommern in seiner aktualisierten Form vom 16.02.2009,
- Verwaltungsvorschrift „Die Arbeit in der Ganztagsschule" in seiner aktualisierten Form vom 09.08.2010.

Dieser zeitliche Ablauf verdeutlicht, dass in Mecklenburg-Vorpommern durch eine Vielzahl gesetzlicher Vorgaben rechtliche Rahmenbedingungen geschaffen wurden, die sich im Gesamten oder punktuell positiv auf die Entwicklung des Bildungswesens im Allgemeinen und die der Ganztagsschulen im Besonderen auswirkten. Nachfolgend soll näher auf diejenigen Verwaltungsvorschriften, Konzepte und Verordnungen eingegangen werden, die neben den bereits beschriebenen Ausführungen zur Entwicklung des Schulgesetzes unmittelbaren Einfluss auf diese Entwicklung in Mecklenburg-Vorpommern genommen haben.

Mit dem Schulgesetz von 1996 wurden verbindliche Aussagen zur Förderung der Entwicklung von Ganztagsschulen einerseits sowie über die in Frage kommenden Schularten andererseits getroffen, so dass deutlich wird, dass die Entwicklung der Ganztagsschule nicht schulartgebunden, sondern gleichbedeutend mit der Entwicklung einer neuen Schulkultur ist (vgl. auch Kultusministerium des Landes Mecklenburg-Vorpommern 1996).

1997 folgte die Schulbaurichtlinie des Landes Mecklenburg-Vorpommern (vgl. Ministerium für Bildung, Wissenschaft und Kultur M-V 1997), 1998 die Verwaltungsvorschrift „Die Arbeit an der Grundschule" (vgl. Ministerium für Bildung, Wissenschaft und Kultur M-V 1998) und 1999 der Erlass „Die Arbeit in der Ganztagsschule" (vgl. Ministerium für Bildung, Wissenschaft und Kultur M-V 1999a). Alle diese Verordnungen und Erlasse gaben den Schulen Orientierung, aber auch Sicherheit und Klarheit über wesentliche Schritte zur Einrichtung des Ganztagsbetriebes. Das Jahr 2003 hatte sowohl aus landes- als auch aus bundespolitischer Sicht wesentlichen Einfluss auf die Ganztagsschulentwicklung. Auf Landesebene wurde das „Pädagogische Konzept zur Entwicklung von Ganztagsschulen" (vgl. Ministerium für Bildung, Wissenschaft und Kultur M-V 2003a) beschlossen, und auf Bundesebene wurde durch die Kultusministerkonferenz im „Bericht über die allgemein bildenden Schulen in Ganztagsform in den Ländern der Bundesrepublik Deutschland" der Begriff der Ganztagsschule eindeutig definiert, indem verbindliche Vorgaben sowohl aus zeitlicher als auch aus organisatorischer Sicht gemacht wurden (vgl. Sekretariat der Ständigen Konferenz der KMK 2004, S. 4) sowie das Investitionsprogramm „Zukunft Bildung und Betreuung" (IZBB) gestartet. Für die Verteilung der finanziellen Mittel auf Landesebene wurde in Mecklenburg-Vorpommern die Verwaltungsvorschrift über die „Investive Förderung von Ganztagsschulen" vom 08.09.2003 als Ergänzung zur Verwaltungsvorschrift des Bundes vom 01.01.2003 beschlossen, in der die Förderrichtlinien und das erforderliche Antragsverfahren festgelegt wurden (vgl. Ministerium für Bildung, Wissenschaft und Kultur M-V 2003b).

2006 wurde die Verwaltungsvorschrift „Die Arbeit an der Ganztagsschule", in der unter anderem die inhaltlichen Anforderungen an das Ganztagsschulkonzept modifiziert wurden, überarbeitet (vgl. Ministerium für Bildung, Wissenschaft und Kultur M-V 2006b, S. 167f.).

Zusammenfassend kann hinsichtlich der rechtlichen Rahmenbedingungen festgestellt werden, dass das Land Mecklenburg-Vorpommern auf der Grundlage allgemeiner Festlegungen zur zeitlichen und organisatorischen Gestaltung der Ganztagsschule durch die KMK eigene landesspezifische Positionen erarbeitete, die bereits frühzeitig eine grundlegende Orientierung für die inhaltliche Ausgestaltung der Ganztagsschule gaben.

Das Pädagogische Konzept zur Entwicklung von Ganztagsschulen in Mecklenburg-Vorpommern vom 22.03.2003 trifft – Bezug nehmend auf die Rechtsgrundlagen für die Gestaltung der Ganztagsangebote in Mecklenburg-Vorpommern sowie den Beschluss der Kultusministerkonferenz zum Begriff „Ganztagsschule" und zu den Ganztagsschulformen – unter anderem Aussagen zu den

- Gründen für den weiteren Ausbau des Ganztagsschulsystems,
- wesentlichen Merkmalen von Ganztagsschulen,
- erweiterten Möglichkeiten einer Rhythmisierung,
- Möglichkeiten der Einbeziehung externer Partner.

Damit erweitert und ergänzt das Pädagogische Konzept die Aussagen der Verwaltungsvorschrift „Die Arbeit in der Ganztagsschule" (1999) insbesondere hinsichtlich der Merkmale von Ganztagsschulen, die im Ganztagsschulkonzept Berücksichtigung finden müssen, und der Nutzungsvoraussetzungen des Investitionsprogramms „Zukunft Bildung und Betreuung" (IZBB). Die nachfolgende Übersicht verdeutlicht die Berücksichtigung spezifischer Aussagen zur Ganztagsschule in der Verwaltungsvorschrift von 1999 bzw. im Pädagogischen Konzept (vgl. Ministerium für Bildung, Wissenschaft und Kultur M-V 1999a, 2003a).

Tab. 5: Aussagen der Verwaltungsvorschrift „Die Arbeit in der Ganztagsschule" und des Pädagogischen Konzeptes zur Entwicklung der Ganztagsschulen in Mecklenburg-Vorpommern

Hinsichtlich der Ganztagsschule/des Ganztagsbetriebes werden Aussagen getroffen zu...	Verwaltungsvorschrift „Die Arbeit in der Ganztagsschule" (1999)	Pädagogisches Konzept zur Entwicklung der Ganztagsschulen in Mecklenburg-Vorpommern (2003)
den Aufgaben und Zielen	•	•
dem zeitlichen Rahmen	•	•
den Organisationsformen	•	•
Möglichkeiten der Rhythmisierung		•
den veränderten Aufgaben der Lehrkräfte	•	•
den Tätigkeitsbereichen und Aufgaben der Sozialarbeiter/ Sozialpädagogen	•	•
der Einbeziehung außerschulischer Partner	•	•
der Art und Gestaltung der Angebote	•	
der Umsetzung in der Sekundarstufe II	•	
dem an der Ganztagsschule tätigen Personal	•	
den Aufgaben der Erzieher und ihrer Ausbildung	•	
der Einbeziehung des Schulträgers und der Schülerbeförderung	•	
der Mindestzahl teilnehmender Schüler	•	
Merkmale der Ganztagsschulen/ Schwerpunkte im Ganztagsschulkonzept		•
den möglichen Trägerschaften		•

Hinsichtlich der Ganztagsschule/des Ganztagsbetriebes werden Aussagen getroffen zu…	Verwaltungsvorschrift „Die Arbeit in der Ganztagsschule" (1999)	Pädagogisches Konzept zur Entwicklung der Ganztagsschulen in Mecklenburg-Vorpommern (2003)
der Nutzung/Zuwendung/ Finanzierung des Investitionsprogramms „Zukunft Bildung und Betreuung"		•
den Anforderungen an Bau und Ausstattung der Ganztagsschulen entsprechend der Förderrichtlinien		•

(Quelle: Ministerium für Bildung, Wissenschaft und Kultur M-V 1999a, 2003a)

Es wird deutlich, dass – bezogen auf den Ganztagsschulbetrieb – in der Verwaltungsvorschrift von 1999 stärker

- organisatorische Aspekte,
- die Aufgaben der einbezogenen Personen sowie
- Fragen der Art und Gestaltung von Ganztagsangeboten

Berücksichtigung finden, während im Pädagogischen Konzept konkretere Aussagen zu

- den Bestandteilen des Ganztagsschulkonzeptes und zu
- der Unterrichtsorganisation und -gestaltung

getroffen werden.

Für die Entwicklung der Ganztagsschulen in Mecklenburg-Vorpommern war besonders die Festlegung der Schwerpunkte

- veränderte Unterrichtsorganisation und -gestaltung entsprechend den Lernbedürfnissen der Schüler und den Inhalten des Unterrichts,
- Erziehung zu einer gesunden Lebensweise,
- Öffnung der Schule und
- Zusammenarbeit aller an Schule Beteiligten (vgl. Ministerium für Bildung, Wissenschaft und Kultur M-V 2003a, S. 4)

von Bedeutung, da somit trotz einer auch landesweit sehr unterschiedlichen Organisation und Profilierung der Ganztagsschulen einheitliche Arbeitsschwerpunkte

Entwicklung der Ganztagsschule in Mecklenburg-Vorpommern

festgelegt wurden, die auf eine qualitative Weiterentwicklung der Ganztagsschulen zielten. Wesentliche Aussagen des Pädagogischen Konzeptes wurden 2006 in die überarbeitete Verwaltungsvorschrift übernommen und entsprechend der Ganztagsschulentwicklung der letzten Jahre modifiziert und konkretisiert. Dieses zeigt sich besonders hinsichtlich der Schwerpunkte, zu denen im pädagogischen Ganztagsschulkonzept der einzelnen Schulen Aussagen getroffen werden sollen.

Tab. 6: Schwerpunkte des Pädagogisches Konzeptes und der Verwaltungsvorschrift „Die Arbeit an der Ganztagsschule"

Schwerpunkte der Ganztagsschulkonzepte	Pädagogisches Konzept zur Entwicklung der Ganztagsschulen in Mecklenburg-Vorpommern (2003)	Verwaltungsvorschrift „Die Arbeit an der Ganztagsschule" (2006)
Das pädagogische Ganztagsschulkonzept soll Aussagen enthalten zu…	einer veränderten Unterrichtsorganisation und -gestaltung entsprechend den Lernbedürfnissen der Schüler und den Inhalten des Unterrichts	
		schulinternen Förder- und Differenzierungskonzepten auf der Grundlage schulinterner Lehrpläne
	der Erziehung zu einer gesunden Lebensweise	der Erziehung im Sinne einer gesunden und wertorientierten Lebensweise
	der Öffnung der Schule	der Öffnung der Schule gegenüber ihrem gesellschaftlichen Umfeld gemäß § 40 Abs.1 SchulG M-V 2006
	der Zusammenarbeit aller an Schule Beteiligten	
		der Gestaltung und Entwicklung der Schulkultur

(Quelle: Ministerium für Bildung, Wissenschaft und Kultur M-V 2003a, 2006b)

Die Konkretisierung der Schwerpunkte in der Verwaltungsvorschrift 2006 wird damit in einem stärkeren Maße den Zielen der Ganztagsschule gerecht, denn „Ganztagsangebote vertiefen Lern- und Förderangebote für möglichst viele Schüler und gewährleisten, dass attraktive Lern- und Lebensorte für junge Menschen entstehen und insbesondere in den ländlichen Regionen die Erreichbarkeit soziokultureller Angebote gesichert wird. Ganztagsangebote sollen verstärkt Ressourcen, die im Gemeinwesen vorhanden sind, für die Schüler nutzbar machen" (Ministerium für Bildung, Wissenschaft und Kultur M-V 2006b, S. 167).

Von besonderer Bedeutung ist dabei – als Konsequenz auf die Ergebnisse der PISA-Studien – die Berücksichtigung schulinterner Förder- und Differenzierungskonzepte auf der Grundlage schulinterner Lehrpläne. Wenn sich ganztägige Bildung, Betreuung und Erziehung insbesondere dieser Problematik widmen soll, müssen mehr Möglichkeiten der individuellen Lernförderung für diese Kinder geschaffen werden. Dazu sind sowohl mehr Zeit zum Lernen als auch eine qualitative Verbesserung des Fachunterrichts erforderlich (vgl. Tillmann 2005, S. 51).

Wenn die Intensivierung von Förderung und die Optimierung von Lernchancen für alle Schüler wesentliche Ziele ganztägiger Schulen sein sollen, muss die zusätzlich zur Verfügung stehende Zeit sowohl für zusätzliche Förderungen mit dem Ziel der Wiederholung, der Übung und der Anwendung als auch für gezielte Veränderungen hinsichtlich des Unterrichts genutzt werden (vgl. Holtappels 2004, S. 87).

Eine individuelle Lernförderung muss dabei sowohl Möglichkeiten zum Abbau von Leistungsschwächen und Defiziten als auch zur Förderung leistungsstärkerer Schüler bzw. besonderer Begabungen umfassen.

Mit der Novellierung des Schulgesetzes vom 16.02.2009 und der Aktualisierung der Verwaltungsvorschrift „Die Arbeit in der Ganztagsschule" vom 09.08.2010 hat das Land Mecklenburg-Vorpommern die Zielsetzung der Ganztagsschulentwicklung weiter präzisiert.

Das Land orientiert dabei gezielt auf die Weiterentwicklung der Ganztagsschulen zu einer gebundenen Form, wobei nicht mehr zwischen der nach der KMK sowie dem Pädagogischen Konzept zur Entwicklung von Ganztagsschulen definierten teilweise und voll gebundenen Form unterschieden wird: „Ganztagsschulen sollen in der Regel in gebundener Form auf der Grundlage des Schulprogramms errichtet und betrieben werden." (§ 39 Abs. 4 SchuG M-V 2009) Damit wird deutlich, dass sich auch die bereits bestehenden Ganztagsschulen in der offenen Form zu einer gebundenen Form entwickeln sollen und die Weiterführung des Ganztagsschulbetriebes in der offenen Form eher eine Ausnahme bleiben soll: „Ausnahmsweise kann im Sekundarbereich I der Schulen nach § 11 Absatz 2 Nummer 1 Buchstabe b bis f die Entwicklung von offenen Ganztagsangeboten gefördert werden." (ebd.) Neben diesen strukturellen Vorgaben wird auch in den Übergangsbestimmungen der zeitliche Rahmen zur Weiterentwicklung näher definiert: „Beginnend mit dem Schuljahr 2009/2010 werden genehmigte Ganztagsschulen in offener Form auf Antrag ihrer Träger in Ganztagsschulen in gebundener Form umgewandelt. […]

Auf Antrag des Trägers kann auch ausnahmsweise auf der Grundlage von § 39 Abs. 4 Satz 6 die Weiterführung des Ganztagesangebotes in offener Form beantragt werden. Erforderlich für die Weiterführung eines Angebotes ist in jedem Falle ein Antrag des Trägers, der bis zum Ablauf des Schuljahres 2009/2010 bei der zuständigen Schulbehörde zu stellen ist." (§ 143 Abs. 8 SchuG M-V 2009)

In der Verwaltungsvorschrift „Die Arbeit in der Ganztagsschule" vom 09.08.2010 wird explizit ausgewiesen, dass nicht mehr begründet werden muss, warum die Ganztagsschule in einer gebundenen Form organisiert werden soll, sondern warum dieses nicht realisiert werden soll oder kann: „Die zukünftige Fortführung einer Ganztagsschule in offener Form bedarf einer eingehenden Begründung durch den Schulträger, in der unter anderem dargestellt wird, warum die Ganztagsschule in gebundener Form an diesem Standort nicht eingerichtet werden soll oder kann." (Ministerium für Bildung, Wissenschaft und Kultur 2010, S. 545)

Sowohl im Schulgesetz als auch in der Verwaltungsvorschrift orientieren sich die rechtlichen Vorgaben somit weitestgehend an der gebundenen Ganztagsschule – Ausführungen zur offenen Form werden hierbei deutlich kürzer gehalten.

Dass der Schwerpunkt der Ganztagsschulentwicklung vor allem auf die qualitative Entwicklung gelegt wird, zeigt sich beispielsweise daran, dass die Bedeutung des Ganztagsschulkonzeptes verstärkt hervorgehoben wird. So wird die Fortschreibung des Ganztagsschulkonzeptes, das gemäß § 39 Absatz 4 SchuG M-V Bestandteil des Schulprogrammes ist, als Voraussetzung für den Wechsel der Organisationsform festgelegt, um auch eine qualitative Weiterentwicklung sicherzustellen (vgl. ebd.). Mit der Festlegung, dass „Ganztagsschulen […] gemäß § 39 des Schulgesetzes in der Regel in gebundener Form errichtet und betrieben" werden (ebd.) und diese für alle Schüler hinsichtlich ihrer Teilnahme einen verpflichtenden Charakter hat, erweitert das Land die Vorgaben der KMK über die Organisationsformen in einem entscheidenden Punkt: An Ganztagsschulen sollen alle Schüler der Sekundarstufe I am Ganztagsschulbetrieb teilnehmen, da nur so „eine pädagogische und zeitliche Verzahnung von Unterricht, Freizeit- und Betreuungsangeboten sowie zusätzlichen Lern- und Fördermaßnahmen" (ebd.) realisiert werden kann. Bereits im Pädagogischen Konzept zur Entwicklung von Ganztagsschulen (2003) wurde hervorgehoben, dass Mecklenburg-Vorpommern die beiden gebundenen Formen bevorzugt (vgl. Ministerium für Bildung, Wissenschaft und Kultur Mecklenburg-Vorpommern 2003a, S. 8), da sie „am besten die Voraussetzungen für die Realisierung der Ziele der Ganztagsschulen" schaffen (ebd., S. 4). Mit dem Schulgesetz von 2009 und der Verwaltungsvorschrift von 2010 wird diese Zielsetzung für die Ganztagsschulen in Mecklenburg-Vorpommern auf eine rechtlich verbindliche Grundlage gestellt. Es kann daher als bedeutsam eingeschätzt werden, dass perspektivisch an allen

Ganztagsschulen in Mecklenburg-Vorpommern auch alle Schüler und somit nicht nur einzelne Schüler in der offenen Form bzw. einzelne Klassen oder Jahrgangsstufen in der teilweise gebundenen Form am Ganztagsschulbetrieb teilnehmen sollen. Erst dieses ermöglicht eine grundlegend veränderte Unterrichtsorganisation und -gestaltung entsprechend der Zielsetzungen einer Ganztagsschule.

Mit einem weiteren wesentlichen Aspekt richtet sich die Verwaltungsvorschrift auf die Umsetzung einer ganztagsschulspezifischen Unterrichtsorganisation und -gestaltung. Durch den Einsatz von Zeitbudgets kann die gebundene Ganztagsschule die Voraussetzungen dafür schaffen, den Lernprozess der Schüler differenzierter zu gestalten (vgl. Ministerium für Bildung, Wissenschaft und Kultur 2010, S. 545). Die rechtlichen Rahmenbedingungen für diese Möglichkeit wurden durch die Verwaltungsvorschrift „Hinweise zur Schulorganisation für allgemein bildende Schulen" bereits am 21.07.2000 geschaffen:

Wurden in den Nummern 1 bis 5 der Verwaltungsvorschrift Festlegungen beispielsweise dahingehend getroffen, dass eine Unterrichtsstunde in der Regel 45 Minuten umfasst und Abweichungen nur zulässig sind, „wenn die in der Stundentafel für jede Jahrgangsstufe festgelegte Gesamtstundenzahl sowie die für einzelne Fächer oder Gegenstandsbereiche festgelegten Stundenzahlen nicht unterschritten werden" (Ministerium für Bildung, Wissenschaft und Kultur 2000, S. 1), so wird die Gültigkeit dieser Festlegungen ausdrücklich nur „auf Schulen ohne besondere Organisationsform nach § 39 des Schulgesetzes" beschränkt (ebd.). Daraus ergibt sich, dass Ganztagsschulen ebenso mehr Freiheiten hinsichtlich des Unterrichtsanfangs bzw. -endes, der Pausenzeiten, der Verteilung der Unterrichtsstunden über den Schultag sowie der täglichen Unterrichtszeit erhalten (vgl. ebd., S. 1ff.).

4.3 Einflussfaktoren auf die Ganztagsschulentwicklung in Mecklenburg-Vorpommern[16]

4.3.1 Rahmenbedingungen zur allgemeinen Schulentwicklung

Neben den rechtlichen Bestimmungen wurden auf Bundes- und Landesebene weitere Rahmenbedingungen geschaffen, die sich positiv auf die Entwicklung von

---

16 Das folgende Kapitel wurde durch den Autor dieser wissenschaftlichen Arbeit im Rahmen des Forschungsvorhabens erarbeitet und ist Bestandteil des unveröffentlichten Forschungsberichtes „Die Ganztagsschule in Mecklenburg-Vorpommern" (vgl. Prüß u. a. 2010).

Ganztagsschulen auswirken sollten. Dabei können einerseits Rahmenbedingungen, z. B. Förderprogramme, Fort- und Weiterbildungseinrichtungen, die für alle Schulen gelten, mitunter besonders effizient an Ganztagsschulen ihre Wirkung entfalten. Andererseits sind spezifische Rahmenbedingungen notwendig, die speziell auf die Entwicklung von Ganztagsschulen zugeschnitten und für die Schulen erforderlich sind, um die in den Verwaltungsvorschriften und Konzepten festgelegten Arbeitsfelder zu bearbeiten und die definierten Ziele zu erreichen. Im Folgenden werden Rahmenbedingungen vorgestellt, die auf die allgemeine Schulentwicklung ebenso fördernd wirken sollen wie auf die Ganztagsschulentwicklung in Mecklenburg-Vorpommern.

- Das Förderprogramm „Schule plus"
  Das Förderprogramm „Schule plus" ist eine Initiative des Landes Mecklenburg-Vorpommern in Kooperation mit der Deutschen Kinder- und Jugendstiftung (DKJS). Das Programm soll dazu beitragen, die Bedingungen an den Schulen so zu verbessern, dass die Kooperation mit Unternehmen und anderen außerschulischen Bildungspartnern angeregt und eine Vernetzung lokaler Lernorte erreicht wird. Ziel ist es, die vorhandenen Bildungsressourcen im schulischen Umfeld zu erschließen und besser zu nutzen (vgl. www.schuleplus-mv.de). Schüler sollen durch diese Kooperationsformen zusätzliche Bildungsangebote mit berufsorientierendem Charakter erhalten (vgl. ebd.). Die Angebote in Form von Arbeitsgemeinschaften, Lernteams oder Zirkeln sollen vor allem ausgerichtet sein auf
  - den naturwissenschaftlich-technischen Bereich,
  - den ökonomisch-wirtschaftlichen Bereich,
  - die Arbeit mit Neuen Medien,
  - Aktivitäten für den Wettbewerb „Jugend forscht" sowie
  - die Förderung von sprachlicher und sonstiger kommunikativer Kompetenz
  (vgl. ebd.).

Gegenstand des Förderprogramms sind unterrichtsergänzende Angebote für Schüler außerhalb der Unterrichtszeit, die in Form von Projekten „Fertigkeiten und Fachkenntnisse oder berufliche Vorerfahrungen vermitteln und ein nachhaltiges Gerüst für die künftige Arbeitswelt bilden" (www.raa-mv.de) und damit im Unterricht erworbenes Wissen praktisch umsetzen, um bei den teilnehmenden Schülern Schlüsselqualifikationen zu entwickeln, die den späteren Eintritt in die Berufswelt erleichtern. Auf der Grundlage von Kooperationsvereinbarungen zwischen der Schule und Einrichtungen und Institutionen im außerschulischen, regionalen

Umfeld sollen lokale Lernorte erschlossen und vernetzt, die Öffnung der Schule befördert und Bildungsressourcen vor Ort stärker genutzt werden (vgl. www.schuleplus-mv.de). Die Förderung der Projekte erfolgt in finanzieller Form, indem „Schule plus" die Honorare der Projektbetreuer übernimmt. Diese können sowohl Lehrkräfte als auch nicht-pädagogisch tätiges Personal sowie Personen aus dem außerschulischen Umfeld sein, die mit ihrer Kompetenz die Vorbereitung auf das Berufsleben befördern (vgl. www.dkjs.de).

Daraus wird deutlich, dass das Profil des Förderprogramms „Schule plus" einerseits auf alle Schulen der Sekundarstufen I und II zutrifft, andererseits aber in besonderem Maße förderlich auf die Angebotsstruktur und die Umsetzung der Schwerpunkte von Ganztagsschulen und Selbstständigen Schulen wirkt.

- Ein-Euro-Jobs
  Schulen sollen die Möglichkeit erhalten, erwerbslosen Personen im Rahmen von Ein-Euro-Jobs einfache Arbeiten im Schulalltag zu übertragen. Allerdings ist darauf zu achten, dass dadurch bestehende Arbeitsplätze nicht gefährdet werden und die zukünftige Einrichtung von Stellen nicht verhindert wird. Ein-Euro-Jobber müssen außerdem über die erforderlichen Qualifikationen verfügen und dürfen nur unterstützend eingesetzt werden – keinesfalls sollten sie pädagogische Tätigkeiten übernehmen, die ausschließlich in der Verantwortung von Lehrkräften oder Schulsozialarbeitern liegen, da hierfür besondere Qualifikationen unabdingbar sind.
  Durch das Schaffen von Ein-Euro-Jobs sollen erwerbsfähigen Hilfebedürftigen, die keine Arbeit finden können, zusätzliche Möglichkeiten für Arbeitsgelegenheiten gegeben werden, die im öffentlichen Interesse liegen (vgl. § 16 SGB II). Ein-Euro-Jobs sind entsprechend Paragraph 16 Arbeitsgelegenheiten mit einer Mehraufwandsentschädigung, die zuzüglich zum Arbeitslosengeld II zu zahlen ist (vgl. ebd.).
  Arbeiten, die mit einem öffentlichen Interesse verbunden sind und dabei nicht zu einer Gefährdung bestehender oder geplanter Arbeitsplätze führen, können von diesen Personen z. B. in öffentlichen Einrichtungen von Städten und Kommunen übernommen werden. Somit ist auch die Schule ins Blickfeld des Einsatzes von Ein-Euro-Jobbern gerückt.

- Unterstützung durch außerunterrichtliche Projekte und Wettbewerbe
  Die Teilnahme an Projekten und Wettbewerben stellen eine Bereicherung des Schulalltags dar und können, wenn sie in ein Unterrichtsfach eingebettet, fächerübergreifend oder außerunterrichtlich durchgeführt werden, das Einführen

und Weiterentwickeln neuer Unterrichtsformen und Änderungen in der Unterrichtsorganisation und -gestaltung befördern. Bei der Schulleitererhebung 2004 gaben etwa die Hälfte (52,2%) der Schulleiter an, dass ihre Schule an Projekten und Wettbewerben teilnimmt. Dazu zählen nach Angaben der Schulleiter unter anderem folgende Aktivitäten:
– Projekte der Europa- oder UNESCO-Schulen,
– Teilnahme an der Ausschreibung „Umweltschule in Europa",
– Comenius- und Sokratesprojekte,
– Teilnahme am gesundheitsfördernden Projekt „anschub.de",
– Arbeit als Multimediaschule,
– Berufsfrühorientierung (vgl. Prüß u. a. 2005, S. 69).

- Unterstützung durch Kooperationsvereinbarungen (Öffnung der Schule)
Das Land Mecklenburg-Vorpommern hat in seinem Schulgesetz von 2006 festgelegt, dass die Schulen die Öffnung gegenüber ihrem gesellschaftlichen Umfeld fördern sollen: „(1) Die Öffnung der Schulen gegenüber ihrem gesellschaftlichen Umfeld ist zu fördern. Sie kann durch Zusammenarbeit der Schulen mit anderen Schulen, mit außerschulischen Einrichtungen und Institutionen geschehen, insbesondere mit den Trägern der örtlichen Jugendhilfe, Sport- und anderen Vereinen, Kunst- und Musikschulen, Museen und Theatern, Schullandheimen, sonstigen staatlichen, kommunalen und kirchlichen Einrichtungen sowie mit Einrichtungen der Weiterbildung." (§ 40 SchulG M-V 2006)
In den vergangenen Jahren wurden durch das Unterzeichnen von Kooperationsvereinbarungen verbindliche Regelungen zur Zusammenarbeit mit schulischen und außerschulischen Einrichtungen und Institutionen geschaffen.
Dazu zählen Vereinbarungen mit
– dem Landessportbund[17] (Rahmenvereinbarung zwischen dem Ministerium für Bildung, Wissenschaft und Kultur des Landes Mecklenburg-Vorpommern und dem Landessportbund Mecklenburg-Vorpommern e.V. über die Zusammenarbeit an Ganztagsschulen vom 25.04.2005),
– den Musikschulen (Rahmenvereinbarung zur Kooperation allgemein bildender Schulen und Musikschulen im Verband deutscher Musikschulen in Mecklenburg-Vorpommern vom 29.05.2005),

---

17 Die Rahmenvereinbarung bezieht sich auf die Zusammenarbeit zwischen Landessportbund und Ganztagsschulen. Aufgeführte inhaltliche und organisatorische Vorgaben können aber auch als Richtlinie für alle anderen allgemein bildenden Schulen dienen.

− der evangelischen Kirche (Rahmenvereinbarung zur schulisch-kirchlichen Kooperation zwischen dem Ministerium für Bildung, Wissenschaft und Kultur Mecklenburg-Vorpommern und der Evangelisch-Lutherischen Landeskirche Mecklenburgs, der Pommerschen Evangelischen Kirche, dem Erzbistum Berlin und dem Erzbistum Hamburg 2006).

Diese landesweit allgemeingültigen Vereinbarungen regeln Fragen zur grundsätzlichen Zusammenarbeit und dienen somit als Grundlage für die Ausgestaltung von schulspezifischen Kooperationsverträgen oder Vereinbarungen zwischen der Schule und verschiedensten Einrichtungen und Institutionen. In der ersten Schulleitererhebung 2004 wurden die Schulleiter befragt, zu welchen Partnern Kooperationsverträge oder Vereinbarungen über eine Zusammenarbeit bestehen. Aus diesen Nennungen ließen sich drei Gruppen bilden (vgl. Prüß u. a. 2005, S. 71ff.):

a) Kooperationsverträge oder Vereinbarungen der Schule mit freien Trägern der Jugendhilfe
Fast die Hälfte (44,2%) der befragten Schulleiter gab dabei an, dass Kooperationsverträge oder Vereinbarungen mit freien Trägern der Jugendhilfe bestehen. Zu den am meisten genannten Trägern zählen dabei unter anderem
− das Deutsche Rote Kreuz,
− die Arbeiterwohlfahrt,
− die Caritas,
− das Christliche Jugenddorf,
− die Volkssolidarität (vgl. ebd.).

b) Kooperationsverträge oder Vereinbarungen der Schule mit Vereinen und Verbänden
Bereits 2001 wurde die Richtlinie für die Förderung von Kooperationsprojekten „Gemeinsam Sport in Schule und Verein" als Erlass des Sozialministeriums beschlossen (vgl. Ministerium für Bildung, Wissenschaft und Kultur M-V 2001, S. 595ff.). Bei der Schulleitererhebung 2004 gaben 84,1% der Schulleiter an, dass Kooperationsverträge oder Vereinbarungen mit Vereinen und Verbänden bestehen. Diese Kooperationen basieren oft auf einem engen regionalen Bezug zwischen den Schulen und den ansässigen Vereinen sowie auf bestehenden Mitgliedschaften von Schülern oder Erziehungsberechtigten in diesen. Häufig sind sie traditionell

gewachsen. Die vielfältigen Nennungen von Vereinen und Verbänden lassen sich drei wesentlichen Bereichen zuordnen:
o sportlicher Bereich, z. B.
  – regionale Turn- und Sportvereine und -gemeinschaften des Breitensports,
  – Landessport- und -fachverbände,
  – Kreissportbünde,
  – Leistungssportvereine der Stadt,

o musisch-kultureller Bereich, z. B.
  – Kooperationsvereinbarungen mit dem Theater Schwerin,
  – Theaterakademie Vorpommern,
  – regionale Kulturinitiativen,
  – regionale Musik- und Kreismusikschulen sowie

o Bereich für sonstige Freizeitaktivitäten und Hobbys, z. B.
  – Jugendfeuerwehren,
  – Berufsfrühorientierung mit IHK Bildungszentren,
  – Öffnung der Schule e.V. sowie
  – Kinder- und Jugendhilfezentren (vgl. ebd.).

c) Kooperationsverträge oder Vereinbarungen der Schule mit sonstigen Einrichtungen
41,3% der Schulen pflegen nach Angaben der Schulleiter auch die Zusammenarbeit mit anderen Einrichtungen oder Personen, die sich nicht unmittelbar zu Vereinen oder Verbänden zuordnen lassen. Zu diesen sonstigen Einrichtungen und Personen zählen unter anderem
– Einzelpersonen (Eltern, Rentner der Gemeinden, ehemalige Schüler),
– andere Schulen, Universitäten, Bibliotheken,
– Regionale Arbeitsstelle für Jugendhilfe, Schule und interkulturelle Arbeit sowie
– Krankenkassen und ärztliche Einrichtungen (vgl. Prüß u. a. 2005, S. 71ff.).

• Das Landesinstitut für Schule und Ausbildung (L.I.S.A.)/Das Institut für Qualitätsentwicklung Mecklenburg-Vorpommern
Das Landesinstitut für Schule und Ausbildung Mecklenburg-Vorpommern (L.I.S.A.) wurde durch Beschluss der Landesregierung vom 12. Dezember

1990 mit der Aufgabe der Aus-, Fort- und Weiterbildung als oberste Landesbehörde gegründet und strukturell in die Dezernate

- Allgemeine Verwaltungsangelegenheiten,
- Entwicklung der Schularten,
- Personal- und Systementwicklung,
- Entwicklung der Unterrichtsfächer und
- das Lehrerprüfungsamt.

und regional in die Pädagogischen Regionalinstitute in Greifswald, Neubrandenburg, Rostock und Schwerin gegliedert (vgl. Ministerium für Bildung, Wissenschaft und Kultur M-V 1999b, S. 218).

Das Landesinstitut übernahm Aufgaben im Bereich der

- Lehrerfortbildung an allgemein bildenden und beruflichen Schulen,
- Referendarausbildung,
- Rahmenplanarbeit,
- Zentralen Abschlussprüfungen,
- Schulentwicklung,
- Unterrichtsentwicklung und der
- Vergleichsarbeiten.

Gerade unter dem Gesichtspunkt der Schulentwicklung kam dem Landesinstitut eine besondere Aufgabe unter dem Aspekt ganztägiger Bildung, Betreuung und Erziehung zu. Ziel der pädagogischen Schulentwicklung war dabei eine zielgerichtete Weiterentwicklung der Einzelschule, die die Bereiche

- Unterrichtsentwicklung,
- Personalentwicklung und
- Organisationsentwicklung umfassen mussten.

Die Anliegen waren es dabei, die Ressourcen der Schule zu erfassen, ihre Bedürfnisse zu erkennen und Innovationen zur Weiterentwicklung der Schule gezielt zu fördern. Voraussetzung dazu war ein pädagogisches Konzept der Schule bzw. für Ganztagsschulen ein Ganztagsschulkonzept, in dem das der jeweiligen Einzelschule zugrunde liegende Verständnis von Schule beschrieben ist und das von allen an der Schule Beteiligten gemeinsam getragen werden sollte (vgl. ebd.). Bei der Erstellung dieses Konzeptes nahm das Landesinstitut eine Beratungsfunktion wahr. Als Schwerpunkt der Schulentwicklung wurde nach wie vor der Unterricht angesehen, den das Landesinstitut durch begleitende Maßnahmen der Fort- und Weiterbildung, aber auch durch Beratung und Begleitung der Schulen unterstützen

und fördern sollte (vgl. ebd.). Die Unterstützung und Weiterentwicklung der Schulen sollte dabei unter anderem realisiert werden durch
- die „Planung, Organisation und Durchführung einer landesweit gleichwertigen Fort- und Weiterbildung für das pädagogische Personal öffentlicher Schulen und der Schulaufsicht, einschließlich der didaktischen Entwicklung der Bildungsangebote" (Ministerium für Bildung, Wissenschaft und Kultur M-V 1999b, S. 219),
- die „Unterrichts- und Schulberatung sowie durch Beratung der schulischen Mitwirkungsgremien in Zusammenarbeit mit der zuständigen Schulaufsichtsbehörde" (ebd.) sowie die
- „Erarbeitung von Unterrichtshilfen und anderen entsprechenden Materialien" (ebd.).

In Bezug auf die Entwicklung der Ganztagsschulen und die Umsetzung der Schwerpunkte, die im Pädagogischen Konzept zur Entwicklung der Ganztagsschulen in Mecklenburg-Vorpommern (vgl. Ministerium für Bildung, Wissenschaft und Kultur M-V 2003a, S. 4) beschrieben sind, kam dem Landesinstitut eine besondere Aufgabe und Verpflichtung zu. Ziel der Fort- und Weiterbildungsangebote sollte es sein, sich stärker an den Bedürfnissen der Schule zu orientieren und konkreter auf die Situation der Einzelschule einzugehen, da jede Schule entsprechend des Entwicklungsprozesses selbst bestimmen muss, an welchen Schwerpunkten sie mit welcher Intensität und mit welchem Tempo an diesen arbeiten will.

Das Landesinstitut für Schule und Ausbildung wurde zum 01. August 2009 in das Institut für Qualitätsentwicklung Mecklenburg-Vorpommern (IQMV) überführt, das wesentliche Aufgaben des Landesinstitutes übernahm und strukturell direkt an das Bildungsministerium angegliedert wurde. Die direkte Einbindung in das Ministerium soll zu größeren positiven Effekten für die im Schulgesetz verankerte Qualitätsentwicklung und Qualitätssicherung an den Schulen, insbesondere an den selbstständigen Schulen, führen (vgl. § 39a SchulG M-V 2009). Die Aufgaben des Institutes werden durch das Schulgesetz wie folgt festgelegt:

1. „Organisation und Durchführung der Ausbildung in der zweiten Phase sowie der Fort- und Weiterbildung der Lehrerinnen und Lehrer,
2. die Fortbildung des Personals nach § 109 Abs. 1,
3. die Planung, Organisation und Durchführung von Vorhaben und Projekten der Unterrichtsforschung sowie die wissenschaftliche Begleitung von Schulversuchen,

4. die Beratung aller an der Schule Beteiligten in Fragen des Unterrichts und der schulischen Erziehung,
5. die Unterstützung der Schulen beim Einsatz von Informations- und Kommunikationstechnik,
6. die Durchführung der externen Evaluation von Schulen" (§ 99 SchulG M-V 2009).

Die Festlegungen im Schulgesetz, die bestehenden Rahmenvereinbarungen auf Landesebene und die von den Schulleitern benannten bestehenden Kooperationen verdeutlichen, dass der Wille des Landes zur Öffnung der Schule laut § 40 SchuG M-V an den Schulen seine Umsetzung findet. Um Ganztagsschulen zielgerichtet, kontinuierlich und in ihrer Entwicklung nachhaltig zu fördern, ist eine strukturelle Einbeziehung außerschulischer Partner in Schulentwicklungsprozesse unabdingbar. Daher sollte das Augenmerk bei Kooperationsvereinbarungen weniger auf ihre quantitative, sondern vielmehr auf ihre qualitative Entwicklung gerichtet sein. Dabei kann eine externe Evaluation insbesondere der Rahmenvereinbarungen Erkenntnisse darüber bringen, inwieweit diese an den Ganztagsschulen umgesetzt werden und bei der Entwicklung der Einzelschule förderlich sind.

4.3.2 Rahmenbedingungen zur Ganztagsschulentwicklung

Neben den für alle allgemein bildende Schulen in Mecklenburg-Vorpommern geltenden fördernden Rahmenbedingungen wurden weitere Faktoren entwickelt bzw. verstärkt einbezogen, die sich insbesondere auf die Ganztagsschulentwicklung fördernd auswirken sollten. Hierbei orientierte sich das Land sowohl an bundesweit geltenden Maßnahmen als auch an landesspezifischen Rahmenbedingungen, die entsprechend der Intentionen des Landes Mecklenburg-Vorpommern in Bezug auf die Entwicklung von Ganztagsschulen geschaffen wurden.

- Bereitstellung zusätzlicher Anrechnungsstunden
  Der Ganztagsbetrieb erfordert nicht nur eine andere und erweiterte Raumausstattung, sondern vor allem auch eine höhere Personalausstattung, damit die zusätzlich erforderlichen Angebote angemessen umgesetzt werden können. In Mecklenburg-Vorpommern erhielten die Ganztagsschulen zum Zeitpunkt der ersten Erhebung 2005 eine bestimmte Anzahl an Betreuungsstunden, die über den Berechnungsfaktor 0,06 für jeden am Ganztagsbetrieb teilnehmenden Schüler ermittelt wurden. Diese Stunden konnten z. B. für die Hausaufgabenbetreuung oder die Übertragung ganztagsschulspezifischer Aufgaben verwendet

werden. Wie die Stunden vergeben wurden, lag in der Eigenverantwortung der Schulen. Dabei konnten Ganztagsschulen in ihrem ersten Jahr die Schüler des Sekundarbereichs I aus maximal zwei und Ganztagsschulen in ihrem zweiten Jahr maximal vier Jahrgangsstufen für die Berechnung berücksichtigen (vgl. Ministerium für Bildung, Wissenschaft und Kultur M-V 2004, S. 326). Bereits in der Verwaltungsvorschrift „Die Arbeit in der Ganztagsschule" von 1999 wurde festgelegt, dass „bei Tätigkeiten, die ganztagsschulspezifischen Aufsichtscharakter haben, [...] jeweils zwei Zeiteinheiten von 45 Minuten wie eine Unterrichtsstunde auf die Regelstundenzahl anzurechnen [sind]" (Ministerium für Bildung, Wissenschaft und Kultur M-V 1999a, S. 5).

Das bedeutet, dass die der Schule zur Verfügung gestellten Anrechnungsstunden mit dem Faktor 2 multipliziert werden, wenn man als Grundlage eine Zeiteinheit von 45 Minuten nimmt bzw. dass sie mit dem Faktor 1,5 multipliziert werden, wenn eine Zeiteinheit von 60 Minuten zugrunde gelegt wird. Ab dem Schuljahr 2006/2007 wurde der Berechnungsfaktor von 0,06 auf 0,1 angehoben (vgl. Ministerium für Bildung, Wissenschaft und Kultur M-V 2006c, S.137). Die mit dieser Veränderung verbundene Erhöhung der zugewiesenen Anrechnungsstunden soll den Ganztagsschulen bessere Möglichkeiten geben, die Ganztagsangebote mit eigenen Lehrkräften abzusichern.

- Investitionsprogramm „Zukunft Bildung und Betreuung" auf Landesebene

Auf der Grundlage der Verwaltungsvereinbarung des Bundes und der Länder über das Investitionsprogramm „Zukunft Bildung und Betreuung" gewährt Mecklenburg-Vorpommern den Schulen finanzielle Zuwendungen für die Einrichtung und den Ausbau ganztägiger Bildungs- und Betreuungsangebote. Während das Bundesprogramm den strukturellen und finanziellen Rahmen vorgibt, obliegt die Ausgestaltung und Gewichtung dem Land (vgl. Ministerium für Bildung, Wissenschaft und Kultur M-V 2003a, S. 9). Mecklenburg-Vorpommern setzt dabei drei Förderprämissen:

1. „Förderung von Grundschulen in Ganztagsform sowie aller weiterführenden Schularten im Sekundarbereich I mit beiden gebundenen Formen,
2. das pädagogische Konzept als produktive Komponente der inneren Schulentwicklung, Qualitätskriterium und Fördervoraussetzung,
3. die Konzentration der Fördermittel auf den Ausbau eines leistungsfähigen Schulnetzes" (ebd.).

Zugleich werden in der Verwaltungsvorschrift über die „Investive Förderung von Ganztagsschulen" Zuwendungsvoraussetzungen festgelegt, die von maßgeblicher

Bedeutung für die Zuwendung der beantragten Mittel sind. Neben dem Nachweis der Nachfrage eines konzipierten ganztägigen Bildungs- und Betreuungsangebots bei den Eltern werden auch Vorgaben hinsichtlich der Teilnehmerzahlen an den ganztägigen Angeboten in allen drei Ganztagsschulformen (offen, teilweise gebunden, voll gebunden) gemacht. Hierbei geht es vorrangig um langfristig angestrebte Schülerzahlen, um einen kontinuierlichen Auf- und Ausbau der Schule als ganztägig arbeitende Bildungs- und Betreuungseinrichtung sicherzustellen (vgl. Ministerium für Bildung, Wissenschaft und Kultur M-V 2003b, S. 3).

Da die demografische Entwicklung in Mecklenburg-Vorpommern die gegenwärtige und künftige Gestaltung der Schullandschaft wesentlich beeinflusst, wurden in der Verwaltungsvorschrift ebenfalls verbindliche Vorgaben zur Sicherheit des Schulstandortes und zu den Schulentwicklungsplänen getroffen. So werden Zuwendungen für Baumaßnahmen nur gewährt, „wenn der Schulstandort langfristig im Bestand als gesichert gilt und wenn der Antragsteller Eigentümer des Grundstücks ist oder ein dinglich gesichertes Nutzungsrecht für mindestens 25 Jahre besitzt, gerechnet ab dem Bewilligungsjahr. Im Bestand gesichert gilt eine Schule, wenn die Kriterien mindestens für den Planungs- und Prognosezeitraum der Schulentwicklungsplanung vorliegen" (ebd.). Dazu müssen die zu fördernden Schulstandorte in den Schulentwicklungsplänen der jeweiligen Landkreise als gesichert ausgewiesen sein (vgl. ebd.).

Ziel des Landesprogramms ist es weiterhin, eine leistungsfähige Infrastruktur im Ganztagsbereich zu entwickeln. Dadurch soll ein bedarfsorientiertes, regional ausgewogenes Angebot moderner Schulen in Ganztagsform entwickelt werden. Die finanzielle Förderung können Ganztagsschulen in den Sekundarbereichen I und II beantragen, die über ein pädagogisches Konzept verfügen, Schulen im Primarbereich, denen ein Hort angegliedert ist, sowie Schulen, die auf der Grundlage eines gemeinsamen pädagogischen Konzepts Kooperationsvereinbarungen mit Trägern der Jugendhilfe abgeschlossen haben und so die Schule zu einem Ort ganztägiger Bildung und Erziehung weiterentwickeln wollen (vgl. Ministerium für Bildung, Wissenschaft und Kultur M-V 2003b, S. 1). Als Förderbereiche wurden dazu folgende vier Gestaltungselemente definiert:

– Lernen,
– Betreuung und Fördern,
– Verpflegung und Gesundheit,
– Begegnung und Kommunikation, Rückzug, Freizeit, Öffnung der Schule (vgl. ebd., S. 2).

- Das Begleitprogramm „Ideen für mehr! Ganztägig lernen."
Das Begleitprogramm „Ideen für mehr! Ganztägig lernen." ist ein bundesweites Projekt der Deutschen Kinder- und Jugendstiftung (DKJS) für Ganztagsschulen, das als Unterstützungssystem den Schulen helfen soll, die Entwicklungsaufgaben zu bewältigen. Auf der Grundlage des Erfahrungsaustausches und der Vernetzung der teilnehmenden Schulen soll der Grundsatz „Lernen aus Beispielen guter Praxis" realisiert werden. Den Schulen stehen dabei zusätzlich die Beratung durch Experten sowie Fortbildungen und qualifizierende Angebote und Unterstützung beim Aufbau von Kooperationsbeziehungen zur Verfügung (vgl. www.dkjs.de).
Um einen unkomplizierten Wissenstransfer zu gewährleisten, wurde durch das Programm ein Ganztagsschulportal im Internet eingerichtet. Hier können Schulen Informationen, Anregungen und weiterführende Materialien, aber auch Informationen zum aktuellen Stand des Programms, Kontaktadressen in den einzelnen Ländern sowie Hintergrundinformationen zu Konzept und Zielstellung des Programms erhalten. Zu den Bestandteilen des Programms gehören fünf Werkstätten, die sich Problemen und Fragestellungen in folgenden Bereichen widmen:

1. Entwicklung und Organisation von Ganztagsschulen,
2. Unterricht und Förderkonzepte,
3. Kooperation mit außerschulischen Partnern,
4. Zusammenarbeit von Schule und Kommune,
5. Thematik „Schule wird Lebenswelt".

In den Themenateliers des Programms werden bestimmte inhaltliche Schwerpunkte der Ganztagsschulentwicklung thematisch bearbeitet und innovative Projekte gefördert. Die Förderung besteht aus Fortbildungen und Prozessbegleitung. Es wird angestrebt, die Themenateliers in Modellprojekte umzuformen. Das erste Themenatelier, das bereits läuft, bezieht sich auf die kulturelle Bildung an Ganztagsschulen. Direkte Ansprechpartner finden die Schulen in den Regionalen Serviceagenturen. Sie sind in fast allen Bundesländern vertreten und bieten Vernetzungs-, Informations- und Qualifizierungsangebote an, wobei sie sich an länderspezifischen Arbeitsschwerpunkten orientieren (vgl. www.dkjs.de).

- Arbeit der Regionalen Serviceagentur
In Mecklenburg-Vorpommern arbeitet die Regionale Serviceagentur unter dem Dach der Regionalen Arbeitsstelle für Bildung, Integration und Demokratie Mecklenburg-Vorpommern e.V. Sie übernimmt die Funktion des Ansprechpartners für die bestehenden und neuen Ganztagsschulen und ist Schnittstelle

zwischen den Schulen und der Deutschen Kinder- und Jugendstiftung als Initiator des Begleitprogramms (vgl. www.raa-mv.de 2005).
Die Arbeitsschwerpunkte der Regionalen Serviceagentur liegen in der
- Unterstützung der Ganztagsschulen bei ihrer qualitativen Entwicklung,
- Organisation des nach den Lernbedürfnissen der Schüler veränderten Unterrichts,
- Öffnung der Schule,
- Erziehung zu einer gesunden Lebensweise und in der
- Förderung der Partizipation von Schülern und Eltern (vgl. www.mv.ganztaegig-lernen.de).

Aufgabe der Agentur ist es weiterhin, landesspezifische Beratungen und Fortbildungen anzubieten, fachliche Informationen zu zentralen Themen der Ganztagsschulentwicklung zur Verfügung zu stellen sowie eine Vernetzung und einen Austausch zwischen den Schulen zu ermöglichen (vgl. DKJS 2002, S. 4). Die Regionale Serviceagentur stellt den Schulen weiterhin über ihr Internetportal online Materialien zur Verfügung und veröffentlicht hier Neuigkeiten, Pressemitteilungen, Termine und Berichte zur regionalen Entwicklung der Ganztagsschulen in Mecklenburg-Vorpommern (vgl. www.mv.ganztaegig-lernen.de). Ihre Zielgruppe sind Schulleitungen, Lehrkräfte, Träger der Jugendhilfe, Vertreter aus der Wirtschaft und Personen, die sich mit Anregungen, eigenen Beiträgen, Wünschen, Fragen und Ideen an die Serviceagentur wenden. Zu den besonderen landesbezogenen Angeboten zählen das Förderprogramm „Schule plus", ein Sprachförderungsprogramm für Schüler mit Migrationshintergrund sowie Unterstützungssysteme bei der Entwicklung von Konzepten für eine demokratische Schulentwicklung (vgl. ebd.).

4.4 Zur Entwicklung der Ganztagsschule in Mecklenburg-Vorpommern aus statistischer Sicht[18]

Im Folgenden soll die Entwicklung der Ganztagsschulen in der Bundesrepublik ab dem Schuljahr 2002/2003 differenzierter – unter Berücksichtigung der landesspezifischen Entwicklung – analysiert werden.

---

18 Das folgende Kapitel wurde durch den Autor dieser wissenschaftlichen Arbeit im Rahmen des Forschungsvorhabens erarbeitet und ist Bestandteil des unveröffentlichten Forschungsberichtes „Die Ganztagsschule in Mecklenburg-Vorpommern" (vgl. Prüß u. a. 2010).

Entwicklung der Ganztagsschule in Mecklenburg-Vorpommern

Ausgehend von der Entwicklung der Anteile der Ganztagsschulen an allen Verwaltungseinheiten, die aufgrund der fehlenden Datenbasis erst ab dem Schuljahr 2004/05 durch die KMK dargestellt werden kann, zeigt sich bis zum Schuljahr 2007/08 eine kontinuierliche Zunahme dieses Anteils auf Bundesebene von 22,2% auf 38,5% (vgl. Sekretariat der Ständigen Konferenz der KMK 2009, S. 1*, Tab. 1.2). Ein Ansteigen dieser Anteile zeigt sich ebenfalls in Mecklenburg-Vorpommern, wobei diese dadurch gekennzeichnet sind, dass

- sie von 2004 bis 2006 über und 2007 unter dem Bundesdurchschnitt liegen und
- sich die Zunahme über den gesamten Zeitraum nicht konstant, sondern ab dem Schuljahr 2005/06 abgeschwächt zeigte.

Abb. 5: Anteil der Verwaltungseinheiten mit Ganztagsschulbetrieb an allen Verwaltungseinheiten in öffentlicher Trägerschaft in Mecklenburg-Vorpommern und Deutschland von 2004/2005 bis 2007/2008 (in %)

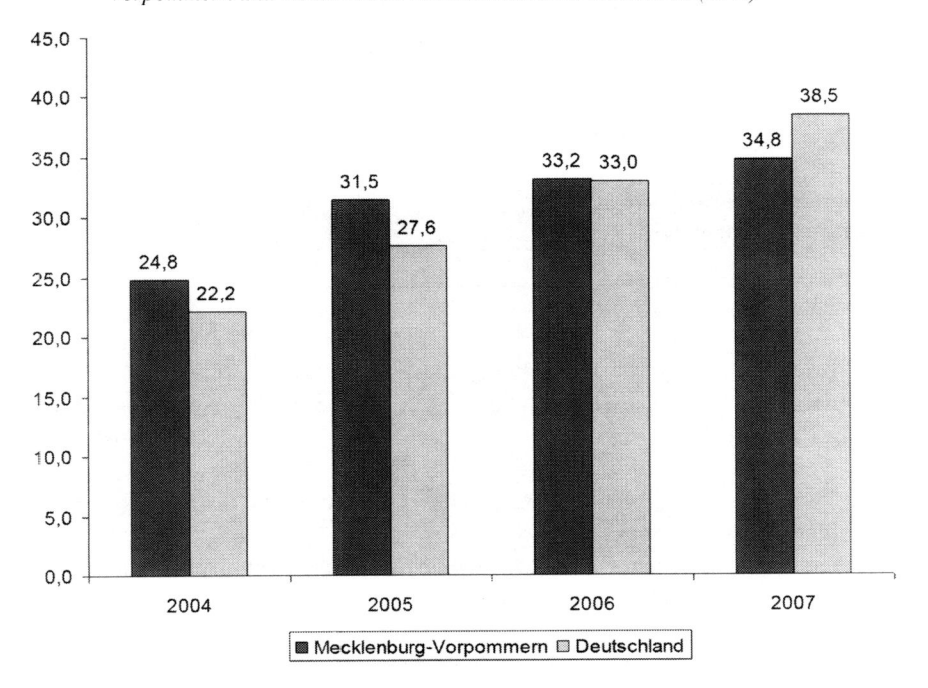

Jahr	Mecklenburg-Vorpommern	Deutschland
2004	24,8	22,2
2005	31,5	27,6
2006	33,2	33,0
2007	34,8	38,5

(Quelle: Sekretariat der Ständigen Konferenz der KMK 2009, S. 1, Tab. 1.2)*

Der für diesen Zeitraum zu konstatierende prozentuale Anstieg des Anteils an Ganztagsschulen muss jedoch im Zusammenhang mit den tatsächlich bestehenden Ganztagsschulen sowie der Entwicklung der öffentlichen allgemein bildenden Schulen betrachtet werden.

Hierbei ist festzustellen, dass

- die Anzahl der öffentlichen allgemein bildenden Schulen von 2004/05 nach 2007/08 von 641 auf 535 gesunken ist, während
- die Anzahl der bestehenden Verwaltungseinheiten mit Ganztagsbetrieb zwar von 2004/05 nach 2005/06 von 159 auf 192 stieg, dann jedoch zum Schuljahr 2006/07 auf 186 sank und sich diese Anzahl auch im Schuljahr 2007/08 nicht veränderte.

Der prozentuale Anstieg des Anteils an Verwaltungseinheiten mit Ganztagsbetrieb ist demnach nicht auf einen absoluten Anstieg der Anzahl dieser, sondern auf die starke Abnahme der öffentlichen allgemein bildenden Schulen insgesamt zurückzuführen. Die tatsächliche Anzahl der Ganztagsschulen in Mecklenburg-Vorpommern ist durch eine Stagnation in den Schuljahren 2006/07 und 2007/08 gekennzeichnet.

Tab. 7: Entwicklung der Anzahl von Verwaltungseinheiten mit Ganztagsschulbetrieb in M-V

Verwaltungseinheiten mit Ganztagsbetrieb in M-V	2003	2004	2005	2006	2007
Anzahl	103	159	192	186	186

(Quelle: Sekretariat der Ständigen Konferenz der KMK 2009, S. 1*, Tab. 1.2)

Die schulartspezifische Betrachtung dieser Entwicklung zeigt große Unterschiede zwischen den jeweiligen Schularten, die dadurch gekennzeichnet ist, dass

- in fast allen Schuljahren alle Integrierten Gesamtschulen als Ganztagsschule geführt wurden,
- der geringste Anteil an Ganztagsschulen bei den Förderschulen zu finden ist,
- der Anteil an Ganztagsschulen auch bei den Gymnasien insgesamt gestiegen ist und
- sich bei den Schularten mit mehreren Bildungsgängen der Anteil an Ganztagsschulen kontinuierlich erhöht hat.

Diese Erhöhung muss im Kontext mit der Entwicklung der Struktur des Schulsystems in Mecklenburg-Vorpommern betrachtet werden. Die KMK-Statistik (2009) weist bei den schulartbezogenen Anteilen an Ganztagsschulen ab dem Schuljahr 2004/05 keine Haupt- und Realschulen mehr aus. Es wird bei den Angaben zu den Realschulen bereits für das Schuljahr 2003/04 darauf hingewiesen, dass diese ab dem Schuljahr 2004/05 als Regionale Schulen geführt wurden. Da diese einen Verbund aus Haupt- und Realschule darstellen bzw. mit diesem Schuljahr alle reinen Realschulen statistisch ebenfalls als Regionale Schulen geführt wurden, werden diese Schularten als „Schulart mit mehreren Bildungsgängen" geführt.

Tab. 8: *Entwicklung des prozentualen Anteils der Ganztagsschulen an den Schularten der öffentlichen allgemein bildenden Schulen der Sekundarstufen I und II in M-V*

Schulart	2003	2004	2005	2006	2007
Schularten mit mehreren Bildungsgängen	22,1	36,9	52,2	65,5	70,6
Gymnasium	36,3	48,7	57,7	55,1	58,2
Integrierte Gesamtschule	100,0	100,0	100,0	90,9	100,0
Förderschule	9,7	17,2	21,5	19,8	19,6

(Quelle: Sekretariat der Ständigen Konferenz der KMK 2009)

Da die Entwicklung des Anteils von Ganztagsschulen an den jeweiligen Schularten aufgrund der demografischen Entwicklung besonders in Mecklenburg-Vorpommern nicht nur von der Anzahl der Ganztagsschulen, sondern auch von der Anzahl der öffentlichen allgemein bildenden Schulen stark beeinflusst wird und stärker durch einen quantitativen Charakter geprägt ist, kommt dem Anteil der am Ganztagsschulbetrieb teilnehmenden Schülern eine besondere Rolle in der qualitativen Beurteilung der Ganztagsschulentwicklung in Mecklenburg-Vorpommern zu.

Ein Vergleich dieser Entwicklung zwischen Mecklenburg-Vorpommern und der Bundesrepublik von 2004 zu 2007 zeigt, dass

- der Anteil der teilnehmenden Schüler in beiden Fällen kontinuierlich gestiegen ist,
- dieser Anteil in Mecklenburg-Vorpommern in allen Schuljahren über dem Bundesdurchschnitt lag,
- im Schuljahr 2007/2008 in Mecklenburg-Vorpommern etwa jeder vierte Schüler, im Bundesdurchschnitt jedoch nur etwa jeder fünfte Schüler am Ganztagsschulbetrieb teilnahm.

Tab. 9: Vergleich der Entwicklung der Ganztagsschüler an den öffentlichen allgemein bildenden Schulen in Mecklenburg-Vorpommern und Deutschland (in %)

	2004	2005	2006	2007
Mecklenburg-Vorpommern	14,2	18,3	22,3	26,6
Deutschland	12,1	14,9	17,4	20,8

(Quelle: Sekretariat der Ständigen Konferenz der KMK 2009)

Obwohl in Mecklenburg-Vorpommern somit prozentual ein höherer Anteil der Schüler am Ganztagsschulbetrieb teilnimmt, zeigt eine differenzierte Analyse der Schülerzahlen, dass die Zuwachsraten in jedem Schuljahr im Bundesdurchschnitt höher lagen als in Mecklenburg-Vorpommern.

Tab. 10: Entwicklung der Schülerzahlen im Ganztagsschulbetrieb 2003–2007

Entwicklung der Schülerzahlen Mecklenburg-Vorpommern/Bundesrepublik		2003	2004	2005	2006	2007
Mecklenburg-Vorpommern	Anzahl	18.209	20.571	24.042	26.298	29.337
	Zu-/Abnahme um…	–	+2.362	+3.471	+2.256	+3.039
	Anstieg in Prozent		+13,0%	+16,9%	+9,4%	+11,6%
Bundesrepublik	Anzahl	865.819	996.627	1.201.270	1.370.879	1.594.416
	Zu-/Abnahme um…	–	+130.808	+204.643	+169.609	+223.537
	Anstieg in Prozent		+15,1%	+20,5%	+14,1%	+16,3%

(Quelle: Sekretariat der Ständigen Konferenz der KMK 2009)

Deutliche Unterschiede zeigen sich hinsichtlich der Anteile der am Ganztagsschulbetrieb teilnehmenden Schüler nach der Ganztagsschulform – hier jedoch ausschließlich bei der gebundenen Form, während sich bei der offenen Form in Mecklenburg-Vorpommern und im Bundesdurchschnitt eine annähernd gleiche Entwicklung zeigt. Nahmen hier 2004 7,0% bzw. 4,9% der Schüler am Ganztagsschulbetrieb in der offenen Form teil, so stieg dieser Anteil nach 2007 auf 12,2% bzw. 12,5%.

Trotz einer gleichen Ausgangssituation bei den Anteilen in der gebundenen Form 2004 (jeweils 7,2%) ist nach 2007 ein deutlicher Entwicklungsunterschied erkennbar. Während im Bundesdurchschnitt der Anteil der teilnehmenden Schüler

Entwicklung der Ganztagsschule in Mecklenburg-Vorpommern

in der gebundenen Form bis 2006 eher stagnierte und erst 2007 einen geringen Anstieg verzeichnete, verdoppelte sich in Mecklenburg-Vorpommern dieser Anteil nach 2007 annähernd (14,5%).

Tab. 11: *Entwicklung der Anteile der Ganztagsschüler nach der Ganztagsschulform (in %)*

	Ganztagsschulform	2004	2005	2006	2007
Mecklenburg-Vorpommern	gebundene Form	7,2	9,4	11,7	14,5
	offene Form	7,0	9,0	10,5	12,1
Bundesrepublik	gebundene Form	7,2	7,1	7,5	8,3
	offene Form	4,9	7,8	9,9	12,5

(Quelle: Sekretariat der Ständigen Konferenz der KMK 2009)

Zur Erklärung für die Entwicklung der Schüleranteile soll die Entwicklung der Anteile der Ganztagsschulform an allen Ganztagsschulen in Mecklenburg-Vorpommern und im Bundesdurchschnitt betrachtet werden. Diese macht deutlich, dass in Mecklenburg-Vorpommern der Anteil an Ganztagsschulen in einer gebundenen Form von weniger als einem Drittel (31,3%) 2003 auf mehr als die Hälfte (54,3%) 2007 gestiegen ist. Da das Kennzeichen der gebundenen Form das Führen aller Schüler einer Klasse und/oder Jahrgangsstufe im Ganztagsschulbetrieb ist und nicht – wie bei der offenen Form – einzelne Schüler nach freiwilliger Anmeldung teilnehmen, führt diese Organisationsform über die Jahre auch zu einem Anstieg der am Ganztagsschulbetrieb teilnehmenden Schüler. Die Entwicklung im Bundesdurchschnitt ist dagegen eher dadurch gekennzeichnet, dass der Anteil der gebundenen Form von fast zwei Drittel (65,5%) 2003 auf 39,8% gesunken ist.

Tab. 12: *Entwicklung der Anteile der gebundenen Ganztagsschulform in Mecklenburg-Vorpommern und im Bundesdurchschnitt (in %)*

Jahr	Mecklenburg-Vorpommern	Bundesrepublik
2003	31,3	65,5
2004	50,7	59,4
2005	51,2	47,6
2006	52,7	42,9
2007	54,3	39,8

(Quelle: Sekretariat der Ständigen Konferenz der KMK 2009)

Um den Stand der Ganztagsschulentwicklung in Mecklenburg-Vorpommern zum Zeitpunkt der dritten Erhebung des Forschungsvorhabens darzustellen und die wissenschaftliche Fragestellung dementsprechend in zeitlich aktuellem Bezug beantworten zu können, soll im Folgenden die für das Schuljahr 2009/2010 veröffentlichte Ganztagsschulstatistik genutzt werden.

Die vom Ministerium für Bildung, Wissenschaft und Kultur Mecklenburg-Vorpommerns für das Schuljahr 2009/2010 veröffentlichte Ganztagsschulstatistik zeigt, dass sich bei den Gesamtschulen (88,0%) der höchste Anteil an Ganztagsschulen findet. Hierauf wirken sich in besonderem Maße die Integrierten Gesamtschulen aus, die traditionell in den meisten Fällen als Ganztagsschule gestaltet werden. Etwa drei Viertel (76,6%) der Gymnasien werden als Ganztagsschule geführt; ein vergleichbar hoher Anteil zeigt sich auch bei den Regionalen Schulen (70,4%). Dagegen haben weniger als ein Drittel (29,3%) der Förderschulen angegeben, als Ganztagsschule organisiert zu sein.

Tab. 13: *Prozentualer Anteil der Ganztagsschulen an den Schularten der öffentlichen allgemein bildenden Schulen der Sekundarstufen I und II im Schuljahr 2009/2010*

Schulart	Anteil (in %)
Regionale Schule (N=135)	70,4
Gymnasium (N=47)	76,6
Gesamtschule (N=25)	88,0
Förderschule (N=75)	29,3
Insgesamt Sek I/II (N=282)	62,1

(Quelle: www.regierung-mv.de)

Von den im Schuljahr 2009/2010 geführten 175 Ganztagsschulen in Mecklenburg-Vorpommern gehören mehr als die Hälfte (54,3%) zu den Regionalen Schulen. Dieser hohe Anteil liegt in der im Vergleich zu den anderen Schularten hohen Gesamtzahl der Regionalen Schulen landesweit.

Tab. 14: *Prozentualer Anteil der Schularten an den öffentlichen allgemein bildenden Ganztagsschulen der Sekundarstufen I und II im Schuljahr 2009/2010 (N=175) (in %)*

Schulart	Anteil (in %)
Regionale Schule	54,3
Gymnasium	20,6
Gesamtschule	12,6
Förderschule	12,6

(Quelle: www.regierung-mv.de)

5 Empirische Untersuchungen zu Nutzungspräferenzen von Schülern in der Ganztagsschule und Effekten der Teilnahme

5.1 Aussagen zur Schülerpopulation[19]

5.1.1 Gesamtpopulation nach soziodemografischen Merkmalen

a) Einteilung nach dem Geschlecht

Die befragten Schüler verteilen sich zu allen drei Erhebungszeitpunkten annähernd gleich auf beide Geschlechter. Es liegt somit keine einseitige geschlechterspezifische Dominanz vor, so dass tiefer gehende Analysen sowohl für die Mädchen als auch für die Jungen gleichermaßen vorgenommen werden können.

Tab. 15: *Verteilung der Schülerpopulation nach dem Geschlecht (in %)*

Erhebungsjahr	Jungen	Mädchen
2005 (N=3.805)	49,2	50,8
2007 (N=3.069)	48,2	51,8
2009 (N=3.365)	50,2	49,8

(Quelle: Schülerbefragung 2005, 2007, 2009)

b) Einteilung nach Altersgruppen

Ausgehend von der Frage „Wie alt bist Du?", bei der die Schüler ihr Alter als Zahlenwert angeben sollten, wurden die vier Altersgruppen

- 9 bis 11 Jahre,
- 12 und 13 Jahre,

---

19 Das folgende Kapitel entspricht dem Abschnitt des unveröffentlichten Forschungsberichtes „Die Ganztagsschule in Mecklenburg-Vorpommern", der vom Autor erarbeitet worden ist (vgl. Prüß u. a. 2010).

- 14 und 15 Jahre sowie
- 16 Jahre und älter

gebildet.

Der Bildung dieser Altersgruppen lag die nachfolgende Zuordnung des Alters der Schüler zu der jeweiligen Jahrgangsstufe zugrunde. Da die aufgeführten Berücksichtigungen dabei auch mehrfach auf ein Kind oder einen Jugendlichen zutreffen können (bspw. verspätete Einschulung und Wiederholung einer Jahrgangsstufe aufgrund des sozialen oder schulischen Entwicklungsstandes) bzw. um alle Angaben der Schüler berücksichtigen zu können, wurden als unterste Altersgrenze 9 Jahre und als oberste Altersgrenze 16 Jahre festgelegt. Dadurch ergeben sich auch die Überschneidungen der Altersangaben in den jeweiligen Jahrgangsstufen.

Tab. 16: Zuordnung von Jahrgangsstufe und Alter der Schüler

Jahrgangsstufe	Alter der Schüler	Berücksichtigung
5	10 bis 12 Jahre	Einschulung mit 6 oder 7 Jahren
7	12 bis 14 Jahre	verfrühte/verspätete Einschulung Wiederholen/Überspringen einer
9	14 bis 16 Jahre	Jahrgangsstufe

Abgeleitet wurde folgende Zuordnung der Schüler zu den vier Altersgruppen:

Tab. 17: Verteilung der Schülerpopulation nach Altersgruppen (in %)

Altersgruppe	2005 (N=3.827)	2007 (N=3.064)	2009 (N=3.358)
9 bis 11 Jahre	21,7	30,6	30,6
12 und 13 Jahre	30,9	31,4	31,7
14 und 15 Jahre	35,9	30,9	30,0
16 Jahre und älter	11,5	7,1	7,6

(Quelle: Schülerbefragung 2005, 2007, 2009)

c) Einteilung nach der Familienstruktur

Die Einteilung der Schüler nach ihrer Familienstruktur kann Aufschlüsse darüber geben, „über welche sozialen Ressourcen die Schüler im familiären Kontext verfügen und welchen Belastungen sie dort ausgesetzt sind" (Züchner u. a. 2007, S. 111). In Anlehnung an die Analysen zur StEG-Studie (Holtappels u. a. 2007) wurde die Untersuchungspopulation anhand der Kriterien „allein erziehend" und „nicht allein erziehend" unterteilt, wobei bei der nicht allein erziehenden Familienstruktur keine Unterscheidung danach vorgenommen wurde, ob die Kinder und Jugendlichen mit ihren leiblichen Elternteilen oder deren Partnern zusammenleben.

Tab. 18: Kriterien der Zuordnung nach der Familienstruktur

Familienstruktur							
allein erziehend				nicht allein erziehend			
Mutter	Vater	Stiefvater/ Freund der Mutter	Stiefmutter/ Freundin des Vaters	Mutter	Vater	Stiefvater/ Freund der Mutter	Stiefmutter/ Freundin des Vaters
●	--	--	--	●	●	--	--
--	●	--	--	●	--	●	--
--	--	●	--	--	●	--	●
--	--	--	●	--	--	--	--

Ebenfalls berücksichtigt wurde in der Gruppe der nicht allein Erziehenden ein geringer Anteil an Kindern und Jugendlichen, der nach den Angaben der Schüler mit mehr als drei Personen in einer Wohnung – andere Personen (z. B. Oma, Opa, Pflegemutter, Onkel, Tante) ausgenommen – lebt. Diese Kriterien zugrunde legend, lässt sich die Gesamtpopulation der Schüler für die Erhebungszeitpunkte 2005, 2007 und 2009 nach der Familienstruktur unterteilen. Dabei zeigt sich, dass

- zu allen drei Erhebungszeitpunkten der Anteil der Gruppe „nicht allein erziehend" etwa viermal größer ist als der Anteil der Gruppe „allein erziehend",
- zu allen drei Erhebungszeitpunkten die Anteile beider Gruppen relativ gleich bleibend sind.

Tab. 19: Verteilung der Schülerpopulation nach der Familienstruktur

Familienstruktur	2005		2007		2009	
	N	%	N	%	N	%
allein erziehend	556	16,6	530	19,5	559	18,2
nicht allein erziehend	2.800	83,4	2.182	80,5	2.506	81,8
Gesamt	**3.356**	**100,0**	**2.712**	**100,0**	**3.065**	**100,0**

(Quelle: Schülerbefragung 2005, 2007, 2009)

e) Einteilung nach dem Erwerbsstatus der Familie

Um nähere Aussagen zum sozialen Hintergrund der Kinder und Jugendlichen treffen zu können, sollten die Schüler Angaben zur Frage „Sind Deine Eltern zurzeit berufstätig? Was machen sie zurzeit?" machen. Dabei bestanden folgende Auswahlmöglichkeiten als Antworten, die sowohl für die Mutter als auch den Vater gegeben werden konnten:

- Vollzeit beschäftigt (arbeitet den ganzen Tag = ca. 8 Stunden)
- Teilzeit beschäftigt (arbeitet den halben Tag = 4 Stunden)
- zurzeit nicht berufstätig, aber auf Arbeitssuche
- etwas anderes (z. B. Hausfrau/Hausmann, Rentnerin/Rentner usw.)

In der Betrachtung zeigen sich deutliche Unterschiede in den Angaben zu den Müttern und Vätern dahingehend, dass

- 2005 57,7%, 2007 55,4% und 2009 58,8% der Mütter, zu allen Erhebungszeitpunkten jedoch mehr als drei Viertel der Väter (2005: 76,5%; 2007: 76,9%; 2009: 80,8%) Vollzeit beschäftigt waren und
- der Anteil Teilzeit beschäftigter Mütter (2005: 15,9%; 2007: 19,0%; 2009: 20,1%) etwa drei Mal höher war als der vergleichbare Anteil bei den Vätern (2005: 5,6%; 2007: 7,5%; 2009: 7,0%).

Dagegen zeigen sich nur geringe Unterschiede bei den Anteilen der Mütter und Väter, die zurzeit nicht berufstätig sind, wobei diese Anteile ebenso abgenommen haben wie die Anteile der Mütter und Väter, die nach Angaben der Schüler „etwas anderes" machen.

Tab. 20: Beschäftigungsumfang der Mütter und Väter der befragten Schüler (in %)

Beschäftigungs-umfang	Mutter			Vater		
	2005 (N=3.457)	2007 (N=2.735)	2009 (N=3.097)	2005 (N=3.316)	2007 (N=2.650)	2009 (N=2.973)
Vollzeit Beschäftigt	57,7	55,4	58,8	76,5	76,9	80,8
Teilzeit Beschäftigt	15,9	19,0	20,1	5,6	7,5	7,0
zzt. nicht berufstätig	15,6	14,1	11,0	13,1	10,8	7,8
etwas anderes	10,7	11,4	10,1	4,8	4,9	4,5

(Quelle: Schülerbefragung 2005, 2007, 2009)

Der Beschäftigungsumfang der Eltern stellt die Grundlage zu einer weiteren Einteilung der Schüler dar. Die sich aus den Angaben zum Beschäftigungsumfang der Eltern ergebenden Kombinationen werden unter der Annahme, dass eine Vollzeitbeschäftigung mit einem gegenüber einer Teilzeitbeschäftigung vergleichsweise höheren Einkommen verbunden ist, zwei Gruppen zugeordnet:

- Kinder und Jugendliche von Eltern mit einem höheren Erwerbsstatus
  Zu dieser Gruppe zählen Schüler, bei denen beide Eltern Vollzeit beschäftigt sind.
- Kinder und Jugendliche von Eltern mit einem geringeren Erwerbsstatus
  Zu dieser Gruppe zählen Schüler, bei denen entweder
  – der eine Elternteil Vollzeit beschäftigt und der andere Teilzeit beschäftigt ist,
  – der eine Elternteil Vollzeit beschäftigt und der andere nicht berufstätig ist,
  – beide Elternteile Teilzeit beschäftigt sind,
  – der eine Elternteil Teilzeit beschäftigt und der andere nicht berufstätig oder
  – beide Elternteile nicht berufstätig sind.

Da diese Frage allen Schülern gestellt wurde, treffen die gegebenen Antworten auf alle Familienkonstellationen zu bzw. sind unabhängig von den Antworten, die auf die Frage „Mit wem wohnst Du zusammen in Eurer Wohnung?" gegeben wurden. Demzufolge sind auch Angaben zu den Elternteilen gegeben worden, die nicht mit den Kindern und Jugendlichen gemeinsam in einem Haushalt leben.

Für die nachfolgenden Berechnungen wurde daher entschieden, nur die Angaben darzustellen bzw. für weiterführende Analysen zu nutzen, die von den Kindern und Jugendlichen gegeben wurden, die zusammen mit Mutter und Vater in einem Haushalt leben und demzufolge als Kernfamilie zu werten sind. Diese Einschränkung wurde getroffen, da die Angaben zum Erwerbstätigkeitsstatus von Elternteilen, die nicht mit den Kindern und Jugendlichen in einem gemeinsamen Haushalt leben, z. B. wenn die Elternteile dauerhaft getrennt leben oder geschieden sind und demzufolge in der Regel keinen täglichen Kontakt zu ihren Kindern haben, einen höheren Anteil fehlerhafter Daten enthalten können und keine Rückschlüsse auf die finanzielle Situation zulassen, in der die Kinder und Jugendlichen tatsächlich leben. Dieses findet seine Begründung darin, dass diese Elternteile in der Regel nur den gesetzlich festgelegten Kindesunterhalt oder auch nur Anteile von ihm als finanzielle Unterstützung zur Verfügung stellen. Andererseits wurden keine Angaben zum Erwerbstätigkeitsstatus der neuen Ehe- oder Lebenspartner gemacht, die mit in der gemeinsamen Wohnung leben.

Aus dieser Gruppenzuordnung ergibt sich folgende Verteilung der gesamten Schülerschaft nach dem Erwerbsstatus der Familie:

Tab. 21: Verteilung der Schülerpopulation nach dem Erwerbsstatus der Familie

Erwerbsstatus der Familie	2005		2007		2009	
	N	%	N	%	N	%
geringerer Erwerbsstatus	1.587	56,7	1.291	59,2	1.351	53,9
höherer Erwerbsstatus	1.213	43,3	891	40,8	1.155	46,1
Gesamt	2.800	100,0	2182	100,0	2.506	100,0

(Quelle: Schülerbefragung 2005, 2007, 2009)

Der Beschäftigungsumfang gewinnt besonders dann an Bedeutung, wenn man berücksichtigt, dass knapp ein Drittel der befragten Kinder und Jugendlichen nicht bei ihrem Vater und häufig bei ihrer allein erziehenden Mutter lebt. Diese sind dann oft nicht nur durch ein nicht vorhandenes zweites Einkommen des anderen Partners, sondern zusätzlich durch die eigene Teilzeitbeschäftigung und damit verbunden durch ein eigenes geringeres Einkommen benachteiligt.

f) Einteilung nach dem kulturellen Status

In Anlehnung an die PISA-Studien wurde ein weiteres Merkmal zur Klassifizierung der Schüler genutzt: Die Zahl der Bücher in einem Haushalt wird als Maß des kulturellen Kapitals der Familien herangezogen, da diese Zahl als Gradmesser dafür dienen kann, „welches Anregungs- und Förderpotenzial die Kinder im häuslichen Kontext vorfinden, das ihnen die Integration ins Bildungssystem und die Teilhabe an der bürgerlichen Kultur erleichtert" (Züchner u. a. 2007, S. 119).

Legt man als Berechnungsgrundlage die Anzahl „0-25" für einen geringeren kulturellen und „über 200" für einen höheren kulturellen Status zugrunde, so zeigt sich, dass die Schülergruppe mit einem geringeren kulturellen Status zu allen drei Erhebungszeitpunkten etwa ein Drittel, die mit einem höheren kulturellen Status jedoch nur etwa ein Siebtel der Gesamtschülerschaft ausmacht.

Empirische Untersuchungen zu Nutzungspräferenzen von Schülern

Tab. 22: Angaben zur Anzahl der Bücher im Haushalt

Bücher im Haushalt	Erhebungsjahr					
	2005		2007		2009	
	N	%	N	%	N	%
0–25	1.250	33,1	1.018	33,4	1.107	32,9
26–100	1.420	37,6	1.121	36,8	1.251	37,2
101–200	590	15,6	464	15,2	540	16,0
über 200	515	13,6	444	14,6	469	13,9
Gesamt	3.775	100,0	3.047	100,0	3.367	100,0

(Quelle: Schülerbefragung 2005, 2007, 2009)

Um eine genauere Eingrenzung der Gruppen vornehmen zu können, wurden daher die Angaben zur Anzahl der Bücher mit den Angaben zum Vorhandensein einer Tageszeitung sowie von Kunstwerken ergänzt.

Tab. 23: Kriterien der Zuordnung nach dem kulturellen Status

Kriterien der Zuordnung nach dem kulturellen Status	kultureller Status	
	geringerer	höherer
Anzahl der Bücher zu Hause	0…25	> 200
Tageszeitung	nein	ja
Kunstwerke	nein	ja

Auch hierbei zeigt sich eine relative Konstanz in den Angaben zu allen drei Erhebungszeitpunkten, wobei nach Angaben der Schüler in etwa drei Vierteln der Haushalte sowohl Tageszeitungen als auch Kunstwerke vorhanden sind.

Tab. 24: Angaben zum Vorhandensein von Tageszeitungen und Kunstwerken im Haushalt

Im Haushalt vorhanden…		Erhebungsjahr					
		2005		2007		2009	
		N	%	N	%	N	%
Tageszeitung	Nein	1.063	27,9	845	27,7	984	29,3
	Ja	2.752	72,1	2.210	72,3	2.371	70,7
	Gesamt	3.815	100,0	3.055	100,0	3.355	100,0
Kunstwerke	Nein	897	23,5	642	20,9	696	20,7
	Ja	2.928	76,5	2.431	79,1	2.672	79,3
	Gesamt	3.825	100,0	3.073	100,0	3.368	100,0

(Quelle: Schülerbefragung 2005, 2007, 2009)

Unter gemeinsamer Berücksichtigung aller drei Kriterien (Anzahl der Bücher, Tageszeitung, Kunstwerke) ist festzustellen, dass es sich bei dieser Gruppenzuordnung zu allen drei Erhebungszeitpunkten um Randgruppen handelt, bei denen insbesondere die Schülergruppe mit einem geringeren kulturellen Status aufgrund ihres geringen Anteils in stärkerem Maße eine Extremgruppe darstellt. Aufgrund dieser Verteilung wird bei nachfolgenden Berechnungen auf Signifikanztests verzichtet.

Tab. 25: Verteilung der Schülerpopulation nach dem kulturellen Status der Familie

kultureller Status	2005		2007		2009	
	N	%	N	%	N	%
niedriger	211	5,6	132	4,3	164	4,9
hoher	493	13,1	430	14,1	452	13,4
sonstiges	3.071	81,4	2.485	81,6	2.751	81,7
Gesamt	3.775	100,0	3.047	100,0	3.367	100,0

(Quelle: Schülerbefragung 2005, 2007, 2009)

5.1.2 Gesamtpopulation nach schulbezogenen Merkmalen

a) Einteilung nach der Jahrgangsstufe

Die befragten Schüler verteilen sich zu beiden Erhebungszeitpunkten mit je etwa einem Drittel auf jede Jahrgangsstufe. Der prozentuale Anstieg in der Jahrgangsstufe 5 (2007) findet seine Begründung in den veränderten schulrechtlichen Rahmenbedingungen, da mit der Einführung des Längeren gemeinsamen Lernens die Jahrgangsstufe 5 auch an den Gymnasien weg gefallen ist, die an der Erhebung 2005 teilgenommen haben. Obwohl sich die an der Erhebung teilnehmende Anzahl an Schülern der Jahrgangsstufe 5 zahlenmäßig von 2005 nach 2007 sogar leicht verringert hat (-42), steigt durch den starken Rückgang der Schülerzahlen in den Jahrgangsstufen 7 (-333) und 9 (-397) ihr prozentualer Anteil um 6,1 Prozentpunkte.

Tab. 26: Verteilung der Schülerpopulation nach der Jahrgangsstufe

Jahrgangsstufe im Erhebungsjahr	2005		2007		2009	
	N	%	N	%	N	%
5	1.143	29,6	1.101	35,7	1.188	35,1
7	1.295	33,6	962	31,2	1.112	32,8

Jahrgangsstufe im Erhebungsjahr	2005		2007		2009	
	N	%	N	%	N	%
9	1.420	36,8	1.023	33,1	1.089	32,1
Gesamt	3.858	100,0	3.086	100,0	3.389	100,0

(Quelle: Schülerbefragung 2005, 2007, 2009)

b) Einteilung nach der Schulart

Da die Schüler im Fragebogen keine Angaben zu ihrer Schule hinsichtlich der Schulart machen sollten, wurden die Ausgangsdaten zu den an den Erhebungen teilnehmenden Schulen genutzt, um die Verteilung der Untersuchungspopulation auf die Schularten vornehmen zu können. Die differenziert aufgeführten Schularten (z. B. nach Form der Gesamtschule) wurden in den drei Schulartgruppen „Regionale Schule", „Gesamtschule" und „Gymnasium" zusammengefasst. Hier zeigt sich für 2005 eine annähernde Gleichverteilung, für 2007 und 2009 jedoch eine stärkere Verschiebung der Anteile vom Gymnasium auf die Gesamtschule und die Regionale Schule, die ihre Begründung in der Einführung des Längeren gemeinsamen Lernens und damit verbunden im Wegfall der Jahrgangsstufe 5 an den Gymnasien findet.

Tab. 27: Verteilung der Schülerpopulation nach den Schularten

Schulart	2005		2007		2009	
	N	%	N	%	N	%
Regionale Schule	1.582	41,0	1.367	44,3	1.572	46,4
Gesamtschule	1.080	28,0	1.183	38,3	1.184	35,0
Gymnasium	1.196	31,0	536	17,4	633	18,7
Gesamt	3.858	100,0	3.086	100,0	3.389	100,1

(Quelle: Schülerbefragung 2005, 2007, 2009)

Die Verteilung der Schüler nach den Jahrgangsstufen 5, 7 und 9 macht deutlich, wie sich die Einführung des Längeren gemeinsamen Lernens auf die Zusammensetzung der Schülerpopulation ausgewirkt hat.

Tab. 28: Verteilung der Schüler nach der Schulart und der Jahrgangsstufe (in %)

Schulart	Erhebungszeitpunkt	Jahrgangsstufe		
		5	7	9
Regionale Schule	2005 (N=1.582)	26,5	34,4	39,1
	2007 (N=1.367)	41,6	25,8	32,6
	2009 (N=1.537)	40,3	30,4	29,3
Gesamtschule	2005 (N=1.080)	30,0	32,0	38,0
	2007 (N=1.183)	42,2	30,0	27,8
	2009 (N=1.184)	41,0	31,3	27,7
Gymnasium	2005 (N=1.196)	33,4	33,9	32,7
	2007 (N=536)	6,3	47,4	46,3
	2009 (N=633)	10,9	41,5	47,6

(Quelle: Schülerbefragung 2005, 2007, 2009)

c) Einteilung nach dem Leistungsstand

Ausgehend von den bildungs- und sozialpolitischen sowie pädagogischen Motiven zum Ausbau der Ganztagsschulen in Deutschland stellte sich die Frage, nach welchen Kriterien die Gesamtpopulation in Teilpopulationen unterteilt werden kann. Durch die Bildung von Teilpopulationen sollte einerseits eine differenzierte Untersuchung und andererseits eine Vergleichbarkeit bestimmter Schülergruppen unter dem übergreifenden Aspekt der Teilnahme bzw. Nichtteilnahme an Ganztagsangeboten ermöglicht werden.

Mit der Festlegung der zentralen Handlungsfelder (vgl. Sekretariat der Ständigen Konferenz der KMK 2002) reagierte die KMK auf die zentralen übergreifenden Befunde der PISA-Studie, bei denen insbesondere der enge statistische Zusammenhang von sozialer Herkunft und Kompetenzerwerb, die Bedeutung der individuellen Förderung aller Leistungsgruppen zur Sicherung eines insgesamt hohen Leistungsniveaus und zur Verringerung der Leistungsabstände sowie die große Streuung der Leistungen besonders im unteren Leistungsbereich hervorgehoben und als Argumentation für den Ausbau von schulischen und außerschulischen Ganztagsangeboten genutzt wurden (vgl. ebd., S. 5ff.). Um Aussagen zum Leistungsstand der Schüler treffen und in Folge dessen eine Einteilung nach diesem Kriterium vornehmen zu können, hatten die Schüler im Fragebogen durch Beantwortung der Frage „Welche Note hattest Du im letzten Zeugnis in den folgenden Fächern?" anzugeben, welche Noten sie in den Kernfächern Mathematik, Deutsch und 1. Fremdsprache im letzten Zeugnis erhalten hatten. Da alle Erhebungen im zweiten Schulhalbjahr durchgeführt wurden, stellen die Noten die Halbjahreszensur der Schuljahre 2004/05, 2006/07 bzw. 2008/09 dar. Neben den Kernfächern sollten die Schüler auch die Halbjahresnote für das Fach Geografie oder ggf. für ein anderes Fach angeben. Als Grundlage zur Bestimmung des Leistungsstandes wurden die Leistungen in den Kernfächern genommen, da diese von wesentlicher Bedeutung für die Wahl des jeweiligen Bildungsganges sind. Die Verteilung der einzelnen Noten in diesen Fächern wurde als Grundlage genommen, um für das jeweilige Fach den Mittelwert zu bilden, anhand dessen die Normalverteilung der Noten nachgewiesen werden konnte. Deutlich wurde damit auch, dass für alle drei Fächer zu allen Erhebungszeitpunkten die Mittelwerte im Bereich von minimal 2,70 und maximal 2,88 liegen. Diese Werte entsprechen – legt man die Notenskala von 1 bis 6 zugrunde – befriedigenden Leistungen, so dass davon ausgegangen werden kann, dass sich Schüler sowohl unterhalb dieses Notendurchschnitts – also im leistungsstärkeren Bereich – als auch oberhalb dieses Notendurchschnitts – also im leistungsschwächeren Bereich – zwei unterschiedlichen Bereichen zuordnen lassen. Ausgehend von den fachspezifischen Mittelwerten, wurde für beide Erhebungszeitpunkte ein Gesamtmittelwert berechnet.

Tab. 29: Mittel aus den Kernfächern Mathe, Deutsch und 1. Fremdsprache

Jahr	N	Mittelwert	Median
2005	3.535	2,78	2,67
2007	2.912	2,75	2,67
2009	3.196	2,77	2,67

(Quelle: Schülerbefragung 2005, 2007, 2009)

Die Ermittlung des Mediansplits für den Gesamtdurchschnitt diente als statistische Grundlage für die Gruppenbildung nach dem Leistungsstand. Da der Median bei 2,67 liegt, wurden alle Schüler, die in den Kernfächern einen Gesamtdurchschnitt bis maximal 2,67 haben, der leistungsstärkeren und alle die einen Gesamtdurchschnitt über 2,67 haben, der leistungsschwächeren Gruppe zugeordnet.

Anhand der Einzelnoten in den Kernfächern wurde für jeden Schüler der jeweilige Notendurchschnitt und für diesen der prozentuale Anteil in Bezug auf die Gesamtschülerschaft berechnet. Zur Bildung der beiden Gruppen „leistungsstärkere Schüler" und „leistungsschwächere Schüler" wurde festgelegt, dass die leistungsstärkeren Schüler der oberen, ersten Hälfte der kumulierten Prozente, und die leistungsschwächeren Schüler der unteren, zweiten Hälfte der kumulierten Prozente, zuzuordnen sind. Die Berechnungen ergaben, dass sowohl 2005 (52,7%), 2007 (53,3%) als auch 2009 (52,8%) etwa die Hälfte der Schüler einen Notendurchschnitt gleich oder unter 2,67 hatte.

Tab. 30: Verteilung des Notendurchschnitts Mathematik, Deutsch und 1. Fremdsprache und Anteile der kumulierten Prozente

Notendurchschnitt		2005			2007			2009		
		N	%	% (kumuliert)	N	%	% (kumuliert)	N	%	% (kumuliert)
Gruppe der leistungsstärkeren Schüler	1,00	30	0,8	0,8	68	2,3	2,3	52	1,6	1,6
	1,33	90	2,5	3,3	96	3,3	5,6	117	3,7	5,3
	1,67	204	5,8	9,1	180	6,2	11,8	201	6,3	11,6
	2,00	453	12,8	21,9	361	12,4	24,2	419	13,1	24,7
	2,33	517	14,6	36,5	427	14,7	38,9	428	13,4	38,1
	2,67	574	16,2	52,7	418	14,4	53,3	469	14,7	52,8
Gruppe der leistungsschwächeren Schüler	3,00	587	16,6	69,3	520	17,9	71,2	508	15,9	68,7
	3,33	490	13,9	83,2	358	12,3	83,5	419	13,1	81,8
	3,67	323	9,1	92,3	240	8,2	91,7	269	8,4	90,2
	4,00	165	4,7	97,0	144	4,9	96,6	178	5,6	95,8
	4,33	67	1,9	98,9	60	2,1	98,7	79	2,5	98,3
	4,67	22	0,6	99,5	26	0,9	99,6	39	1,2	99,5
	5,00	7	0,2	99,7	7	0,2	99,8	12	0,4	99,9
	5,33	4	0,1	99,8	2	0,1	99,9	4	0,1	100,0
	6,00	2	0,1	99,9	5	0,2	100,1	2	0,1	100,1
Gesamt		**3.535**	**100,0**	**99,9**	**2.912**	**100,0**	**100,1**	**3.196**	**100,0**	**100,1**

(Quelle: Schülerbefragung 2005, 2007, 2009)

Die durchgeführten Analysen bestätigen die Zuordnung der Schüler zum leistungsstärkeren bzw. -schwächeren Bereich sowohl aus statistischer als auch aus inhaltlicher Sicht und können demzufolge als Grundlage für die weitergehenden Untersuchungen verwendet werden.

Aus der Verteilung nach dem Leistungsstand wird deutlich, dass sich die jeweiligen Anteile zu allen drei Erhebungszeitpunkten kaum verändert haben und der Anteil leistungsstärkerer Schüler an der Gesamtpopulation leicht überwiegt. Aufgrund der geringen Unterschiede kann jedoch in allen Jahren von einer Ausgeglichenheit hinsichtlich des Leistungsstandes ausgegangen werden.

Tab. 31: Verteilung der Schüler nach dem Leistungsstand

Leistungsstand	2005		2007		2009	
	N	%	N	%	N	%
leistungsschwächere Schüler	1.667	47,2	1.362	46,8	1.510	47,2
leistungsstärkere Schüler	1.868	52,8	1.550	53,2	1.686	52,8
Gesamt	3.535	100,0	2.912	100,0	3.196	100,0

(Quelle: Schülerbefragung 2005, 2007, 2009)

Um zu prüfen, ob sich die Festlegung der jeweiligen Gruppen auch anhand des Notendurchschnittes der ihnen zugehörigen Schüler sowie in der Häufigkeit ihrer erreichten sehr guten und guten Einzelnoten belegen lässt, wurde zuerst für die jeweilige Schülergruppe der Notendurchschnitt in allen drei Kernfächern in Form des Mittelwertes und nachfolgend die prozentuale Verteilung der Einzelnoten berechnet. Dabei zeigt sich, dass der Notendurchschnitt für die Gruppe der leistungsstärkeren Schüler zu allen drei Erhebungszeitpunkten in den drei Kernfächern im Bereich zwischen 2,08 und 2,3 und in zusammengefasster Form zwischen 2,15 und 2,21 liegt und damit insgesamt als „gut" bezeichnet werden kann.

Tab. 32: Mittelwert (Notendurchschnitt) aller Schüler im leistungsstärkeren Bereich in Mathematik, Deutsch und 1. Fremdsprache

Erhebungsjahr		Mathematik	Deutsch	1. Fremdsprache	Fächer zusammengefasst
2005	N	1.868	1.868	1.868	1.868
	MW	2,30	2,21	2,12	2,21
2007	N	1.550	1.550	1.550	1.550
	MW	2,25	2,12	2,08	2,15
2009	N	1.686	1.686	1.686	1.686
	MW	2,25	2,12	2,09	2,15

(Quelle: Schülerbefragung 2005, 2007, 2009)

Da sich der Notendurchschnitt aus allen Einzelnoten zusammensetzt und keine Aussage darüber zulässt, wie sich die prozentuale Verteilung der Einzelnoten verhält, wurde in einer tiefer gehenden Analyse geprüft, ob sich die leistungsstärkeren Schüler auch durch überwiegend sehr gute und gute Noten in den Kernfächern auszeichnen.

Diese Analyse bestätigt ebenfalls die festgelegte Zuordnung der Schüler nach ihrem Leistungsstand. Es zeigt sich, dass bei den leistungsstärkeren Schülern sowohl 2005 und 2007 als auch 2009

- im Fach Mathematik etwa zwei Drittel (2005: 63,7%; 2007: 65,7%; 2009: 66,5%),
- im Fach Deutsch etwa drei Viertel (2005: 69,9%; 2007: 73,8%; 2009: 74,1%) und
- in der 1. Fremdsprache ebenfalls etwa drei Viertel (2005: 73,7%; 2007: 75,5%; 2009: 75,1%)

sehr gute und gute Leistungen erreicht haben.

Demgegenüber stellt sich die Anzahl der Schüler, die 2005, 2007 und 2009 ausreichende, genügende oder ungenügende Leistungen erreicht haben, als sehr gering dar, so dass auch dieses als ein Indiz für höhere Leistungen gewertet werden kann.

Eine Betrachtung der Häufigkeiten und kumulierten Prozente hinsichtlich des Notendurchschnitts aller drei Fächer zusammengefasst, unterstreicht die Zuordnung der Gruppe der leistungsstärkeren Schüler zum Notendurchschnitt von 2,67.

Tab. 33: Verteilung des Notendurchschnitts der leistungsstärkeren Schüler in den Kernfächern zusammengefasst

Notendurch-schnitt	2005			2007			2009		
	N	%	% (kumuliert)	N	%	% (kumuliert)	N	%	% (kumuliert)
1,00	30	1,6	1,6	68	4,4	4,4	52	3,1	3,1
1,33	90	4,8	6,4	96	6,2	10,6	117	6,9	10,0
1,67	204	10,9	17,3	180	11,6	22,2	201	11,9	21,9
2,00	453	24,3	41,6	361	23,3	45,5	419	24,9	46,8
2,33	517	27,7	69,3	427	27,5	73,0	428	25,4	72,2
2,67	574	30,7	100,0	418	27,0	100,0	469	27,8	100,0
Gesamt	1.868	100,0	–	1.550	100,0	–	1.686	100,0	–

(Quelle: Schülerbefragung 2005, 2007, 2009)

Um vergleichbare Aussagen auch für die Gruppe der leistungsschwächeren Schüler treffen zu können, wurden die gleichen Analysen auch für diese Gruppe durchgeführt. Dabei wird deutlich, dass die Notendurchschnitte zu allen Erhebungszeitpunkten nicht besser als 3,33 (Deutsch 2005, 2007) ausfallen und ihre höchsten Werte im Fach Mathematik finden (2005: 3,51; 2007: 3,53; 2009: 3,57). Der Notendurchschnitt kann somit dem Bereich der „befriedigenden" bis „ausreichenden" Noten zugeordnet werden.

Tab. 34: Mittelwert (Notendurchschnitt) aller Schüler im leistungsschwächeren Bereich in Mathematik, Deutsch und 1. Fremdsprache

Erhebungsjahr		Mathematik	Deutsch	1. Fremdsprache	Fächer zusammengefasst
2005	N	1.667	1.667	1.667	1.667
	MW	3,51	3,33	3,42	3,42
2007	N	1.362	1.362	1.362	1.362
	MW	3,53	3,33	3,42	3,43
2009	N	1.510	1.510	1.510	1.510
	MW	3,57	3,38	3,46	3,47

(Quelle: Schülerbefragung 2005, 2007, 2009)

Diese Einschätzung wird durch die Betrachtung der prozentualen Verteilung der Einzelnoten bestätigt. Hier zeigt sich in allen Fächern und zu allen Erhebungszeitpunkten ein geringer Anteil an Schülern, der sehr gute und gute Leistungen erreicht hat, während befriedigende und ausreichende Leistungen die mit Abstand höchsten Anteile erreichen.

Eine zusammenfassende Betrachtung der Häufigkeiten und der kumulierten Prozente für den Notendurchschnitt aller drei Fächer verdeutlicht, dass die Gruppe der leistungsschwächeren Schüler ab einem Notendurchschnitt von 3,00 beginnt.

Tab. 35: Verteilung des Notendurchschnitts der leistungsschwächeren Schüler in den Kernfächern zusammengefasst

Noten-durch-schnitt	2005			2007			2009		
	N	%	% (kumuliert)	N	%	% (kumuliert)	N	%	% (kumuliert)
3,00	587	35,2	35,2	520	38,2	38,2	508	33,6	33,6
3,33	490	29,4	64,6	358	26,3	64,5	419	27,7	61,4

Noten-durch-schnitt	2005			2007			2009		
	N	%	% (kumuliert)	N	%	% (kumuliert)	N	%	% (kumuliert)
3,67	323	19,4	84,0	240	17,6	82,1	269	17,8	79,2
4,00	165	9,9	93,9	144	10,6	92,7	178	11,8	91,0
4,33	67	4,0	97,9	60	4,4	97,1	79	5,2	96,2
4,67	22	1,3	99,2	26	1,9	99,0	39	2,6	98,8
5,00	7	0,4	99,6	7	0,5	99,5	12	0,8	99,6
5,33	4	0,2	99,9	2	0,1	99,6	4	0,3	99,9
6,00	2	0,1	100,0	5	0,4	100,0	2	0,1	100,0
Gesamt	1.667	100,0	--	1.362	100,0	--	1.510	100,0	--

(Quelle: Schülerbefragung 2005, 2007, 2009)

Die durchgeführten Analysen bestätigen die Zuordnung der Schüler zum leistungsstärkeren bzw. -schwächeren Bereich sowohl aus statistischer als auch aus inhaltlicher Sicht und können demzufolge als Grundlage für die weitergehenden Untersuchungen verwendet werden.

Nachdem die Bildung der Schülergruppen anhand der soziodemografischen und schulbezogenen Merkmale dargestellt wurde, sollen im Weiteren anhand ausgewählter Kriterien diejenigen im familiären und im schulischen Kontext näher betrachtet werden, die für nachfolgende Analysen bedeutsam sind.

5.1.3 Beschreibung nach der Familienstruktur

a) Merkmale im familialen Kontext

Mädchen und Jungen verteilen sich hinsichtlich der Familienstruktur annähernd gleichmäßig auf allein erziehende und nicht allein erziehende Familienkonstellationen. Zeigt sich dieses bei den nicht allein erziehenden Familien über alle drei Erhebungszeitpunkte, so sind bei den allein Erziehenden 2007 und 2009 größere Unterschiede festzustellen, die sich jedoch gegensätzlich darstellen und somit nicht gesondert in den Analysen betrachtet werden sollen.

Empirische Untersuchungen zu Nutzungspräferenzen von Schülern

Tab. 36: Geschlechterspezifische Betrachtung der Familienstruktur

Ge-schlecht	2005				2007				2009			
	allein erziehend		nicht allein erziehend		allein erziehend		nicht allein erziehend		allein erziehend		nicht allein erziehend	
	N	%	N	%	N	%	N	%	N	%	N	%
Mädchen	277	50,5	1434	51,8	294	55,6	1127	51,9	259	46,8	1251	50,2
Jungen	271	49,5	1336	48,2	235	44,4	1046	48,1	294	53,2	1242	49,8
Gesamt	**548**	**100,0**	**2770**	**100,0**	**529**	**100,0**	**2173**	**100,0**	**553**	**100,0**	**2493**	**100,0**

(Quelle: Schülerbefragung 2005, 2007, 2009)

In den Anteilen der Kinder und Jugendlichen nach Altersgruppen zeigen sich keine bedeutsamen Unterschiede zwischen allein erziehenden und nicht allein erziehenden Familien. Unter Vernachlässigung der Gruppe der Jugendlichen, die 16 Jahre und älter sind und die bereits zahlenmäßig am geringsten ausfällt, kann festgestellt werden, dass auf jede weitere Altersgruppe etwa ein Drittel aller Kinder und Jugendlichen entfällt.

Tab. 37: Betrachtung der Familienstruktur nach Altersgruppen

Altersgruppen	2005				2007				2009			
	allein erziehend		nicht allein erziehend		allein erziehend		nicht allein erziehend		allein erziehend		nicht allein erziehend	
	N	%	N	%	N	%	N	%	N	%	N	%
9 bis 11 Jahre	103	18,7	624	22,4	145	27,5	690	31,8	150	27,1	770	31,0
12 und 13 Jahre	177	32,1	851	30,6	165	31,3	670	30,9	167	30,1	810	32,6
14 und 15 Jahre	191	34,6	1.010	36,3	174	33,0	666	30,7	176	31,8	757	30,5
16 Jahre und älter	81	14,7	295	10,6	43	8,2	145	6,7	61	11,0	149	6,0
Gesamt	**552**	**100,0**	**2.780**	**100,0**	**527**	**100,0**	**2.171**	**100,0**	**554**	**100,0**	**2.486**	**100,0**

(Quelle: Schülerbefragung 2005, 2007, 2009)

Die Angaben zum Zusammenleben im gemeinsamen Haushalt zeigen, dass etwa neun von zehn Kindern und Jugendlichen von allein Erziehenden nicht bei ihrem Vater leben – der vergleichbare Anteil, der nicht bei ihren Müttern lebt, dagegen nur etwa ein von zehn Kindern und Jugendlichen umfasst.

Tab. 38: Betrachtung der Familienstruktur nach dem Zusammenleben mit Mutter/Vater in einem gemeinsamen Haushalt

Zusammenleben in einem gemeinsamen Haushalt		2005				2007				2009			
		allein erziehend		nicht allein erziehend		allein erziehend		nicht allein erziehend		allein erziehend		nicht allein erziehend	
		N	%	N	%	N	%	N	%	N	%	N	%
Mutter	nein	74	13,3	32	1,1	63	11,9	28	1,3	76	13,6	40	1,6
	ja	482	86,7	2.768	98,9	467	88,1	2.154	98,7	483	86,4	2.466	98,4
	Gesamt	556	100,0	2.800	100,0	530	100,0	2.182	100,0	559	100,0	2.506	100,0
Vater	nein	502	90,3	514	18,4	486	91,7	403	18,5	492	88,0	468	18,7
	ja	54	9,7	2.286	81,6	44	8,3	1.779	81,5	67	12,0	2.038	81,3
	Gesamt	556	100,0	2.800	100,0	530	100,0	2.182	100,0	559	100,0	2.506	100,0

(Quelle: Schülerbefragung 2005, 2007, 2009)

Größere Unterschiede zeigen sich im Zusammenleben mit Geschwistern derart, dass Kinder und Jugendliche von allein Erziehenden in größerem Umfang keine Geschwister haben. Diese Anteile zeigen sich über alle drei Erhebungszeitpunkte relativ stabil (2005: 44,4%; 2007: 43,9%; 2009: 44,0%).

Tab. 39: Betrachtung der Familienstruktur nach dem Zusammenleben mit den Geschwistern

Geschwister	2005				2007				2009			
	allein erziehend		nicht allein erziehend		allein erziehend		nicht allein erziehend		allein erziehend		nicht allein erziehend	
	N	%	N	%	N	%	N	%	N	%	N	%
nein	246	44,4	834	29,9	232	43,9	618	28,4	245	44,0	714	28,5
Ja	308	55,6	1.958	70,1	296	56,1	1.557	71,6	312	56,0	1.788	71,5
Gesamt	554	100,0	2.792	100,0	528	100,0	2.175	100,0	557	100,0	2.502	100,0

(Quelle: Schülerbefragung 2005, 2007, 2009)

b) Merkmale im schulbezogenen Kontext

In der Verteilung der Jahrgangsstufen zeigt sich, dass zu allen Erhebungszeitpunkten sowohl bei den allein erziehenden als auch den nicht allein erziehenden Familien jeweils etwa ein Drittel der Schüler jeder der drei Jahrgangsstufen 5, 7 und 9 zugeordnet werden kann.

Tab. 40: Verteilung der Schüler aus allein und nicht allein erziehenden Familienstrukturen nach der Jahrgangsstufe (in %)

Jahrgangsstufe	allein erziehend			nicht allein erziehend		
	2005 (N=556)	2007 (N=530)	2009 (N=559)	2005 (N=2.800)	2007 (N=2.182)	2009 (N=2.506)
5	28,4	33,8	32,6	29,3	36,4	35,1
7	36,0	30,4	30,4	32,5	30,8	33,7
9	35,6	35,8	37,0	38,3	32,9	31,2

(Quelle: Schülerbefragung 2005, 2007, 2009)

Im Vergleich der Schularten ist festzustellen, dass sich hinsichtlich der Anteile der allein erziehenden Familien nur geringe Unterschiede zwischen den Gesamtschulen und den Regionalen Schulen zeigen. Hier kommt etwa jedes fünfte Kind aus einer allein erziehenden Familienkonstellation. Deutlich geringer ist dieser Anteil an den Gymnasien, an denen nur etwa jedes zehnte Kind der Gruppe der allein erziehenden Familien zuzuordnen ist.

Tab. 41: Anteile allein bzw. nicht allein erziehender Familien nach den Schularten (in %)

Schulart		allein erziehend	nicht allein erziehend
Regionale Schule	2005 (N=1.320)	17,3	82,7
	2007 (N=1.169)	19,5	80,5
	2009 (N=1.391)	18,8	81,2
Gesamtschule	2005 (N=926)	22,0	78,0
	2007 (N=1.072)	22,4	77,6
	2009 (N=1.078)	20,0	80,0
Gymnasium	2005 (N=1.110)	11,0	88,9
	2007 (N=471)	13,2	86,8
	2009 (N=596)	13,8	86,2

(Quelle: Schülerbefragung 2005, 2007, 2009)

5.1.4 Beschreibung nach dem Erwerbsstatus der Eltern

a) Merkmale im familialen Kontext

Aus geschlechterspezifischer Sicht zeigen sich zum einen kaum Unterschiede zwischen Mädchen und Jungen und zum anderen kaum Veränderungen zwischen den beiden Erhebungszeitpunkten.

Tab. 42: Geschlechterspezifische Betrachtung des Erwerbsstatus (2005)

Geschlecht	höherer Erwerbsstatus		geringerer Erwerbsstatus	
	N	%	N	%
Mädchen	741	50,1	1.191	51,2
Jungen	739	49,9	1.134	48,8
Gesamt	1.480	100,0	2.325	100,0

(Quelle: Schülerbefragung 2005)

Tab. 43: Geschlechterspezifische Betrachtung des Erwerbsstatus (2007)

Geschlecht	höherer Erwerbsstatus		geringerer Erwerbsstatus	
	N	%	N	%
Mädchen	579	50,5	1.010	52,5
Jungen	567	49,5	913	47,5
Gesamt	1.146	100,0	1.923	100,0

(Quelle: Schülerbefragung 2007)

Tab. 44: Geschlechterspezifische Betrachtung des Erwerbsstatus (2009)

Geschlecht	höherer Erwerbsstatus		geringerer Erwerbsstatus	
	N	%	N	%
Mädchen	697	49,1	978	50,3
Jungen	722	50,9	968	49,7
Gesamt	1.419	100,0	1.946	100,0

(Quelle: Schülerbefragung 2009)

Die Verteilung nach Altersgruppen zeigt, dass sich bis auf die Familien mit einem höheren Erwerbsstatus 2005, bei denen die Altersgruppe „14 und 15 Jahre" einen überdurchschnittlich hohen und die Altersgruppe „9 bis 11 Jahre" einen geringeren Anteil hat, insbesondere 2007 und 2009 die Familien sowohl mit einem geringeren als auch einem höheren Erwerbsstatus annähernd gleichmäßig auf die Altersgruppen aufteilen, die für die Jahrgangsstufen 5 bis 9 dominierend sind.

Tab. 45: *Verteilung des Erwerbsstatus nach Altersgruppen*

Alters-gruppen	Erwerbsstatus											
	2005				2007				2009			
	höherer		geringerer		höherer		geringerer		höherer		geringerer	
	N	%	N	%	N	%	N	%	N	%	N	%
9 bis 11 Jahre	267	18,0	562	24,0	337	29,5	600	31,2	436	30,8	593	30,6
12 und 13 Jahre	412	27,7	772	33,0	336	29,4	626	32,6	463	32,7	603	31,1
14 und 15 Jahre	635	42,8	737	31,5	397	34,7	549	28,6	414	29,2	594	30,6
16 Jahre und älter	171	11,5	271	11,6	73	6,4	146	7,6	104	7,3	151	7,8
Gesamt	**1.485**	**100,0**	**2.342**	**100,0**	**1.143**	**100,0**	**1.921**	**100,0**	**1.417**	**100,0**	**1.941**	**100,0**

(Quelle: Schülerbefragung 2005, 2007, 2009)

Bei der Betrachtung nach der Berufstätigkeit von Mutter und Vater ist nur der geringere Erwerbsstatus von Interesse, da ein höherer Erwerbsstatus die Vollzeitbeschäftigung beider Elternteile voraussetzt.

Bedeutsam ist dabei, dass bei Familien mit einem geringeren Erwerbsstatus eine Vollzeitbeschäftigung bei den Vätern mehr als doppelt so häufig zu verzeichnen ist als bei den Müttern und dieses Verhältnis von 2005 nach 2009 weiter angestiegen ist (Verhältnis Mutter-Vater 2005: 1:2,25; 2007: 1:2,57; 2009: 1:2,68). Dabei liegt der Grund einerseits in der Abnahme des Anteils Vollzeit beschäftigter Mütter ebenso wie in der Zunahme des Anteils Vollzeit beschäftigter Väter über den gesamten Erhebungszeitraum. Dagegen ist bei den Müttern die Teilzeitbeschäftigung dominierend, wobei auch zu bemerken ist, dass mehr als ein Fünftel der Mütter (2005: 27,6%; 2007: 24,4%; 2009: 20,4%) zzt. nicht berufstätig ist. Der Rückgang des Anteils nicht berufstätiger Mütter um 7,2 Prozentpunkte zeigt sich dabei insgesamt nicht positiv in der Entwicklung des Anteils der Vollzeit beschäftigten Mütter (-1,9 Prozentpunkte), sondern stärker in der Entwicklung des Anteils der Teilzeit beschäftigten Mütter (+9,3 Prozentpunkte). Dagegen hat sich der Anteil der Mütter, deren Beschäftigung als „etwas anderes" definiert wurde, von 2005 nach 2009 insgesamt nicht spürbar verändert (-0,1 Prozentpunkte).

Anders zeigt sich die Entwicklung des Beschäftigungsumfangs bei den Vätern: Die Verringerung des Anteil der zurzeit nicht berufstätigen Väter um 8,8 Prozentpunkte zeigt sich sowohl in einem Anstieg der Teilzeit Beschäftigten um 3,1 Prozentpunkte als auch und vor allem in einem Anstieg des Anteils der Vollzeit Beschäftigten um 5,9 Prozentpunkte. Wie bei den Frauen zeigen sich keine wesentlichen Veränderungen bei den Vätern, die etwas anderes machen, wobei ihr Anteil deutlich geringer ist als der der Mütter.

Tab. 46: Verteilung des Beschäftigungsumfangs der Mütter und Väter bei Familien mit einem geringeren Erwerbsstatus (in %)

	Erhebungszeitpunkt	Vollzeit beschäftigt	Teilzeit beschäftigt	zur Zeit nicht berufstätig	etwas anderes
Mutter	2005 (N=1.961)	25,4	28,1	27,6	18,9
	2007 (N=1.586)	23,0	32,8	24,4	19,7
	2009 (N=1.669)	23,5	37,4	20,4	18,8
Vater	2005 (N=1.820)	57,2	10,3	23,8	8,7
	2007 (N=1.501)	59,2	13,2	19,0	8,7
	2009 (N=1.545)	63,0	13,4	15,0	8,6

(Quelle: Schülerbefragung 2005, 2007, 2009)

b) Merkmale im schulischen Kontext

Die Verteilung auf die Jahrgangsstufen in den beiden Erhebungsjahren zeigt, dass

- zu allen drei Erhebungszeitpunkten der größte Anteil an Schülern aus Familien mit einem höheren Erwerbsstatus der Jahrgangsstufe 9 zuzuordnen ist, auch wenn hierbei von 2005 (46,1%) nach 2009 (33,6%) ein deutlicher Rückgang um 12,5 Prozentpunkten zu verzeichnen ist, der in 2009 zu einer Gleichverteilung dieser Schüler in den Jahrgangsstufen 5, 7 und 9 führt,
- sich Schüler aus Familien mit einem geringeren Erwerbsstatus im Erhebungsjahr 2005 auf alle Jahrgangsstufen annähernd gleich verteilen, sich dieses jedoch 2007 dahingehend ändert, dass sich in der Jahrgangsstufe 5 dieser Anteil gegenüber den Jahrgangsstufen 7 und 9 erhöht.

Insgesamt kann jedoch festgestellt werden, dass sich sowohl die Schüler aus Familien mit einem geringeren als auch einem höheren Erwerbsstatus annähernd zu

Empirische Untersuchungen zu Nutzungspräferenzen von Schülern

gleichen Anteilen auf die drei Jahrgangsstufen verteilen und sich jahrgangsbezogene Abweichungen nur vereinzelt und in der Entwicklung über die Erhebungszeitpunkte nicht kontinuierlich zeigen.

Tab. 47: *Verteilung der Schüler aus Familien mit einem geringeren bzw. höheren Erwerbsstatus nach der Jahrgangsstufe (in %)*

Jahrgangsstufe	geringerer Erwerbsstatus			höherer Erwerbsstatus		
	2005 (N=2.362)	2007 (N=1.937)	2009 (N=1.961)	2005 (N=1.496)	2007 (N=1.149)	2009 (N=1.428)
5	34,8	38,0	36,4	21,5	31,7	33,3
7	34,3	32,4	32,6	32,5	29,1	33,1
9	30,9	29,5	31,1	46,1	39,3	33,6

(Quelle: Schülerbefragung 2005, 2007, 2009)

Legt man für die Verteilung nach dem Erwerbsstatus die jeweilige Jahrgangsstufe zugrunde, so zeigt sich, dass zu allen Erhebungszeitpunkten in allen Jahrgangsstufen der Anteil an Kindern und Jugendlichen aus Familien mit einem geringeren Erwerbsstatus höher ist als der von Familien mit einem höheren Erwerbsstatus. Besonders deutlich zeigen sich diese Unterschiede 2005 in der Jahrgangsstufe 5, in der fast drei Viertel (71,9%) der Schüler dem geringeren Erwerbsstatus zuzuordnen sind. Aufgrund der Längsschnittuntersuchung „wandert" dieser hohe Anteil auch in den nachfolgenden Erhebungen mit, so dass es gegenüber der Ausgangserhebung 2005 auch zu einem Anstieg dieser Schülergruppe in den Jahrgangsstufen 7 und 9 kommt.

Tab. 48: *Anteile der Schüler aus Familien mit einem geringeren bzw. höheren Erwerbsstatus in den Jahrgangsstufen 5, 7 und 9 (in %)*

Jahrgangsstufe		geringerer Erwerbsstatus	höherer Erwerbsstatus
5	2005 (N=1.143)	71,9	28,1
	2007 (N=1.101)	66,9	33,1
	2009 (N=1.188)	60,0	40,0
7	2005 (N=1.295)	62,5	37,5
	2007 (N=962)	65,3	34,7
	2009 (N=1.112)	57,5	42,5
9	2005 (N=1.420)	51,5	48,5
	2007 (N=1.023)	55,9	44,1
	2009 (N=1.089)	55,9	44,1

(Quelle: Schülerbefragung 2005, 2007, 2009)

Die Verteilung nach den Schularten erfordert – wie bereits bei der Betrachtung nach dem Leistungsstand – eine differenzierte Analyse insbesondere für die Erhebungszeitpunkte 2005 und 2007, da nur zum Erhebungszeitpunkt 2005 an allen drei Schularten die drei Jahrgangsstufen unterrichtet wurden, dieses 2007 jedoch nur noch für die Regionalen Schulen und Gesamtschulen zutraf. Demnach zeigt sich, dass 2005 an den Gymnasien

- der höchste Anteil von Kindern und Jugendlichen aus Familien mit einem höheren Erwerbsstatus (40,2%) und
- etwa ein Viertel (25,1%) aus Familien mit einem geringeren Erwerbsstatus

unterrichtet wurden.

Durch den Rückgang der Schülerzahlen an den Gymnasien aufgrund des Wegfalls der Jahrgangsstufe 5 zum Erhebungszeitpunkt 2007 kommt es zu einer Verschiebung dahingehend, dass bei der Gruppe von Kindern und Jugendlichen aus Familien mit einem höheren Erwerbsstatus der größte Anteil (38,7%) bei den Gesamtschulen, der geringste Anteil (24,8%) dagegen bei den Gymnasien zu finden ist. Die Ursachen dafür sind bereits bei den Ausführungen zum Leistungsstand beschrieben worden. Der geringere Anteil der Schüler an den Gymnasien im Vergleich zu den Regionalen Schulen und Gesamtschulen führt demzufolge auch dazu, dass 2007 bzw. 2009 nur noch etwa 13% aller Kinder und Jugendlichen aus Familien mit einem geringeren Erwerbsstatus an den Gymnasien beschult werden.

Tab. 49: Verteilung der Schüler nach dem Erwerbsstatus auf die Schularten

Schulart	2005 höherer Erwerbsstatus		2005 geringerer Erwerbsstatus		2007 höherer Erwerbsstatus		2007 geringerer Erwerbsstatus		2009 höherer Erwerbsstatus		2009 geringerer Erwerbsstatus	
	N	%	N	%	N	%	N	%	N	%	N	%
Regionale Schule	532	35,6	1.050	44,5	419	36,5	948	48,9	559	39,1	1.013	51,7
Gesamtschule	362	24,2	718	30,4	445	38,7	738	38,1	492	34,5	692	35,3
Gymnasium	602	40,2	594	25,1	285	24,8	251	13,0	377	26,4	256	13,1
Gesamt	**1.496**	**100**	**2.362**	**100**	**1.149**	**100**	**1.937**	**100**	**1.428**	**100**	**1.961**	**100**

(Quelle: Schülerbefragung 2005, 2007, 2009)

Da die Verteilung der Anteile von der Anzahl der an den jeweiligen Schularten befragten Schülern abhängig ist, sollen die Schularten durch die Betrachtung der Anteile des Erwerbsstatus nach den Schularten dahingehend differenzierter untersucht werden, wie sich die Schülerschaft an diesen unter dem Aspekt des Erwerbsstatus der Eltern zusammensetzt.

Dabei zeigt sich, dass

- an den Regionalen Schulen zu allen drei Erhebungszeitpunkten etwa zwei Drittel aller Schüler (2005: 66,4%; 2007: 69,3%; 2009: 64,4%) Familien mit einem geringeren Erwerbsstatus zuzuordnen sind und diese Anteile im Vergleich zu den Gesamtschulen und Gymnasien am höchsten sind,
- diese Schülergruppe an den Gesamtschulen ebenfalls stark vertreten ist und ihr Anteil nur geringfügig unter den Anteilen der Regionalen Schulen liegt,
- an den Gymnasien zu allen Erhebungszeitpunkten der Anteil der Schüler aus Familien mit einem höheren Erwerbsstatus überwiegt und sich dieser von 2005 (50,3%) nach 2009 (59,6%) weiter erhöht hat.

Tab. 50: *Anteile der Schüler aus Familien mit einem geringeren bzw. höheren Erwerbsstatus in den Schularten (in %)*

Schulart	Erhebungszeitpunkt	Erwerbsstatus	
		geringerer	höherer
Regionale Schule	2005 (N=1.582)	66,4	33,6
	2007 (N=1.367)	69,3	30,7
	2009 (N=1.572)	64,4	35,6
Gesamtschule	2005 (N=1.080)	66,5	33,5
	2007 (N=1.183)	62,4	37,6
	2009 (N=1.184)	58,4	41,6
Gymnasium	2005 (N=1.196)	49,7	50,3
	2007 (N=536)	46,8	53,2
	2009 (N=633)	40,4	59,6

(Quelle: Schülerbefragung 2005, 2007, 2009)

Damit zeigt sich, dass trotz des Wegfalls der Jahrgangsstufe 5 an den Gymnasien immer noch mehr Schüler aus Familien mit einem höheren Erwerbsstatus als mit einem geringeren Erwerbsstatus beschult werden und sich dieser Anteil von 2005 nach 2009 im Gegensatz zu den Gesamtschulen und Regionalen Schulen kontinuierlich erhöht hat. Diese Entwicklung wirft die Frage auf, ob das Längere gemeinsame Lernen eine größere Selektion nach dem Erwerbsstatus hinsichtlich des weiterführenden Bildungsganges zur Folge hat. Weiterführende Untersuchungen zur Entwicklung der Anteile von Kindern und Jugendlichen an den jeweiligen Schularten nach dem Erwerbsstatus ihrer Familien könnten hierzu wissenschaftlich belegbare Ergebnisse liefern.

Die Zusammensetzung der Schülerschaft nach dem Erwerbsstatus der Eltern an den jeweiligen Schularten könnte zudem als ein Indiz für den in den PISA-Studien nachgewiesenen engen Zusammenhang von sozialem Hintergrund und Bildungschancen von Kindern und Jugendlichen in Deutschland angesehen werden.

Es stellte sich daher die Frage, ob auch ein Zusammenhang zwischen dem Erwerbsstatus der Eltern und dem Leistungsstand der befragten Schüler festgestellt werden kann. Dafür wurde die Notenverteilung in den Kernfächern unter dem Aspekt des Erwerbsstatus näher betrachtet, wobei zur vereinfachten Darstellung die Noten 1 und 2, 3 und 4 sowie 5 und 6 zu drei Gruppen zusammengefasst wurden.

- Notenverteilung im Fach Deutsch:
  Bei der Betrachtung der Notenverteilung im Fach Deutsch wird deutlich, dass
  - zu allen drei Erhebungszeitpunkten weniger Schüler aus Familien mit einem geringeren Erwerbsstatus gute und sehr gute Noten erreichten als mit einem höheren Erwerbsstatus,
  - es in beiden Schülergruppen von 2005 nach 2009 insgesamt zu einem Anstieg des Anteils an guten und sehr guten Leistungen kam, wobei dieser bei den Schülern aus Familien mit einem geringeren Erwerbsstatus deutlich geringer ausfällt (+1,3 Prozentpunkte) als mit einem höheren Erwerbsstatus (+4,4 Prozentpunkte),
  - die Differenz hinsichtlich des Anteils an guten und sehr guten Leistungen zwischen den beiden Schülergruppen von 2005 (9,3 Prozentpunkte) nach 2009 (12,4 Prozentpunkte) gestiegen ist.

Tab. 51: *Notenverteilung im Fach Deutsch nach dem Erwerbsstatus der Eltern (in %)*

Erwerbstatus	Erhebungszeitpunkt	Note 1/2	Note 3/4	Note 5/6
geringerer	2005 (N=2.248)	35,7	62,4	2,0
	2007 (N=1.892)	37,6	60,1	2,3
	2009 (N=1.868)	37,0	59,9	3,1
höherer	2005 (N=1.473)	45,0	54,2	0,8
	2007 (N=1.140)	49,5	49,3	1,2
	2009 (N=1.413)	49,4	48,6	2,1

(Quelle: Schülerbefragung 2005, 2007, 2009)

Obwohl sich damit im Fach Deutsch von 2005 nach 2009 der Anteil der Schüler aus Familien mit einem geringeren Erwerbsstatus, der sehr gute bzw. gute Leistungen erreicht hat, geringfügig auf etwas mehr als ein Drittel (37,0%) erhöht hat, zeigt sich, dass dieser Anteil deutlich geringer ist als bei den Schülern aus Familien mit einem höheren Erwerbsstatus, von denen diese Leistungen fast die Hälfte erreichten (49,4%).

- Notenverteilung im Fach Mathematik:
  Zeigen sich 2005 nur geringe Unterschiede in den Anteilen aller drei Notengruppen im Fach Mathematik, so
  – verringert sich bei den Schülern aus Familien mit einem geringeren Erwerbsstatus der Anteil an guten und sehr guten Noten geringfügig um 1,0 Prozentpunkte, so dass zu diesem Anteil nur etwa ein Drittel (33,2%) dieser Schülergruppe zählt, wobei dagegen dieser Anteil bei den Schülern aus Familien mit einem höheren Erwerbsstatus um 5,3 Prozentpunkte auf 43,3% stieg,
  – ist bei den Schülern aus Familien mit einem geringeren Erwerbsstatus auch der Anteil an befriedigenden bzw. ausreichenden Leistungen geringfügig gesunken (-0,8 Prozentpunkte), so dass sich die prozentualen Veränderungen in einem Anstieg des Anteils an genügenden bzw. ungenügenden Leistungen zeigt (+1,9 Prozentpunkte),
  – ist die Differenz über 2007 (8,1 Prozentpunkte) nach 2009 (10,1 Prozentpunkte) bei den sehr guten bzw. guten Leistungen deutlich angestiegen.

Tab. 52: Notenverteilung im Fach Mathematik nach dem Erwerbsstatus der Eltern (in %)

Erwerbstatus	Erhebungszeitpunkt	Note 1/2	Note 3/4	Note 5/6
geringerer	2005 (N=2.248)	34,2	61,0	4,7
	2007 (N=1.890)	34,1	60,8	5,2
	2009 (N=1.902)	33,2	60,2	6,6
höherer	2005 (N=1.469)	38,1	58,2	3,7
	2007 (N=1.140)	42,2	55,6	2,2
	2009 (N=1.413)	43,3	52,8	3,9

(Quelle: Schülerbefragung 2005, 2007, 2009)

- Notenverteilung in der 1. Fremdsprache:
  Im Vergleich der beiden Schülergruppen wird deutlich, dass
  - sich 2005 in allen drei Notengruppen kaum Unterschiede zeigen,
  - sich der Anteil in der Notengruppe 1/2 bei den Schülern aus Familien mit einem geringeren Erwerbsstatus von 2005 nach 2009 um 2,4 Prozentpunkte verringert, bei den Schülern aus Familien mit einem höheren Erwerbsstatus dagegen um 3,7 Prozentpunkte vergrößert hat,
  - sich aufgrund dieser unterschiedlichen Entwicklung des Anteils an sehr guten bzw. guten Noten die Differenz zwischen den beiden Schülergruppen von 2005 (1,3 Prozentpunkte) nach 2009 (7,4 Prozentpunkte) deutlich erhöht hat.

Tab. 53: Notenverteilung in der 1. Fremdsprache nach dem Erwerbsstatus der Eltern (in %)

Erwerbstatus	Erhebungszeitpunkt	Note 1/2	Note 3/4	Note 5/6
geringerer	2005 (N=2.161)	41,9	54,4	3,8
	2007 (N=1.812)	40,0	55,8	4,1
	2009 (N=1.839)	39,5	56,3	4,2
höherer	2005 (N=1.419)	43,2	54,8	2,1
	2007 (N=1.115)	48,2	49,6	2,3
	2009 (N=1.378)	46,9	50,0	3,1

(Quelle: Schülerbefragung 2005, 2007, 2009)

Zusammenfassend lässt sich damit feststellen, dass in allen drei Kernfächern Schüler aus Familien mit einem höheren Erwerbsstatus bessere Leistungen erreicht und sich diese Leistungen von 2005 nach 2009 in einem größeren Maße verbessert haben als bei Schülern aus Familien mit einem geringeren Erwerbsstatus.

Die Entwicklung in den drei Fächern in beiden Schülergruppen spiegelt sich auch in zusammengefasster Form nach dem Leistungsstand wider: Hier zeigt sich, dass 2005 noch etwa die Hälfte (50,8%) der Schüler aus Familien mit einem geringeren Erwerbsstatus zur Gruppe der leistungsstärkeren Schüler gehörte und dieser Anteil nach 2009 um 3,6 Prozentpunkte auf 47,2% sank. Dagegen stieg dieser Anteil bei den Schülern aus Familien mit einem höheren Erwerbsstatus von 2005 (55,9%) nach 2009 (60,1%) um 4,2 Prozentpunkte.

Diese Verteilung und die Entwicklung, die sich diesbezüglich in diesen Erhebungen zeigt, sollten Gegenstand künftiger Untersuchungen sein, um tiefergehende, wissenschaftlich belegbare Ergebnisse darüber zu erhalten, inwiefern sich ein signifikanter Zusammenhang zwischen dem Erwerbsstatus der Eltern und dem Leistungsstand der Kinder und Jugendlichen aus diesen Elternhäusern nachweisen lässt.

Tab. 54: *Verteilung des Erwerbsstatus der Eltern nach dem Leistungsstand (in %)*

Erwerbstatus	Erhebungszeitpunkt	Leistungsstand	
		leistungsschwächer	leistungsstärker
geringerer	2005 (N=2.121)	49,2	50,8
	2007 (N=1.800)	51,2	48,8
	2009 (N=1.823)	52,8	47,2
höherer	2005 (N=1.414)	44,1	55,9
	2007 (N=1.112)	39,7	60,3
	2009 (N=1.373)	39,9	60,1

(Quelle: Schülerbefragung 2005, 2007, 2009)

Hinsichtlich der Frage nach der generellen Teilnahme an Ganztagsangeboten kann die Schlussfolgerung gezogen werden, dass Ganztagsangebote auch berücksichtigen müssen, dass leistungsschwächere Schüler häufig auch aus Familien mit einem geringeren Erwerbsstatus bzw. aus bildungsfernen Schichten und leistungsstärkere Schüler aus Familien mit einem höheren Erwerbsstatus bzw. aus bildungsnahen Schichten kommen. Wenn beide Schülergruppen gleichermaßen durch die Angebote erreicht und individuell gefördert bzw. gefordert werden sollen, muss daher auch beachtet werden, dass diese einerseits durch die Schule kostenfrei gestaltet werden und andererseits durch eine hohe Qualität gekennzeichnet sein sollten.

5.1.5 Beschreibung nach dem Leistungsstand

a) Merkmale im familialen Kontext

Geschlechtsspezifisch wird deutlich, dass sich sowohl bei der leistungsstärkeren als auch der leistungsschwächeren Schülergruppe die Verteilung nach Jungen und Mädchen voneinander unterscheidet. Bei den leistungsschwächeren Schülern sind Jungen zu allen Erhebungszeitpunkten dominierend, wobei sich ihr Anteil von 2005 nach 2009 insgesamt konstant zeigt (+0,1 Prozentpunkte) und über 11 Prozentpunkte über dem Anteil an Mädchen liegt.

Bei der leistungsstärkeren Gruppe dominieren hingegen die Mädchen. Auch wenn sich ihr Anteil von 2005 (57,2%) nach 2009 (55,0%) um 2,2 Prozentpunkte leicht verringert hat, liegt er immer noch 10 Prozentpunkte über dem Anteil der Jungen. Diese Verteilung deckt sich auch mit den bereits getroffenen Aussagen zu den geschlechtsspezifischen Disparitäten im deutschen Schulsystem.

Tab. 55: Geschlechterspezifische Betrachtung nach dem Leistungsstand

Ge-schlecht	2005				2007				2009			
	leistungs-stärker		leistungs-schwächer		leistungs-stärker		leistungs-schwächer		leistungs-stärker		leistungs-schwächer	
	N	%	N	%	N	%	N	%	N	%	N	%
Mädchen	1.060	57,2	725	44,2	881	57,0	633	46,8	922	55,0	660	44,1
Jungen	794	42,8	914	55,8	664	43,0	719	53,2	755	45,0	837	55,9
Gesamt	1.854	100,0	1.639	100,0	1.545	100,0	1.352	100,0	1.677	100,0	1.497	100,0

(Quelle: Schülerbefragung 2005, 2007, 2009)

Eine Betrachtung der Schülergruppen unter Berücksichtigung ihrer Zuordnung nach Altersgruppen zeigt, dass bei den leistungsstärkeren Schülern von 2005 nach 2009 die Anteile in der Altersgruppe „9 bis 11 Jahre" gestiegen (+12,6 Prozentpunkte), in der Jahrgangsstufe „12 und 13 Jahre" geringfügig gesunken (-1,6 Prozentpunkte) und in der Altersgruppe „14 und 15 Jahre" stark gesunken (-8,0 Prozentpunkte) sind.

Von den leistungsschwächeren Schülern ist zu allen Erhebungszeitpunkten der höchste Anteil der Altersgruppe „14 und 15 Jahre" zuzuordnen, auch wenn sich ihr Anteil von 2005 nach 2009 um insgesamt 4,4 Prozentpunkte verringert hat.

Tab. 56: Verteilung des Leistungsstandes nach Altersgruppen

Alters-gruppen	2005				2007				2009			
	leistungs-stärker		leistungs-schwächer		leistungs-stärker		leistungs-schwächer		leistungs-stärker		leistungs-schwächer	
	N	%	N	%	N	%	N	%	N	%	N	%
9 bis 11 Jahre	563	30,3	179	10,8	627	40,6	249	18,4	717	42,9	256	17,1
12 und 13 Jahre	611	32,9	465	28,1	493	32,0	410	30,4	524	31,3	485	32,4
14 und 15 Jahre	567	30,5	711	43,0	365	23,7	545	40,4	376	22,5	578	38,6
16 Jahre und älter	117	6,3	299	18,1	58	3,8	146	10,8	55	3,3	179	11,9
Gesamt	1.858	100,0	1.654	100,0	1.543	100,0	1.350	100,0	1.672	100,0	1.498	100,0

(Quelle: Schülerbefragung 2005, 2007, 2009)

Empirische Untersuchungen zu Nutzungspräferenzen von Schülern

Die differenzierte Betrachtung der jeweiligen Jahrgangsstufe nach dem Leistungsstand macht deutlich, dass etwa drei Viertel (2005: 75,9%; 2007: 71,6%; 2009: 73,9%) der Befragten in der Altersgruppe „9 bis 11 Jahre" zur leistungsstärkeren Gruppe zu zählen sind. Dieser Anteil nimmt mit zunehmendem Alter und damit steigender Jahrgangsstufe kontinuierlich ab. Der hohe Anteil leistungsschwächerer Schüler in der Altersgruppe „16 Jahre und älter" legt die Vermutung nahe, dass es sich bei diesen Schülern überwiegend um Wiederholer handelt.

Tab. 57: *Anteile leistungsschwächerer und -stärkerer Schüler nach Altersgruppen (in %)*

Altersgruppe	Erhebungszeitpunkt	Leistungsstand	
		leistungsschwächer	leistungsstärker
9 bis 11 Jahre	2005 (N=742)	24,1	75,9
	2007 (N=876)	28,4	71,6
	2009 (N=973)	26,3	73,7
12 und 13 Jahre	2005 (N=1.076)	43,2	56,8
	2007 (N=903)	45,4	54,6
	2009 (N=1.009)	48,1	51,9
14 und 15 Jahre	2005 (N=1.278)	55,6	44,4
	2007 (N=910)	59,9	40,1
	2009 (N=954)	60,6	39,4
16 Jahre und älter	2005 (N=416)	71,9	28,1
	2007 (N=204)	71,6	28,4
	2009 (N=234)	76,5	23,5

(Quelle: Schülerbefragung 2005, 2007, 2009)

Unter dem Aspekt der Berufstätigkeit lassen sich folgende wesentliche Unterschiede zwischen leistungsschwächeren und -stärkeren Schülern feststellen:

- Der Anteil vollzeitbeschäftigter Väter ist sowohl bei den leistungsschwächeren als auch bei den -stärkeren Schülern um etwa 20 Prozentpunkte höher als der Vollzeit beschäftigter Mütter.
- Der Anteil Vollzeit beschäftigter Väter und Mütter ist bei leistungsstärkeren Schülern zu beiden Erhebungszeitpunkten höher als bei leistungsschwächeren Schülern.
- Während bei den leistungsstärkeren Schülern sowohl der Anteil Vollzeit beschäftigter Väter (+3,8 Prozentpunkte) als auch der Mütter (+3,7 Prozentpunkte)

in annähernd gleichem Umfang von 2005 nach 2009 gestiegen sind, ist dieser Anteil bei den leistungsschwächeren Schülern bei den Vätern gestiegen (+2,6 Prozentpunkte), bei den Müttern (-3,3 Prozentpunkte) dagegen jedoch gesunken.

- Der Anteil Teilzeit beschäftigter und zurzeit nicht berufstätiger Mütter ist bei leistungsschwächeren und bei -stärkeren Schülern zu allen drei Erhebungszeitpunkten etwa doppelt so hoch wie der der Väter und liegt bei beiden Schülergruppen zu diesen Erhebungszeitpunkten bei etwa 30%.

Zusammengefasst lässt sich damit deutlich zeigen, dass Mütter sowohl von leistungsschwächeren als auch -stärkeren Schülern insgesamt weniger Vollzeit beschäftigt sind als Väter und stattdessen etwa ein Drittel der Mütter aller Befragten Teilzeit beschäftigt oder zurzeit nicht berufstätig sind. Mütter scheinen damit – unabhängig von der Familienform – nach wie vor mehr Zeit für ihre Kinder zur Verfügung zu haben, verfügen damit wahrscheinlich jedoch aber auch über ein insgesamt geringeres Einkommen gegenüber den Vätern. Bedeutsam wird dieses unter dem Aspekt, wenn Mütter allein erziehend sind und die Frage steht, ob ihre Kinder an Ganztagsangeboten teilnehmen oder nicht, da beispielsweise die Notwendigkeit einer ganztägigen Betreuung nicht zwingend gegeben sein muss.

Tab. 58: Beschäftigungsumfang der Mütter leistungsschwächerer und -stärkerer Schüler

Mütter	2005				2007				2009			
	leistungs-stärker		leistungs-schwächer		leistungs-stärker		leistungs-schwächer		leistungs-stärker		leistungs-schwächer	
	N	%	N	%	N	%	N	%	N	%	N	%
Vollzeit beschäftigt	1.015	59,3	860	57,8	842	59,1	609	52,5	995	63,0	747	54,5
Teilzeit beschäftigt	276	16,1	240	16,1	282	19,8	211	18,2	309	19,6	280	20,4
zurzeit nicht berufstätig	246	14,4	228	15,3	163	11,4	189	16,3	135	8,5	185	13,5
etwas Anderes	174	10,2	161	10,8	138	9,7	152	13,1	140	8,9	158	11,5
Gesamt	1.711	100,0	1.489	100,0	1.425	100,0	1.161	100,0	1.579	100,0	1.370	100,0

(Quelle: Schülerbefragung 2005, 2007, 2009)

Empirische Untersuchungen zu Nutzungspräferenzen von Schülern

Tab. 59: *Beschäftigungsumfang der Väter leistungsschwächerer und -stärkerer Schüler*

Väter	2005				2007				2009			
	leistungs-stärker		leistungs-schwächer		leistungs-stärker		leistungs-schwächer		leistungs-stärker		leistungs-schwächer	
	N	%	N	%	N	%	N	%	N	%	N	%
Vollzeit beschäftigt	1.312	79,6	1.073	75,2	1.128	81,0	823	72,8	1.277	83,4	1.013	77,8
Teilzeit beschäftigt	77	4,7	80	5,6	95	6,8	93	8,2	98	6,4	98	7,5
zurzeit nicht berufstätig	190	11,5	200	14,0	116	8,3	145	12,8	97	6,3	121	9,3
etwas Anderes	69	4,2	73	5,1	54	3,9	69	6,1	60	3,9	70	5,4
Gesamt	1.648	100,0	1.426	100,0	1.393	100,0	1.130	100,0	1.532	100,0	1.302	100,0

(Quelle: Schülerbefragung 2005, 2007, 2009)

Eine Betrachtung der Verteilung der Leistungsstärke der Schüler nach der Beschäftigungsart zeigt ein proportionales Verhältnis zwischen der Anzahl leistungsstärkerer Schüler und dem Beschäftigungsumfang, d. h. mit steigendem Beschäftigungsumfang steigt auch die Anzahl leistungsstärkerer Schüler bzw. je geringer der Beschäftigungsumfang ist, desto größer wird die Anzahl der leistungsschwächeren Schüler. Dieser Zusammenhang zeigt sich bei beiden Elternteilen.

Abb. 6: *Verteilung der Leistungsstärke der Schüler nach dem Beschäftigungsumfang der Mutter und des Vaters (in %)*

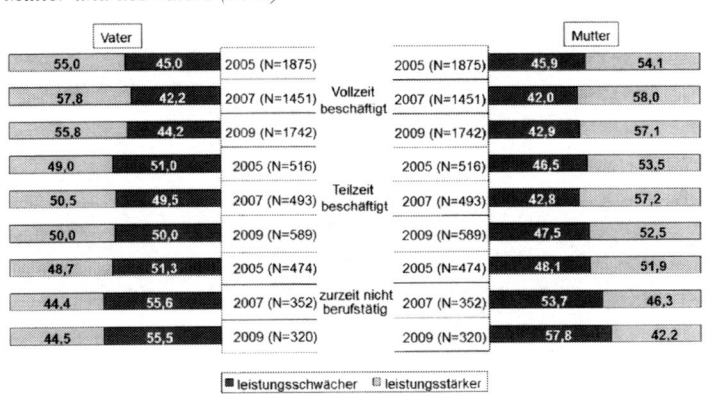

Vater			Mutter	
55,0 / 45,0	2005 (N=1875)	Vollzeit beschäftigt	2005 (N=1875)	45,9 / 54,1
57,8 / 42,2	2007 (N=1451)		2007 (N=1451)	42,0 / 58,0
55,8 / 44,2	2009 (N=1742)		2009 (N=1742)	42,9 / 57,1
49,0 / 51,0	2005 (N=516)	Teilzeit beschäftigt	2005 (N=516)	46,5 / 53,5
50,5 / 49,5	2007 (N=493)		2007 (N=493)	42,8 / 57,2
50,0 / 50,0	2009 (N=589)		2009 (N=589)	47,5 / 52,5
48,7 / 51,3	2005 (N=474)	zurzeit nicht berufstätig	2005 (N=474)	48,1 / 51,9
44,4 / 55,6	2007 (N=352)		2007 (N=352)	53,7 / 46,3
44,5 / 55,5	2009 (N=320)		2009 (N=320)	57,8 / 42,2

■ leistungsschwächer ▫ leistungsstärker

(Quelle: Schülerbefragung 2005, 2007, 2009)

b) Merkmale im schulischen Kontext

Lag bei den Anteilen der leistungsstärkeren Schüler zum Erhebungszeitpunkt 2005 in den Jahrgangsstufen 5, 7 und 9 eine annähernde Gleichverteilung vor, so ist zu 2007 eine Verschiebung dahingehend festzustellen, dass fast die Hälfte (44,0%) dieser Schülergruppe der Jahrgangsstufe 5, jedoch nur ein Viertel (25,7%) der Jahrgangsstufe 9 zuzuordnen ist. Ein annähernd entgegengesetztes Verhältnis (Jahrgangsstufe 5: 25,1%; Jahrgangsstufe 9: 42,8%) zeigt sich dagegen 2007 bei der Verteilung leistungsschwächerer Schüler. Diese Verteilung bestätigt sich bei beiden Schülergruppen auch 2009.

Tab. 60: Verteilung der leistungsschwächeren und -stärkeren Schüler nach der Jahrgangsstufe

Jahrgangs-stufe	2005				2007				2009			
	leistungs-stärker		leistungs-schwächer		leistungs-stärker		leistungs-schwächer		leistungs-stärker		leistungs-schwächer	
	N	%	N	%	N	%	N	%	N	%	N	%
5	679	36,3	311	18,7	682	44,0	342	25,1	771	45,7	345	22,8
7	621	33,2	571	34,3	470	30,3	437	32,1	525	31,1	525	34,8
9	568	30,4	785	47,1	398	25,7	583	42,8	390	23,1	640	42,4
Gesamt	1.868	100,0	1.667	100,0	1.550	100,0	1.362	100,0	1.686	100,0	1.510	100,0

(Quelle: Schülerbefragung 2005, 2007, 2009)

Die jahrgangsstufenspezifische Betrachtung verdeutlicht den hohen Anteil leistungsstärkerer Schüler in der Jahrgangsstufe 5 (2005: 68,6%; 2007: 66,6%; 2009: 69,1%), der sich über alle drei Erhebungszeitpunkte fast unverändert darstellt. Dieser hohe Anteil gewinnt besonders dann an Bedeutung, wenn man die mit der Einführung des Längeren gemeinsamen Lernens erfolgten Veränderungen von 2005 nach 2007 und die daraus resultierenden Auswirkungen betrachtet.

In den Jahrgangsstufen 7 und 9 zeigt sich dagegen von 2005 nach 2009 eine Zunahme des Anteils leistungsschwächerer Schüler.

Tab. 61: Anteile leistungsschwächerer und -stärkerer Schüler in den Jahrgangsstufen (in %)

Jahrgangsstufe	Erhebungszeitpunkt	Leistungsstand	
		leistungsschwächer	leistungsstärker
5	2005 (N=990)	31,4	68,6
	2007 (N=1.024)	33,4	66,6
	2009 (N=1.116)	30,9	69,1

7	2005 (N=1.192)	47,9	52,1
	2007 (N=907)	48,2	51,8
	2009 (N=1.050)	50,0	50,0
9	2005 (N=1.353)	58,0	42,0
	2007 (N=981)	59,4	40,6
	2009 (N=1.030)	62,1	37,9

(Quelle: Schülerbefragung 2005, 2007, 2009)

In der Betrachtung der Schularten zeigt sich bei der Verteilung der Schülergruppen ein deutlicher Unterschied: War 2005 der größte Teil der leistungsstärkeren Schüler den Gymnasien (42,0%) und der geringste Teil den Gesamtschulen (21,9%) zuzuordnen, so stellte sich dieses bereits 2007 so dar, dass an den Gymnasien 22,8% und an den Gesamtschulen 37,0% aller leistungsstärkeren Schüler unterrichtet wurden. Leicht gestiegen ist dieser Anteil von 2005 nach 2009 auch an den Regionalen Schulen (2005: 36,1%; 2007: 40,0%; 2009: 42,3%).

Eine Begründung kann in der Einführung des Längeren gemeinsamen Lernens gesehen werden, da im Schuljahr 2007/08 an den Gymnasien keine Jahrgangsstufe 5 mehr unterrichtet wurde. Da in dieser 2007 der höchste Anteil leistungsstärkerer Schüler zu finden war, fehlt diese Anzahl an Schülern zu diesem Erhebungszeitpunkt an den Gymnasien.

Stattdessen wurden diese Schüler zusätzlich an den Regionalen Schulen, besonders aber auch an den Gesamtschulen unterrichtet, da diese gegenüber den Regionalen Schulen den Vorteil bieten, dass Schüler mit einer potentiellen Gymnasialempfehlung nach der Jahrgangsstufe 6 häufig nicht mehr die Schule wechseln mussten, sondern ihr Abitur auch dann in der an die Gesamtschule erreichen konnten, wenn es sich um eine Gesamtschule mit gymnasialer Oberstufe handelt. Deutlich wird diese Verschiebung auch bei der Betrachtung der Schülerzahlen von 2005 nach 2007 am Gymnasium, die zu mehr als einer Halbierung dieser Teilpopulation geführt hat (2005: 1139; 2007: 525). Die Verteilung der Schüler nach dem Leistungsstand auf die jeweiligen Schularten muss daher unter diesem Gesichtspunkt der Gesamtschülerzahl jeder einzelnen Schulart betrachtet werden, da ab dem Erhebungszeitpunkt 2007 wesentlich mehr Schüler an den Gesamt- bzw. Regionalen Schulen befragt wurden als an den Gymnasien.

Tab. 62: Verteilung der Schüler nach dem Erwerbsstatus auf die Schularten

Schulart	2005				2007				2009			
	leistungs-stärker		leistungs-schwächer		leistungs-stärker		leistungs-schwächer		leistungs-stärker		leistungs-schwächer	
	N	%	N	%	N	%	N	%	N	%	N	%
Regionale Schule	675	36,1	753	45,2	620	40,0	659	48,4	713	42,3	767	50,8
Gesamt-schule	409	21,9	559	33,5	576	37,2	532	39,1	562	33,3	535	35,4
Gymna-sium	784	42,0	355	21,3	354	22,8	171	12,6	411	24,4	208	13,8
Gesamt	1.868	100,0	1.667	100,0	1.550	100,0	1.362	100,0	1.686	100,0	1.510	100,0

(Quelle: Schülerbefragung 2005, 2007, 2009)

Um eine Aussage über die Verteilung leistungsschwächerer und -stärkerer Schüler innerhalb einer Schulart treffen zu können, ist eine schulartspezifische Betrachtung notwendig. Auch diese zeigt eine interessante Entwicklung:

- An den Regionalen Schulen ist zwischen beiden Schülergruppen zu allen drei Erhebungszeitpunkten eine annähernde Gleichverteilung festzustellen, wobei sich die prozentualen Anteile zwischen den beiden Erhebungszeitpunkten kaum verändern. Deutlich wird damit auch, dass sich die Einführung des Längeren gemeinsamen Lernens nicht wesentlich auf die Erhöhung des Anteils leistungsstärkerer Schüler – bezogen auf die Anzahl aller an der jeweiligen Schulart befragten Schüler – ausgewirkt hat (+0,8 Prozentpunkte).
- Deutliche Veränderungen zeigen sich dagegen an den Gesamtschulen: Zählten 2005 an den Gesamtschulen weniger als die Hälfte (42,3%) der Schüler zur leistungsstärkeren Gruppe, so stieg dieser Anteil 2007 um 9,7 Prozentpunkte auf 52,0%.
- An den Gymnasien gehörten 2005 mehr als zwei Drittel (68,8%) der Schüler zur leistungsstärkeren Gruppe. Auch wenn sich dieser Anteil 2007 (-1,4 Prozentpunkte) und 2009 (-1,0 Prozentpunkte) geringfügig verringerte, konnte der

insgesamt hohe Anteil gehalten werden. Damit wird deutlich, dass auch nach dem Wegfall der leistungsstärkeren Schüler in der Jahrgangsstufe 5 etwa zwei Drittel der Schüler dieser Leistungsgruppe angehören, da in den Jahrgangsstufen 7 und 9 ebenfalls ein hoher Anteil leistungsstärkerer Schüler zu finden ist.

Der Anstieg leistungsstärkerer Schüler an den Gesamtschulen 2007 belegt die Annahme, dass diese Entwicklung im Wegfall der Jahrgangsstufe 5 – und damit einer großen Anzahl leistungsstärkerer Schüler – an den Gymnasien sowie deren Wechsel an die Gesamtschulen bzw. Regionalen Schulen begründet ist.

Tab. 63: Anteile leistungsschwächerer und -stärkerer Schüler in den Schularten (in %)

Schulart	Erhebungszeitpunkt	Leistungsstand	
		leistungsschwächer	leistungsstärker
Regionale Schule	2005 (N=1.428)	52,7	47,3
	2007 (N=1.279)	51,5	48,5
	2009 (N=1.480)	51,8	48,2
Gesamtschule	2005 (N=968)	57,7	42,3
	2007 (N=1.108)	48,0	52,0
	2009 (N=1.097)	48,8	51,2
Gymnasium	2005 (N=1.139)	31,2	68,8
	2007 (N=525)	32,6	67,4
	2009 (N=619)	33,6	66,4

(Quelle: Schülerbefragung 2005, 2007, 2009)

5.2 Aussagen zur Nutzung von Ganztagsangeboten im Zeitverlauf

5.2.1 Entwicklung der Teilnahmequote

Ausgehend von der Gesamtpopulation der befragten Schüler soll untersucht werden, wie sich die Teilnahmequote an den Ganztagsangeboten von 2005 nach 2009 insgesamt und nach spezifischen Gesichtspunkten entwickelt hat. Die differenzierte Betrachtung soll dabei Besonderheiten berücksichtigen, die Einfluss auf die Teilnahmequote nehmen.

In der Betrachtung der Teilnahmequote aller befragten Schüler zeigt sich von 2005 nach 2009 eine starke Zunahme des Anteils der Schüler, der an Ganztagsangeboten teilnimmt. Nahmen 2005 weniger als die Hälfte (42,4%) aller befragten Schüler an Ganztagsangeboten teil, so stieg dieser Anteil 2009 auf über zwei Drittel (69,0%).

Legt man jedoch zugrunde, dass alle teilnehmenden Schulen bereits 2005 Ganztagsschulen waren und – eine Kontinuität in ihrer Entwicklung vorausgesetzt – sich in diesem Zeitraum auch die Anzahl der am Ganztagsschüler bei offenen bzw. teilnehmenden Klassen oder Jahrgangsstufen bei gebundenen Ganztagsschulen kontinuierlich erhöht hat, so zeigt sich zwischen den einzelnen Erhebungszeitpunkten keine kontinuierliche Entwicklung. Stieg der Anteil der Teilnehmer von 2005 nach 2007 um 21,0 Prozentpunkte, so lag die Zunahme von 2007 nach 2009 bei nur noch 5,6 Prozentpunkten. Es stellt sich damit die Frage, welche Faktoren einerseits zu der starken Zunahme von 2005 nach 2007 und andererseits zu dem deutlich geringeren Anstieg von 2007 nach 2009 geführt haben.

Tab. 64: Anteil an Ganztagsschülern insgesamt (in %)

Anteil an Ganztagsschülern insgesamt	2005 (N = 3.716)	2007 (N = 3.029)	2009 (N = 3.325)
Besuch von Ganztagsangeboten	42,4	63,4	69,0

(Quelle: Schülerbefragung 2005, 2007, 2009)

Die Schüler, die nicht an Ganztagsangeboten teilnahmen, wurden befragt, ob sie nicht an diesen teilnehmen wollen oder ob sie sich eine Teilnahme schon wünschen würden. Hier zeigt sich eine relative Verfestigung der Nichtteilnahme, da mehr als drei Viertel dieser Schülergruppe angibt, nicht an den Angeboten teilnehmen zu wollen.

Tab. 65: Vorstellungen der nicht an den Ganztagsangeboten teilnehmenden Schüler hinsichtlich einer möglichen Teilnahme 2005, 2007 und 2009 (in %)

Erhebungsjahr	Ich möchte auch nicht an Ganztagsangeboten teilnehmen.	Ich würde schon gerne an Ganztagsangeboten teilnehmen.
2005 (N = 2.139)	77,0	23,0
2007 (N = 1.108)	86,6	13,4
2009 (N = 1.031)	85,2	14,8

(Quelle: Schülerbefragung 2005, 2007, 2009)

Im Folgenden soll untersucht werden, wie sich die Teilnahmequote unter differenzierten Gesichtspunkten entwickelt hat.

Geschlechtsspezifisch betrachtet zeigt sich, dass mit Ausnahme der ersten Erhebung 2005 41,4% der befragten Mädchen und 43,5% der befragten Jungen an Ganztagsangeboten teilnahmen und somit prozentual mehr Mädchen an den Ganztagsangeboten teilnehmen als Jungen (+2,8 Prozentpunkte).

2009 ist der Anteil der befragten Mädchen, die an Ganztagsangeboten teilnahmen, um 29,0 Prozentpunkte und der der teilnehmenden Jungen um 24,1 Prozentpunkte gestiegen. Da diese Differenz als gering angesehen werden kann, ist eine tiefergehende inhaltliche Analyse und Interpretation aus geschlechtsspezifischer Sicht nicht erforderlich.

Tab. 66: Anteil der Ganztagsschüler nach dem Geschlecht (in %)

Geschlecht	Erhebungszeitpunkt	Anteil (in %)
Mädchen	2005 (N = 1.856)	41,4
	2007 (N = 1.566)	64,4
	2009 (N = 1.649)	70,4
Jungen	2005 (N = 1.815)	43,5
	2007 (N = 1.448)	62,5
	2009 (N = 1.655)	67,6

(Quelle: Schülerbefragung 2005, 2007, 2009)

In den theoretischen Betrachtungen zur Ganztagsschule wurden anhand der sozialpolitischen Motive die gesellschaftlichen Erfordernisse aus Sicht der veränderten Familienstrukturen dargestellt und die daraus resultierenden Aufgaben für die Ganztagsschule abgeleitet. Demnach müssten Ganztagsangebote bzw. die ganztägige Betreuung insbesondere für Kinder und Jugendliche aus allein erziehenden Familien und denen, wo beide Elternteile Vollzeit beschäftigt sind, attraktiv sein.

Die Ergebnisse zeigen jedoch, dass zu allen drei Erhebungszeitpunkten ein prozentual höherer Anteil bei den Kindern und Jugendlichen aus nicht allein erziehenden Familien an Ganztagsangeboten teilnimmt. Die geringen prozentualen Unterschiede können jedoch auch bei diesen Schülergruppen vernachlässigt werden.

Tab. 67: Anteil der Ganztagsschüler nach der Familienstruktur (in %)

Familienstruktur	Erhebungszeitpunkt	Anteil (in %)
allein erziehend	2005 (N = 539)	39,5
allein erziehend	2007 (N = 524)	61,8
allein erziehend	2009 (N = 545)	67,2
nicht allein erziehend	2005 (N = 2.708)	43,1
nicht allein erziehend	2007 (N = 2.141)	63,6
nicht allein erziehend	2009 (N = 2.466)	70,3

(Quelle: Schülerbefragung 2005, 2007, 2009)

Auch in der Betrachtung nach dem Erwerbsstatus zeigen sich statistisch nur geringe und inhaltlich zu vernachlässigende Unterschiede in der Teilnahme an den Ganztagsangeboten. Damit zeigt sich, dass keine der beiden Schülergruppen in einem besonderen Maße von der Möglichkeit der Nutzung von Ganztagsangeboten profitiert.

Die Annahme, dass Kinder und Jugendliche aus Familien mit einem geringeren Erwerbsstatus die in der Regel kostenfreien Ganztagsangebote aufgrund ihrer eingeschränkten finanziellen Situation stärker nutzen, bestätigt sich damit nicht.

Tab. 68: Anteil der Ganztagsschüler nach dem Erwerbsstatus (in %)

Erwerbsstatus	Erhebungszeitpunkt	Anteil (in %)
geringerer	2005 (N = 2.261)	43,7
geringerer	2007 (N = 1.895)	65,3
geringerer	2009 (N = 1.917)	68,6
höherer	2005 (N = 1.455)	40,5
höherer	2007 (N = 1.134)	60,2
höherer	2009 (N = 1.408)	69,5

(Quelle: Schülerbefragung 2005, 2007, 2009)

Eine vergleichbare Annahme – Kinder und Jugendliche aus Familien mit einem niedrigen kulturellen Status nutzen Ganztagsangebote stärker – bestätigt sich unter dem Aspekt des kulturellen Status ebenfalls nicht. Zeigt sich bei dieser Schülergruppe von 2007 nach 2009 annähernd eine stagnierende Teilnahmequote, so stieg diese bei den Kindern und Jugendlichen aus Familien mit einem höheren kulturellen Status im gleichen Zeitraum um 12,1 Prozentpunkte auf 70,6% und lag damit um 7,6 Prozentpunkte über der Teilnahmequote der Kinder und Jugendlichen aus Familien mit einem niedrigen kulturellen Status. Da es sich aufgrund der festgelegten Kriterien zur Bestimmung des kulturellen Status um zwei Extremgruppen handelt, die durch eine relativ geringe Schülerzahl gekennzeichnet sind, wird durch die Gruppe der Kinder und Jugendlichen aus Familien mit einem niedrigen kulturellen Status auch eine soziale Randgruppe abgebildet, die sich aufgrund der festgelegten Auswahlkriterien stärker der bildungsfernen Schicht zuordnen lässt und die somit entsprechend der Argumentation für den Ausbau der Ganztagsschulen auch eine Zielgruppe ganztägiger Bildung sein soll.

Tab. 69: *Anteil der Ganztagsschüler nach dem kulturellen Status (in %)*

Kultureller Status	Erhebungszeitpunkt	Anteil (in %)
niedriger	2005 (N = 208)	44,7
	2007 (N = 130)	64,6
	2009 (N = 162)	63,0
hoher	2005 (N = 479)	45,9
	2007 (N = 419)	58,5
	2009 (N = 445)	70,6

(Quelle: Schülerbefragung 2005, 2007, 2009)

Deutliche Unterschiede zeigen sich in den Teilnahmequoten der Jahrgangsstufen. Der bereits 2005 bestehende hohe Anteil an Ganztagsangeboten teilnehmender Schüler in der Jahrgangsstufe 5 weist einen starken Anstieg (+22,8 Prozentpunkte) nach 2007 auf. Dieser hohe Anteil konnte auch 2009 trotz eines leichten Rückgangs (-2,5 Prozentpunkte) gesichert werden.

Eine vergleichbare Entwicklung zeigt sich auch in der Jahrgangsstufe 7, wenngleich die prozentualen Anteile geringer sind. In dieser Jahrgangsstufe nahmen 2009 etwa drei Viertel (74,0%) der Befragten an Ganztagsangeboten teil.

Eine deutlich geringere Teilnahmequote zeigt sich dagegen in der Jahrgangsstufe 9. Hier kommt es sowohl von 2005 nach 2007 (+8,4 Prozentpunkte) als auch von 2007 nach 2009 (+12,0 Prozentpunkte) zu einem geringeren Zuwachs an teilnehmenden Schülern. Insgesamt ist damit der Anteil teilnehmender Schüler von etwa einem Viertel (28,7%) in 2005 auf etwa die Hälfte (49,1%) in 2009 gestiegen. Damit zeigt sich, dass in allen Jahrgangsstufen – wenn auch nicht in gleichem Maße – ein Anstieg der Teilnahmequote stattgefunden hat. Dieser Anstieg kann seine Begründung im systematischen Ausbau des Ganztagsschulbetriebes beginnend in der Jahrgangsstufe 5 bis zur Jahrgangsstufe 10 – vor allem an den teilweise gebundenen Ganztagsschulen –, aber auch in einer steigenden Akzeptanz der Angebote durch die Schüler finden. Es wird daher für nachfolgende Untersuchungen von Interesse sein, wie sich insbesondere in den höheren Jahrgangsstufen die Teilnahmequote entwickeln wird.

Tab. 70: Anteil der Ganztagsschüler nach der Jahrgangsstufe (in %)

Jahrgangsstufe	Erhebungszeitpunkt	Anteil (in %)
5	2005 (N = 1.102)	61,9
5	2007 (N = 1.083)	84,7
5	2009 (N = 1.174)	82,2
7	2005 (N = 1.246)	40,3
7	2007 (N = 940)	67,1
7	2009 (N = 1.094)	74,0
9	2005 (N = 1.368)	28,7
9	2007 (N = 1.006)	37,1
9	2009 (N = 1.057)	49,1

(Quelle: Schülerbefragung 2005, 2007, 2009)

Schulartspezifisch betrachtet sind ebenfalls Unterschiede im Teilnahmeverhalten dahingehend festzustellen, dass

- 2005 fast die Hälfte (46,7%) der Schüler an den Regionalen Schulen, jedoch nur etwa ein Drittel (34,1%) der Schüler der Gesamtschulen Ganztagsangebote genutzt hat,
- sich 2009 die Teilnahmequote an den Regionalen Schulen (67,6%) und an den Gesamtschulen (66,0%) fast anglichen haben,
- die Entwicklung der Teilnahmequote von 2007 nach 2009 an den Regionalen Schulen eher stagniert (-1,9 Prozentpunkte), an den Gesamtschulen (+6,5 Prozentpunkte) und den Gymnasien (+21,5 Prozentpunkte) dagegen weiter steigend ist. Insbesondere an den Gymnasien ist dabei ein kontinuierlicher Anstieg zwischen den jeweiligen Erhebungszeitpunkten festzustellen, während sowohl an den Regionalen Schulen als auch an den Gesamtschulen von 2005 nach 2007 ein deutlich stärkerer Anstieg zu verzeichnen ist als von 2007 nach 2009.

Empirische Untersuchungen zu Nutzungspräferenzen von Schülern 123

Tab. 71: *Anteil der Ganztagsschüler nach der Schulart (in %)*

Schulart	Erhebungszeitpunkt	Anteil (in %)
Regionale Schule	2005 (N = 1.519)	46,7
	2007 (N = 1.339)	69,5
	2009 (N = 1.529)	67,6
Gesamtschule	2005 (N = 1.038)	34,1
	2007 (N = 1.158)	59,5
	2009 (N = 1.166)	66,0
Gymnasium	2005 (N = 1.159)	44,3
	2007 (N = 532)	56,6
	2009 (N = 630)	78,1

(Quelle: Schülerbefragung 2005, 2007, 2009)

Die Entwicklung der Teilnahmequote nach dem Leistungsstand betrachtet, ist dadurch gekennzeichnet, dass

- zu allen Erhebungszeitpunkten der Anteil der leistungsschwächeren Schüler, der an Ganztagsangeboten teilnimmt, geringer ist als der der leistungsstärkeren Schüler,
- sowohl bei den leistungsschwächeren (+20,5 Prozentpunkte) als auch bei den leistungsstärkeren (+21,4 Prozentpunkte) Schülern ein annähernd gleich großer Anstieg der Teilnahmequote festzustellen ist,
- der Anstieg der Teilnahmequote von 2007 nach 2009 bei den leistungsschwächeren (+5,2 Prozentpunkte) und den leistungsstärkeren (+6,6 Prozentpunkte) Schülern deutlich geringer als von 2005 nach 2007, jedoch sich annähernd gleich groß darstellt.

Insgesamt kann damit festgestellt werden, dass 2009 weniger als zwei Drittel (63,2%) der leistungsschwächeren Schüler, jedoch etwa drei Viertel (74,6%) der leistungsstärkeren Schüler Ganztagsangebote wahrnimmt.

Tab. 72: *Anteil der Ganztagsschüler nach dem Leistungsstand (in %)*

Leistungsstand	Erhebungszeitpunkt	Anteil (in %)
leistungsschwächere Schüler	2005 (N = 1.607)	37,5
	2007 (N = 1.328)	58,0
	2009 (N = 1.471)	63,2

Leistungsstand	Erhebungszeitpunkt	Anteil (in %)
leistungsstärkere Schüler	2005 (N = 1.809)	46,6
	2007 (N = 1.534)	68,0
	2009 (N = 1.670)	74,6

(Quelle: Schülerbefragung 2005, 2007, 2009)

5.2.2 Zeitlicher Nutzungsumfang

Um die Entwicklung des Nutzungsverhaltens von 2005 bis 2009 näher beschreiben zu können, soll die Anzahl der Tage, an denen die Schüler Ganztagsangebote nutzen, und somit der Nutzungsumfang aus zeitlicher Sicht zu den jeweiligen Erhebungszeitpunkten untersucht werden.

Dabei zeigt sich, dass 2005 mehr als die Hälfte (54,7%) der teilnehmenden Schüler nur an einem Tag Ganztagsangebote nutzen. Berücksichtigt man ferner, dass etwa ein Viertel (24,8%) von ihnen Ganztagsangebote an zwei Tagen nutzte, so wird deutlich, dass mehr als drei Viertel (79,5%) der Schüler Ganztagsangebote an weniger Tagen nutzten, als es die KMK-Definition zur Ganztagsschule festlegt. Legt man die zum Erhebungszeitpunkt geltenden landesspezifischen Festlegungen der Verwaltungsvorschrift zur Arbeit an der Ganztagsschule zugrunde, nach denen die Ganztagsschulen in Mecklenburg-Vorpommern ihre Ganztagsangebote an vier Unterrichtstagen realisieren sollen, so zeigt sich, dass 2005 nur etwa jeder zehnte Schüler auch tatsächlich in diesem vorgeschriebenen zeitlichen Umfang an Ganztagsangeboten teilnahm.

Die Entwicklung des Nutzungsumfangs aus zeitlicher Sicht soll nachfolgend aus drei verschiedenen Perspektiven betrachtet werden:

a) Entwicklung von 2005 nach 2007
   Es zeigt sich eine deutliche Verschiebung des Nutzungsumfangs von einem Tag (-8,7 Prozentpunkte) zu drei (+8,3 Prozentpunkte) bzw. vier (+3,2 Prozentpunkte) Tagen. Trotz eines geringen Rückgangs der Nutzung an fünf Tagen (-1,9 Prozentpunkte) steigt somit der Anteil der Schüler, der an mindestens drei Unterrichtstagen Ganztagsangebote nutzt, um 9,6 Prozentpunkte auf fast ein Drittel (30,0%).
b) Entwicklung von 2007 nach 2009
   Es zeigt sich ein geringer Anstieg der Nutzung an nur einem Tag (+3,9 Prozentpunkte) bei gleichzeitiger Verringerung an allen anderen Tagen. Auch wenn diese Veränderungen als geringfügig eingeschätzt werden können, so ist doch

festzustellen, dass sich die Tendenz, die sich von 2005 nach 2007 zeigte, sich von 2007 nach 2009 nicht bestätigt.

c) Entwicklung von 2005 nach 2009
Die Entwicklung über den gesamten Erhebungszeitraum zeigt, dass der Anteil der Schüler, der Ganztagsangebote
- an einem Tag nutzt, einerseits um 4,9 Prozentpunkte gesunken ist, andererseits jedoch noch fast die Hälfte (49,8%) von ihnen umfasst,
- an zwei Tagen nutzt, sich kaum verändert hat (-1,4 Prozentpunkte) und fast ein Viertel (23,4%) von ihnen umfasst,
- an drei und vier Tagen nutzt, um 9,3 Prozentpunkte angestiegen ist,
- an fünf Tagen nutzt, dagegen um 2,9 Prozentpunkte gesunken ist.

Damit kann festgestellt werden, dass 2009 etwa ein Viertel (26,8%) aller an Ganztagsangeboten teilnehmenden Schüler diese an mindestens drei Tagen nutzen.

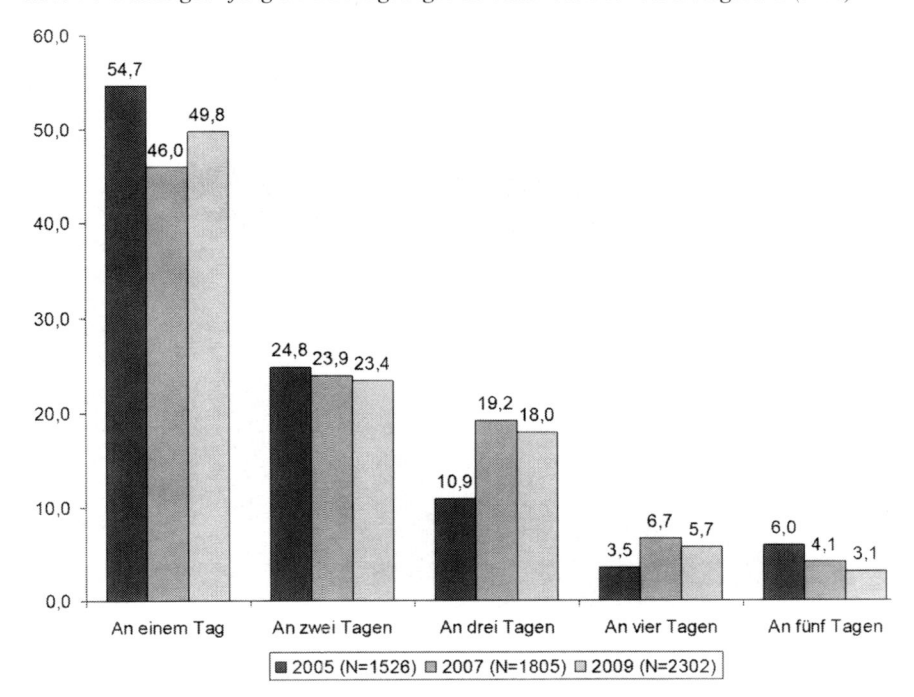

Abb. 7: Nutzungsumfang an Ganztagsangeboten aus zeitlicher Sicht insgesamt (in %)

(Quelle: Schülerbefragung 2005, 2007, 2009)

126   Empirische Untersuchungen zu Nutzungspräferenzen von Schülern

Ausgehend von den rechtlichen Bestimmungen zum zeitlichen Nutzungsverhalten der Schüler in Bezug auf die Ganztagsangebote, die drei Tage (vgl. Sekretariat der Ständigen Konferenz der KMK 2009) bzw. vier Tage (vgl. Ministerium für Bildung, Wissenschaft und Kultur 2006b) vorgeben, kann die Anzahl der Tage, an denen die Schüler an Ganztagsangeboten teilnehmen, in die drei Gruppen

- unterdurchschnittliches Nutzungsverhalten (ein Tag/zwei Tage),
- durchschnittliches Nutzungsverhalten (drei/vier Tage) und
- überdurchschnittliches Nutzungsverhalten (fünf Tage)

eingeteilt werden.

In der differenzierten Betrachtung der jeweiligen Erhebungszeitpunkte zeigt sich, dass der Anteil der Schüler mit einem unterdurchschnittlichen Nutzungsverhalten von 2005 nach 2009 verringert hat, 2009 aber immer noch fast ein Viertel (73,2%) aller an den Ganztagsangeboten teilnehmenden Schüler umfasst. Fast ein Viertel (23,7%) der Schüler entspricht mit seinem Nutzungsverhalten den rechtlich vorgegebenen Mindestanforderungen, während sich der Anteil der Schüler mit einem überdurchschnittlichen Nutzungsverhalten von 2005 nach 2009 fast halbiert hat.

Abb. 8: Anteile der Schüler nach dem Nutzungsverhalten aus zeitlicher Sicht entsprechend der rechtlichen Grundlagen (in %)

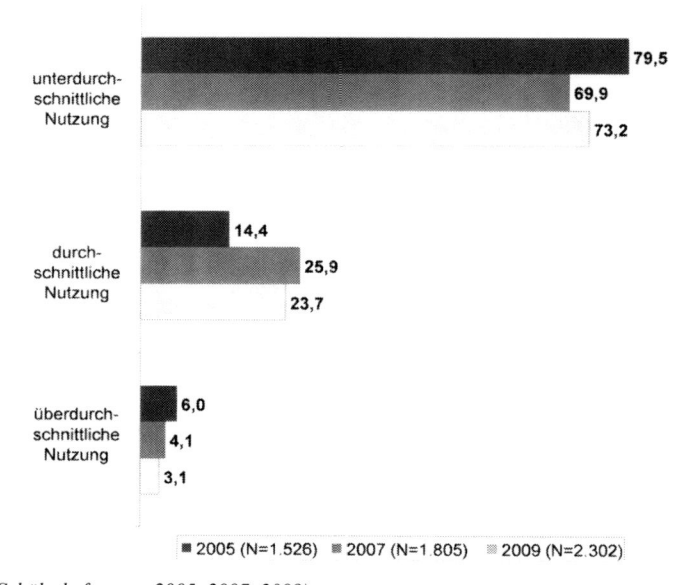

Nutzungsverhalten	2005 (N=1.526)	2007 (N=1.805)	2009 (N=2.302)
unterdurchschnittliche Nutzung	79,5	69,9	73,2
durchschnittliche Nutzung	14,4	25,9	23,7
überdurchschnittliche Nutzung	6,0	4,1	3,1

(Quelle: Schülerbefragung 2005, 2007, 2009)

In der Betrachtung der Entwicklung des Nutzungsverhaltens zwischen 2005 und 2009 insgesamt zeigt sich somit die Abnahme des Anteils der Schüler mit einem unterdurchschnittlichen (-6,3 Prozentpunkte) und einem überdurchschnittlichen (-2,9 Prozentpunkte) Nutzungsverhalten und die Zunahme des Anteils der Schüler mit einem durchschnittlichen Nutzungsverhalten (+9,3 Prozentpunkte).

Abb. 9: *Entwicklung des Nutzungsverhaltens der Schüler an den Ganztagsangeboten aus zeitlicher Sicht zwischen 2005 und 2009 (in %)*

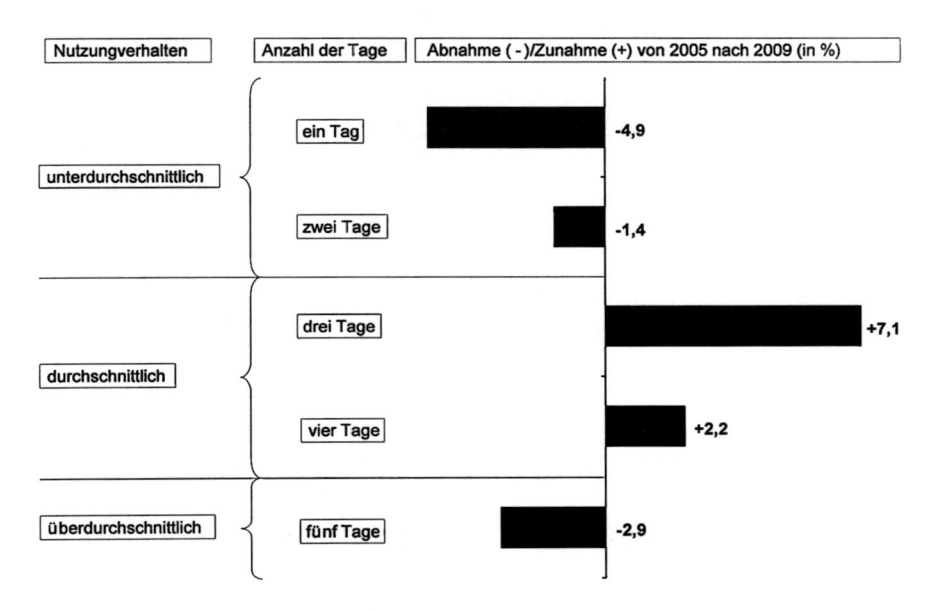

Nutzungverhalten	Anzahl der Tage	Abnahme (-)/Zunahme (+) von 2005 nach 2009 (in %)
unterdurchschnittlich	ein Tag	-4,9
	zwei Tage	-1,4
durchschnittlich	drei Tage	+7,1
	vier Tage	+2,2
überdurchschnittlich	fünf Tage	-2,9

(Quelle: Schülerbefragung 2005, 2007, 2009)

In der geschlechterspezifischen Betrachtung zeigen sich 2009 geringe Unterschiede dahingehend, dass Jungen zu einem höheren Anteil Angebote an bis zu zwei Tagen nutzen, während Mädchen stärker Angebote an drei und vier Tagen besuchen. Auffällig ist dabei, dass diese Anteile von 2005 nach 2009 kontinuierlich zugenommen haben, während bei den Jungen seit 2007 wieder ein geringer Rückgang zu verzeichnen ist.

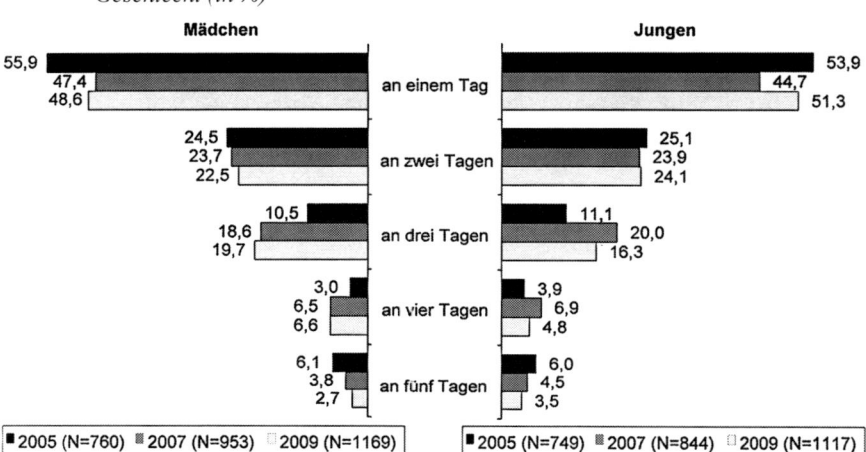

128　Empirische Untersuchungen zu Nutzungspräferenzen von Schülern

Abb. 10: Nutzungsumfang an Ganztagsangeboten aus zeitlicher Sicht nach dem Geschlecht (in %)

Mädchen

Tage	2005 (N=760)	2007 (N=953)	2009 (N=1169)
an einem Tag	55,9	47,4	48,6
an zwei Tagen	24,5	23,7	22,5
an drei Tagen	10,5	18,6	19,7
an vier Tagen	3,0	6,5	6,6
an fünf Tagen	6,1	3,8	2,7

Jungen

Tage	2005 (N=749)	2007 (N=844)	2009 (N=1117)
an einem Tag	53,9	44,7	51,3
an zwei Tagen	25,1	23,9	24,1
an drei Tagen	11,1	20,0	16,3
an vier Tagen	3,9	6,9	4,8
an fünf Tagen	6,0	4,5	3,5

(Quelle: Schülerbefragung 2005, 2007, 2009)

Hinsichtlich der Familienstruktur zeigen sich im Nutzungsumfang beider Schülergruppen nur sehr geringe Unterschiede.

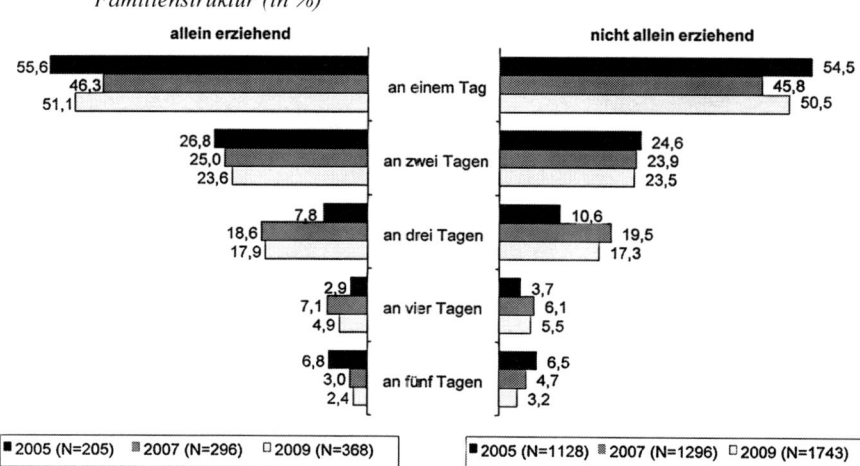

Abb. 11: Nutzungsumfang an Ganztagsangeboten aus zeitlicher Sicht nach der Familienstruktur (in %)

allein erziehend

Tage	2005 (N=205)	2007 (N=296)	2009 (N=368)
an einem Tag	55,6	46,3	51,1
an zwei Tagen	26,8	25,0	23,6
an drei Tagen	7,8	18,6	17,9
an vier Tagen	2,9	7,1	4,9
an fünf Tagen	6,8	3,0	2,4

nicht allein erziehend

Tage	2005 (N=1128)	2007 (N=1296)	2009 (N=1743)
an einem Tag	54,5	45,8	50,5
an zwei Tagen	24,6	23,9	23,5
an drei Tagen	10,6	19,5	17,3
an vier Tagen	3,7	6,1	5,5
an fünf Tagen	6,5	4,7	3,2

(Quelle: Schülerbefragung 2005, 2007, 2009)

Empirische Untersuchungen zu Nutzungspräferenzen von Schülern

Geringe Unterschiede zeigen sich auch bei der Betrachtung nach dem Erwerbsstatus. Die Annahme, dass Kinder und Jugendliche aus Familien mit einem geringeren Erwerbsstatus Angebote an mehr Tagen nutzen, da diese in der Regel durch die Schulen kostenfrei angeboten werden und somit insbesondere für diese Schülergruppe eine Alternative zu außerschulischen und in der Regel mit zusätzlichen Kosten, z. B. Mitgliedsbeiträgen, verbundenen Angeboten sind, bestätigt sich nicht. Vielmehr nutzt diese Schülergruppe Angebote an bis zu zwei Tagen stärker und an mehr als zwei Tagen weniger als Kinder und Jugendliche aus Familien mit einem höheren Erwerbsstatus.

Abb. 12: Nutzungsumfang an Ganztagsangeboten aus zeitlicher Sicht nach dem Erwerbsstatus (in %)

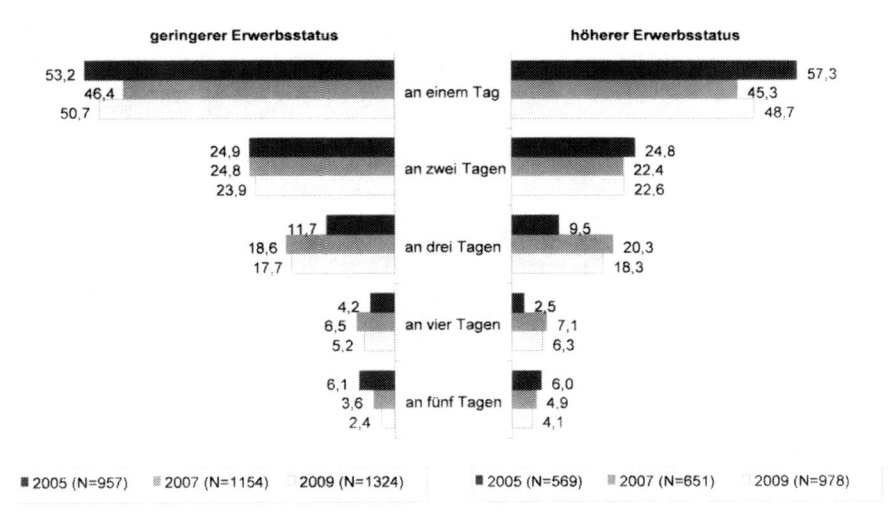

	geringerer Erwerbsstatus		höherer Erwerbsstatus
an einem Tag	53,2 / 46,4 / 50,7		57,3 / 45,3 / 48,7
an zwei Tagen	24,9 / 24,8 / 23,9		24,8 / 22,4 / 22,6
an drei Tagen	11,7 / 18,6 / 17,7		9,5 / 20,3 / 18,3
an vier Tagen	4,2 / 6,5 / 5,2		2,5 / 7,1 / 6,3
an fünf Tagen	6,1 / 3,6 / 2,4		6,0 / 4,9 / 4,1

■ 2005 (N=957) ■ 2007 (N=1154) 2009 (N=1324)   ■ 2005 (N=569) ■ 2007 (N=651) 2009 (N=978)

(Quelle: Schülerbefragung 2005, 2007, 2009)

Die Entwicklung des Nutzungsumfangs nach der Jahrgangsstufe soll zur vereinfachten Darstellung für jede Jahrgangsstufe einzeln dargestellt werden.

In der Jahrgangsstufe 5 zeigt sich von 2005 nach 2009 ein Rückgang der Nutzung an nur einem Tag (-7,1 Prozentpunkte), dem ein Anstieg an drei (+6,1 Prozentpunkte) und vier (+3,3 Prozentpunkte) gegenübersteht.

Tab. 73: Nutzungsumfang an Ganztagsangeboten aus zeitlicher Sicht nach der Jahrgangsstufe 5 (in %)

Jahrgangsstufe 5	Nutzung von Ganztagsangeboten...				
	an einem Tag	an zwei Tagen	an drei Tagen	an vier Tagen	an fünf Tagen
2005 (N = 657)	52,7	25,0	13,7	4,7	4,0
2007 (N = 859)	41,3	24,0	22,8	8,8	3,0
2009 (N = 975)	45,6	24,0	19,8	8,0	2,6

(Quelle: Schülerbefragung 2005, 2007, 2009)

In der Jahrgangsstufe 7 verteilt sich der Rückgang der Nutzung vor allem auf einen Tag (-3,4 Prozentpunkte) und auf zwei Tage (-5,1 Prozentpunkte). Während sich der Anstieg an vier Tagen (+1,8 Prozentpunkte) sehr gering hält, hat sich die Nutzung an drei Tagen im gesamten Erhebungszeitpunkt verdoppelt.

Tab. 74: Nutzungsumfang an Ganztagsangeboten aus zeitlicher Sicht nach der Jahrgangsstufe 7 (in %)

Jahrgangsstufe 7	Nutzung von Ganztagsangeboten...				
	an einem Tag	an zwei Tagen	an drei Tagen	an vier Tagen	an fünf Tagen
2005 (N = 489)	59,5	25,2	8,2	2,7	4,5
2007 (N = 601)	43,8	26,8	20,3	4,7	4,5
2009 (N = 800)	56,1	20,1	16,4	4,5	2,9

(Quelle: Schülerbefragung 2005, 2007, 2009)

Die Entwicklung des Nutzungsumfangs in der Jahrgangsstufe 9 unterscheidet sich von den anderen Jahrgangsstufen dadurch, dass sich der vergleichsmäßig große Anteil an fünf Tagen 2005 (11,6%) nach 2009 mehr als halbiert hat (−7,0 Prozentpunkte), der Anteil von nur einem Tag gering gesunken (−4,1 Prozentpunkte) und der Anteil an zwei Tagen dagegen sogar gestiegen ist (+2,9 Prozentpunkte). Auch bei dieser Jahrgangsstufe ist der größte Anstieg bei der Nutzung an drei Tagen festzustellen (+7,6 Prozentpunkte).

Tab. 75: *Nutzungsumfang an Ganztagsangeboten aus zeitlicher Sicht nach der Jahrgangsstufe 9 (in %)*

Jahrgangsstufe 9	Nutzung von Ganztagsangeboten...				
	an einem Tag	an zwei Tagen	an drei Tagen	an vier Tagen	an fünf Tagen
2005 (N = 380)	52,1	24,2	9,5	2,6	11,6
2007 (N = 345)	61,7	18,8	8,4	4,9	6,1
2009 (N = 527)	48,0	27,1	17,1	3,2	4,6

(Quelle: Schülerbefragung 2005, 2007, 2009)

An den Regionalen Schulen zeigt sich der deutlichste Rückgang bei der Nutzung an einem Tag (-13,4 Prozentpunkte) und der deutlichste Anstieg an drei Tagen (+12,6 Prozentpunkte), an denen sich der Anteil der Schüler etwa verdoppelt hat. An allen anderen Tagen haben sich nur sehr geringe Veränderungen ergeben, so dass die Nutzung von Ganztagsangeboten vorwiegend an ein bis drei Tagen stattfindet.

Tab. 76: *Nutzungsumfang an Ganztagsangeboten aus zeitlicher Sicht an den Regionalen Schulen (in %)*

Regionale Schule	Nutzung von Ganztagsangeboten...				
	an einem Tag	an zwei Tagen	an drei Tagen	an vier Tagen	an fünf Tagen
2005 (N = 679)	54,3	25,9	12,4	4,3	3,1
2007 (N = 883)	44,3	24,7	19,5	8,9	2,6
2009 (N = 1.043)	40,9	26,2	25,0	5,6	2,3

(Quelle: Schülerbefragung 2005, 2007, 2009)

Die Entwicklung des Nutzungsumfangs an den Gesamtschulen unterscheidet sich deutlich von der der anderen Schularten dahingehend, dass sich insgesamt nur sehr geringe Veränderungen über den Erhebungszeitraum zeigen und diese dadurch gekennzeichnet sind, dass sie sich nur an den Randbereichen (ein Tag bzw. fünf Tage) zeigen. Dabei sind die Veränderungen kritisch zu betrachten, da der Anteil der Schüler, der Ganztagsangebote an nur einem Tag nutzt, von 2005 nach 2009 um 4,8 Prozentpunkte auf 61,9% angestiegen und dagegen an fünf Tagen um 3,7 Prozentpunkte auf 1,6% gesunken ist. Damit zeigt sich bei der Nutzung im Bereich von zwei bis vier Tagen eine relative Konstanz.

Tab. 77: Nutzungsumfang an Ganztagsangeboten aus zeitlicher Sicht an den Gesamtschulen (in %)

Gesamtschule	Nutzung von Ganztagsangeboten...				
	an einem Tag	an zwei Tagen	an drei Tagen	an vier Tagen	an fünf Tagen
2005 (N = 357)	57,1	23,5	10,1	3,9	5,3
2007 (N = 630)	45,4	27,3	19,8	4,9	2,5
2009 (N = 770)	61,9	22,9	10,8	2,9	1,6

(Quelle: Schülerbefragung 2005, 2007, 2009)

An den Gymnasien hat sich der Nutzungsumfang von 2005 nach 2009 an drei und vier Tagen positiv entwickelt, so dass etwa ein Viertel (24,7%) der Schüler in diesem Zeitraum an Ganztagsangeboten teilnimmt. Dementsprechend ist sowohl bei der Nutzung an einem Tag (-3,8 Prozentpunkte) als auch an zwei Tagen (-6,1 Prozentpunkte) ein Rückgang zu verzeichnen.

Tab. 78: Nutzungsumfang an Ganztagsangeboten aus zeitlicher Sicht an den Gymnasien (in %)

Gymnasium	Nutzung von Ganztagsangeboten...				
	an einem Tag	an zwei Tagen	an drei Tagen	an vier Tagen	an fünf Tagen
2005 (N = 490)	53,5	24,3	9,4	2,2	10,6
2007 (N = 292)	52,7	14,4	17,1	3,8	12,0
2009 (N = 489)	49,7	18,2	14,3	10,4	7,4

(Quelle: Schülerbefragung 2005, 2007, 2009)

Das Ziel der Ganztagsschule, durch eine bessere individuelle Förderung auch die Chancengleichheit bildungsbenachteiligter Kinder und Jugendlicher zu erhöhen, Lerndefiziten besser entgegenwirken und in Folge dessen auch die Anzahl der Schulabbrüche zu verringern bzw. die Anzahl besserer Schulabschlüsse zu erhöhen, lässt die Annahme zu, dass insbesondere die Gruppe der leistungsschwächeren Schüler Möglichkeiten zur Teilnahme an Ganztagsangeboten umfangreicher nutzt als die der leistungsstärkeren Schüler.

Der Nutzungsumfang nach dem Leistungsstand zeigt jedoch, dass 2009 etwa drei Viertel (76,3%) der leistungsschwächeren Schüler Ganztagsangebote an bis zu zwei Tagen nutzt, während dieses zu einem geringeren Anteil (70,2%) für die

Empirische Untersuchungen zu Nutzungspräferenzen von Schülern 133

leistungsstärkeren Schüler zutrifft. Sind bei der Nutzung an drei Tagen 2009 kaum Unterschiede festzustellen (0,3 Differenzpunkte), so nutzen fast doppelt so viele leistungsstärkere Schüler Ganztagsangebote an vier und fünf Tagen (11,4%) als leistungsschwächere Schüler (5,7%).

Der nachgewiesene Nutzungsumfang scheint damit diese Annahme nicht zu bestätigen, da zum einen die leistungsschwächeren Schüler an weniger Tagen Ganztagsangebote nutzt als die leistungsstärkeren Schüler und sich zum anderen die Tendenz zeigt, dass der Anteil der leistungsschwächeren Schüler, der Ganztagsangebote an bis zu zwei Tagen nutzt, von 2007 nach 2009 gestiegen (+7,4 Prozentpunkte), die Nutzung an drei bis fünf Tagen dagegen in fast gleichem Umfang gesunken (-7,3 Prozentpunkte) ist.

Abb. 13: Nutzungsumfang an Ganztagsangeboten aus zeitlicher Sicht nach dem Leistungsstand (in %)

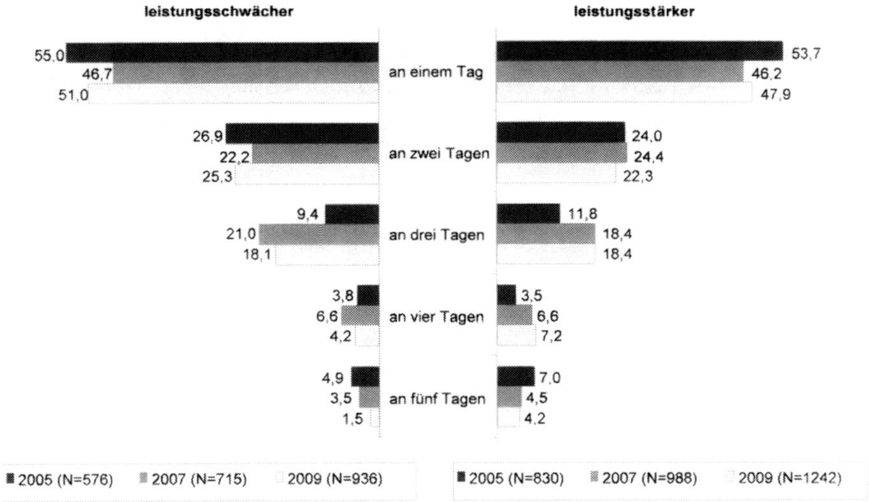

	leistungsschwächer			leistungsstärker		
an einem Tag	55,0	46,7	51,0	53,7	46,2	47,9
an zwei Tagen	26,9	22,2	25,3	24,0	24,4	22,3
an drei Tagen	9,4	21,0	18,1	11,8	18,4	18,4
an vier Tagen	3,8	6,6	4,2	3,5	6,6	7,2
an fünf Tagen	4,9	3,5	1,5	7,0	4,5	4,2

■ 2005 (N=576) ■ 2007 (N=715) 2009 (N=936)   ■ 2005 (N=830) ■ 2007 (N=988) 2009 (N=1242)

(Quelle: Schülerbefragung 2005, 2007, 2009)

5.2.3 Motive für die Teilnahme

Der steigende Anteil der an den Ganztagsangeboten teilnehmenden Schüler sowie die Zunahme der Anzahl der Tage, an denen sie diese wahrnehmen, wirft die Frage nach den Gründen für diese Entwicklung auf. Um Motive für die Teilnahme an

Ganztagsangeboten aus Sicht der teilnehmenden Schüler zu erfahren, wurden sie befragt, warum sie an den Ganztagsangeboten teilnehmen.[20] Dazu wurden die aufgeführten Items in drei Gruppen zusammengefasst:

- *Lernbezogene Motive* stehen für das Bedürfnis der Schüler, auch außerhalb der Unterrichtszeit zusätzliches Wissen zu erlangen und unterrichtsbezogene Unterstützung in Anspruch zu nehmen. Als Items werden zusammengefasst:
  „Weil ich dort noch zusätzlich etwas lernen kann."
  „Damit ich bei den Hausaufgaben unterstützt werde."
- *Sozialbezogene Motive* widerspiegeln das Bedürfnis der Schüler nach zwischenmenschlichen Kontakten außerhalb der Unterrichtszeit und werden über folgende Items abgebildet:
  „Weil ich sonst am Nachmittag meistens alleine wäre."
  „Weil meine Eltern berufstätig sind."
  „Weil ich mit meinen Freunden zusammen sein will."
- *Hedonistische Motive* widerspiegeln den Wunsch der Schüler nach Spaß und Freude, die sie sich bspw. durch die Teilnahme an außerunterrichtlichen Kursen und Arbeitsgemeinschaften erhoffen. Abgebildet werden diese Motive durch das Item
  „Weil es Kurse und AGs gibt, die mir Spaß machen."

Bei der Betrachtung der Beweggründe für eine Teilnahme zeigt sich, dass bei allen drei Motiven für etwa drei Viertel der Schüler mindestens ein Grund bzw. ein Item für die Teilnahme vorlag. Dieses trifft für alle drei Erhebungszeitpunkte zu, wobei festzustellen ist, dass sich von 2005 nach 2009

- bei den sozialbezogenen und hedonistischen Motiven kaum Veränderungen zeigen,
- bei den lernbezogenen Motiven eine Veränderung dahingehend zeigt, dass der Anteil der Schüler, für den es für die Teilnahme an den Ganztagsangeboten keine Gründe/Items gibt, von weniger als einem Viertel (22,3%) auf fast ein Drittel (32,2%) und somit um 9,9 Prozentpunkte gestiegen ist.

Die Bedeutung der lernbezogenen Motive für die Entscheidung zur Teilnahme an Ganztagsangeboten hat dabei nach Einschätzung der Schüler sowohl von 2005 nach 2007 als auch von 2007 nach 2009 abgenommen.

---

20 Fragestellung: „Warum nimmst Du an den Ganztagsangeboten teil?"

Tab. 79: *Motive für die Teilnahme an Ganztagsangeboten insgesamt (in %)*

Teilnahmemotive	Erhebungsjahr	kein Grund	mindestens ein Grund
sozialbezogen	2005 (N = 1.439)	27,7	72,3
	2007 (N = 1.683)	31,2	68,8
	2009 (N = 2.242)	28,9	71,1
lernbezogen	2005 (N = 1.459)	22,3	77,7
	2007 (N = 1.711)	24,5	75,5
	2009 (N = 2.254)	32,2	67,8
hedonistisch	2005 (N = 1.507)	26,5	73,5
	2007 (N = 1.734)	23,9	76,1
	2009 (N = 2.280)	26,4	73,6

(Quelle: Schülerbefragung 2005, 2007, 2009)

Legt man die Argumente für die Einrichtung von Ganztagsschulen sowie ihre Zielsetzungen zugrunde, so scheinen sich die beschriebenen sozialpolitischen (vgl. Radisch/Klieme 2003, S. 14; Appel 2004, S. 24; Holtappels 2005, S. 8; Tillmann 2005, S. 49) und erzieherischen Aspekte (vgl. Holtappels 1994, S. 47; Fölling-Albers 2000, BMFSFJ 2002; Röll 2003, S. 20; Appel 2004, S. 64; Burow/Pauli 2004, S. 36ff.; Höhmann u. a. 2005, S. 170; Holtappels 2005, S. 8) der Ganztagsschule durch diese Aussagen zu bestätigen.

Aus bildungspolitischer Sicht, insbesondere unter dem Aspekt einer besseren individuellen Förderung leistungsschwächerer und -stärkerer Schüler unter Berücksichtigung ihrer individuellen Interessen und Neigungen durch außerunterrichtliche Angebote (vgl. Oelkers 1988, S. 120; Oelkers 2009, S. 38ff.; Europäische Kommission 2001, S. 14; Sekretariat der Ständigen Konferenz der KMK 2002, S. 6f.; Appel 2004, S. 21f.; Tillmann 2005, S. 51; Höhmann u. a. 2006, S. 14), ist jedoch festzustellen, dass für die teilnehmenden Schüler diese Aufgabe von Ganztagsangeboten von geringerer Bedeutung ist als die sozialbezogenen und die hedonistischen Motive.

Da sich die Unterschiede zwischen den jeweiligen Motiven bei der Gesamtheit der befragten Schüler jedoch insgesamt gering darstellen, soll anhand einer differenzierten Betrachtung der Schülergruppen geprüft werden, bei welchen Schülern bestimmte Motive stärker bzw. schwächer ausgeprägt sind.

Im Vergleich von Mädchen und Jungen zeigen sich Auffälligkeiten besonders bei den lernbezogenen Motiven. Kam es bei den Mädchen von 2005 (22,9%) nach

2007 (21,1%) zu einem leichten Rückgang des Anteils derjenigen, die für ihre Teilnahme keine lernbezogenen Gründe angaben, so zeigt sich nach 2009 ein stärkerer Anstieg um 7,6 Prozentpunkte auf 28,7%. Dieser Anstieg zeigt sich bei den Jungen zu allen Erhebungszeitpunkten. Sowohl von 2005 nach 2007 als auch von 2007 nach 2009 steigt der Anteil der Jungen, der keine lernbezogenen Motive hat, um etwa sieben Prozentpunkte. Damit hatten 2009 bereits weniger als zwei Drittel (64,1%) der Jungen keine lernbezogenen Motive – 7,2 Prozentpunkte mehr als bei den Mädchen. Eine vergleichbare Differenz (+7,1 Prozentpunkte) zeigt sich auch bei den hedonistischen Motiven. Mädchen geben damit insgesamt häufiger Gründe für ihre Teilnahme an Ganztagsangeboten an als Jungen.

Abb. 14: Motive für die Teilnahme an Ganztagsangeboten nach dem Geschlecht (in %)

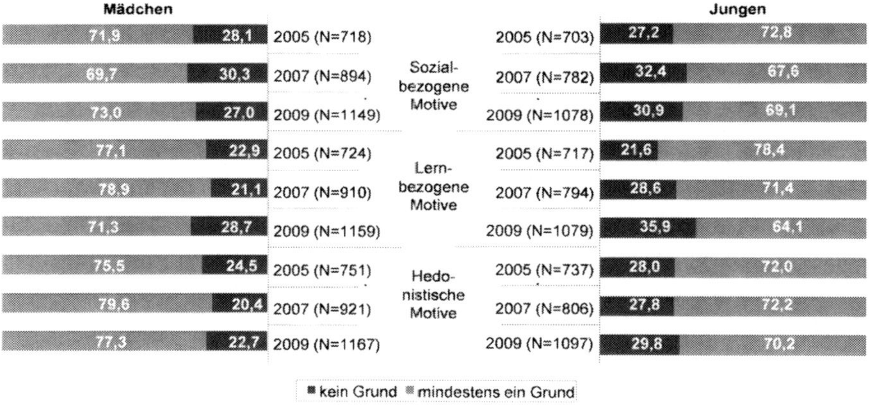

Mädchen		Motivtyp	Jungen	
71,9 / 28,1	2005 (N=718)	Sozialbezogene Motive	2005 (N=703)	27,2 / 72,8
69,7 / 30,3	2007 (N=894)		2007 (N=782)	32,4 / 67,6
73,0 / 27,0	2009 (N=1149)		2009 (N=1078)	30,9 / 69,1
77,1 / 22,9	2005 (N=724)	Lernbezogene Motive	2005 (N=717)	21,6 / 78,4
78,9 / 21,1	2007 (N=910)		2007 (N=794)	28,6 / 71,4
71,3 / 28,7	2009 (N=1159)		2009 (N=1079)	35,9 / 64,1
75,5 / 24,5	2005 (N=751)	Hedonistische Motive	2005 (N=737)	28,0 / 72,0
79,6 / 20,4	2007 (N=921)		2007 (N=806)	27,8 / 72,2
77,3 / 22,7	2009 (N=1167)		2009 (N=1097)	29,8 / 70,2

■ kein Grund ■ mindestens ein Grund

(Quelle: Schülerbefragung 2005, 2007, 2009)

Da die Ganztagsschule aus sozialpolitischer Sicht auch einen Beitrag zur Unterstützung allein erziehender Elternteile und zur Schaffung von Kontaktmöglichkeiten zwischen und Freizeitmöglichkeiten für Kinder und Jugendliche leisten soll, kann angenommen werden, dass insbesondere Kinder und Jugendliche aus allein erziehenden Familienkonstellationen in stärkerem Maße Argumente – und hierbei insbesondere aus sozialbezogener Sicht – für ihre Teilnahme an den Ganztagsangeboten angeben können als aus nicht allein erziehenden Familien.

Dabei zeigt sich, dass sich diese Annahme nicht bestätigt, da sowohl bei den sozial- und lernbezogenen als auch den hedonistischen Motiven mehr Schüler aus nicht allein erziehenden Familien Gründe für ihre Teilnahme angeben. Sind

Empirische Untersuchungen zu Nutzungspräferenzen von Schülern 137

die Unterschiede 2009 bei den lernbezogenen Motiven nur geringfügig (1,2 Prozentpunkte), so sind größere Unterschiede bei den hedonistischen Motiven (6,3 Prozentpunkte), vor allem jedoch bei den sozialbezogenen Motiven (7,1 Prozentpunkte) festzustellen.

Abb. 15: Motive für die Teilnahme an Ganztagsangeboten nach der Familienstruktur (in %)

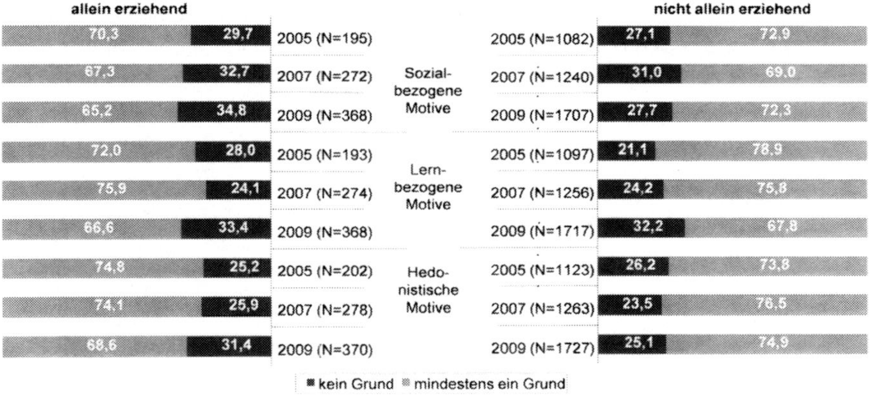

allein erziehend				nicht allein erziehend
70,3 / 29,7	2005 (N=195)	Sozialbezogene Motive	2005 (N=1082)	27,1 / 72,9
67,3 / 32,7	2007 (N=272)		2007 (N=1240)	31,0 / 69,0
65,2 / 34,8	2009 (N=368)		2009 (N=1707)	27,7 / 72,3
72,0 / 28,0	2005 (N=193)	Lernbezogene Motive	2005 (N=1097)	21,1 / 78,9
75,9 / 24,1	2007 (N=274)		2007 (N=1256)	24,2 / 75,8
66,6 / 33,4	2009 (N=368)		2009 (N=1717)	32,2 / 67,8
74,8 / 25,2	2005 (N=202)	Hedonistische Motive	2005 (N=1123)	26,2 / 73,8
74,1 / 25,9	2007 (N=278)		2007 (N=1263)	23,5 / 76,5
68,6 / 31,4	2009 (N=370)		2009 (N=1727)	25,1 / 74,9

■ kein Grund ■ mindestens ein Grund

(Quelle: Schülerbefragung 2005, 2007, 2009)

Wenn die Ganztagsschule zu einer größeren Chancengleichheit aller Schüler führen soll, dann muss es ihr auch gelingen, Kinder und Jugendliche aus bildungsfernen Schichten zu einer Teilnahme an den Ganztagsangeboten zu motivieren. Da durch diese Teilnahme gezielt an dem Abbau von Lernschwierigkeiten bzw. lernbezogenen Defiziten gearbeitet werden kann, gleichzeitig aber auch diese Schüler stärker in ihrer Sozial- und Selbstkompetenz gefördert werden können, ist es von besonderer Bedeutung, einerseits die Wünsche und Vorstellungen dieser Schülergruppe zu berücksichtigen, um ihnen den Zugang zu außerunterrichtlichen Aktivitäten zu erleichtern und andererseits auf der Grundlage individueller Förderpläne ihren systematisch gestalteten Entwicklungsprozess zu initiieren.

Im Vergleich der Schüler, die aus Familien mit einem niedrigen und einem hohen kulturellen Status kommen, zeigt sich eine vergleichbare Verteilung hinsichtlich der sozialbezogenen Motive für die Erhebungen 2007 und 2009. Nur 2005 differierten die Aussagen dahingehend, dass fast zehn Prozentpunkte zwischen den Einschätzungen beider Schülergruppen lagen.

Maßgeblich für die Verbesserung der Bildungschancen sind jedoch die lernbezogenen Motive. Sind hier 2005 kaum Unterschiede (0,2 Prozentpunkte) zwischen beiden Extremgruppen festzustellen, so sinkt bei beiden Gruppen der Anteil der Schüler, für den lernbezogene Motive für die Teilnahme an den Ganztagsangeboten relevant ist. Besonders auffällig ist dabei der Rückgang bei den Schülern mit einem niedrigen kulturellen Status von 2005 (79,3%) nach 2007 (61,1%) um 18,2 Prozentpunkte.

Dieser geringe Anteil zeigt sich auch 2009 (61,8%). Da sich eine derart starke Abnahme bei den Schülern aus Familien mit einem hohen kulturellen Status nicht zeigt, weichen die Angaben 2009 um 7,3 Prozentpunkte deutlicher voneinander ab.

Abb. 16: Motive für die Teilnahme an Ganztagsangeboten nach dem kulturellen Status (in %)

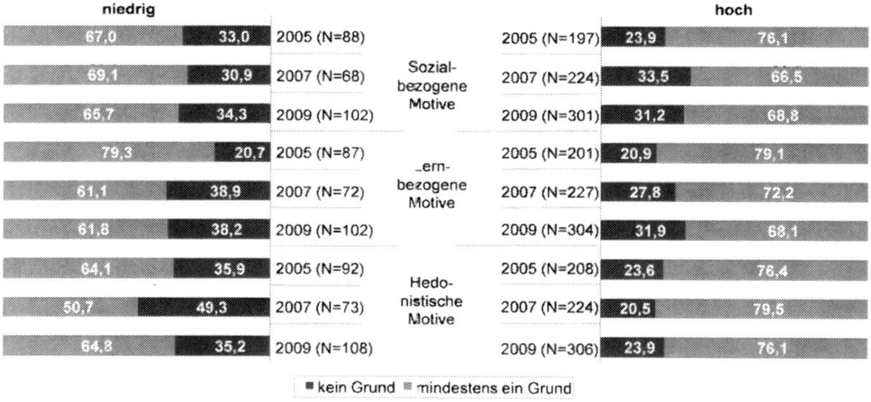

niedrig		Motive	hoch	
67,0 / 33,0	2005 (N=88)	Sozialbezogene Motive	2005 (N=197)	23,9 / 76,1
69,1 / 30,9	2007 (N=68)		2007 (N=224)	33,5 / 66,5
65,7 / 34,3	2009 (N=102)		2009 (N=301)	31,2 / 68,8
79,3 / 20,7	2005 (N=87)	Lernbezogene Motive	2005 (N=201)	20,9 / 79,1
61,1 / 38,9	2007 (N=72)		2007 (N=227)	27,8 / 72,2
61,8 / 38,2	2009 (N=102)		2009 (N=304)	31,9 / 68,1
64,1 / 35,9	2005 (N=92)	Hedonistische Motive	2005 (N=208)	23,6 / 76,4
50,7 / 49,3	2007 (N=73)		2007 (N=224)	20,5 / 79,5
64,8 / 35,2	2009 (N=108)		2009 (N=306)	23,9 / 76,1

■ kein Grund ■ mindestens ein Grund

(Quelle: Schülerbefragung 2005, 2007, 2009)

Da leistungsschwächere Schüler einerseits nicht nur der Gruppe der Schüler aus Familien mit einem niedrigen kulturellen Status zuzuordnen sind und andererseits nicht alle Kinder und Jugendliche aus diesen Familien leistungsschwach sind, soll der Aspekt des Leistungsstandes verstärkt berücksichtigt werden. Dabei wird deutlich, dass in allen drei Bereichen ein größerer Anteil leistungsschwächerer Schüler keine Motive für die Teilnahme an den Ganztagsangeboten angeben kann. Die Differenzen zwischen den beiden Schülergruppen stellen sich dabei bei allen Motiven vor allem 2009 als groß dar. Geben drei Viertel (75,0%) der leistungsstärkeren Schüler mindestens ein sozialbezogenes Motiv für ihre Teilnahme an, so tun dieses bei den leistungsschwächeren Schüler nur etwa zwei Drittel (66,3%).

Noch stärker zeigen sich die Unterschiede bei den hedonistischen Motiven (2009: 12,0 Prozentpunkte). Unter dem Aspekt des Leistungsstandes ist jedoch die Betrachtung der lernbezogenen Motive von besonderer Bedeutung. Hier ließe sich annehmen, dass für die Schüler insbesondere die erweiterten Möglichkeiten der individuellen Förderung zur Verringerung von Lerndefiziten für die Teilnahme an Ganztagsangeboten wichtig sind.

Dagegen zeigt sich, dass 2009 mehr als ein Drittel (37,1%) der leistungsschwächeren, aber nur etwas mehr als ein Viertel (28,2%) der leistungsstärkeren Schüler keine lernbezogenen Gründe für ihre Teilnahme an den Ganztagsangeboten angibt.

Abb. 17: Motive für die Teilnahme an Ganztagsangeboten nach dem Leistungsstand (in %)

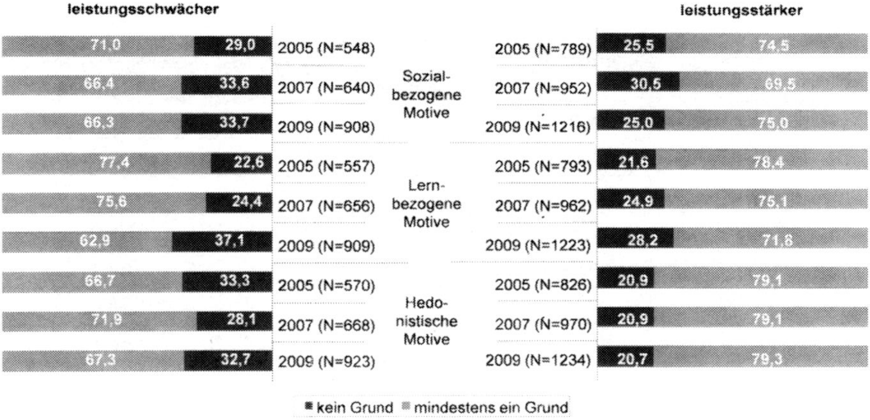

leistungsschwächer				leistungsstärker	
71,0	29,0	2005 (N=548)	2005 (N=789)	25,5	74,5
66,4	33,6	2007 (N=640) Sozial-	2007 (N=952)	30,5	69,5
66,3	33,7	2009 (N=908) bezogene Motive	2009 (N=1216)	25,0	75,0
77,4	22,6	2005 (N=557)	2005 (N=793)	21,6	78,4
75,6	24,4	2007 (N=656) Lern- bezogene	2007 (N=962)	24,9	75,1
62,9	37,1	2009 (N=909) Motive	2009 (N=1223)	28,2	71,8
66,7	33,3	2005 (N=570)	2005 (N=826)	20,9	79,1
71,9	28,1	2007 (N=668) Hedo- nistische	2007 (N=970)	20,9	79,1
67,3	32,7	2009 (N=923) Motive	2009 (N=1234)	20,7	79,3

■ kein Grund ■ mindestens ein Grund

(Quelle: Schülerbefragung 2005, 2007, 2009)

Die bereits bei bisherigen Betrachtungen deutlich gewordenen Unterschiede der Einschätzungen der einzelnen Jahrgangsstufen zeigen sich auch hinsichtlich der Motive für die Teilnahme an den Ganztagsangeboten. Aufgrund der komplexen Betrachtung (jeweils drei Jahrgangsstufen, Erhebungszeitpunkte und Motive) werden die Einschätzungen der jeweiligen Motive einzeln dargestellt.

a) Sozialbezogene Motive

Die Einschätzungen zu den sozialbezogenen Motiven stellen sich je nach Jahrgangsstufe sehr unterschiedlich dar. Gab 2005 etwa ein Viertel (27,9%) von ihnen keine sozialbezogenen Gründe für ihre Teilnahme an, so sank dieser Anteil nach

2009 auf etwa ein Fünftel (21,7%) und somit um 6,2 Prozentpunkte. In der Jahrgangsstufe 7 zeigen sich zwischen dem ersten Erhebungszeitpunkt 2005 und dem dritten Erhebungszeitpunkt 2009 kaum Unterschiede (1,6 Prozentpunkte), obwohl 2007 ein deutlicher Anstieg (+9,9 Prozentpunkte) der Schüler festzustellen ist, der keine sozialen Motive angibt. Deutliche Unterschiede in der Einschätzung zeigen sich dagegen in der Jahrgangstufe 9. Gab 2005 bereits fast ein Drittel (31,9%) der Schüler keine sozialbezogenen Motive an, so stieg dieser Anteil nach 2009 auf fast die Hälfte (46,6%). Mit steigender Jahrgangsstufe scheinen somit sozialbezogene Motive eine zunehmend geringere Bedeutung für die Teilnahme an Ganztagsangeboten zu haben.

Tab. 80: Sozialbezogene Motive für die Teilnahme an Ganztagsangeboten nach der Jahrgangsstufe (in %)

Jahrgangsstufe	Erhebungsjahr	kein Grund	mindestens ein Grund
5	2005 (N = 612)	27,9	72,1
5	2007 (N = 812)	27,5	72,5
5	2009 (N = 941)	21,7	78,3
7	2005 (N = 466)	24,0	76,0
7	2007 (N = 549)	33,9	66,1
7	2009 (N = 780)	25,6	74,4
9	2005 (N = 361)	31,9	68,1
9	2007 (N = 322)	36,0	64,0
9	2009 (N = 521)	46,6	53,4

(Quelle: Schülerbefragung 2005, 2007, 2009)

b) Lernbezogene Motive

Zeigte sich in der undifferenzierten Einschätzung der lernbezogenen Motive ein Rückgang der Schüler, die lernbezogene Motive für ihre Teilnahme angaben, von 2005 von etwa drei Viertel (77,7%) nach 2009 auf etwa zwei Drittel (67,8%), so sind in der jahrgangsstufenbezogenen Betrachtung deutliche Abweichungen von diesen Durchschnittswerten dahingehend festzustellen, dass

- der Rückgang von 2005 nach 2009 in der Jahrgangsstufe 5 am geringsten (-7,5 Prozentpunkte) und in der Jahrgangsstufe 7 am größten (-12,3 Prozentpunkte) ausfällt,

- 2009 in der Jahrgangsstufe 5 drei Viertel (75,4%), in der Jahrgangsstufe 7 noch fast zwei Drittel (65,3%), in der Jahrgangsstufe 9 jedoch nur noch 57,7% der Schüler lernbezogene Motive für ihre Teilnahme angeben.

Wie bei den sozialbezogenen Motiven zeigt sich damit auch bei den lernbezogenen Motiven ein Rückgang der Bedeutung mit zunehmender Jahrgangsstufe.

Tab. 81: Lernbezogene Motive für die Teilnahme an Ganztagsangeboten nach der Jahrgangsstufe (in %)

Jahrgangsstufe	Erhebungsjahr	kein Grund	mindestens ein Grund
5	2005 (N = 625)	17,1	82,9
5	2007 (N = 826)	18,3	81,7
5	2009 (N = 947)	24,6	75,4
7	2005 (N = 473)	22,4	77,6
7	2007 (N = 559)	32,4	67,6
7	2009 (N = 784)	34,7	65,3
9	2005 (N = 361)	31,0	69,0
9	2007 (N = 326)	27,0	73,0
9	2009 (N = 523)	42,3	57,7

(Quelle: Schülerbefragung 2005, 2007, 2009)

Der Anspruch der Ganztagsschule, leistungsschwächeren wie -stärkeren Schülern gleichermaßen verbesserte Chancen einer individuellen Förderung zu ermöglichen und damit zu verbesserten Bildungschancen zu führen, scheint im Widerspruch zur Entwicklung der Bedeutung lernbezogener Motive in den Jahrgangsstufen zu stehen. Es soll daher für den letzten Erhebungszeitpunkt 2009 untersucht werden, ob sich die Bedeutung lernbezogener Motive in Abhängigkeit vom Leistungsstand noch stärker voneinander unterscheidet, wenn diese zusätzlich in Abhängigkeit von der Jahrgangsstufe betrachtet wird.

Dabei wird deutlich, dass die Nennung lernbezogener Motive

- in der Jahrgangsstufe 5 bei leistungsschwächeren wie -stärkeren Schülern gleichermaßen stark ausgeprägt ist, sich kaum voneinander unterscheidet (0,5 Prozentpunkte) und für etwa drei Viertel beider Schülergruppen bedeutsam ist,

- in der Jahrgangsstufe 7 gegenüber der Jahrgangsstufe 5 bei den leistungsstärkeren Schülern leicht (-5,7 Prozentpunkte), bei den leistungsschwächeren Schülern dagegen stärker (-12,7 Prozentpunkte) abnimmt,
- in der Jahrgangsstufe 9 gegenüber der Jahrgangsstufe 7 in etwa gleichem Maße sowohl bei den leistungsstärkeren Schülern (-4,2 Prozentpunkte) als auch den leistungsschwächeren Schülern (-9,2 Prozentpunkte) abnimmt.

Nimmt der Anteil der Schüler, der lernbezogene Gründe für die Teilnahme an Ganztagsangeboten angibt, von der Jahrgangsstufe 5 zur Jahrgangsstufe 9 bei den Leistungsstärkeren um 9,9 Prozentpunkte ab, so zeigt sich dieser Rückgang bei den Leistungsschwächeren mit 21,9 Prozentpunkten wesentlich stärker ausgeprägt.

Die lernbezogene Motivation zur Teilnahme an Ganztagsangeboten nimmt demzufolge im Laufe der Schulzeit bei den Schülern stärker ab, für die die Ganztagsangebote besonders bedeutsam für die Verbesserung ihrer Bildungschancen sein sollen.

Tab. 82: Lernbezogene Motive für die Teilnahme an den Ganztagsangeboten nach Jahrgangsstufe und Leistungsstand (in %)

Jahrgangsstufe	Leistungsstand	Teilnahmequote (in %)
5	leistungsstärker (N = 620)	75,3
5	leistungsschwächer (N = 270)	74,8
7	leistungsstärker (N = 398)	69,6
7	leistungsschwächer (N = 348)	62,1
9	leistungsstärker (N = 205)	65,4
9	leistungsschwächer (N = 291)	52,9

(Quelle: Schülerbefragung 2009)

c) Hedonistische Motive

Die Entwicklung der Bedeutung hedonistischer Motive auf die Entscheidung über eine Teilnahme an Ganztagsangeboten zeigt Parallelen zu den sozialbezogenen Motiven, da der Anteil der Schüler, der hedonistische Motive für seine Teilnahme angab, von 2005 nach 2009 in der Jahrgangsstufe

Empirische Untersuchungen zu Nutzungspräferenzen von Schülern

- 5 gestiegen (+6,5 Prozentpunkte),
- 7 annähernd gleich geblieben (-1,2 Prozentpunkte),
- 9 deutlich gesunken (-12,7 Prozentpunkte) ist.

Somit zeigen sich große Unterschiede nicht nur in der Entwicklung des Anteils der Schüler, der hedonistische Motive für die Teilnahme angibt, von 2005 nach 2009, sondern 2009 auch in der Größe dieser Anteil in den Jahrgangsstufen 5 (83,3%), 7 (71,2%) und 9 (59,7%).

Tab. 83: *Hedonistische Motive für die Teilnahme an Ganztagsangeboten nach der Jahrgangsstufe (in %)*

Jahrgangsstufe	Erhebungsjahr	kein Grund	mindestens ein Grund
5	2005 (N = 647)	23,2	76,8
5	2007 (N = 837)	17,4	82,6
5	2009 (N = 960)	16,7	83,3
7	2005 (N = 483)	30,0	70,0
7	2007 (N = 569)	30,4	69,6
7	2009 (N = 792)	28,8	71,2
9	2005 (N = 377)	27,6	72,4
9	2007 (N = 328)	29,0	71,0
9	2009 (N = 528)	40,3	59,7

(Quelle: Schülerbefragung 2005, 2007, 2009)

Zusammenfassend lässt sich für die Jahrgangstufen feststellen, dass die Schüler am stärksten in der Jahrgangsstufe 5 und am wenigsten in der Jahrgangsstufe 9 Motive für ihre Teilnahme an Ganztagsangeboten angeben können. Damit stellt sich sowohl die Frage der Zielgerichtetheit der Schüler hinsichtlich der Teilnahme als auch weiterer Faktoren, die auf die Teilnahmeentscheidung Einfluss nehmen.

Wenn aus Sicht der Kinder und Jugendlichen Ganztagsangebote eher aus Gründen sozialer Kontakte und den damit verbundenen positiven Erlebnissen innerhalb der Gruppe gewählt werden, kann davon ausgegangen werden, dass sie in starkem Maße selbst entscheiden, ob sie an Ganztagsangeboten teilnehmen und welche Angebote sie dann besuchen.

Diese Vermutung scheint sich durch die Beantwortung der Frage „Wer hat entschieden, ob Du an den Ganztagsangeboten teilnimmst?" zu bestätigen. Hier zeigt sich – bezogen auf die Familie –, dass

- der Anteil der Schüler, der angibt, dass er selbst über die Teilnahme entscheidet, zu allen drei Erhebungszeitpunkten am größten ist und von 2005 (75,1%) nach 2009 (80,2%) um 5,1 Prozentpunkte gestiegen ist und gleichzeitig
- der Einfluss der Eltern diesbezüglich abgenommen hat–gab 2005 noch etwa ein Drittel (32,9%) der Schüler an, dass diese über die Teilnahme mitentschieden haben, so sank dieser Anteil nach 2009 auf etwa ein Viertel (23,9%).

Tab. 84: „Wer hat entschieden, ob Du an den Ganztagsangeboten teilnimmst?" – familiäre Einflüsse (in %)

Entscheidungsträger	Erhebungsjahr	Anteil (in%)
ich selbst	2005 (N = 3.257)	75,1
	2007 (N = 2.711)	81,5
	2009 (N = 1.557)	80,2
meine Eltern	2005 (N = 2.969)	32,9
	2007 (N = 2.311)	29,9
	2009 (N = 1.348)	23,9

(Quelle: Schülerbefragung 2005, 2007, 2009)

Da aufgrund des unterschiedlichen Alters der Kinder und Jugendlichen und ihrer damit verbundenen unterschiedlichen Mündigkeit davon ausgegangen wird, dass sich der rückläufige Einfluss der Eltern auf die Teilnahme am Ganztagsbetrieb in den Jahrgangsstufen unterschiedlich darstellt, soll dieses detaillierter betrachtet werden.

Es zeigt sich, dass sich diese Annahme in zweifacher Hinsicht bestätigt: Zum einen ist in allen Jahrgangsstufen ein annähernd linearer Rückgang festzustellen. Zum anderen zeigt sich ein deutlicher Rückgang des Einflusses der Eltern auf die Entscheidung über die Teilnahme an den Ganztagsangeboten von der Jahrgangsstufe 5 zur Jahrgangsstufe 9. Der Rückgang muss daher sowohl unter zeitlichem als auch aus jahrgangsspezifischem Aspekt betrachtet werden.

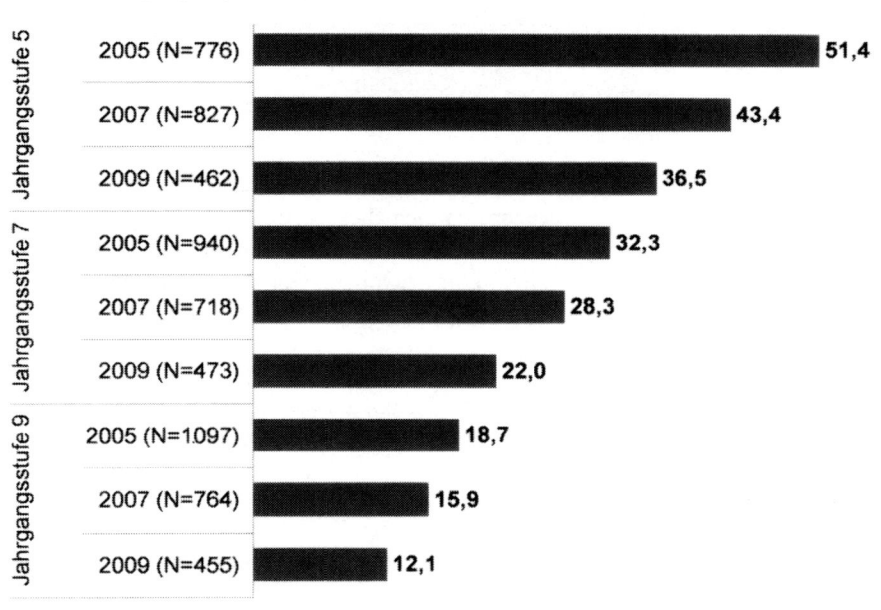

Empirische Untersuchungen zu Nutzungspräferenzen von Schülern 145

Abb. 18: Einfluss der Eltern auf die Teilnahme an den Ganztagsangeboten nach der Jahrgangsstufe (in %)

Jahrgangsstufe 5
- 2005 (N=776): 51,4
- 2007 (N=827): 43,4
- 2009 (N=462): 36,5

Jahrgangsstufe 7
- 2005 (N=940): 32,3
- 2007 (N=718): 28,3
- 2009 (N=473): 22,0

Jahrgangsstufe 9
- 2005 (N=1.097): 18,7
- 2007 (N=764): 15,9
- 2009 (N=455): 12,1

(Quelle: Schülerbefragung 2005, 2007, 2009)

Da neben den Schülern selbst und ihren Eltern auch lernbezogene Faktoren Einfluss auf die Teilnahmeentscheidung haben, wurden die Schüler auch befragt, inwieweit ihre Lehrer Einfluss auf diese Entscheidung genommen haben bzw. ob es keine andere Möglichkeit zur Teilnahme gab. Hier zeigt sich in beiden Bereichen ein Anstieg der Einflussnahme – bei den Lehrkräften von 2005 (7,0%) nach 2009 (15,5%) um 8,5 Prozentpunkte und besonders stark unter dem Aspekt, dass es keine andere Möglichkeit gab (+18,8 Prozentpunkte).

Tab. 85: „Wer hat entschieden, ob Du an den Ganztagsangeboten teilnimmst?" – schulische Einflüsse (in %)

Entscheidungsträger	Erhebungsjahr	Teilnahmequote (in%)
mein Lehrer	2005 (N = 2.837)	7,0
	2007 (N = 2.279)	13,8
	2009 (N = 1.337)	15,5

Entscheidungsträger	Erhebungsjahr	Teilnahmequote (in%)
	2005 (N = 2.813)	9,1
keine andere Möglichkeit	2007 (N = 2.309)	17,8
	2009 (N = 1.390)	27,9

(Quelle: Schülerbefragung 2005, 2007, 2009)

Dieser deutliche Anstieg kann seine Begründung in der Form der teilweise gebundenen Ganztagsschule finden, da sich diese – mindestens beginnend mit der Jahrgangsstufen 5 – systematisch auf die höheren Jahrgangsstufen ausweitet und somit zunehmend alle Schüler verpflichtend am Ganztagsbetrieb teilnehmen. Durch dieses Hochwachsen wird davon ausgegangen, dass sich ein deutlicher Anstieg dieser Aussage

- bei der zweiten Erhebung 2007 in der Jahrgangsstufe 7 und
- bei der dritten Erhebung 2009 in der Jahrgangsstufe 9 zeigt.

Die Betrachtung, wie sich die Einschätzung dieses Items nach Jahrgangsstufen über den Erhebungszeitraum entwickelt hat, bestätigt diese Annahme: Zeigt sich in der Jahrgangsstufe 5 ein annähernd linearer Anstieg, so kommt es in der Jahrgangsstufe 7 von 2005 nach 2007 zu einem größeren Anstieg (+17,0 Prozentpunkte) als von 2007 nach 2009 (+7,9 Prozentpunkte) und in der Jahrgangsstufe 9 von 2005 nach 2007 zu einem geringeren Anstieg (+3,4 Prozentpunkte) als von 2007 nach 2009 (+17,4 Prozentpunkte).

Tab. 86: Anteil der schulbezogenen Gründe für die Teilnahme an Ganztagsangeboten nach Jahrgangsstufe und Erhebungsjahr (in %)

Jahrgangsstufe	Erhebungsjahr	Teilnahmequote (in%)
	2005 (N = 776)	9,0
5	2007 (N = 827)	15,5
	2009 (N = 462)	19,9
	2005 (N = 940)	7,4
7	2007 (N = 718)	24,4
	2009 (N = 473)	32,3
	2005 (N = 1.097)	10,6
9	2007 (N = 764)	14,0
	2009 (N = 455)	31,4

(Quelle: Schülerbefragung 2005, 2007, 2009)

Neben der Frage, ob die Schüler an Ganztagsangeboten generell teilnehmen, ist von stärkerer Bedeutung, wer Einfluss auf die Auswahl der zu besuchenden Ganztagsangebote nimmt. Ausgehend von der Frage „Wer hat entschieden, welche Angebote Du besuchst?" sollten die Schüler angeben, ob sie selbst, ihre Eltern, ihre Lehrer und/oder ihre Freunde Einfluss auf diese Auswahl genommen haben.

Aus den Angaben wird deutlich, dass vor allem die Schüler selbst über die von ihnen besuchten Ganztagsangebote entschieden haben. Auch bei dieser Frage zeigt sich, dass der Einfluss der Eltern auf die Auswahl von 2005 (32,1%) nach 2009 (23,8%) deutlich gesunken ist.

Da sowohl die Anteile bei den Lehrkräften als auch bei den Freunden gering sind, kann davon ausgegangen werden, dass diese Entscheidung in starkem Maße selbstbestimmt ist.

Tab. 87: *„Wer hat entschieden, welche Angebote Du besuchst?" (in %)*

Entscheidungsträger	Erhebungsjahr	Teilnahmequote (in%)
ich selbst	2005 (N = 1.565)	91,2
	2007 (N = 1.798)	94,5
	2009 (N = 2.309)	94,0
meine Eltern	2005 (N = 1.450)	32,1
	2007 (N = 1.682)	29,8
	2009 (N = 2.214)	23,8
meine Lehrer	2005 (N = 1.407)	8,5
	2007 (N = 1.673)	8,8
	2009 (N = 2.190)	7,5
meine Freunde	2005 (N = 1.399)	5,9
	2007 (N = 1.659)	5,4
	2009 (N = 2.185)	6,7

(Quelle: Schülerbefragung 2005, 2007, 2009)

5.2.4 Darstellung der Angebotsstruktur

Im Nachfolgenden soll untersucht werden, welche Art von Angeboten durch die Schüler genutzt werden und wie sich das Nutzungsverhalten im Erhebungszeitraum entwickelt hat.

In der Erhebung wurden die Schüler zur Angebotsstruktur ihrer Schule befragt[21]. Ziel der Fragestellung war es, Angaben darüber zu erhalten, welche vorhandenen Angebote durch die Schüler genutzt werden.
Zu den befragten Angeboten zählen

- die Hausaufgabenhilfe/-betreuung,
- die Fördergruppen/der Förderunterricht,
- die fachbezogenen Lernangebote (Zusatz- oder Erweiterungskurse, z. B. in Mathematik, Deutsch, Fremdsprachen, Kunst, Religion),
- die AGs/Kurse/fachunabhängigen Projekte (Theater-AG, Sport-AG, Computer-AG, Kochkurs usw.),
- die Freizeitangebote (z. B. eine regelmäßige Spielerunde oder das Spielen mit Freunden oder Klassenkameraden auf dem Schulhof),
- das Mittagessen,
- die Projekttage/Projektwochen,
- die Dauerprojekte (z. B. Schülerzeitung, Schulgarten, Schülerfunk, Schülerfirma) sowie
- sonstige Veranstaltungen (z. B. Schulfeste, Sport- und Spieletage).

Um übergreifende Aussagen zur schülergruppenspezifischen Nutzung treffen zu können, wurden Angebote ausgewählt und entsprechend ihrer Charakteristik in zwei Gruppen zusammengefasst:

- unterrichtsbezogene Ganztagsangebote
  Zu den unterrichtsbezogenen Ganztagsangeboten zählen die Angebote, die sowohl einen
  - fachbezogenen (Hausaufgabenhilfe/-betreuung, Fördergruppen/Förderunterricht, fachbezogene Lernangebote) als auch einen
  - fachübergreifenden (fächerübergreifende Arbeitsgemeinschaften/Kurse/ Projekte, projektspezifische Angebotselemente) Charakter haben.

- freizeitbezogene Ganztagsangebote
  Zu den freizeitbezogenen Ganztagsangeboten zählen die Angebote, die sich auf die gebundene und ungebundene Freizeit beziehen und keinen unmittelbaren

---

21 „In einer Ganztagsschule gibt es über den Unterricht hinaus viele andere Angebote. Wir möchten wissen, ob es diese an Deiner Schule gibt und a) wenn nein, ob Du es Dir wünschen würdest oder b) wenn ja, ob Du in diesem Halbjahr daran teilnimmst."

Bezug zu Unterrichtsfächern bzw. keinen vorrangig wissensvermittelnden Charakter haben (Freizeitangebote, Veranstaltungen).

Die Beschreibung der Nutzungspräferenzen aller an den Ganztagsangeboten teilnehmenden Schüler soll zum einen Aufschluss darüber geben, in welchem Umfang die Angebote zu den jeweiligen Erhebungszeitpunkten genutzt wurden und wie sich zum anderen die Teilnahmequote an diesen Angeboten über den gesamten Erhebungszeitraum entwickelt hat.

Die schülergruppenspezifische Betrachtung soll unter schulbezogenen Aspekten Aussagen darüber ermöglichen, ob bestimmte Schülergruppen eine der beiden Angebotsgruppen in einem stärkeren Maße nutzen und ob sich von den Merkmalen dieser Schülergruppe auf die Nutzung der jeweiligen Angebotsgruppe Schlussfolgerungen ziehen lassen.

5.2.5 Aussagen zu den Nutzungspräferenzen

a) Nutzungspräferenzen aller an Ganztagsangeboten teilnehmenden Schüler

Im Nachfolgenden soll die Darstellung der Nutzungspräferenzen unter den Aspekten des unterrichts- und des freizeitbezogenen Charakters der Ganztagsangebote erfolgen. Ausgehend von der Entwicklung des Nutzungsumfangs von Ganztagsangeboten wird die Entwicklung der Teilnahmequote an ausgewählten Angeboten differenziert dargestellt.

- unterrichtsbezogene Angebote:
  Die Betrachtung der Entwicklung des Umfangs genutzter unterrichtsbezogener Ganztagsangebote von 2005 nach 2009 zeigt, dass der Anteil der Schüler, der
  – kein Angebot nutzt, 2009 bei 5,2% liegt und sich im Vergleich zu 2005 nur geringfügig verringert hat (-1,2 Prozentpunkte),
  – ein Angebot nutzt, etwa ein Viertel (24,4%) der teilnehmenden Schüler umfasst und sich gegenüber 2005 kontinuierlich verringert hat (-4,2 Prozentpunkte),
  – zwei bzw. drei Angebote nutzt, sich geringfügig erhöht hat und etwa ein Drittel (34,1%) bzw. ein Viertel (22,8%) der Schüler umfasst,
  – vier bzw. fünf Angebote nutzt, über den gesamten Erhebungszeitraum geringfügig angestiegen (+1,8 bzw. +0,6 Prozentpunkte), in der Entwicklung von 2007 nach 2009 jedoch rückläufig (-2,1 bzw. -0,9 Prozentpunkte) ist.

Tab. 88: Nutzungsumfang an unterrichtsbezogenen Ganztagsangeboten – Einzeldarstellung (in %)

Umfang	2005 (N = 816)	2007 (N = 1.088)	2009 (N = 1.260)
kein Angebot	6,4	4,4	5,2
ein Angebot	28,6	25,6	24,4
zwei Angebote	32,5	31,8	34,1
drei Angebote	21,1	21,4	22,8
vier Angebote	8,1	12,0	9,9
fünf Angebote	2,1	3,6	2,7
sechs Angebote	1,3	1,1	0,9

(Quelle: Schülerbefragung 2005, 2007, 2009)

In der nach der Anzahl von Angeboten gruppierten Darstellung wird deutlich, dass 2009 trotz eines Rückgangs gegenüber 2005 (-5,3 Prozentpunkte) immer noch 29,6% der Schüler maximal ein unterrichtsbezogenes Angebot nutzen. Mehr als die Hälfte von ihnen (56,9%) nutzt zwei bis drei unterrichtsbezogene Angebote – auch hier zeigen sich gegenüber 2005 nur geringe Veränderungen (+3,3 Prozentpunkte). Ein geringer Zuwachs (+2,0 Prozentpunkte) ist bei der Gruppe von Schülern festzustellen, die wöchentlich vier bis sechs Angebote nutzt.

Tab. 89: Nutzungsumfang an unterrichtsbezogenen Ganztagsangeboten – gruppierte Darstellung (in %)

Umfang	2005 (N = 816)	2007 (N = 1.088)	2009 (N = 1.260)
max. ein Angebot	34,9	30,1	29,6
2–3 Angebote	53,6	53,2	56,9
4–6 Angebote	11,5	16,7	13,5

(Quelle: Schülerbefragung 2005, 2007, 2009)

Zu den ganztagsschulspezifischen Angeboten zählen die Hausaufgabenhilfe bzw. -betreuung sowie Förderangebote, die sich in besonderem Maße der individuellen Förderung widmen.

Nahm 2005 an der Hausaufgabenhilfe bzw. -betreuung nur etwa ein Drittel (32,3%) der Schüler teil, so stieg dieser Anteil nach 2009 um 13,1 Prozentpunkte auf 45,4%. Trotz dieses deutlichen Anstiegs nahmen somit noch weniger als die Hälfte der die Ganztagsangebote nutzenden Schüler teil. Die Teilnahmequote an

Fördergruppen bzw. -unterricht hat sich 2009 im Vergleich zu 2005 kaum verändert und zeigt, dass etwas mehr als ein Viertel (28,6%) der Schüler diese nutzt.

Tab. 90: *Teilnahme an der Hausaufgabenhilfe/-betreuung und an Fördergruppen/-unterricht (in %)*

Teilnahme an...	Erhebungsjahr	Teilnahmequote (in%)
Hausaufgabenhilfe/-betreuung	2005 (N = 1.146)	32,3
	2007 (N = 1.529)	36,3
	2009 (N = 1.934)	45,4
Fördergruppen/-unterricht	2005 (N = 1.081)	28,0
	2007 (N = 1.517)	34,0
	2009 (N = 1.859)	28,6

(Quelle: Schülerbefragung 2005, 2007, 2009)

Eine negative Entwicklung der Teilnahmequote zeigt sich sowohl bei der Nutzung von fachbezogenen (-2,6 Prozentpunkte) als auch von fachunabhängigen Lernangeboten (-2,7 Prozentpunkte), zu denen auch Arbeitsgemeinschaften und Kurse zählen. Im Unterschied zu den fachbezogenen Lernangeboten, an denen weniger als ein Drittel (29,5%) der Schüler teilnahmen, nehmen an den fachunabhängigen Lernangeboten fast zwei Drittel (65,3%) der Schüler teil.

Tab. 91: *Teilnahme an fachbezogenen und fachunabhängigen Angeboten (in %)*

Teilnahme an...	Erhebungsjahr	Teilnahmequote (in%)
fachbezogenen Lernangeboten	2005 (N = 1.036)	32,1
	2007 (N = 1.443)	37,8
	2009 (N = 1.699)	29,5
AG's/Kursen/ fachunabhängigen Lernangeboten	2005 (N = 1.169)	68,0
	2007 (N = 1.521)	64,4
	2009 (N = 1.933)	65,3

(Quelle: Schülerbefragung 2005, 2007, 2009)

Eine hohe Teilnahmequote von über zwei Drittel (68,4%) der Schüler, verbunden mit einem Anstieg von 2,4 Prozentpunkten gegenüber 2005, ist bei den Projekttagen bzw. -wochen festzustellen. Dauerprojekte verzeichnen zu allen Erhebungszeitpunkten eine geringe Teilnahmequote, die sich von 2005 nach 2009 um 3,2 Prozentpunkte verringert hat.

Tab. 92: Teilnahme an Projekttagen/-wochen und Dauerprojekten (in %)

Teilnahme an...	Erhebungsjahr	Teilnahmequote (in%)
Projekttagen/-wochen	2005 (N = 1.165)	66,0
	2007 (N = 1.527)	64,5
	2009 (N = 1.884)	68,4
Dauerprojekten	2005 (N = 1.054)	15,7
	2007 (N = 1.374)	13,6
	2009 (N = 1.618)	12,5

(Quelle: Schülerbefragung 2005, 2007, 2009)

Die Betrachtung dieser Nutzungspräferenzen muss im Kontext mit der Spezifik der Ganztagsschule betrachtet werden. Dabei wird deutlich, dass die Angebotselemente, die insbesondere auf die Zielsetzung der Ganztagsschule ausgerichtet sind, zu denen zählen, die 2009 nur von einem geringeren Teil der Schüler genutzt werden.

Die stark frequentierten Angebotselemente tragen dagegen keinen spezifischen Ganztagsschulcharakter, sondern werden ebenso auch an traditionellen Halbtagsschulen realisiert.

Dieses Teilnahmeverhalten ist insbesondere daher kritisch zu hinterfragen, da gerade der Hausaufgabenhilfe bzw. -betreuung und zusätzlichen Maßnahmen zur individuellen Förderung der Schüler eine besondere und gegenüber der traditionellen Halbtagsschule grundlegend veränderte Struktur und Aufgabe zugewiesen wurde.

So trifft die Verwaltungsvorschrift „Die Arbeit an der Ganztagsschule" des Landes Mecklenburg-Vorpommern vom 15. März 2006 zu den Hausaufgaben an einer Ganztagsschule folgende Aussagen: „Die Hausaufgaben müssen aufgrund der zeitlichen Rahmenbedingungen der gebundenen Form der Ganztagsschule gleichwertig durch andere Formen ersetzt werden. Dies kann im Unterrichtsprozess, in zusätzlichen Übungsphasen und in Projekten stattfinden. [...] Die veränderte Funktion der Hausaufgaben an der Ganztagsschule wird in den Fach-, Lehrer- und Schulkonferenzen beraten, beschlossen und im Schulprogramm verankert." (Ministerium für Bildung, Wissenschaft und Kultur M-V 2006b, S. 168). Die geringe Teilnahmequote an diesem Angebotselement wirft daher die Frage auf, welche Gründe diese Schüler dazu bewegt haben, nicht daran teilzunehmen.

Trotz des geringfügigen Anstiegs der Teilnahme an den Fördergruppen bzw. dem Förderunterricht von 2005 nach 2009 scheint die insgesamt geringe Teilnahmequote dem Anspruch der Ganztagsangebote, dass sie „Lern- und Förderangebote für möglichst viele Schüler [vertiefen] und gewährleisten, dass attraktive Lern- und Lebensorte für junge Menschen entstehen" (ebd., S. 167) noch nicht gerecht werden zu können. Insgesamt kann festgestellt werden, dass sich bei den Angeboten, die stärker fachspezifisch orientiert sind, eine deutlich geringere Teilnahme zeigt als bei den Angeboten, die fachunabhängiger und allgemein orientierter sind.

- freizeitbezogene Angebote:
  In der Entwicklung des Nutzungsumfangs an freizeitbezogenen Ganztagsangeboten zeigt sich eine klare Verschiebung dahingehend, dass der Anteil der Schüler, der keine dieser Angebote nutzt, von 2005 nach 2009 sehr stark gesunken (-21,9 Prozentpunkte) ist, während der Anteil, der zwei Angebote nutzt, im gesamten Erhebungszeitraum deutlich gestiegen ist (+26,4 Prozentpunkte). Somit nehmen 2009 mehr als die Hälfte (54,6%) der Schüler an zwei freizeitbezogenen Angeboten teil.

Tab. 93: Nutzungsumfang an freizeitbezogenen Ganztagsangeboten (in %)

Erhebungsjahr	kein Angebot	ein Angebot	zwei Angebote
2005 (N = 902)	28,6	43,2	28,2
2007 (N = 341)	10,0	37,8	52,2
2009 (N = 463)	6,7	38,7	54,6

(Quelle: Schülerbefragung 2005, 2007, 2009)

Ein unterschiedliches Teilnahmeverhalten zeigt sich auch in der differenzierten Betrachtung der freizeitbezogenen Angebotselemente. Geben sowohl 2005 (33,7%), 2007 (37,3%) als auch 2009 (34,3%) nur etwa ein Drittel der Schüler an, Freizeitangebote ihrer Ganztagsschule zu nutzen, so trifft dieses bei – in der Regel eher traditionellen –Veranstaltungen zu allen Erhebungszeitpunkten (2005: 72,3%; 2007: 87,5; 2009: 90,8%) für den überwiegenden Teil der Schüler zu. Der hohe Anteil kann seine Begründung ebenfalls darin finden, dass Schulfeste, Sport- und Spieltage auch an Halbtagsschulen zu festen Bestandteilen des schulischen Lebens gehören und keine spezifische Besonderheit der Ganztagsschulen sind.

154 Empirische Untersuchungen zu Nutzungspräferenzen von Schülern

Tab. 94: *Teilnahme an Freizeitangeboten[22] und Veranstaltungen (in %)*

Teilnahme an...	Erhebungsjahr	Teilnahmequote (in %)
Freizeitangeboten	2005 (N = 936)	33,7
	2007 (N = 1.224)	37,3
	2009 (N = 1.405)	34,3
Veranstaltungen	2005 (N = 1.186)	72,3
	2007 (N = 689)	87,5
	2009 (N = 976)	90,8

(Quelle: Schülerbefragung 2005, 2007, 2009)

Neben der Frage, welche Art von Angeboten Schüler der Ganztagsschule nutzen, zielte ein weiterer Schwerpunkt der Untersuchung auf die Themen der Ganztagsangebote, die die Schüler regelmäßig besuchen[23]. Zur Erstellung einer thematischen Gesamtübersicht wurden die jeweiligen Einzelitems, die nur in den beiden Erhebungen 2007 und 2009 abgefragt wurden, entsprechend ihrer Charakteristik wie folgt gruppiert:

Tab. 95: *Themenspezifische Gruppierung der Ganztagsangebote*

Gruppierung	Einzelitem
mathematisch/ naturwissenschaftlich	– Mathematik – Naturwissenschaften (Biologie, Chemie, Physik) – Umwelt/Natur – Computer, Video, Medien
Sprachlich	– Deutsch – Fremdsprache (z. B. Englisch, Spanisch, Französisch) – Heimatsprache der Eltern (z. B. Türkisch, Russisch)

---

22 Laut Fragebogen zählen zu den Freizeitangeboten z. B. eine regelmäßige Spielerunde oder wenn man mit Freunden oder Klassenkameraden einfach so auf dem Schulhof oder im Schulhaus spielt und an ähnlichen Veranstaltungen (z. B. Schulfeste, Sport- und Spieletage) teilnimmt.
23 Fragestellung: „Zu welchen Themen besuchst du regelmäßig Angebote? Hier geht es nicht um Unterricht, sondern um die Dinge, die Du außerhalb vom Unterricht in der Schule besucht hast."

Empirische Untersuchungen zu Nutzungspräferenzen von Schülern 155

Gruppierung	Einzelitem
musisch/kulturell	– Kultur, Tanz, Theater – Musik (z. B. Instrument lernen, Chor, Band, Orchester)
handwerklich/beruflich	– Basteln, Werken, Handwerken – Beruf und Berufsausbildung
sozial/gesellschaftlich	– Ausbildung zur Streitschlichter/in, Schulbegleiter/in, Erst-helfer/in usw.
freizeitbezogen/sportlich	– Spiele (Gesellschaftsspiele, Schach) – Sport, Bewegung

Die Betrachtung der themenspezifischen Nutzungspräferenzen zeigt, dass

- mehr als die Hälfte (2007: 57,8%; 2009: 58,4%) der Ganztagsangebote nutzenden Schüler an Angeboten mit einem freizeitbezogen/sportlich orientierten Charakter teilnehmen,
- mathematisch/naturwissenschaftlich orientierte Angebote stark frequentiert werden (2007: 42,5%; 2009: 43,8%),
- etwa ein Drittel (2007: 33,0%; 2009: 31,8%) der Schüler musisch/kulturelle Angebote besucht,
- etwa ein Viertel (2007: 27,9%; 2009: 27,3%) der Schüler an sprachlich orientierten Angeboten teilnimmt,
- etwa jeder fünfte Schüler (2007: 18,8%, 2009: 20,0%) Angebote regelmäßig besucht, die einen handwerklichen/beruflich orientierten Charakter haben und
- ein geringer Anteil der Schüler (2007: 5,8%; 2009: 6,8%) an sozial/gesellschaftlich orientierten Angeboten teilnimmt.

Im Vergleich der beiden Erhebungen zeigen sich in allen Bereichen kaum Veränderungen in den Teilnahmequoten. Dieses kann als ein Zeichen für eine relative Konstanz sowohl aus Sicht des Angebotes seitens der Betreuer bzw. Lehrer als auch aus Sicht der Nachfrage seitens der Schüler gewertet werden.

Tab. 96: *Entwicklung der Teilnahmequoten an den Angeboten nach Angebotsbereichen (in %)*

Angebotsbereiche	Erhebungsjahr	Teilnahmequote (in%)
mathematisch/naturwissenschaftlich	2007 (N = 1.736)	42,5
	2009 (N = 2.245)	43,8

Angebotsbereiche	Erhebungsjahr	Teilnahmequote (in%)
sprachlich	2005 (N = 1.739)	27,9
	2009 (N = 2.253)	27,3
musisch/kulturell	2007 (N = 1.751)	33,0
	2009 (N = 2.259)	31,8
handwerklich/beruflich	2005 (N = 1.738)	18,8
	2009 (N = 2.251)	20,0
sozial/gesellschaftlich	2007 (N = 1.751)	5,8
	2009 (N = 2.263)	6,8
freizeitbezogen/sportlich	2005 (N = 1.747)	57,8
	2009 (N = 2.256)	58,4

(Quelle: Schülerbefragung 2007, 2009)

Die differenzierte Darstellung des jeweiligen Angebotsthemas soll verdeutlichen, wie sich das Teilnahmeverhalten in den spezifischen Bereichen darstellt und entwickelt hat.

In den freizeitbezogenen/sportlich orientierten Angeboten dominiert die Teilnahme an den reinen Sportangeboten, an denen zu beiden Erhebungszeitpunkten mehr als die Hälfte (2007: 52,2%; 2009: 54,6%) der Schüler teilnahm. Während sich die Teilnahmequote bei diesen Angeboten kaum verändert hat, zeigt sich die Teilnahme an stärker spielorientierten Angeboten rückläufig (-4,7 Prozentpunkte) und insgesamt gering.

Tab. 97: Teilnahmequoten bei den freizeitbezogenen/sportlich orientierten Angeboten

Thematik des Angebotes	Erhebungsjahr	Teilnahmequote (in%)
Sport, Bewegung	2007 (N = 1.779)	52,2
	2009 (N = 2.303)	54,6
Spiele (Gesellschaftsspiele, Schach)	2007 (N = 1.755)	20,3
	2009 (N = 2.270)	15,6

(Quelle: Schülerbefragung 2007, 2009)

Die hohe Teilnahmequote bei der Gruppe der mathematisch/naturwissenschaftlich orientierten Angebote wird vorrangig durch die Teilnahme an den Angeboten begründet, die sich mit Computern, Videos oder Medien im Allgemeinen befassen.

Empirische Untersuchungen zu Nutzungspräferenzen von Schülern 157

Nehmen an diesen Angeboten fast ein Drittel (2007: 28,4%; 2009: 30,8%) der Schüler teil, so ist die Teilnahme an rein mathematischen Angeboten etwa nur noch halb so hoch (2007: 16,2%; 2009: 13,6%). Angebote in den Naturwissenschaften bzw. der Umwelt und Natur werden von etwa jedem zehnten Schüler besucht.

Tab. 98: Teilnahmequoten bei den mathematisch/naturwissenschaftlich orientierten Angeboten

Thematik des Angebotes	Erhebungsjahr	Teilnahmequote (in%)
Mathematik	2007 (N = 1.760)	16,2
	2009 (N = 2.279)	13,6
Naturwissenschaften (Biologie, Chemie, Physik)	2007 (N = 1.756)	8,1
	2009 (N = 2.276)	9,4
Umwelt/Natur	2007 (N = 1.751)	8,2
	2009 (N = 2.269)	8,6
Computer, Video, Medien	2007 (N = 1.762)	28,4
	2009 (N = 2.282)	30,8

(Quelle: Schülerbefragung 2007, 2009)

Bei den sprachlich orientierten Angeboten besucht etwa jeder fünfte Schüler Angebote einer Fremdsprache und jeder zehnte Schüler ein Angebot, das sich mit der Sprache „Deutsch" befasst. Der geringe Anteil an Schülern, der sich in den Angeboten mit der Heimatsprache seiner Eltern befasst, kann seine Begründung in dem insgesamt sehr geringen Anteil an Kindern und Jugendlichen mit einem Migrationshintergrund an der Gesamtpopulation finden.

Tab. 99: Teilnahmequoten bei den sprachlich orientierten Angeboten

Thematik des Angebotes	Erhebungsjahr	Teilnahmequote (in%)
Deutsch	2007 (N = 1.759)	11,9
	2009 (N = 2.274)	10,0
Fremdsprachen (z. B. Englisch, Spanisch, Französisch)	2007 (N = 1.761)	21,0
	2009 (N = 2.273)	21,5
Heimatsprache der Eltern (z. B. Türkisch, Russisch)	2007 (N = 1.750)	3,8
	2009 (N = 2.272)	3,5

(Quelle: Schülerbefragung 2007, 2009)

Musisch/kulturell orientierte Angebote finden sowohl in den Bereichen „Kultur, Tanz, Theater" als auch „Musik" hohe Anerkennung, da etwa jeder fünfte Schüler eines dieser Angebote nutzt.

Tab. 100: *Teilnahmequoten bei den musisch/kulturell orientierten Angeboten*

Thematik des Angebotes	Erhebungsjahr	Teilnahmequote (in %)
Kultur, Tanz, Theater	2007 (N = 1.757)	19,0
	2009 (N = 2.267)	16,5
Musik (z. B. Instrument lernen, Chor, Band, Orchester)	2007 (N = 1.760)	20,3
	2009 (N = 2.277)	22,2

(Quelle: Schülerbefragung 2007, 2009)

Zeigt sich bei den stärker handwerklich orientierten Angeboten Basteln, Werken bzw. Handwerken eine Teilnahme von fast jedem fünften Schüler, so ist der Anteil bei den stärker berufsorientierenden Angeboten trotz eines leichten Anstiegs von 2007 nach 2009 eher gering.

Tab. 101: *Teilnahmequoten bei den handwerklich/beruflich orientierten Angeboten*

Thematik des Angebotes	Erhebungsjahr	Teilnahmequote (in %)
Basteln, Werken, Handwerken	2007 (N = 1.755)	16,0
	2009 (N = 2.271)	16,9
Beruf und Berufsausbildung	2007 (N = 1.745)	4,1
	2009 (N = 2.268)	5,6

(Quelle: Schülerbefragung 2007, 2009)

Auf eine differenzierte Darstellung der sozial/gesellschaftlich orientierten Angebote kann verzichtet werden, da dieser Bereich nur durch das eingangs bereits benannte Item „Ausbildung zur Streitschlichter/in, Schulbegleiter/in, Erst-Helfer/in usw." abgebildet wird.

b) Nutzungspräferenzen nach dem Geschlecht

Die Betrachtung des Nutzungsverhaltens unter dem geschlechterspezifischen Aspekt soll Aufschlüsse darüber geben, ob bestimmte Angebotsbereiche von Mädchen

Empirische Untersuchungen zu Nutzungspräferenzen von Schülern

bzw. Jungen bevorzugt gewählt werden und wie sich das Nutzungsverhalten bei diesen beiden Schülergruppen über den Erhebungszeitraum entwickelt hat.

- Nutzung unterrichtsbezogener Ganztagsangebote (gruppiert):
Die Betrachtung der Nutzung unterrichtsbezogener Ganztagsangebote macht deutlich, dass beide Schülergruppen die Teilnahme an zwei bis drei Angeboten zu allen Erhebungszeitpunkten favorisieren, da mehr als die Hälfte jeder Schülergruppe an dieser Anzahl von Angeboten teilnimmt. Zeichnet sich ein leichter Anstieg auch in der Nutzung von vier bis sechs Angeboten ab, so verringerte sich sowohl bei den Mädchen als auch bei den Jungen der Anteil, der nur maximal ein unterrichtsbezogenes Angebot in der Schulwoche nutzt.

Tab. 102: Anteile genutzter unterrichtsbezogener Ganztagsangebote (gruppiert) nach dem Geschlecht (in %)

Geschlecht	Erhebungsjahr	max. ein Angebot	2–3 Angebote	4–6 Angebote
weiblich	2005 (N = 397)	33,5	55,2	11,3
	2007 (N = 593)	27,7	55,3	17,0
	2009 (N = 647)	28,9	58,7	12,4
männlich	2005 (N = 418)	36,4	52,2	11,5
	2007 (N = 488)	33,2	51,0	15,8
	2009 (N = 604)	30,6	54,8	14,6

(Quelle: Schülerbefragung 2005, 2007, 2009)

- Nutzung freizeitbezogener Ganztagsangebote (gruppiert):
Eine vergleichbare Entwicklung des Nutzungsverhaltens zeigt sich auch bei den freizeitbezogenen Ganztagsangeboten. Sowohl bei den Mädchen (-18,9 Prozentpunkte) als auch bei den Jungen (-21,5 Prozentpunkte) ist der Anteil der Schüler, der an gar keinen freizeitbezogenen Ganztagsangeboten teilnimmt, von 2005 nach 2009 in annähernd gleichem Umfang stark zurückgegangen, wobei der Anteil an Mädchen, der keine dieser Angebote nutzt (4,3 Prozentpunkte), nur etwa halb so groß ist wie der vergleichbare Anteil an Jungen (8,6 Prozentpunkte). Besonders deutlich zeigt sich dagegen bei beiden Schülergruppen ein Anstieg in der Nutzung von zwei freizeitbezogenen Ganztagsangeboten, an denen 2009 mehr als die Hälfte der Schüler jeden Geschlechts teilnahm.

Tab. 103: Anteile genutzter freizeitbezogener Ganztagsangebote (gruppiert) nach dem Geschlecht (in %)

Geschlecht	Erhebungsjahr	kein Angebot	ein Angebot	zwei Angebote
weiblich	2005 (N = 437)	27,2	42,3	30,4
weiblich	2007 (N = 168)	8,3	41,1	50,6
weiblich	2009 (N = 227)	4,8	41,0	54,2
männlich	2005 (N = 459)	30,1	44,4	25,5
männlich	2007 (N = 170)	11,8	35,3	52,9
männlich	2009 (N = 232)	8,6	37,1	54,3

(Quelle: Schülerbefragung 2005, 2007, 2009)

- Teilnahme an Angebotsbereichen (gruppiert):
  Die Frage, welche Angebotsbereiche Mädchen und Jungen 2009 bevorzugt nutzen, kann wie folgt beantwortet werden:
  - Keine bedeutsamen geschlechterspezifischen Unterschiede zeigen sich bei der Teilnahme an mathematisch/naturwissenschaftlichen, sprachlichen, handwerklich/beruflich sowie sozial/gesellschaftlich orientierten Ganztagsangeboten.
  - Musisch/kulturell orientierte Angebote werden von fast jedem zweiten (44,8%) Mädchen, jedoch nur von etwa jedem fünften (18,2%) Jungen genutzt.
  - Dagegen nehmen an freizeitbezogenen/sportlich orientierten Angeboten etwa zwei Drittel (67,4%) der Jungen, jedoch nur etwa die Hälfte (49,6%) der Mädchen teil.

Tab. 104: Anteile genutzter Angebotsbereich (gruppiert) nach dem Geschlecht (in %)

Anteile genutzter Angebotsbereich (gruppiert) nach dem Geschlecht		2007				2009			
		weiblich		männlich		weiblich		männlich	
		N	%	N	%	N	%	N	%
mathematisch/ naturwissenschaftlich	ja	352	38,1	383	47,6	472	41,3	502	46,2
mathematisch/ naturwissenschaftlich	Gesamt	925	100,0	804	100,0	1.143	100,0	1.086	100,0
sprachlich	ja	268	29,1	214	26,5	334	29,1	275	25,2
sprachlich	Gesamt	922	100,0	809	100,0	1.146	100,0	1.090	100,0
musisch/kulturell	ja	410	44,1	165	20,3	513	44,8	200	18,2
musisch/kulturell	Gesamt	929	100,0	814	100,0	1.146	100,0	1.096	100,0
handwerklich/beruflich	ja	194	21,1	130	16,0	237	20,7	211	19,4
handwerklich/beruflich	Gesamt	920	100,0	810	100,0	1.147	100,0	1.087	100,0
sozial/gesellschaftlich	ja	50	5,4	50	6,1	71	6,2	81	7,4
sozial/gesellschaftlich	Gesamt	928	100,0	815	100,0	1.148	100,0	1.098	100,0
freizeitbezogen/ sportlich	ja	452	48,9	550	67,5	569	49,6	735	67,4
freizeitbezogen/ sportlich	Gesamt	924	100,0	815	100,0	1.147	100,0	1.091	100,0

(Quelle: Schülerbefragung 2007, 2009)

c) Nutzungspräferenzen nach der Jahrgangsstufe

- Nutzung unterrichtsbezogener Ganztagsangebote (gruppiert):
  In allen Jahrgangsstufen zeigt sich von 2005 nach 2009 ein Anstieg des Anteils der Schüler, der zwei bis drei unterrichtsbezogene Angebote in der Woche besucht, wobei diese Anteile mit zunehmender Jahrgangsstufe zunehmen. Sind in der Nutzung von vier bis sechs Angeboten von 2005 nach 2009 in den Jahrgangsstufen 7 (-0,6 Prozentpunkte) und 9 (+0,7 Prozentpunkte) kaum Veränderungen festzustellen, so ist dieser Anteil in der Jahrgangsstufe 5 deutlicher angestiegen (+3,7 Prozentpunkte). Der Anteil der Schüler, der vier bis sechs unterrichtsbezogene Angebote in der Woche besucht, nimmt somit mit steigender Jahrgangsstufe ab.

Tab. 105: Anteile genutzter unterrichtsbezogener Ganztagsangebote (gruppiert) nach der Jahrgangsstufe (in %)

Jahrgangsstufe	Erhebungsjahr	max. ein Angebot	2-3 Angebote	4-6 Angebote
5	2005 (N = 306)	31,4	53,9	14,7
5	2007 (N = 494)	25,7	54,7	19,6
5	2009 (N = 555)	27,4	54,2	18,2
7	2005 (N = 281)	37,4	52,0	10,7
7	2007 (N = 355)	31,8	53,2	14,9
7	2009 (N = 406)	31,0	58,9	10,1
9	2005 (N = 229)	36,7	55,0	8,3
9	2007 (N = 239)	36,4	50,2	13,4
9	2009 (N = 299)	31,8	59,2	9,0

(Quelle: Schülerbefragung 2005, 2007, 2009)

- Nutzung freizeitbezogener Ganztagsangebote (gruppiert):
  Der Anteil der Schüler, der keine freizeitbezogenen Angebote besucht, hat von 2005 nach 2009 in allen Jahrgangsstufen abgenommen, wobei dieser Anteil 2009 mit steigender Jahrgangsstufe zunimmt. Deutliche Unterschiede zeigen sich in der Nutzung von zwei Angeboten dahingehend, dass 2009 fast zwei Drittel (63,1%) der Schüler in der Jahrgangsstufe 5, etwa die Hälfte (52,8%) der Schüler in der Jahrgangsstufe 7, aber nur etwas mehr als ein Drittel (39,4%) der Schüler in der Jahrgangsstufe 9 diese besuchen.

Tab. 106: Anteile genutzter freizeitbezogener Ganztagsangebote (gruppiert) nach der Jahrgangsstufe (in %)

Jahrgangsstufe	Erhebungsjahr	kein Angebot	ein Angebot	zwei Angebote
5	2005 (N = 358)	22,1	37,4	40,5
5	2007 (N = 161)	5,6	32,9	61,5
5	2009 (N = 206)	4,4	32,5	63,1
7	2005 (N = 308)	33,1	46,8	20,1
7	2007 (N = 121)	9,1	36,4	54,5
7	2009 (N = 163)	7,4	39,9	52,8
9	2005 (N = 236)	32,6	47,5	19,9
9	2007 (N = 59)	23,7	54,2	22,0
9	2009 (N = 94)	10,6	50,0	39,4

(Quelle: Schülerbefragung 2005, 2007, 2009)

- Teilnahme an Angebotsbereichen (gruppiert):
Ein unterschiedliches Nutzungsverhalten ist 2009 bei der Teilnahme an einzelnen Angebotsbereichen dahingehend festzustellen, dass die Teilnahmequote der Schüler bei den
  - mathematisch/naturwissenschaftlich orientierten Angeboten mit steigender Jahrgangsstufe zunimmt,
  - sprachlich, musisch/kulturell, handwerklich/beruflich und freizeitbezogen/sportlich orientierten Angeboten mit steigender Jahrgangsstufe abnimmt und
  - sozial/gesellschaftlich orientierten Angeboten in allen Jahrgangsstufen annähernd gleich ist.

Bei diesen Entwicklungen ist insbesondere das Nutzungsverhalten bei den handwerklich/beruflich orientierten Angeboten auffallend, da diese Thematik mit steigender Jahrgangsstufe aufgrund der anstehenden Schulabschlüsse an den Schulen der Sekundarstufe I zunehmend Relevanz erhalten müsste.

Tab. 107: Anteile genutzter Angebotsbereich (gruppiert) nach der Jahrgangsstufe

Anteile genutzter Angebotsbereich (gruppiert) nach der Jahrgangsstufe	2007						2009					
	5		7		9		5		7		9	
	N	%	N	%	N	%	N	%	N	%	N	%
mathematisch/ naturwissenschaftlich	341	41,3	255	44,3	142	42,4	380	40,5	338	43,3	265	50,5
sprachlich	259	31,4	141	24,4	86	25,6	271	28,7	229	29,3	114	21,6
musisch/kulturell	290	34,7	186	32,1	102	30,4	325	34,4	253	32,3	141	26,6
handwerklich/beruflich	188	22,7	83	14,4	55	16,5	216	22,9	141	18,1	94	17,8
sozial/gesellschaftlich	48	5,8	30	5,1	24	7,1	68	7,2	46	5,9	39	7,3
freizeitbezogen/ sportlich	519	62,3	312	54,0	178	53,0	595	63,1	442	56,4	280	52,8

(Quelle: Schülerbefragung 2007, 2009)

d) Nutzungspräferenzen nach der Schulart

- Nutzung unterrichtsbezogener Ganztagsangebote (gruppiert):
  Unterrichtsbezogene Angebote werden im Bereich von vier bis sechs Angeboten in stärkstem Maße an den Gesamtschulen (15,6%) genutzt, an denen auch nur im Vergleich zu den Regionalen Schulen und Gymnasien von 2005 nach 2009 zu jedem Erhebungszeitpunkt ein Anstieg zu verzeichnen ist. Unterschiede zeigen sich auch in der Nutzung von zwei bis drei unterrichtsbezogenen Angeboten, die von
  - mehr als zwei Dritteln (70,1%) der Schüler an den Gymnasien,
  - 57,4% der Schüler an den Regionalen Schulen und
  - etwa der Hälfte (52,2%) der Schüler an den Gesamtschulen

besucht werden.

Hervorzuheben sind die stark unterschiedlichen Teilnahmequoten an maximal einem unterrichtsbezogenen Angebot (2009). Nehmen an den Gymnasien 17,5% der Schüler an maximal einem Angebot teil, so sind dieses sowohl an den Gesamtschulen (33,2%) als auch an den Regionalen Schulen (29,6%) etwa ein Drittel der Schüler.

Tab. 108: Anteile genutzter unterrichtsbezogener Ganztagsangebote (gruppiert) nach der Schulart (in %)

Schulart	Erhebungsjahr	max. ein Angebot	2-3 Angebote	4-6 Angebote
Regionale Schule	2005 (N = 425)	38,8	48,0	13,2
	2007 (N = 575)	32,9	49,4	17,7
	2009 (N = 665)	29,6	57,4	12,9
Gesamtschule	2005 (N = 229)	35,4	55,0	9,6
	2007 (N = 393)	29,5	55,2	15,3
	2009 (N = 458)	33,2	52,2	15,6
Gymnasium	2005 (N = 162)	24,1	66,0	9,9
	2007 (N = 120)	18,3	65,0	16,7
	2009 (N = 137)	17,5	70,1	12,4

(Quelle: Schülerbefragung 2005, 2007, 2009)

- Nutzung freizeitbezogener Ganztagsangebote (gruppiert):
Freizeitbezogene Ganztagsangebote haben an den Gesamtschulen 2009 im Vergleich zu den anderen Schularten den höchsten Stellenwert: Nehmen fast zwei Drittel (63,8%) der Gesamtschüler an zwei freizeitbezogenen Angeboten teil, so liegt dieser Anteil an den Gymnasien bei etwa der Hälfte (51,1%) und an den Regionalen Schulen bei weniger als der Hälfte (43,9%). Allen Schularten gemeinsam ist der deutliche Rückgang des Teils der Schüler, der kein freizeitbezogenes Angebot besucht, wobei sich zwischen den jeweiligen Anteilen 2009 deutlich Unterschiede zwischen den Schularten zeigen (Gesamtschulen: 2,5%; Gymnasien: 8,5%; Regionale Schulen: 11,4%).

Tab. 109: Anteile genutzter freizeitbezogener Ganztagsangebote (gruppiert) nach der Schulart (in %)

Schulart	Erhebungsjahr	kein Angebot	ein Angebot	zwei Angebote
Regionale Schule	2005 (N = 464)	35,6	43,8	20,7
	2007 (N = 111)	11,7	43,2	45,0
	2009 (N = 123)	11,4	44,7	43,9
Gesamtschule	2005 (N = 250)	24,0	40,4	35,6
	2007 (N = 154)	8,4	31,2	60,4
	2009 (N = 199)	2,5	33,7	63,8
Gymnasium	2005 (N = 188)	17,6	45,7	36,7
	2007 (N = 76)	10,5	43,4	46,1
	2009 (N = 141)	8,5	40,4	51,1

(Quelle: Schülerbefragung 2005, 2007, 2009)

Empirische Untersuchungen zu Nutzungspräferenzen von Schülern

- Teilnahme an Angebotsbereichen (gruppiert):
  Unterschiede in der Teilnahme an den Angebotsbereichen zeigen sich 2009 vorrangig bei den
  - mathematisch/naturwissenschaftlich orientierten Angeboten zwischen den Regionalen Schulen (47,7%) bzw. Gymnasien (45,4%) und den Gesamtschulen (37,5%),
  - sprachlich orientierten Angeboten zwischen den Gesamtschulen (25,4%) bzw. den Gymnasien (24,1%) und den Regionalen Schulen (30,1%) und
  - handwerklich/beruflich orientierten Angeboten zwischen den Regionalen Schulen (22,8%) bzw. den Gesamtschulen (21,8%) und den Gymnasien (11,5%).

Beachtenswert ist die Teilnahmequote bei den sozial/gesellschaftlich orientierten Angeboten. Nahmen hier 2009 8,1% der Schüler an den Regionalen Schulen teil, so war dieser Anteil an den Gymnasien nur etwa halb so hoch (4,6%).

Tab. 110: Anteile genutzter Angebotsbereich (gruppiert) nach der Schulart[24]

Anteile genutzter Angebotsbereich (gruppiert) nach der Schulart	2007						2009					
	RegS		GeS		Gym		RegS		GeS		Gym	
	N	%	N	%	N	%	N	%	N	%	N	%
mathematisch/ naturwissenschaftlich	393	46,8	240	39,0	105	37,2	483	47,7	283	37,5	217	45,4
Sprachlich	248	29,5	164	26,7	74	26,1	307	30,1	192	25,4	115	24,1
musisch/kulturell	258	30,5	234	37,6	86	30,5	318	31,1	242	31,9	159	33,1
handwerklich/ beruflich	161	19,2	136	22,0	29	10,4	231	22,8	165	21,8	55	11,5
sozial/gesellschaftlich	56	6,6	29	4,7	17	6,0	83	8,1	48	6,3	22	4,6
freizeitbezogen/ sportlich	493	58,2	358	57,9	158	56,0	627	61,3	413	54,8	277	57,7

(Quelle: Schülerbefragung 2007, 2009)

---

24 RegS=Regionale Schule, GeS=Gesamtschule, Gym=Gymnasium.

e) Nutzungspräferenzen nach dem Leistungsstand

- Nutzung unterrichtsbezogener Ganztagsangebote (gruppiert):
  Bei der Nutzung unterrichtsbezogener Ganztagsangebote zeigen sich deutliche Unterschiede dahingehend, dass
  - 2009 etwa ein Drittel (32,6%) der leistungsschwächeren, aber etwa ein Viertel (27,0%) der leistungsstärkeren Schüler an maximal einem Angebot teilnimmt,
  - zu allen Erhebungszeitpunkten ein höherer Anteil an leistungsstärkeren Schülern zwei bis drei Angebote, dagegen jedoch ein geringfügig höherer Anteil an leistungsschwächeren Schülern vier bis sechs Angebote besucht.

Festzustellen ist auch, dass sich die Anteile der leistungsschwächeren und -stärkeren Schüler, die vier bis sechs unterrichtsbezogene Angebote nutzen, über den gesamten Erhebungszeitraum annäherten. Lag die Differenz in der Teilnahme zwischen diesen beiden Schülergruppen 2005 noch bei 6,5 Prozentpunkten, so beträgt diese Differenz 2009 nur noch 0,3 Prozentpunkte. Fasst man die Nutzung von zwei bis drei bzw. vier bis sechs Angeboten zusammen, so zeigt sich, dass zu allen Erhebungszeitpunkten leistungsstärkere Schüler unterrichtsbezogene Angebote häufiger nutzen als leistungsschwächere Schüler.

Tab. 111: Anteile genutzter unterrichtsbezogener Ganztagsangebote (gruppiert) nach dem Leistungsstand (in %)

Leistungsstand	Erhebungsjahr	max. ein Angebot	2–3 Angebote	4–6 Angebote
leistungsschwächere Schüler	2005 (N = 313)	38,7	46,3	15,0
	2007 (N = 423)	34,0	47,0	18,9
	2009 (N = 518)	32,6	53,3	14,1
leistungsstärkere Schüler	2005 (N = 437)	31,4	60,2	8,5
	2007 (N = 615)	27,0	57,6	15,4
	2009 (N = 682)	27,0	59,2	13,8

(Quelle: Schülerbefragung 2005, 2007, 2009)

- Nutzung freizeitbezogener Ganztagsangebote (gruppiert):
  Auch bei der Teilnahme an freizeitbezogenen Angeboten zeigt sich eine höhere Nutzungsfrequenz bei den leistungsstärkeren Schülern. Insbesondere der Anteil der Schüler, der an gar keinem dieser Angebote teilnimmt, ist bei den leistungsschwächeren Schülern 2009 (9,1%) fast doppelt so hoch als bei den leistungsstärkeren Schülern (5,3%).

Empirische Untersuchungen zu Nutzungspräferenzen von Schülern

Tab. 112: *Anteile genutzter freizeitbezogener Ganztagsangebote (gruppiert) nach dem Leistungsstand (in %)*

Leistungsstand	Erhebungsjahr	kein Angebot	ein Angebot	zwei Angebote
leistungsschwächere Schüler	2005 (N = 341)	33,7	41,6	24,6
	2007 (N = 135)	13,3	40,0	46,7
	2009 (N = 176)	9,1	39,2	51,7
leistungsstärkere Schüler	2005 (N = 487)	24,2	46,8	29,0
	2007 (N = 195)	7,2	36,4	56,4
	2009 (N = 262)	5,3	39,3	55,3

(Quelle: Schülerbefragung 2005, 2007, 2009)

- Teilnahme an Angebotsbereichen (gruppiert):
  Der Vergleich der Teilnahmequote an den Angebotsbereichen zeigt, dass 2009
  - mathematisch/naturwissenschaftlich, sprachlich sowie handwerklich/beruflich orientierte Angebote von leistungsschwächeren Schülern (47,9%; 29,2%; 22,3%) in einem stärkeren Maße genutzt werden als von leistungsstärkeren Schülern (40,6%; 25,9%; 18,1%),
  - musisch/kulturell orientierte Angebote hingegen mehr von leistungsstärkeren Schülern (35,6%) genutzt werden als von leistungsschwächeren Schülern (27,5%) und
  - kaum Unterschiede zwischen den beiden Schülergruppen hinsichtlich der Teilnahme an sozial/gesellschaftlich (1,2 Differenzpunkte) und freizeitbezogen/sportlich (0,6 Differenzpunkte) orientierten Angeboten bestehen.

Tab. 113: *Anteile genutzter Angebotsbereich (gruppiert) nach dem Leistungsstand*

Anteile genutzter Angebotsbereich (gruppiert) nach dem Leistungsstand	2007				2009			
	leistungs-schwächer		leistungs-stärker		leistungs-schwächer		leistungs-stärker	
	N	%	N	%	N	%	N	%
mathematisch/naturwissenschaftlich	300	44,7	398	41,0	436	47,9	493	40,6
sprachlich	200	29,5	263	27,2	267	29,2	314	25,9
musisch/kulturell	201	29,6	345	35,4	252	27,5	433	35,6
handwerklich/beruflich	134	19,9	178	18,4	204	22,3	220	18,1
sozial/gesellschaftlich	39	5,7	58	6,0	71	7,7	79	6,5
freizeitbezogen/sportlich	403	59,7	540	55,4	538	58,6	706	58,0

(Quelle: Schülerbefragung 2007, 2009)

5.3 Aussagen zu den sozialbezogenen, lernbezogenen und hedonistischen Effekten von Ganztagsangeboten

Die bereits beschrieben Motive zur Teilnahme an den Ganztagsangeboten haben verdeutlicht, in welchem Maße sozialbezogene, lernbezogene und hedonistische Aspekte bei den jeweiligen Schülergruppen bedeutsam für die Teilnahme an den Ganztagsangeboten waren. Diese Motive können auch als eine Form der Erwartungshaltung interpretiert werden, da sie Beweggründe für die Teilnahme, nicht aber die Angebote selbst beschreiben. Die Schüler wurden daher befragt, inwieweit sie bestimmten Aussagen zu ihren Angeboten zustimmen[25].

Zur übersichtlicheren Darstellung wurden die aufgeführten Items in die Kategorien „sozialbezogene Effekte", „lernbezogene Effekte" sowie „hedonistische Effekte" gruppiert. Die Darstellung, Auswertung und Interpretation dieser Effekte bezieht sich ausschließlich auf den Erhebungszeitpunkt 2009 und damit auf den aktuellsten Datensatz der Längsschnitterhebung, der die gegenwärtige Situation der Ganztagsschulen in Mecklenburg-Vorpommern am besten widerspiegelt. Die Kategorien wurden wie folgt gebildet:

- Sozialbezogene Effekte:
  Die Angaben zu den sozialbezogenen Effekten erfolgt durch Zusammenfassen der Items
  - „In den Angeboten habe ich neue Freunde/Freundinnen kennen gelernt."
  - „Ich bin froh, dass ich nachmittags nicht so oft alleine bin."
  - „In den Angeboten sind wir eine richtige Gemeinschaft."
  - „Ich bin gerne mit den anderen Schülern meiner Schule in den Angeboten zusammen."
  - „In den Angeboten fühle ich mich von allen akzeptiert."

Die Prüfung der Zusammenstellung der fünf Items auf Reliabilität ergab einen Wert von $\alpha=0,686$, so dass die Zulässigkeit der Itemauswahl bestätigt wurde.

---

25 Fragestellung: „Uns interessiert sehr, wie Du persönlich die Angebote findest. Inwieweit stimmen die folgenden Aussagen?"

- Lernbezogene Effekte:
Zur Mittelwertbestimmung wurden die Items
  - „Ich lerne in den Angeboten Dinge, die mir beim Lernen im Unterricht helfen."
  - „Ich lerne in den AGs oder Projekten vieles, was ich im Unterricht vermisse."
  - „Ich lerne in den Angeboten Dinge, die meine Noten verbessern."
  - „Die Hausaufgabenbetreuung hilft mir sehr."
  - „In den Angeboten lerne ich viel."

genutzt.
Die ermittelte Reliabilität ($\alpha=0{,}703$) bestätigt die Zusammenstellung der Items.

- Hedonistische Effekte:
Die hedonistischen Effekte werden über die Items
  - „Die Angebote machen mir Spaß."
  - „Ich fühle mich in den Angeboten in der Regel gut."
  - „In den Angeboten langweile ich mich oft." (Item wurde recodiert)

abgebildet, deren Zusammenstellung als reliabel betrachtet werden kann ($\alpha=0{,}772$).
Die Skalierung aller Items umfasste die Einschätzungen
- „stimmt gar nicht" = 1,
- „stimmt eher nicht" = 2,
- „stimmt eher" = 3,
- „stimmt genau" = 4.

Daraus lässt sich ableiten, dass die Einschätzung umso positiver ist, je größer der Mittelwert ist, wobei dessen
- Minimum bei „1" (am schwächsten/geringsten) liegt,
- Maximum bei „4" (am stärksten/meisten) liegt und
- Werte kleiner als 2,5 in der Bewertung als insgesamt schwächer und größer/gleich 2,5 in der Bewertung als insgesamt stärker beurteilt werden.

Bei der Frage nach den Motiven für die Teilnahme an den Ganztagsangeboten gaben die Schüler für das Erhebungsjahr 2009 am häufigsten Gründe aus hedonistischer (73,6%) und aus sozialbezogener (71,1%) Sicht an. Motive aus lernbezogener Sicht gaben dagegen nur etwa zwei Drittel (67,8%) der Schüler an. Legt man diese Motivation zugrunde, so zeigt sich eine vergleichbare Einschätzung der Ganztagsangebote. Die Einschätzung der hedonistischen Effekte liegt deutlich im positiven Bereich (MW=3,18) – insofern scheint sich die positive Erwartungshaltung aus hedonistischer Sicht zu bestätigen. Ein Mittelwertvergleich der Einzelitems verdeutlicht dieses: Der höchste Mittelwert ist dem Item „Die Angebote machen mir Spaß." (MW=3,30) zuzuordnen. Ebenfalls positiv, wenn auch schwächer, werden die sozialbezogenen Effekte bewertet (MW=2,70). Hier ist dem Einzelitem „Ich bin gern mit den anderen Schülern meiner Schule in den Angeboten zusammen." (MW=3,10) die größte Bedeutung zuzuordnen.

Die Einschätzung der lernbezogenen Effekte liegt dagegen unterhalb des positiv bewerteten Bereiches (MW=2,21). Ein Vergleich der Items hinsichtlich der lernbezogenen Motive und der lernbezogenen Effekte macht deutlich, dass es zwischen diesen Gemeinsamkeiten in der Einschätzung gibt. Etwa ein Drittel (32,2%) der Schüler gab keine lernbezogenen Motive, die Aussagen zu mindestens einem der beiden Items „Weil ich dort noch zusätzlich etwas lernen kann." bzw. „Damit ich bei den Hausaufgaben unterstützt werde." enthalten musste, an. In der Betrachtung der Einzelitems zur Einschätzung der Ganztagsangebote wird deutlich, dass die beiden Items „Ich lerne in den Angeboten Dinge, die meine Noten verbessern." (MW=2,04) und „Die Hausaufgabenbetreuung hilft mir sehr." (MW=2,05) die geringsten Mittelwerte haben und demzufolge die geringste Zustimmung erhielten.

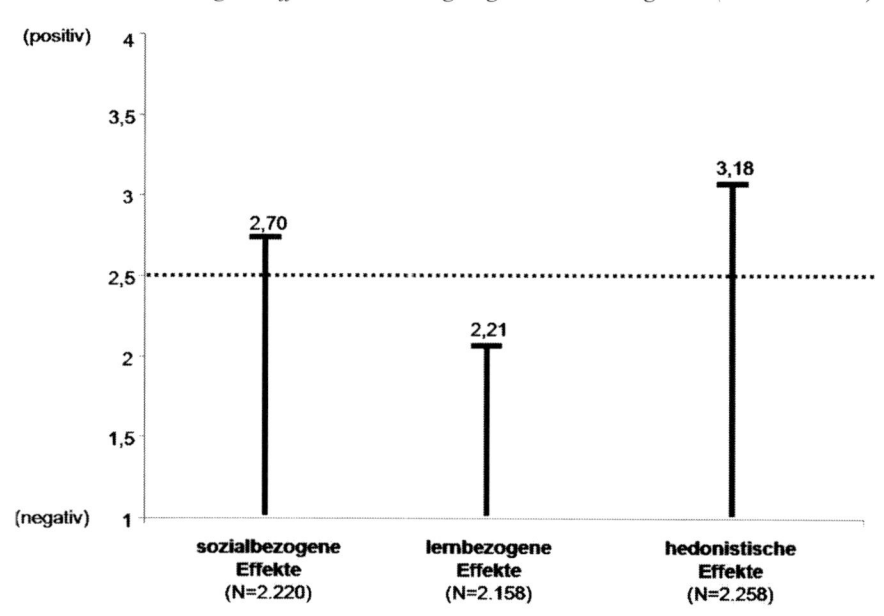

Abb. 19: Einschätzung der Effekte von Ganztagsangeboten 2009 insgesamt (Mittelwertskala)

	sozialbezogene Effekte (N=2.220)	lernbezogene Effekte (N=2.158)	hedonistische Effekte (N=2.258)
Mittelwert	2,70	2,21	3,18

(positiv) 4 — (negativ) 1

(Quelle: Schülerbefragung 2009)

Empirische Untersuchungen zu Nutzungspräferenzen von Schülern

In der geschlechterspezifischen Betrachtung zeigen sich besonders in der Einschätzung der sozial- und der lernbezogenen Effekte Unterschiede zwischen Mädchen und Jungen dahingehend, dass Mädchen diese insgesamt positiver bewerten. Kaum Unterschiede, die in der Betrachtung vernachlässigt werden können, zeigen sich in der Einschätzung der hedonistischen Effekte, deren Mittelwerte im Vergleich zu den anderen Effekten deutlich im positiven Bereich liegen. Aus lernbezogener Sicht liegen die Einschätzung der Mädchen geringfügig über (+0,03 Differenzpunkte), die der Jungen geringfügig unter (-0,02 Differenzpunkte) dem Gesamtmittelwert (MW=2,21).

Zwischen Mädchen und Jungen zeigt sich zum Erhebungszeitpunkt 2009 ein signifikanter Verteilungsunterschied (p<0,01) in der Einschätzung der sozialbezogenen Effekte der Ganztagsangebote.

Abb. 20: *Einschätzung der Effekte von Ganztagsangeboten 2009 nach dem Geschlecht (Mittelwertskala)*

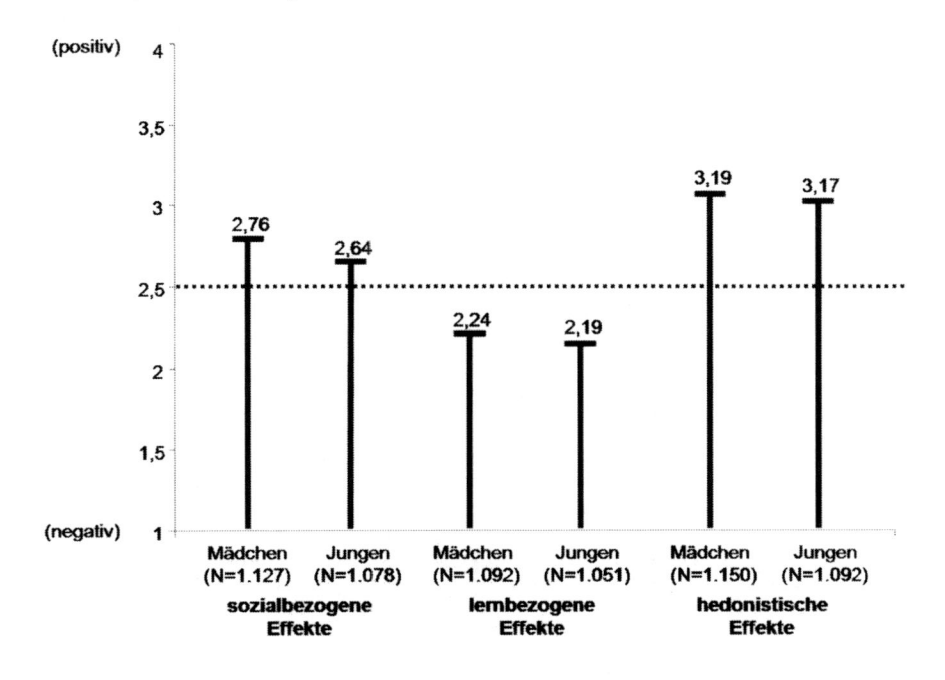

	Mädchen (N=1.127)	Jungen (N=1.078)	Mädchen (N=1.092)	Jungen (N=1.051)	Mädchen (N=1.150)	Jungen (N=1.092)
	2,76	2,64	2,24	2,19	3,19	3,17
	sozialbezogene Effekte		**lernbezogene Effekte**		**hedonistische Effekte**	

(Quelle: Schülerbefragung 2009)

Hinsichtlich der Motive für die Teilnahme an Ganztagsangeboten gaben in allen drei Bereichen Kinder und Jugendliche aus nicht allein erziehenden Familienkonstellationen häufiger Gründe an als Kinder und Jugendliche aus allein erziehenden Familienkonstellationen. Besonders große Differenzen zeigten sich dabei in den Nennungen zu den sozialbezogenen Motiven. Die sozialbezogene Einschätzung fällt auch unter dem Aspekt der allein und nicht allein erziehenden Familienstruktur signifikant unterschiedlich aus ($p<0,01$).

Dieser Unterschied ist jedoch unter dem Aspekt bedeutsam, dass die Ganztagsschule auch sozialpolitische Ziele verfolgen soll und den Erfordernissen, die sich aus den gewandelten Familienstrukturen und dabei insbesondere der Zunahme von Kindern und Jugendlichen aus allein erziehenden Familienkonstellationen ergeben, besser gerecht werden sollen als traditionell geführte Halbtagsschulen. Die Einschätzungen zeigen jedoch, dass diese Schülergruppe alle Effekte negativer beurteilt als Kinder und Jugendliche aus nicht allein erziehenden Familienkonstellationen.

Vor allem der signifikante Verteilungsunterschied bei den sozialbezogenen Effekten wirft die Frage auf, ob es mit den Ganztagsangeboten gelungen ist, diese Schülergruppe besonders anzusprechen und auf vorhandene Defizite, die sich auf diese Kinder und Jugendlichen negativ auswirken, angemessen zu reagieren.

Abb. 21: Einschätzung der Effekte von Ganztagsangeboten 2009 nach der Familienstruktur (Mittelwertskala)

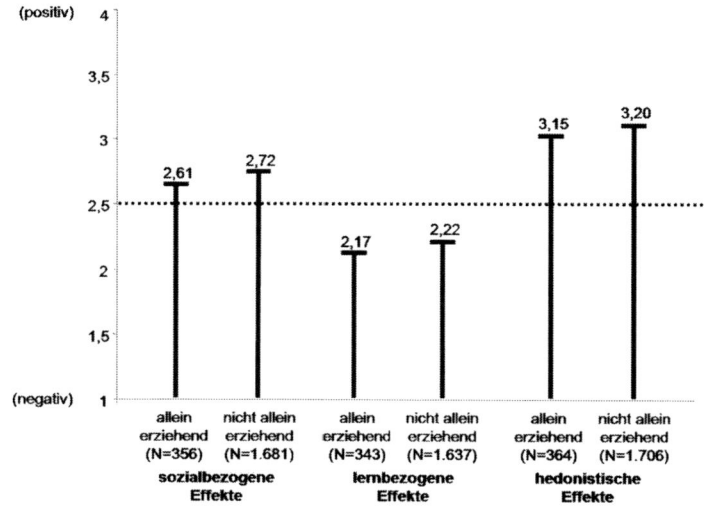

(Quelle: Schülerbefragung 2009)

Empirische Untersuchungen zu Nutzungspräferenzen von Schülern 173

Sind nur geringe Differenzen bei den Mittelwerten der lernbezogenen Einschätzung (0,01 Differenzpunkte) und der hedonistischen Einschätzung (0,02 Differenzpunkte) unter dem Aspekt des Erwerbsstatus festzustellen, so zeigt die Differenz bei der sozialbezogenen Einschätzung (0,08 Differenzpunkte) einen signifikanten Verteilungsunterschied (p<0,05) zwischen den Angaben der Schüler aus Familien mit einem geringeren bzw. höheren Erwerbsstatus.

Abb. 22: *Einschätzung der Effekte von Ganztagsangeboten 2009 nach dem Erwerbsstatus (Mittelwertskala)*

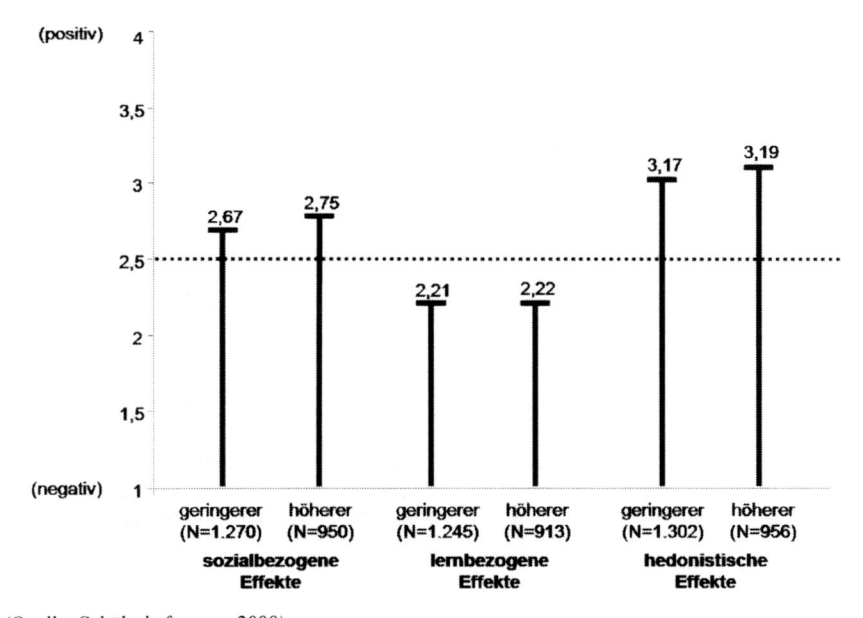

(Quelle: Schülerbefragung 2009)

Unter Berücksichtigung des kulturellen Status der Familie zeigen sich nur geringe Unterschiede in der Einschätzung der sozialbezogenen Effekte. Diese scheinen für Kinder und Jugendliche aus Familien mit einem niedrigen (MW=2,62) bzw. hohem (MW=2,69) kulturellen Status gleichermaßen bedeutsam zu sein. Dieses widerspiegelt sich auch in der geringen Differenz (0,26 Differenzpunkte) der Nennungen zu den sozialbezogenen Motiven für die Teilnahme an Ganztagsangeboten. Die Differenzen der Mittelwerte der lernbezogenen (0,18 Differenzpunkte) und der hedonistischen (0,26 Differenzpunkte) Effekte decken sich in hohem Maße mit den Angaben zu den lernbezogenen und hedonistischen Motiven dieser beiden Schülergruppen.

Signifikante Verteilungsunterschiede finden sich unter dem Aspekt des kulturellen Status der Familie sowohl in den lernbezogenen (p<0,05) als auch in den hedonistischen (p<0,05) Einschätzungen.

Abb. 23: *Einschätzung der Effekte von Ganztagsangeboten 2009 nach dem kulturellen Status (Mittelwertskala)*

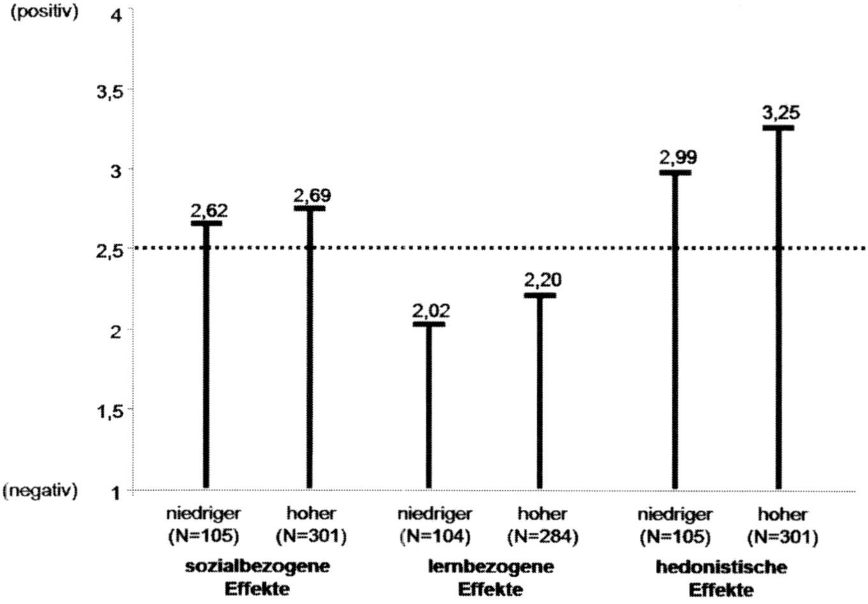

(Quelle: Schülerbefragung 2009)

Die Unterschiede in der lernbezogenen Einschätzung der Angebote können in einem Zusammenhang mit der Zusammensetzung dieser Schülergruppen nach dem Leistungsstand betrachtet werden. Dabei ist festzustellen, dass zu allen drei Erhebungszeitpunkten der bis zu zwei Drittel (2007) der Schüler aus Familien mit einem niedrigen kulturellen Status leistungsschwächer waren, während sich dieses Verhältnis entgegensetzt bei den Schülern aus Familien mit einem hohen kulturellen Status darstellt. Die Untersuchungen hatten gezeigt, dass die Angaben der leistungsstärkeren Schüler sowohl hinsichtlich der lernbezogenen und hedonistischen Motive für die Teilnahme an Ganztagsangeboten als auch in ihrer Einschätzung zu den Angeboten insgesamt positiver ausfallen als die der leistungsschwächeren Schüler.

Empirische Untersuchungen zu Nutzungspräferenzen von Schülern 175

Tab. 114: *Verteilung leistungsschwächerer und -stärkerer Schüler nach dem kulturellen Status (in %)*

Kultureller Status	Erhebungsjahr	Leistungsstand	
		leistungsschwächer	leistungsstärker
niedriger	2005 (N = 189)	56,6	43,4
	2007 (N = 118)	66,9	33,1
	2009 (N = 155)	61,9	38,1
hoher	2005 (N = 476)	38,4	61,6
	2007 (N = 419)	37,9	62,1
	2009 (N = 422)	35,8	64,2

(Quelle: Schülerbefragung 2005, 2007, 2009)

Die Einschätzung der Effekte von Ganztagsangeboten weist unter Berücksichtigung der Jahrgangsstufen deutliche Unterschiede zwischen den Stufen dahingehend aus, dass bei allen drei Effekten die Einschätzung mit steigender Jahrgangsstufe negativer ausfällt.

Auffällig ist hierbei der Rückgang der Mittelwerte bei der Einschätzung der sozialbezogenen Effekte, die in der Jahrgangsstufe 5 deutlich im positiven Bereich (MW=2,89), in der Jahrgangsstufe 7 noch im positiven Bereich (MW=2,62), in der Jahrgangsstufe 9 jedoch schon im negativen Bereich (MW=2,47) liegt. Die Signifikanztests haben sowohl nach Scheffe als auch nach Bonferoni bei den sozialbezogenen Effekten Verteilungsunterschiede zwischen den Jahrgangsstufen 5 und 7, 5 und 9 sowie 7 und 9 (jeweils p<0,01) nachgewiesen. Demnach haben Ganztagsangebote für Kinder und Jugendliche mit zunehmendem Alter nicht mehr die Bedeutung für soziale Kontakte untereinander wie in jüngerem Alter. Eine Ursache für diese Entwicklung kann darin gesehen werden, dass Schüler insbesondere in der Jahrgangsstufe 5, in der die Klassen häufig neu zusammengesetzt werden und ein neuer Schulstandort besucht wird, Ganztagsangebote als eine Möglichkeit ansehen und diese nutzen, um Mitschüler kennenzulernen und über die gemeinsamen, miteinander verbindenden Interessen neue soziale Kontakte zu knüpfen. Diese Aufgaben müssen Ganztagsangebote in den höheren Jahrgangsstufen nicht mehr erfüllen, da in der Regel die sozialen Kontakte zwischen den Schülern bereits entwickelt sind oder aber andere Möglichkeiten und Orte des sozialen Miteinanders entsprechend der entwickelten Reife bevorzugt werden.

Auch die Einschätzungen zu den lernbezogenen Effekten sind durch signifikante Verteilungsunterschiede (jeweils p<0,01), nachgewiesen durch die Verfahren nach Scheffe und Bonferoni, zwischen den Jahrgangsstufen 5 und 7 sowie zwischen 5 und 9 gekennzeichnet. Hervorzuheben ist hierbei, dass alle Mittelwerte – auch die der in der Regel motivierten Schüler der Jahrgangsstufe 5 – im negativ zu wertenden Bereich (MW<2,5) liegen.

Die insgesamt kritische Einschätzung der lernbezogenen Effekte von Ganztagsangeboten, insbesondere in den Jahrgangsstufen 7 und 9, wirft die Frage auf, wie stark Unterricht und Angebote aus inhaltlicher Sicht miteinander verzahnt sind und inwiefern die Ganztagsangebote tatsächlich altersspezifisch die Schüler so individuell fördern, dass vorhandene Lerndefizite abgebaut und Leistungsstärken weiterentwickelt werden können. Deutlich positiver fallen in allen Jahrgangsstufen die Mittelwerte der hedonistischen Effekte aus, auch wenn ein starker Abfall von der Jahrgangsstufe 5 zur Jahrgangsstufe 7 festzustellen ist. Dieses spiegelt sich auch in den nachgewiesenen signifikanten Verteilungsunterschieden (jeweils p<0,01) zwischen den Jahrgangsstufen 5 und 7 sowie 5 und 9 wider.

Insgesamt kann damit festgestellt werden, dass den Schülern die Ganztagsangebote jahrgangsstufenunabhängig Spaß machen, sie sich durch ihre Teilnahme wohlfühlen und sie die Angebote überwiegend abwechslungsreich und interessant beurteilen. Demgegenüber stehen die Einschätzungen zu den lernbezogenen Effekten, da die Mittelwerte aller Jahrgangsstufen Hinweise unter anderem darauf geben, dass die Schüler in den Angeboten nur selten Dinge lernen, die ihnen beim Lernen im Unterricht helfen, die sie im Unterricht vermissen und die ihnen helfen, zu besseren Noten zu gelangen.

Abb. 24: Einschätzung der Effekte von Ganztagsangeboten 2009 nach der Jahrgangs-stufe (Mittelwertskala)

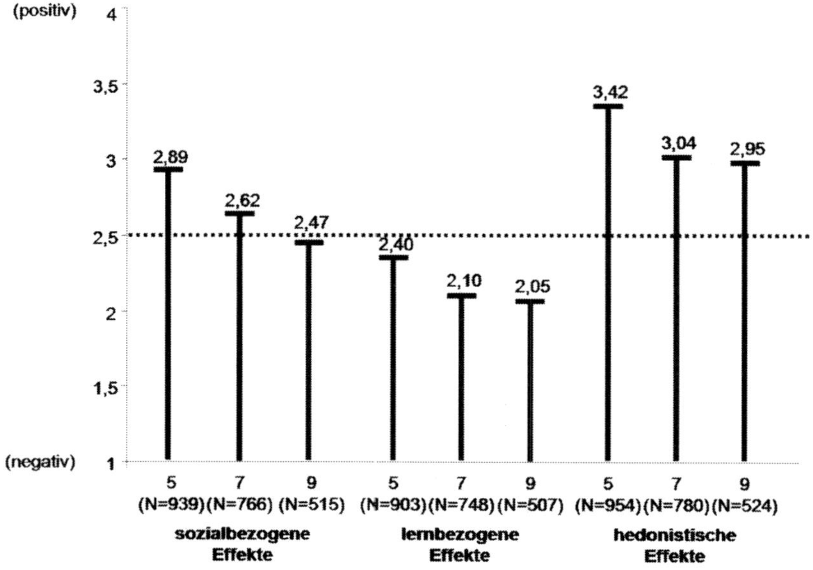

(Quelle: Schülerbefragung 2009)

Empirische Untersuchungen zu Nutzungspräferenzen von Schülern

Ließe die unterschiedliche Zusammensetzung der Schülerschaft, z. B. nach dem Erwerbsstatus, dem kulturellen Status, den Jahrgangsstufen und dem Leistungsstand, an den jeweiligen Schularten die Annahme zu, dass sich diese Unterschiede auch in den Einschätzungen der Effekte widerspiegeln, so bestätigt sich diese Annahme nicht. Vielmehr zeigen sich bei allen eingeschätzten Effekten nur geringfügige Unterschiede in den Mittelwerten, die für weitere Betrachtungen vernachlässigt werden können. Dieses wird auch dadurch bestätigt, dass die durchgeführten Signifikanztests nach Scheffe und Bonferoni keine Verteilungsunterschiede zwischen den jeweiligen Schularten nachweisen konnten.

Beachtenswert sind jedoch die in allen Schularten vergleichbaren Einschätzungen der Effekte der Angebote. Da sich die Mittelwerte hierbei kaum voneinander unterscheiden, kann angenommen werden, dass die Gründe für eine eher bessere bzw. schlechtere Einschätzung der Angebote schulartunabhängiger Art sind und von Faktoren beeinflusst werden, die an allen Schularten zur Geltung kommen. Zugleich kann dieses auch als eine Bestätigung dafür angesehen werden, dass einerseits die Ganztagsschule nicht an eine bestimmte Schulart gebunden ist, sondern vielmehr schulartunabhängig eingerichtet und gestaltet werden kann und dass andererseits Rahmenbedingungen, die sich positiv auf die Entwicklung von Ganztagsschulen auswirken können, ebenfalls schulartunabhängig gestaltet und zur Geltung kommen können.

Abb. 25: Einschätzung der Effekte von Ganztagsangeboten 2009 nach der Schulart (Mittelwertskala)

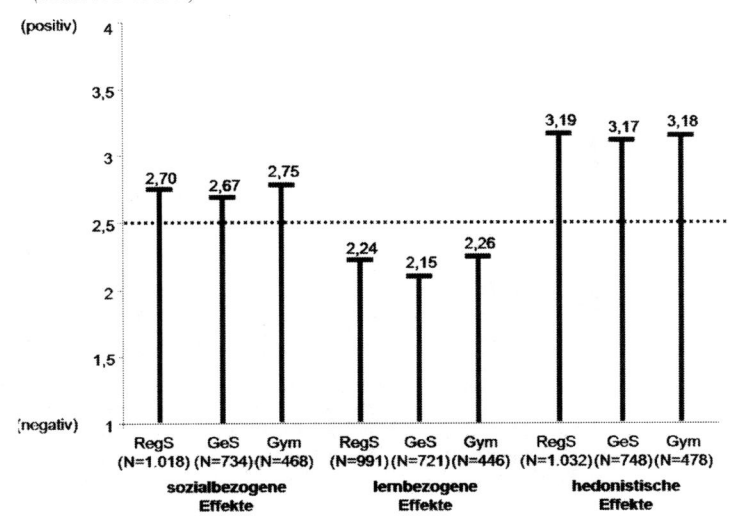

	soziale Effekte			lernbezogene Effekte			hedonistische Effekte		
	RegS (N=1.018)	GeS (N=734)	Gym (N=468)	RegS (N=991)	GeS (N=721)	Gym (N=446)	RegS (N=1.032)	GeS (N=748)	Gym (N=478)
Mittelwert	2,70	2,67	2,75	2,24	2,15	2,26	3,19	3,17	3,18

(Quelle: Schülerbefragung 2009)

Die Betrachtung der Beweggründe für die Teilnahme an Ganztagsangeboten hatte gezeigt, dass ein höherer Anteil leistungsstärkerer Schüler sowohl sozial- (+8,7 Prozentpunkte) und lernbezogene (+8,9 Prozentpunkte) als auch hedonistische Motive (+12,0 Prozentpunkte) für die Teilnahme angab als leistungsschwächere Schüler. Auch in der Verteilung der effektbezogenen Einschätzungen sind diese Unterschiede zu finden. Insgesamt ist festzustellen, dass leistungsstärkere Schüler alle Effekte positiver einschätzen als leistungsschwächere Schüler.

Die Prüfung auf Signifikanz ergab einen signifikanten Verteilungsunterschied bei den lernbezogenen Effekten (p<0,05), der in der geringen Mittelwertdifferenz (0,09 Differenzpunkte) seine Widerspiegelung findet, bei den sozialbezogenen Effekten (p<0,01) sowie bei den hedonistischen Effekten (p<0,01). Die kritischere Einschätzung der leistungsschwächeren Schüler lässt die Schlussfolgerung zu, dass diesen die Angebote weniger Spaß machen, sie sich in den Angeboten weniger wohl fühlen und sich häufiger langweilen als die leistungsstärkeren Schüler.

Abb. 26: Einschätzung der Effekte von Ganztagsangeboten 2009 nach dem Leistungsstand (Mittelwertskala)

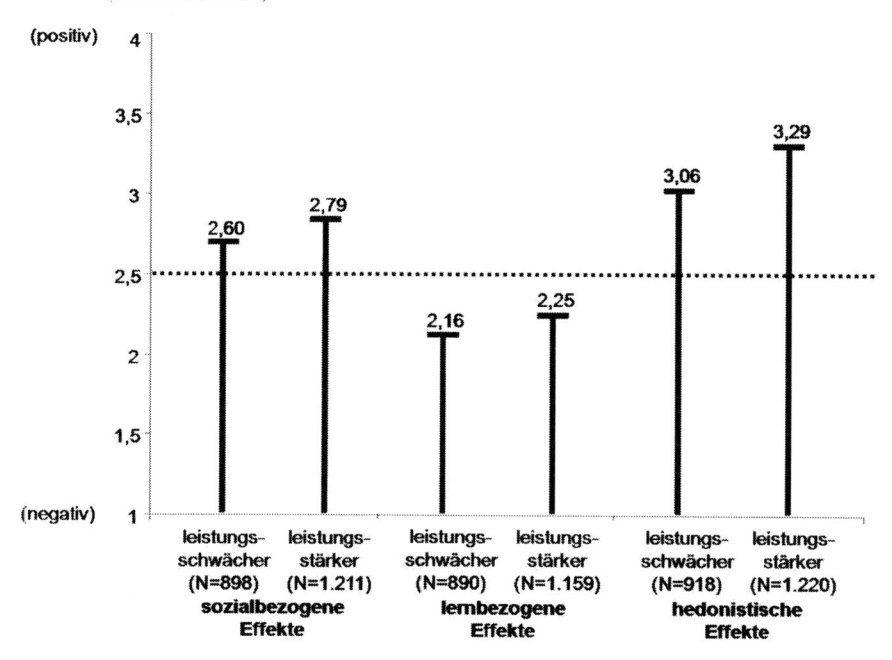

(Quelle: Schülerbefragung 2009)

Die Fragestellung „Wie stark nehmen die teilnehmenden Schüler Effekte der Ganztagsangebote aus sozialbezogener, lernbezogener und hedonistischer Sicht wahr und welche Unterschiede zeigen sich in den Aussagen der Schüler der gebildeten Schülergruppen?"[26] kann zusammenfassend wie folgt beantwortet werden:

5.4 Aussagen zu den Betreuern und Lehrkräften der Ganztagsangebote

Erfolgte die bisherige Beurteilung der Ganztagsangebote über die Einschätzung der sozial- und lernbezogenen sowie hedonistischen Effekte, die die Schüler für sich persönlich wahrnehmen, so soll im Folgenden untersucht werden, ob Unterschiede in der Beurteilung von Betreuern und Lehrkräften

- innerhalb einer Schülergruppe
- zwischen den jeweiligen Schülergruppen

festzustellen sind.

Um den Schülern zu verdeutlichen, wodurch sich Betreuer von Lehrkräften unterscheiden, wurde im Schülerfragebogen ausdrücklich darauf hingewiesen, dass Betreuer keine Lehrkräfte, sondern Personen sind, die an einer Ganztagsschule außerhalb des Unterrichts für die Schüler da sind.

Um eine Einschätzung vornehmen zu können, wurden die Schüler gefragt, wie sie mit den Betreuerinnen und Betreuern sowie Lehrkräften auskommen.[27] Dazu wurden gleichermaßen für beide Personengruppen folgende fünf Items benannt, die die Schüler bewerten sollten:

- „Die Schüler kommen mit den meisten Betreuern gut aus."
- „Den meisten Betreuern ist es wichtig, dass die Schüler sich wohl fühlen."
- „Die meisten Betreuer interessieren sich für das, was die Schüler zu sagen haben."
- „Wenn ein Schüler zusätzliche Hilfe braucht, bekommt er sie von seinen Betreuern."
- „Die Betreuer behandeln die Schüler fair."

---

26 Um ein differenziertes Bild der Einschätzung der befragten Schüler zu erhalten, wurden als Einteilungskriterien das Geschlecht, die Familienstruktur, der Erwerbsstatus, der kulturelle Status, die Jahrgangsstufe, die Schulart sowie der Leistungsstand gewählt und je nach Fragestellung verwendet.

27 Fragestellung: „Wie kommt Ihr mit den Betreuern/Betreuerinnen sowie Lehrern/Lehrerinnen aus, die die Angebote leiten?"

180 Empirische Untersuchungen zu Nutzungspräferenzen von Schülern

bzw.
- „Die Schüler kommen mit den meisten Lehrern gut aus."
- „Den meisten Lehrern ist es wichtig, dass die Schüler sich wohl fühlen."
- „Die meisten Lehrer interessieren sich für das, was die Schüler zu sagen haben."
- „Wenn ein Schüler zusätzliche Hilfe braucht, bekommt er sie von seinen Lehrern."
- „Die Lehrer behandeln die Schüler fair."

Für die Zusammenfassungen der fünf Items wurden diese für jede Personengruppe auf Reliabilität geprüft und festgestellt, dass für jede Personengruppe zu jedem Erhebungszeitpunkt die für eine Zusammenfassung empfohlenen Alpha-Werte nach Cronbach erreicht wurden.

Die Itemzusammenfassung zugrunde legend, zeigen die Einschätzungen der Schüler insgesamt, dass

- zu allen Erhebungszeitpunkten sowohl die Betreuer als auch die Lehrkräfte in einem hohen Maße (MW>3,0) positiv eingeschätzt werden,
- die Betreuer zu allen Erhebungszeitpunkten positiver beurteilt werden als die Lehrkräfte und
- beide Personengruppen von 2005 nach 2009 geringfügig schwächer bewertet werden.

Abb. 27: Einschätzung der Betreuer und Lehrkräfte (Mittelwertskala)

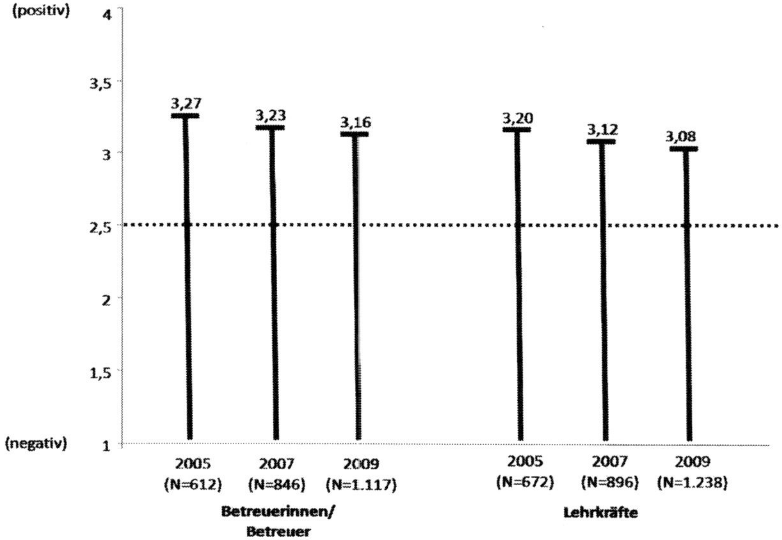

(Quelle: Schülerbefragung 2005, 2007, 2009)

Empirische Untersuchungen zu Nutzungspräferenzen von Schülern   181

Da bereits bei der Analyse der Beweggründe für die Teilnahme an den Ganztagsangeboten und der Einschätzung ihrer Effekte der aktuelle Erhebungszeitpunkt 2009 im Focus der Betrachtung stand, sollen alle weiterführenden und differenzierten Darstellungen zur Einschätzung der Betreuer und Lehrkräfte ebenfalls ausschließlich den Erhebungszeitpunkt 2009 umfassen. Durch diese zeitliche Konkretisierung können der aktuelle Forschungsstand zur Ganztagsschulentwicklung in Mecklenburg-Vorpommern vertieft und differenziert betrachtet, Schlussfolgerungen gezogen und Empfehlungen gegeben werden, die auf der gegenwärtigen Situation der Ganztagsschulen in Mecklenburg-Vorpommern basieren.

Für 2009 wurde für die Einschätzung der Betreuer und Lehrkräfte ein signifikanter Verteilungsunterschied ($p<=0,05$) nachgewiesen. Um die unterschiedlichen Einschätzungen von Betreuern und Lehrern differenzierter analysieren und Ursachen für diese Differenz erkennen zu können, sollen die Mittelwerte der jeweiligen Items in Form eines Rankings betrachtet werden. Dabei zeigt sich, dass neben den unterschiedlich hohen Itemmittelwerten auch die jeweiligen Items unterschiedlich gewichtet werden. Besonders auffällig ist die unterschiedliche Wertung zweier Items:

- Während die Schüler in Bezug auf ihre Lehrer am positivsten (Platz 1) einschätzen, dass sie von ihnen zusätzliche Hilfe bekommen, wenn sie diese benötigen, so belegt dieses Item in Bezug auf die Betreuer nur den vorletzten Platz (Platz 4). Beachtenswert ist hierbei jedoch, dass der Mittelwert des Items bei den Betreuern (MW=3,30) trotzdem höher ist als bei den Lehrern (MW=3,20).
- Während das Item „Die Betreuer/Lehrer behandeln die Schüler fair." in Bezug auf die Betreuer von den Schülern am zweithöchsten gewertet wird, so belegt dieses Item in Bezug auf die Lehrer nur den vorletzten Platz (Platz 4). Zwischen diesen Items liegt auch die höchste Differenz (0,16 Differenzpunkte) der jeweiligen Itemmittelwerte (MW=3,24 bzw. 3,08).

Die Lehrer erhalten demzufolge die positivste Einschätzung in einem Bereich, der auch für ihre unterrichtliche Tätigkeit prägend ist – den Schülern Hilfe geben, wenn sie diese benötigen. Dass die Schüler ihre Lehrer in Bezug auf eine faire Behandlung deutlich schlechter einschätzen als ihre Betreuer, kann seine Ursachen darin haben, dass Lehrer – auch wenn sie Angebote durchführen – zugleich auch häufig die Personen sind, die bei ihnen Unterricht erteilen und somit in einem direkten Schüler-Lehrer-Verhältnis stehen. Es ist daher anzunehmen, dass Lehrer aus Sicht der Schüler auch dann noch in ihrer „Lehrerrolle" wahrgenommen werden, wenn sie Angebote und keinen Unterricht durchführen.

Betreuer haben dagegen einen anderen Bezug zu den Schülern, da die Schüler bei ihnen keinen Unterricht haben und sie somit nicht in einem Verhältnis zu den Schülern stehen, der auch durch den unmittelbaren Kontakt innerhalb des Unterrichts geprägt ist. Dass das Item „Die meisten Betreuer/Lehrer interessieren sich für das, was die Schüler zu sagen haben." in Bezug auf beide Personengruppen am schwächsten beurteilt wird, wirft unter anderem Fragen nach der Partizipation von Schülern und dem Lehrer-Schüler-Verhältnis bzw. Betreuer-Schüler-Verhältnis auf.

Tab. 115: Wertigkeit der eingeschätzten Items für Betreuer und Lehrer von Ganztagsangeboten

Item	Einschätzungen für			
	Betreuer		Lehrer	
	Platz	MW	Platz	MW
„Den meisten Betreuern/Lehrern ist es wichtig, dass die Schüler sich wohl fühlen."	1.	3,25	2.	3,10
„Die Betreuer/Lehrer behandeln die Schüler fair."	2.	3,24	4.	3,08
„Die Schüler kommen mit den meisten Betreuern/Lehrern gut aus."	3.	3,18	3.	3,09
„Wenn ein Schüler zusätzliche Hilfe braucht, bekommt er sie von seinen Betreuern/Lehrern."	4.	3,30	1.	3,20
„Die meisten Betreuer/Lehrer interessieren sich für das, was die Schüler zu sagen haben."	5.	2,96	5.	2,92

(Quelle: Schülerbefragung 2009)

Geschlechterspezifisch betrachtet zeigt sich, dass Jungen sowohl Betreuer als auch Lehrer geringfügig höher einschätzen als Mädchen, wobei diese Differenzen statistisch betrachtet keinen signifikanten Verteilungsunterschied darstellen und aus inhaltlicher Sicht vernachlässigt werden können.

Auch die Betrachtung nach der Familienstruktur zeigt keine statistisch bedeutsamen Unterschiede und keine inhaltlich relevanten Unterschiede sowohl im Vergleich zur Gesamteinschätzung als auch zwischen den Teilgruppen in Bezug auf die Betreuer bzw. die Lehrer.

Die Einschätzung nach dem Erwerbsstatus der Eltern zeigt, dass Kinder und Jugendliche aus Familien mit einem höheren Erwerbsstatus sowohl Betreuer (Differenz=0,06) als auch Lehrer (Differenz=0,04) positiver beurteilen als die mit einem geringeren Erwerbsstatus. Diese Differenzen sind statistisch betrachtet keine bedeutsamen Unterschiede und aus inhaltlicher Sicht rechtfertigen sie keine tiefergehende Interpretation.

Schüler aus Familien mit einem niedrigen kulturellen Status beurteilen sowohl Betreuer als auch Lehrer positiver als jene mit einem hohen kulturellen Status, ohne das dabei ein signifikanter Verteilungsunterschied festzustellen ist. Hierbei gilt es zu berücksichtigen, dass es sich bei beiden Gruppen um Extremgruppen handelt, die zum einen der bildungsfernen – niedriger kultureller Status – und zum anderen der bildungsnahen – hoher kultureller Status – Schicht zugeordnet werden können. Dieses lässt die Schlussfolgerung zu, dass für Schüler aus bildungsfernen Schichten das Verhältnis zu ihren Betreuern und Lehrern im Rahmen der von ihnen genutzten Ganztagsangebote einen höheren Stellenwert hat als für Schüler aus bildungsnahen Schichten. Gestützt werden kann diese Annahme durch die Einschätzungen der Effekte der Ganztagsangebote: Hier zeigten sich zwischen den beiden Schülergruppen signifikante Unterschiede sowohl aus lernbezogener als auch aus hedonistischer, nicht jedoch aus sozialbezogener Sicht. Die dabei positiv bewerteten Items, die neben dem Wunsch nach dem Zusammensein mit anderen Schülern und dem Finden von Freunden auch das Zusammengehörigkeitsgefühl und die Akzeptanz des Einzelnen widerspiegeln, scheinen aus Sicht dieser Schülergruppe in besonderem Maße auch mit den Betreuern und Lehrern der Ganztagsangebote in Verbindung gebracht zu werden. Es kann daher angenommen werden, dass die positive Einschätzung der sozialbezogenen Effekte im Zusammenhang mit der positiven Einschätzung der Betreuer und Lehrer steht.

Wenn ein Zusammenhang zwischen der Einschätzung der Effekte und der der Betreuer bzw. Lehrer der Ganztagsangebote bestehen sollte, dann müsste sich dieses auch in der Betrachtung nach dem Leistungsstand zeigen. Diese Betrachtung war die einzige, bei der zwischen den beiden verglichenen Schülergruppen – leistungsschwächere bzw. -stärkere – bei allen drei untersuchten Effekten signifikante Verteilungsunterschiede dahingehend nachgewiesen werden konnten, dass die leistungsstärkeren Schüler die Effekte deutlich positiver einschätzten. Diese unterschiedliche Beurteilung zeigt sich auch in der Bewertung der Betreuer und Lehrer, da die leistungsstärkeren Schüler beide Personengruppen positiver einschätzen als die leistungsschwächeren Schüler. Für diese unterschiedliche Einschätzung konnte sowohl für die Betreuer ($p<0,01$) als auch für die Lehrer ($p<0,01$) ein signifikanter Verteilungsunterschied nachgewiesen werden. Die Vermutung, dass es einen Zusammenhang zwischen der Einschätzung der Effekte und der Beurteilung der Betreuer bzw. Lehrer gibt, scheint sich damit auch in der Betrachtung nach dem Leistungsstand zu bestätigen.

Auch zwischen den Jahrgangsstufen wurden bei der Einschätzung der Effekte signifikante Verteilungsunterschiede insbesondere zwischen der Jahrgangsstufe 5 und den Jahrgangsstufen 7 bzw. 9 festgestellt. Die Einschätzung der Betreuer und Lehrer fällt vergleichbar aus: Werden beide Personengruppen von den Schülern der Jahrgangsstufe 5 sehr positiv bewertet, so zeigt sich eine deutliche Abnahme in den Jahrgangsstufen 7 und 9, die sich auch hier in einem signifikanten Verteilungsunterschied (jeweils p<0,01) widerspiegelt.

Keine statistisch bedeutsamen Unterschiede zeigen sich dagegen in der Einschätzung der Betreuer und Lehrer nach der Schulart. Hier werden sowohl Betreuer als auch Lehrer von den Schülern der Gesamtschulen besser, von den Schülern der Gymnasien dagegen schwächer bewertet.

5.5 Aussagen zur Schülerorientierung von Ganztagsangeboten

Die Einschätzungen der durch die Schüler wahrgenommenen Effekte der Ganztagsangebote werfen die Frage auf, welche Faktoren Einfluss auf diese Meinungsbildung nehmen. Insbesondere die von allen Schülergruppen im Vergleich zu den sozialbezogenen und hedonistischen Effekten kritischer eingeschätzten lernbezogenen Effekte haben Aufschluss darüber gegeben, dass die Ganztagsangebote den teilnehmenden Schülern noch mehr Inhalte vermitteln sollten, die ihnen beim Lernen im Unterricht helfen, die sie im Unterricht vermissen, die die Schüler im Bemühen um bessere Noten unterstützen, die ihnen bei der Bewältigung der Hausaufgaben helfen und das Wissen der Kinder und Jugendlichen erweitern. Die Schüler wurden daher befragt, wie nach ihrer Ansicht in den Ganztagsangeboten gearbeitet und gelernt und ihnen damit aus lernbezogener Sicht geholfen wird. Ziel ist es, Aussagen darüber zu erhalten, wie stark sich die Ganztagsangebote an den Bedürfnissen der Schüler orientieren. Für die Ermittlung der Schülerorientierung der Angebote wird auf die Verfahrensweise zurückgegriffen, die im Rahmen der Auswertung der ersten Erhebungswelle der „Studie zur Entwicklung von Ganztagsschulen" (StEG) genutzt wurde (vgl. Radisch u. a. 2007, S. 227ff.). Dieses wird möglich, da die in den Schülerfragebögen von StEG verwendeten Items auch durch die Forschungsgruppe „Schulentwicklung in Mecklenburg-Vorpommern" (FoSE) für die in Mecklenburg-Vorpommern insgesamt an allen Erhebungswellen beteiligten Ganztagsschulen zur Anwendung kamen, um eine Vergleichbarkeit der landesspezifischen

Ergebnisse mit den bundesweit erhobenen Daten zu gewährleisten. Radisch u. a. (vgl. ebd.) begründen Bezug nehmend auf vorliegende wissenschaftliche Theorien und Studien zur Ermittlung der Unterrichts- und daraus abgeleitet der Angebotsqualität (vgl.) aus statistischer Sicht detailliert ihre Vorgehensweise zur Ermittlung der Schülerorientierung (vgl. ebd., S. 235ff.). Dazu bilden sie aus den vorhandenen – für diese Ermittlung spezifisch ausgewählten – Items Subdimensionen, die für die im Rahmen dieser Forschungsarbeit durchgeführten Untersuchungen und Analysen ebenso genutzt und übernommen wurden, wie die erforderlichen statistischen Prüfverfahren (z. B. Faktorenanalysen, Reliabilitätsanalysen).

Die Berechnung der Mittelwerte für die jeweiligen Items erfolgte – wie bei den bisher durchgeführten Mittelwertberechnungen auch – durch Nutzung des vierstufigen (1=stimmt gar nicht bis 4=stimmt genau) Antwortformats. Der ermittelte Skalenwert bewegt sich somit maximal zwischen den Werten 1 und 4, wobei die Schüler die jeweilige Subdimension umso positiver einschätzen, je höher der ermittelte Skalenwert ist.

Im Folgenden wird die Bildung der jeweiligen Subdimensionen eingehend dargestellt, um darauf basierend ihre zeitliche Entwicklung insgesamt und schülergruppenspezifisch zu analysieren wobei die schülergruppenspezifischen Einschätzungen für das aktuelle Erhebungsjahr 2009 auf Signifikanz getestet werden. Auf der Grundlage dieser Ergebnisse sollen weiterführende Korrelationsprüfungen Aufschluss darüber geben, ob und wenn, dann wie stark Zusammenhänge zwischen den Einschätzungen der Subdimensionen, der die Ganztagsangebote leitenden Lehrer sowie den lernbezogenen, sozialbezogenen und hedonistischen Effekten der Ganztagsangebote bestehen.

a) Beurteilung der Angebote nach der Subdimension „Motivation"

Zur Ermittlung der Subdimension „Motivation" wurden folgende drei Items des Schülerfragebogens[28] zusammengefasst:
- „Bei uns Schülern wird oft Begeisterung und Interesse für Neues geweckt."
- „Es wird darauf Wert gelegt, dass sichtbare Ergebnisse und Produkte erarbeitet werden."
- „Die Themen und Inhalte interessieren mich meistens sehr."

---

28 Fragestellung: „Wie wird in den Angeboten gearbeitet und gelernt?"

186 Empirische Untersuchungen zu Nutzungspräferenzen von Schülern

Die Reliabilitätstests für die jeweiligen Erhebungszeitpunkte ergaben, dass eine Zusammenführung der Items statistisch abgesichert ist.

Im Vergleich der Mittelwerte zeigt sich, dass zu allen Erhebungszeitpunkten die Motivation positiv eingeschätzt wird, wobei keine signifikanten Unterschiede zwischen den einzelnen Erhebungszeitpunkten festzustellen sind.

Abb. 28: Mittelwerte zur Einschätzung der „Motivation" in den Ganztagsangeboten

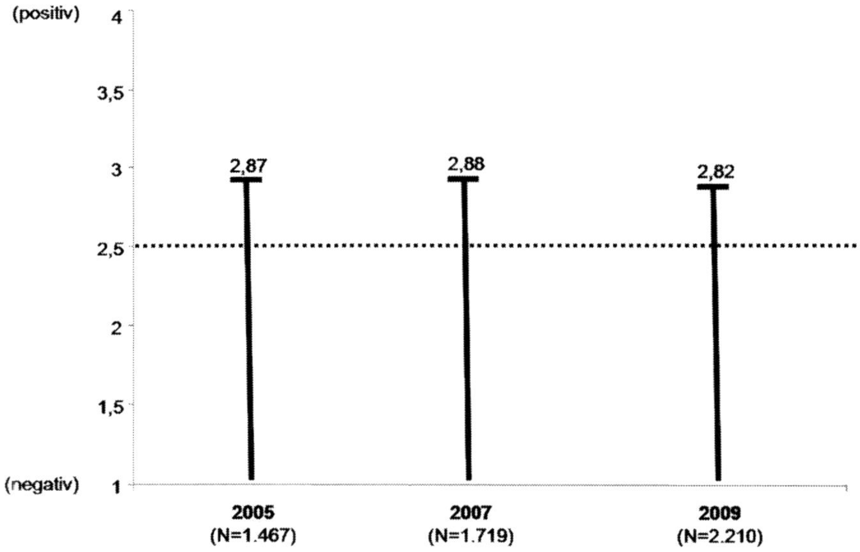

[Balkendiagramm: 2005 (N=1.467): 2,87; 2007 (N=1.719): 2,88; 2009 (N=2.210): 2,82; Skala von 1 (negativ) bis 4 (positiv)]

(Quelle: Schülererhebung 2009)

Die Betrachtung der Items zeigt, dass der Stellenwert des Einzelitems über den gesamten Erhebungszeitraum eine große Konstanz erfährt. Die höchsten Mittelwerte erhält das Item „Es wird darauf Wert gelegt, dass sichtbare Ergebnisse und Produkte erarbeitet werden.", was die Schlussfolgerung erlaubt, dass das zielorientierte Arbeiten und Lernen in den Angeboten eine große Bedeutung erfährt. An zweiter Stelle folgt das Item „Bei uns Schülern wird oft Begeisterung und Interesse für Neues geweckt.", an dritter Stelle das Item „Die Themen und Inhalte interessieren mich meistens sehr."

Empirische Untersuchungen zu Nutzungspräferenzen von Schülern

Tab. 116: *Mittelwerte der Einzelitems der Subdimension „Motivation"*

Einzelitem der Subdimension „Motivation"	2005 (N=1.467)	2007 (N=1.719)	2009 (N=2.210)
„Es wird darauf Wert gelegt, dass sichtbare Ergebnisse und Produkte erarbeitet werden."	3,06	3,06	3,00
„Bei uns Schülern wird oft Begeisterung und Interesse für Neues geweckt."	2,86	2,85	2,77
„Die Themen und Inhalte interessieren mich meistens sehr."	2,69	2,73	2,68

(Quelle: Schülererhebung 2005, 2007, 2009)

Geschlechterspezifisch zeigt sich, dass

- Mädchen die Motivation in den Ganztagsangeboten zu allen Erhebungszeitpunkten geringfügig höher einschätzen als Jungen,
- die Einschätzungen 2005 und 2007 bei beiden Gruppen unverändert sind und
- 2009 bei beiden Gruppen insgesamt eine leichte, bei den Mädchen dabei größere (-0,09 Differenzpunkte) Abnahme festzustellen ist als bei den Jungen (-0,02 Differenzpunkte), die jedoch aus inhaltlicher Sicht irrelevant ist und
- sich die Einschätzungen zwischen Mädchen und Jungen 2009 nicht signifikant voneinander unterscheiden.

Tab. 117: *Einschätzung der Subdimension „Motivation" nach dem Geschlecht*

Erhebungsjahr	Mädchen		Jungen	
	N	MW	N	MW
2005	732	2,93	719	2,81
2007	914	2,93	798	2,81
2009	1.126	2,84	1.069	2,79

(Quelle: Schülererhebung 2005, 2007, 2009)

In der Einschätzung nach der Familienstruktur bewerten Kinder und Jugendliche aus nicht allein erziehenden Familienstrukturen die Subdimension zu allen Erhebungszeitpunkten geringfügig positiver, wobei die Differenz zu den Einschätzungen der Kinder und Jugendlichen aus allein erziehenden Familienstrukturen von 2005 nach 2009 abnimmt und aufgrund ihres geringen Wertes keine signifikanten Verteilungsunterschiede aufweist.

Tab. 118: Einschätzung der Subdimension „Motivation" nach der Familienstruktur

Erhebungsjahr	allein erziehend		nicht allein erziehend	
	N	MW	N	MW
2005	200	2,80	1076	2,90
2007	282	2,83	1239	2,89
2009	356	2,80	1666	2,82

(Quelle: Schülererhebung 2005, 2007, 2009)

Keine bedeutsamen Unterschiede in der Einschätzung dieser Subdimension sind zwischen Kindern und Jugendlichen aus Familien mit einem geringeren bzw. höheren Erwerbsstatus festzustellen.

Tab. 119: Einschätzung der Subdimension „Motivation" nach dem Erwerbsstatus

Erhebungsjahr	geringerer Erwerbsstatus		höherer Erwerbsstatus	
	N	MW	N	MW
2005	919	2,88	548	2,86
2007	1090	2,87	629	2,89
2009	1.275	2,81	935	2,83

(Quelle: Schülererhebung 2005, 2007, 2009)

Unter dem Aspekt des kulturellen Status ist zu allen Erhebungszeitpunkten eine positivere Einschätzung durch die Kinder und Jugendlichen aus Familien mit einem hohen kulturellen Status festzustellen. Obwohl sich diese Differenz in einer Höhe von etwa 0,8 Differenzpunkten relativ konstant darstellt, liegt 2009 kein signifikanter Verteilungsunterschied vor.

Tab. 120: Einschätzung der Subdimension „Motivation" nach dem kulturellen Status

Erhebungsjahr	niedriger kultureller Status		hoher kultureller Status	
	N	MW	N	MW
2005	93	2,73	197	2,81
2007	69	2,81	228	2,86
2009	102	2,77	293	2,85

(Quelle: Schülererhebung 2005, 2007, 2009)

Deutliche Unterschiede zeigen sich bei der Einschätzung nach der Jahrgangsstufe dahingehend, dass die Subdimension

- von den Schülern der Jahrgangsstufe 5 am höchsten, von denen der Jahrgangsstufe 9 am niedrigsten und
- von 2005 nach 2009 in der Jahrgangsstufe 5 positiver, in der Jahrgangsstufe 7 leicht abgeschwächt und in der Jahrgangsstufe 9 deutlich schwächer

bewertet wird.

Für den Erhebungszeitpunkt 2009 weisen die Einschätzungen sowohl zwischen den Jahrgangsstufen 5 und 7 bzw. 9 als auch zwischen den Jahrgangsstufen 7 und 9 signifikante Verteilungsunterschiede (jeweils p<0,01) auf.

Die schwächeren Einschätzungen in den Jahrgangsstufen 7 und 9 sowohl im Vergleich zur Jahrgangsstufe 5 als auch im zeitlichen Verlauf von 2005 nach 2009 lässt – legt man die im Mittelwert zusammengefassten Items zugrunde – die Schlussfolgerung zu, dass, je älter die Schüler werden, die Begeisterung und das Interesse an Neuem weniger stark geweckt werden und sich die Themen und Inhalte häufig nicht an den Interessen der Schüler orientieren. Die zu allen Erhebungszeitpunkten fast unverändert hohe Einschätzung der Schüler in der Jahrgangsstufe 5 deutet dagegen darauf hin, dass sich die Ganztagsangebote wesentlich stärker an den Interessen jüngerer Schüler orientieren.

Tab. 121: Einschätzung der Subdimension „Motivation" nach der Jahrgangsstufe

Erhebungsjahr	5		7		9	
	N	MW	N	MW	N	MW
2005	625	3,05	482	2,76	360	2,71
2007	812	3,12	578	2,68	329	2,63
2009	929	3,10	773	2,67	508	2,52

(Quelle: Schülererhebung 2005, 2007, 2009)

Zwischen den Schularten zeigen sich nur geringe Unterschiede in der Einschätzung der Subdimension. Unter zeitlichem Aspekt sind Unterschiede dahingehend festzustellen, dass sich von 2005 nach 2009

- an den Regionalen Schulen keine veränderten Einschätzungen zeigen,
- an den Gesamtschulen ein leichter Rückgang (-0,08 Differenzpunkte) in der Einschätzung zeigt und
- an den Gymnasien ein stärkerer Rückgang (-0,13 Differenzpunkte) zeigt.

Schätzen bei der ersten Erhebung die Gymnasialschüler im Vergleich zu den Schülern der anderen Schularten die Subdimension am höchsten ein, so änderte sich dieses sowohl 2007 als auch 2009, da hier die Einschätzungen am schwächsten ausfielen. Der deutliche Rückgang kann seine Begründung darin finden, dass aufgrund des Längeren gemeinsamen Lernens ab der zweiten Erhebung 2007 an den Gymnasien keine Schüler mehr in der Jahrgangsstufe 5 unterrichtet wurden und somit diese Jahrgangsstufe keinen positiven Einfluss mehr auf die schulartbezogene Auswertung nehmen konnte.

Tab. 122: *Einschätzung der Subdimension „Motivation" nach der Schulart*

Erhebungsjahr	Regionale Schule		Gesamtschule		Gymnasium	
	N	MW	N	MW	N	MW
2005	664	2,84	343	2,88	460	2,92
2007	833	2,88	606	2,93	280	2,74
2009	1.011	2,84	735	2,80	464	2,79

(Quelle: Schülererhebung 2005, 2007, 2009)

Die Betrachtung nach dem Leistungsstand der Schüler zeigt, dass

- durch die leistungsstärkeren Schüler die Motivation deutlich höher bewertet wird als durch die leistungsschwächeren Schüler,
- die Einschätzungen von 2005 nach 2009 bei den leistungsschwächeren Schülern geringfügig schwächer (-0,09 Differenzpunkte) ausfallen, bei den leistungsstärkeren Schülern dagegen annähernd konstant bleiben.

Die Mittelwerte beider Gruppen weichen 2009 signifikant voneinander ab (p<0,01).

Tab. 123: *Einschätzung der Subdimension „Motivation" nach dem Leistungsstand*

Erhebungsjahr	leistungsschwächere Schüler		leistungsstärkere Schüler	
	N	MW	N	MW
2005	561	2,76	794	2,94
2007	668	2,77	957	2,94
2009	904	2,67	1.194	2,93

(Quelle: Schülererhebung 2005, 2007, 2009)

Empirische Untersuchungen zu Nutzungspräferenzen von Schülern

b) Beurteilung der Angebote nach der Subdimension „Strukturiertheit/Klarheit"
Zur Ermittlung der Strukturiertheit/Klarheit von Ganztagsangeboten wurden die Items
- „Auch trockener Stoff wird wirklich interessant und spannend dargestellt."
- „Das zu Lernende wird anschaulich und verständlich erklärt." und
- „Man erklärt uns gut, wie wir mit richtigen Methoden arbeiten müssen, um eine Aufgabe besser zu schaffen."

zusammengefügt und auf Reliabilität geprüft.

Die Subdimension wird zu allen Erhebungszeitpunkten durch die Schüler höher bewertet, wobei die geringfügige Abnahme 2009 (-0,1 Differenzpunkte) gegenüber 2005 vernachlässigt werden kann.

Abb. 29: Mittelwerte zur Einschätzung der „Strukturiertheit/Klarheit" in den Ganztagsangeboten

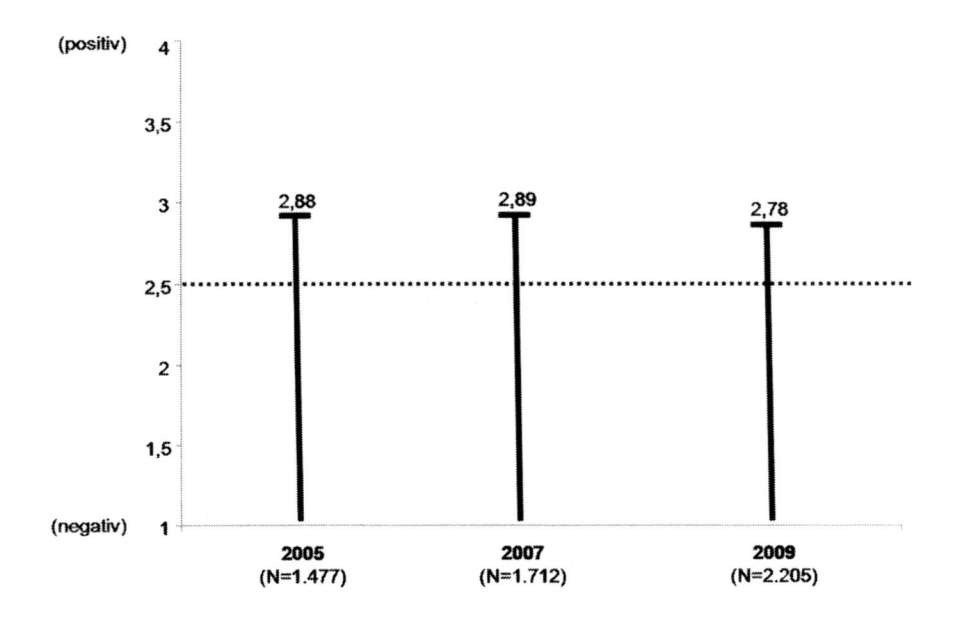

	2005 (N=1.477)	2007 (N=1.712)	2009 (N=2.205)
(positiv)	2,88	2,89	2,78

(Quelle: Schülererhebung 2005, 2007, 2009)

In der Einzelbetrachtung der Items zeigen sich einerseits größere Unterschiede zwischen den jeweiligen Mittelwerten und andererseits eine über die Erhebungszeitpunkte unveränderte Einschätzung des Stellenwertes.

Tab. 124: Mittelwerte der Einzelitems der Subdimension „Strukturiertheit/Klarheit"

Einzelitem der Subdimension „Strukturiertheit/Klarheit"	2005 (N=1.477)	2007 (N=1.712)	2009 (N=2.205)
„Man erklärt uns gut, wie wir mit richtigen Methoden arbeiten müssen, um eine Aufgabe besser zu schaffen."	3,15	3,11	2,99
„Das zu Lernende wird anschaulich und verständlich erklärt."	3,01	3,02	2,90
„Auch trockener Stoff wird wirklich interessant und spannend gemacht."	2,48	2,54	2,46

(Quelle: Schülererhebung 2005, 2007, 2009)

Geringe Unterschiede, die nicht signifikant sind, zeigen sich in den Einschätzungen von Mädchen und Jungen. Die Einschätzungen der Mädchen fallen bei allen Erhebungen höher aus als bei den Jungen; beiden Schülergruppen ist gemeinsam, dass 2009 die Einschätzungen kritischer ausfallen als in den Vorjahren, wenngleich das Ergebnis immer noch im positiven Bereich liegt.

Tab. 125: Einschätzung der Subdimension „Strukturiertheit/Klarheit" nach dem Geschlecht

Erhebungsjahr	Mädchen		Jungen	
	N	MW	N	MW
2005	734	2,95	727	2,81
2007	910	2,94	795	2,82
2009	1.128	2,81	1.062	2,76

(Quelle: Schülererhebung 2005, 2007, 2009)

Unter dem Aspekt der Familienstruktur betrachtet zeigt sich, dass Kinder und Jugendliche aus nicht allein erziehenden Familienstrukturen die Subdimension geringfügig stärker einschätzen als Kinder und Jugendliche aus allein erziehenden Familienstrukturen. Auch hier zeigt sich bei beiden Gruppen ein Abfall der Werte nach 2009.

Empirische Untersuchungen zu Nutzungspräferenzen von Schülern

Tab. 126: Einschätzung der Subdimension „Strukturiertheit/Klarheit" nach der Familienstruktur

Erhebungsjahr	allein erziehend		nicht allein erziehend	
	N	MW	N	MW
2005	194	2,83	1.093	2,89
2007	279	2,84	1.239	2,90
2009	355	2,73	1.669	2,80

(Quelle: Schülererhebung 2005, 2007, 2009)

Keine signifikanten Unterschiede zeigen sich in der Einschätzung der Subdimension nach dem Erwerbsstatus. In beiden Gruppen kommt es von 2005 nach 2009 zu einer Verringerung des Mittelwertes, wobei sich bei den Schülern aus Familien mit einem geringeren Erwerbsstatus der Rückgang deutlicher darstellt (-0,13 Differenzpunkte) als bei denen mit einem höheren Erwerbsstatus (-0,04 Differenzpunkte).

Tab. 127: Einschätzung der Subdimension „Strukturiertheit/Klarheit" nach dem Erwerbsstatus

Erhebungsjahr	geringerer Erwerbsstatus		höherer Erwerbsstatus	
	N	MW	N	MW
2005	934	2,91	543	2,83
2007	1.087	2,89	625	2,88
2009	1.270	2,78	935	2,79

(Quelle: Schülererhebung 2005, 2007, 2009)

Eine vergleichbare Einschätzung zeigt sich auch zwischen den Schülergruppen nach dem kulturellen Status. Hier ist festzustellen, dass sowohl die Angaben zu den Erhebungszeitpunkten 2005 und 2009 als auch die Entwicklung insgesamt von 2005 nach 209 eng beieinander liegen.

Tab. 128: Einschätzung der Subdimension „Strukturiertheit/Klarheit" nach dem kulturellen Status

Erhebungsjahr	niedriger kultureller Status		hoher kultureller Status	
	N	MW	N	MW
2005	94	2,80	199	2,79
2007	71	2,89	225	2,78
2009	106	2,77	296	2,76

(Quelle: Schülererhebung 2005, 2007, 2009)

Eine vergleichbare Einschätzung wie bei der Subdimension „Motivation" zeigt sich auch hinsichtlich der Strukturiertheit und Klarheit in der inhaltlichen Ausgestaltung der Ganztagsangebote. Auch hier erfolgt zu allen Erhebungszeitpunkten die höchste Einschätzung durch die Schüler der Jahrgangsstufe 5 und die schwächste Einschätzung durch die der Jahrgangsstufe 9. Hier kommt es von 2005 nach 2009 zu so einem Rückgang (-0,15 Differenzpunkte), dass der Mittelwert im negativen Wertungsbereich liegt. Aber auch in der Jahrgangsstufe 7 zeigt sich eine kontinuierliche Verringerung des Mittelwertes sowohl von 2005 nach 2007 als auch von 2007 nach 2009.

Tab. 129: Einschätzung der Subdimension „Strukturiertheit/Klarheit" nach der Jahrgangsstufe

Erhebungsjahr	5		7		9	
	N	MW	N	MW	N	MW
2005	639	3,12	481	2,76	357	2,61
2007	816	3,14	568	2,70	328	2,57
2009	934	3,08	760	2,63	511	2,46

(Quelle: Schülererhebung 2005, 2007, 2009)

Die Unterschiede, die sich zwischen den Schularten zeigen, sind geringfügig und nicht signifikant. Deutlich wird auch hier, dass von 2005 nach 2007 an den Gymnasien eine Mittelwertverringerung, an den Regionalen Schulen und Gesamtschulen dagegen eine Mittelwerterhöhung festzustellen ist. Entgegengesetzt stellt sich die Entwicklung dann von 2007 nach 2009 dar.

Tab. 130: Einschätzung der Subdimension „Strukturiertheit/Klarheit" nach der Schulart

Erhebungsjahr	Regionale Schule		Gesamtschule		Gymnasium	
	N	MW	N	MW	N	MW
2005	669	2,88	348	2,91	460	2,85
2007	843	2,92	600	2,95	269	2,67
2009	1.004	2,81	735	2,76	466	2,74

(Quelle: Schülererhebung 2005, 2007, 2009)

Die positivere Einschätzung der Subdimension durch die leistungsstärkeren Schüler, der für 2009 nachgewiesene signifikante Verteilungsunterschied ($p<0,01$) und die stärkere Verringerung des Mittelwertes der leistungsschwächeren

Schüler von 2005 nach 2009 erlaubt die Schlussfolgerung, dass aus Sicht der leistungsschwächeren Schüler die Betreuer bzw. Lehrer in den Ganztagsangeboten ihnen nicht ausreichend erklären, wie sie mit richtigen Methoden arbeiten müssen, um Aufgabenstellungen besser zu schaffen, dass sie das zu Lernende nicht anschaulich und verständlich genug und den „trockenen" Stoff anschaulich und verständlich erklären. Die Einschätzung der leistungsstärkeren Schüler kann jedoch auch darin seine Begründung finden, dass diese Schülergruppe aufgrund der Vorteile ihrer eigenen Leistungsfähigkeit generell weniger Hilfe und Unterstützung benötigen und sie daher auch mit einer geringeren Unterstützung zufrieden sind.

Tab. 131: Einschätzung der Subdimension „Strukturiertheit/Klarheit" nach dem Leistungsstand

Erhebungsjahr	leistungsschwächere Schüler		leistungsstärkere Schüler	
	N	MW	N	MW
2005	568	2,78	792	2,93
2007	663	2,82	954	2,91
2009	900	2,67	1.196	2,87

(Quelle: Schülererhebung 2005, 2007, 2009)

c) Beurteilung der Angebote nach der Subdimension „Schüleraktive Aufgabenorientierung"

Aussagen zur Einschätzung der Subdimension „Schüleraktive Aufgabenorientierung" werden auf der Grundlage der Zusammenlegung der beiden Items
- „Es wird darauf geachtet, dass möglichst alle Schüler aktiv etwas erarbeiten."
- „Häufig gibt man uns spannende Aufgaben, die wir allein oder in Gruppen lösen müssen."

getroffen.
Die ermittelten Reliabilitätskoeffizienten sind zwar für alle Erhebungszeitpunkte als gering einzuschätzen, dennoch können sie für weiterführende Berechnungen aufgrund der geringen Itemanzahl akzeptiert werden.
Insgesamt wird die Subdimension zu allen Erhebungszeitpunkten mit nur geringfügigen Abweichungen positiv eingeschätzt.

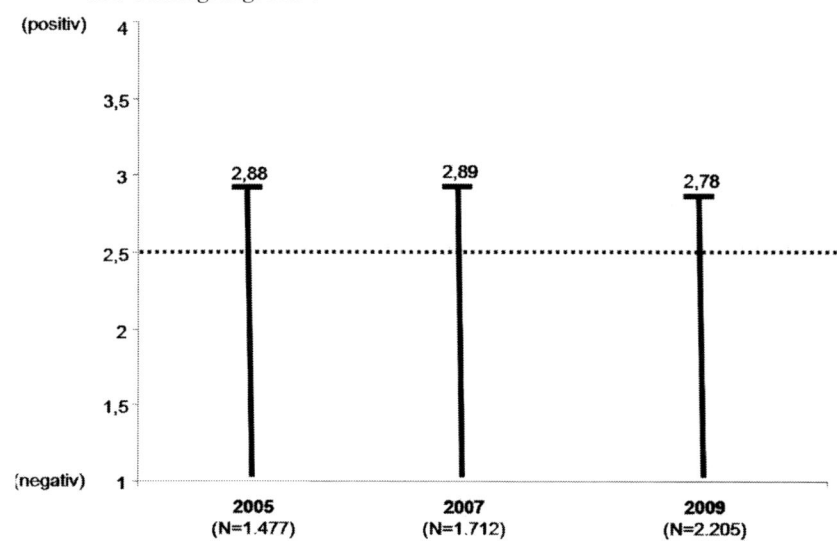

Abb. 30: Mittelwerte zur Einschätzung der „Schüleraktiven Aufgabenorientierung" in den Ganztagsangeboten

	2005 (N=1.477)	2007 (N=1.712)	2009 (N=2.205)
Mittelwert	2,88	2,89	2,78

(Quelle: Schülererhebung 2005, 2007, 2009)

Ausgehend von dem Gesamtmittelwert sollen die beiden Items dahingehend überprüft werden, wie stark sie in ihrer Einzeleinschätzung von diesem abweichen. Dabei zeigt sich, dass

- die Aussage „Es wird darauf geachtet, dass möglichst alle Schüler aktiv etwas erarbeiten." zu allen Erhebungszeitpunkten deutlich positiver bewertet wird als die Aussage „Häufig gibt man uns spannende Aufgaben, die wir allein oder in Gruppen lösen müssen." und
- beide Aussagen über den gesamten Erhebungszeitraum betrachtet, kritischer eingeschätzt werden.

Tab. 132: Mittelwerte der Einzelitems der Subdimension „Schüleraktive Aufgabenorientierung"

Einzelitem der Subdimension „Schüleraktive Aufgabenorientierung"	2005 (N=1.498)	2007 (N=1.762)	2009 (N=2.237)
„Es wird darauf geachtet, dass möglichst alle Schüler aktiv etwas erarbeiten."	3,27	3,26	3,17
„Häufig gibt man uns spannende Aufgaben, die wir allein oder in Gruppen lösen müssen."	2,69	2,74	2,61

(Quelle: Schülererhebung 2005, 2007, 2009)

Empirische Untersuchungen zu Nutzungspräferenzen von Schülern

Die schüleraktive Aufgabenorientierung wird von Mädchen höher bewertet als von Jungen, wobei die Differenz zwischen ihren Einschätzungen im Erhebungsverlauf geringer wird.

Tab. 133: Einschätzung der Subdimension „Schüleraktive Aufgabenorientierung" nach dem Geschlecht

Erhebungsjahr	Mädchen		Jungen	
	N	MW	N	MW
2005	750	3,04	731	2,93
2007	942	3,04	812	2,95
2009	1.143	2,92	1.078	2,87

(Quelle: Schülererhebung 2005, 2007, 2009)

Sehr geringe, aus statistischer und inhaltlicher Sicht zu vernachlässigende Unterschiede zeigen sich in der Auswertung nach der Familienstruktur.

Tab. 134: Einschätzung der Subdimension „Schüleraktive Aufgabenorientierung" nach der Familienstruktur

Erhebungsjahr	allein erziehend		nicht allein erziehend	
	N	MW	N	MW
2005	201	2,92	1.103	2,99
2007	290	2,97	1.263	3,01
2009	363	2,85	1.686	2,90

(Quelle: Schülererhebung 2005, 2007, 2009)

Geringe Unterschiede zeigen sich auch in der Auswertung nach dem Erwerbsstatus der Familien, so dass sich die Einschätzungen beider Schülergruppen dem Gesamtmittelwert sehr stark annähern.

Tab. 135: Einschätzung der Subdimension „Schüleraktive Aufgabenorientierung" nach dem Erwerbsstatus

Erhebungsjahr	geringerer Erwerbsstatus		höherer Erwerbsstatus	
	N	MW	N	MW
2005	945	3,00	553	2,94
2007	1.124	3,01	638	2,99
2009	1.291	2,89	946	2,89

(Quelle: Schülererhebung 2005, 2007, 2009)

Unter Berücksichtigung des kulturellen Status zeigt sich, dass Kinder und Jugendliche aus Familien mit einem niedrigen kulturellen Status die schüleraktive Aufgabenorientierung zu allen Erhebungszeitpunkten geringfügig höher einschätzen. Festzustellen ist dabei, dass sich die Mittelwerte über den Gesamterhebungszeitraum betrachtet kaum verändern.

Tab. 136: Einschätzung der Subdimension „Schüleraktive Aufgabenorientierung" nach dem kulturellen Status

Erhebungszeitpunkt	niedriger kultureller Status		hoher kultureller Status	
	N	MW	N	MW
2005	96	2,98	200	2,87
2007	75	2,92	235	2,85
2009	106	2,99	296	2,85

(Quelle: Schülererhebung 2005, 2007, 2009)

Die bereits bei den bisher analysierten Subdimensionen festgestellten Unterschiede zwischen den einzelnen Jahrgangsstufen zeigen sich auch hinsichtlich der schüleraktiven Aufgabenorientierung. Auffällig ist dabei, dass sich die Mittelwerte von 2005 und 2009 in der Jahrgangsstufe 5 nicht verändert, in den Jahrgangsstufen 7 (-0,15 Differenzpunkte) und 9 (-0,17 Differenzpunkte) jedoch schwach verringert haben. Die Mittelwerte weisen 2009 zwischen allen Jahrgangsstufen signifikante Verteilungsunterschiede (p<0,01) auf.

Tab. 137: Einschätzung der Subdimension „Schüleraktive Aufgabenorientierung" nach der Jahrgangsstufe

Erhebungszeitpunkt	5		7		9	
	N	MW	N	MW	N	MW
2005	646	3,14	492	2,94	360	2,74
2007	833	3,21	592	2,86	337	2,73
2009	954	3,14	774	2,79	509	2,57

(Quelle: Schülererhebung 2005, 2007, 2009)

Schulartspezifisch betrachtet, unterscheiden sich die Einschätzungen sowohl im zeitlichen Verlauf als auch im Vergleich untereinander. Hat sich die Einschätzung an den Regionalen Schulen von 2005 nach 2009 insgesamt kaum verändert (-0,02 Differenzpunkte), so fällt sie an den Gesamtschulen (-0,15 Differenzpunkte) und den Gymnasien (-0,16 Differenzpunkte) stärker aus. Insbesondere die Verringerung des Mittelwertes von 2007 nach 2009 an den Gesamtschulen, an denen 2005 und 2007 die Subdimension am stärksten beurteilt wurde, hat dazu geführt, dass 2009 die schüleraktive Aufgabenorientierung an den Regionalen Schulen am höchsten eingeschätzt wird und sich signifikant von den Einschätzungen an den Gymnasien unterscheidet ($p<0{,}05$).

Tab. 138: *Einschätzung der Subdimension „Schüleraktive Aufgabenorientierung" nach der Schulart*

Erhebungsjahr	Regionale Schule		Gesamtschule		Gymnasium	
	N	MW	N	MW	N	MW
2005	683	2,96	354	3,01	461	2,99
2007	855	3,03	621	3,04	286	2,82
2009	1.023	2,94	747	2,86	467	2,83

(Quelle: Schülererhebung 2005, 2007, 2009)

Die Betrachtung nach dem Leistungsstand zeigt vor allem 2005 und 2009 (0,12 bzw. 0,15 Differenzpunkte) größere Unterschiede in den Einschätzungen als 2007 (0,01 Differenzpunkte). Leistungsstärkere Schüler bewerten somit die schüleraktive Aufgabenorientierung zu allen Erhebungszeitpunkten besser als leistungsschwächere Schüler, wobei sich die Angaben zwischen den beiden Schülergruppen 2009 signifikant voneinander unterscheiden ($p<0{,}01$).

Tab. 139: *Einschätzung der Subdimension „Schüleraktive Aufgabenorientierung" nach dem Leistungsstand*

Erhebungsjahr	leistungsschwächere Schüler		leistungsstärkere Schüler	
	N	MW	N	MW
2005	575	2,90	805	3,02
2007	685	2,99	981	3,00
2009	910	2,81	1.210	2,96

(Quelle: Schülererhebung 2005, 2007, 2009)

d) Beurteilung der Angebote nach der Subdimension „Partizipation"
Mit der Einschätzung der Partizipation sollen Aussagen darüber getroffen werden, wie und welche Schülergruppen Partizipationsmöglichkeiten wahrnehmen. Zur Bestimmung werden die beiden Items
- „Man fragt uns häufig nach unserer Meinung, wenn etwas entschieden oder geplant werden soll." und
- „Häufig können wir über die Themen mitentscheiden."

verwendet.
Die Reliabilitätsprüfung bestätigt das Zusammenfügen der Items

Tab. 140: Reliabilitätsprüfung zur Ermittlung der „Partizipation" in den Ganztagsangeboten

Erhebungsjahr	α
2005	0,711
2007	0,667
2009	0,695

(Quelle: Schülererhebung 2005, 2007, 2009)

Die Betrachtung des Mittelwertes zur Gesamteinschätzung zeigt, dass die Partizipation zu allen Erhebungszeitpunkten positiv bewertet wird, die jeweiligen Mittelwerte von 2005 nach 2009 jedoch um 0,19 Differenzpunkte gesunken sind.

Abb. 31: Mittelwerte zur Einschätzung der „Partizipation" in den Ganztagsangeboten

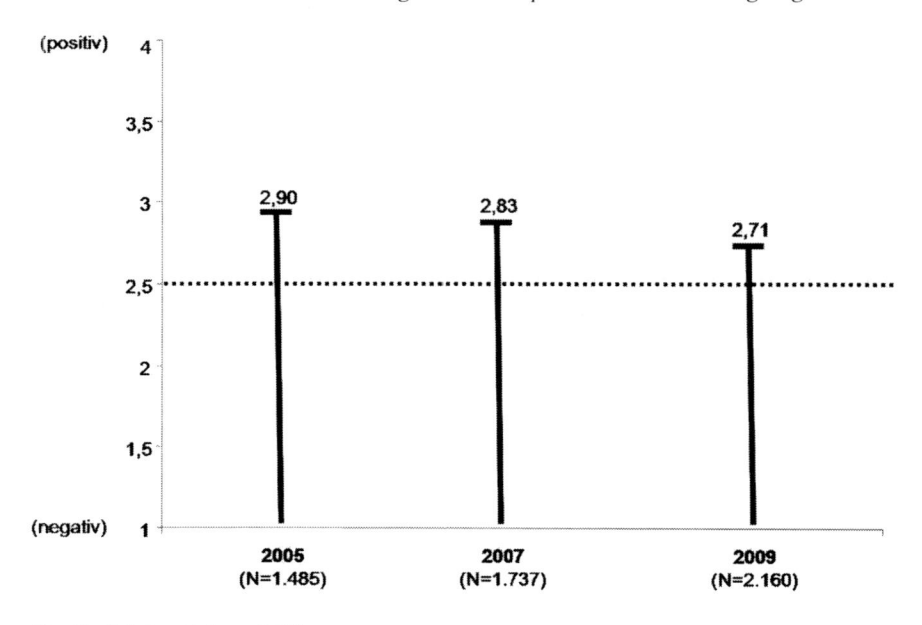

	2005 (N=1.485)	2007 (N=1.737)	2009 (N=2.160)
Mittelwert	2,90	2,83	2,71

(Quelle: Schülererhebung 2009)

Dieser Rückgang wirft die Frage auf, ob es ein bestimmtes Item gibt, das auf diese Entwicklung stärkeren Einfluss nimmt, oder ob beide Items annähernd gleich bewertet werden. Die Betrachtung der Einschätzung zeigt Differenzen zwischen den beiden Items, die zu allen Erhebungszeitpunkten etwa gleich groß sind. Um eine Erklärung für die deutlich höhere Zustimmung zu dem Item „Man fragt uns häufig nach unserer Meinung, wenn etwas entschieden oder geplant werden soll." zu finden, muss berücksichtigt werden, dass dieses Item stärker eine Form der Mitwirkung beschreibt, die nicht zwangsläufig zu einer Mitbestimmung führen muss, wie sie das Item „Häufig können wir über die Themen mitentscheiden." ausdrückt. Die kritischere Bewertung dieses Items kann als ein Zeichen dafür gedeutet werden, dass Schüler zwar nach ihren Wünschen und Vorstellungen gefragt und um ihre Meinung gebeten werden, dass die Möglichkeiten der eigenen, aktiven Einflussnahme auf die inhaltliche Gestaltung der Angebote von den Schülern jedoch geringer bewertet werden. Kritisch eingeschätzt werden muss dabei auch die Bewertung dieses Items im zeitlichen Verlauf. Hier liegt die Einschätzung 2009 nur noch geringfügig im positiven Bereich.

Tab. 141: *Mittelwerte der Einzelitems der Subdimension „Partizipation"*

Einzelitem der Subdimension „Partizipation"	2005 (N=1.485)	2007 (N=1.737)	2009 (N=2.160)
„Man fragt uns häufig nach unserer Meinung, wenn etwas entschieden oder geplant werden soll."	3,06	3,01	2,87
„Häufig können wir über die Themen mitentscheiden."	2,74	2,65	2,55

(Quelle: Schülererhebung 2005, 2007, 2009)

Der Vergleich der Einschätzungen von Mädchen und Jungen zeigt, dass

- Mädchen die Partizipationsmöglichkeiten zu allen Erhebungszeitpunkten höher beurteilen als Jungen,
- bei beiden Schülergruppen die Bewertung von 2005 nach 2009 kritischer ausfällt, wobei
- der Rückgang bei den Mädchen (-0,25 Differenzpunkte) fast doppelt so stark ausfällt als bei den Jungen (-0,13 Differenzpunkte).

Die sich aus dieser Entwicklung ergebenden Mittelwerte für das Jahr 2009 weisen einen signifikanten Verteilungsunterschied auf ($p<0,01$).

Tab. 142: Einschätzung der Subdimension „Partizipation" nach dem Geschlecht

Erhebungszeitpunkt	Mädchen		Jungen	
	N	MW	N	MW
2005	746	3,02	721	2,78
2007	930	2,89	799	2,75
2009	1.106	2,77	1.039	2,65

(Quelle: Schülererhebung 2005, 2007, 2009)

Keine statistisch bedeutsamen Unterschiede zeigen sich zwischen den Einschätzungen von Kindern und Jugendlichen aus allein bzw. aus nicht allein erziehenden Familienstrukturen.

Tab. 143: Einschätzung der Subdimension „Partizipation" nach der Familienstruktur

Erhebungszeitpunkt	allein erziehend		nicht allein erziehend	
	N	MW	N	MW
2005	198	2,96	1.094	2,90
2007	285	2,81	1.247	2,84
2009	349	2,71	1.637	2,71

(Quelle: Schülererhebung 2005, 2007, 2009)

Geringfügige Unterschiede sind zwischen den Bewertungen von Kindern- und Jugendlichen aus Familien mit einem geringeren bzw. höheren Erwerbsstatus festzustellen, wobei diese aufgrund der sehr geringen Differenzen sowohl aus inhaltlicher als auch statistischer Sicht vernachlässigt werden können.

Tab. 144: Einschätzung der Subdimension „Partizipation" nach dem Erwerbsstatus

Erhebungszeitpunkt	geringerer Erwerbsstatus		höherer Erwerbsstatus	
	N	MW	N	MW
2005	935	2,92	550	2,88
2007	1.106	2,82	631	2,84
2009	1.235	2,74	925	2,67

(Quelle: Schülererhebung 2005, 2007, 2009)

Die Einschätzung nach dem kulturellen Status zeigt für die Erhebungsjahre 2007 und 2009 eine etwas positivere Bewertung durch die Schüler aus Familien mit einem niedrigen kulturellen Status.

Tab. 145: Einschätzung der Subdimension „Partizipation" nach dem kulturellen Status

Erhebungszeitpunkt	niedriger kultureller Status		hoher kultureller Status	
	N	MW	N	MW
2005	91	2,71	200	2,80
2007	72	2,74	232	2,67
2009	101	2,69	290	2,63

(Quelle: Schülererhebung 2005, 2007, 2009)

Wesentlich kritischer wird die Partizipation unter Berücksichtigung der Jahrgangsstufe bewertet. Zeigt sich in der Jahrgangsstufe 5 die höchste Bewertung, die sich auch im zeitlichen Verlauf von 2005 nach 2009 nur geringfügig (-0,08 Differenzpunkte) verringert, so werden die Partizipationsmöglichkeiten nicht nur mit steigender Jahrgangsstufe, sondern bei diesen auch im zeitlichen Verlauf kritischer bewertet. So sank der Mittelwert in der Jahrgangsstufe 7 um 0,25 Differenzpunkte und in der Jahrgangsstufe 9 um 0,35 Differenzpunkte, so dass die Einschätzung deutlich kritischer ausfällt. Die Abweichungen im Erhebungsjahr 2009 spiegeln sich auch darin wider, dass zwischen allen Jahrgangsstufen signifikante Verteilungsunterschiede (jeweils $p<0,01$) nachweisbar sind.

Tab. 146: Einschätzung der Subdimension „Partizipation" nach der Jahrgangsstufe

Erhebungszeitpunkt	5		7		9	
	N	MW	N	MW	N	MW
2005	639	2,99	481	2,87	365	2,79
2007	816	2,98	588	2,71	333	2,68
2009	912	2,91	750	2,63	498	2,45

(Quelle: Schülererhebung 2005, 2007, 2009)

Die Einschätzung der Partizipation nach den Schularten muss unter Berücksichtigung der Einschätzung in den Jahrgangsstufen bewertet werden, da der stärkere Rückgang an den Gymnasien im Zusammenhang mit der fehlenden Jahrgangsstufe 5 und damit der Schülergruppe verbunden ist, die die Partizipation besonders hoch einschätzt. Der Rückgang der positiven Einschätzung zeigt sich leicht auch an den

Regionalen Schulen (-0,14 Differenzpunkte) und stärker an den Gesamtschulen (-0,24 Differenzpunkte). Für das Jahr 2009 bestehen signifikante Verteilungsunterschiede zwischen den Regionalen Schulen und den Gymnasien sowie zwischen den Gesamtschulen und den Gymnasien.

Tab. 147: Einschätzung der Subdimension „Partizipation" nach der Schulart

Erhebungszeitpunkt	Regionale Schule		Gesamtschule		Gymnasium	
	N	MW	N	MW	N	MW
2005	674	2,89	353	2,99	458	2,86
2007	844	2,84	611	2,85	282	2,74
2009	977	2,75	721	2,75	462	2,57

(Quelle: Schülererhebung 2005, 2007, 2009)

Die Partizipation in den Ganztagsangeboten wird zu allen Erhebungszeitpunkten von leistungsstärkeren Schülern höher bewertet als von leistungsschwächeren Schülern, bei denen der Rückgang von 2005 nach 2009 auch höher ausfällt (-0,2 Differenzpunkte). Hier ist zwischen den beiden Schülergruppen ein signifikanter Verteilungsunterschied festzustellen (p<0,01).

Tab. 148: Einschätzung der Subdimension „Partizipation" nach dem Leistungsstand

Erhebungszeitpunkt	leistungsschwächere Schüler		leistungsstärkere Schüler	
	N	MW	N	MW
2005	569	2,84	801	2,94
2007	676	2,78	965	2,85
2009	873	2,64	1.180	2,77

(Quelle: Schülererhebung 2005, 2007, 2009)

e) Beurteilung der Angebote nach der Subdimension „Lebensweltbezug"
Durch die Einschätzung der Subdimension „Lebensweltbezug" bewerten die Schüler ihre Angebote unter dem Aspekt, wie eng der außerschulische Erfahrungsschatz der Kinder und Jugendlichen in die Gestaltung der Angebote einbezogen wird bzw. sie diesen einbringen können. Die Einschätzung kann daher als ein Ausdruck genommen werden, wie stark die Angebote aus Sicht der Schüler schülerbezogen gestaltet werden.
Verwendet werden die beiden Items
- „Ich kann dort vieles einbringen, was ich außerhalb der Schule mache."
- „Das Vorwissen der Schüler wird berücksichtigt."

Empirische Untersuchungen zu Nutzungspräferenzen von Schülern

Die Prüfung auf Reliabilität ergibt für alle Erhebungszeitpunkte geringe α-Werte, die jedoch aufgrund der geringen Itemanzahl vernachlässigt werden können.

Tab. 149: *Reliabilitätsprüfung zur Ermittlung des „Lebensweltbezuges" in den Ganztagsangeboten*

Erhebungsjahr	α
2005	0,528
2007	0,529
2009	0,587

(Quelle: Schülererhebung 2005, 2007, 2009)

Die undifferenzierte Ermittlung des Mittelwertes für den Lebensweltbezug zeigt, dass diese Subdimension zu allen Erhebungszeitpunkten positiv, im Vergleich zu allen anderen Subdimensionen jedoch am geringsten bewertet wird. Der leichte Rückgang des Mittelwertes von 2005 nach 2009 (-0,03 Differenzpunkte) kann aus statistischer wie inhaltlicher Sicht vernachlässigt werden.

Abb. 32: *Mittelwerte zur Einschätzung des „Lebensweltbezuges" in den Ganztagsangeboten*

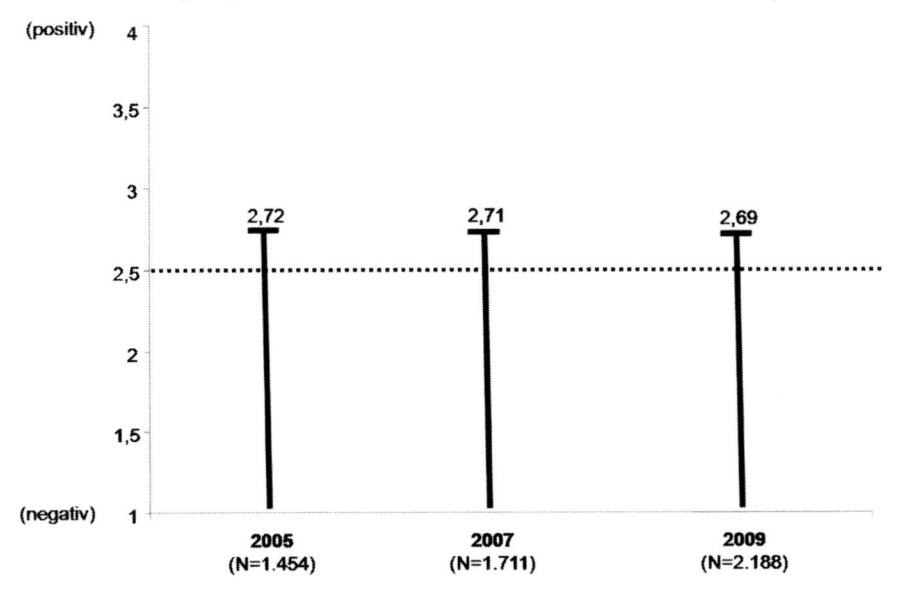

	2005 (N=1.454)	2007 (N=1.711)	2009 (N=2.188)
Mittelwert	2,72	2,71	2,69

(Skala: 1 = negativ bis 4 = positiv)

(Quelle: Schülererhebung 2005, 2007, 2009)

Auch bei dieser Subdimension wird eine Betrachtung der Einschätzung des Einzelitems als sinnvoll angesehen, da beide Items – wie auch bei der Partizipation – zwei verschiedene Aspekte abbilden: Während das Item „Das Vorwissen der Schüler wird berücksichtigt." einen für die Schüler stärker passiven Charakter trägt und nicht das eigene, aktive Einbringen von Erfahrungen widerspiegelt, reflektiert das Item „Ich kann dort vieles einbringen, was ich außerhalb der Schule mache." stärker das aktive Tätigsein des Schülers innerhalb der Angebote.

Nach Einschätzung der Schüler trifft die Aussage, dass ihr Vorwissen in den Angeboten berücksichtigt wird, stärker zu, als die Aussage, dass sie in die Angebote vieles einbringen können, was sie außerhalb der Schule machen. Diese Einschätzung deckt sich mit den Aussagen zur Partizipation, nach denen die Schüler zwar häufig nach ihrer Meinung gefragt werden, wenn etwas entschieden oder geplant werden soll, jedoch zu einem geringeren Maße über Themen selbst mitentscheiden können.

Tab. 150: Mittelwerte der Einzelitems der Subdimension „Lebensweltbezug"

Einzelitem der Subdimension „Lebensweltbezug"	2005 (N=1.454)	2007 (N=1.711)	2009 (N=2.188)
„Ich kann dort vieles einbringen, was ich außerhalb der Schule mache."	2,60	2,58	2,59
„Das Vorwissen der Schüler wird berücksichtigt."	2,83	2,85	2,78

(Quelle: Schülererhebung 2005, 2007, 2009)

Geschlechterspezifisch hat sich die Einschätzung über den Erhebungszeitraum weitgehend angeglichen, so dass 2009 keine signifikanten Verteilungsunterschiede feststellbar sind.

Tab. 151: Einschätzung der Subdimension „Lebensweltbezug" nach dem Geschlecht

Erhebungszeitpunkt	Mädchen		Jungen	
	N	MW	N	MW
2005	722	2,74	718	2,69
2007	915	2,73	788	2,69
2009	1.108	2,70	1.064	2,68

(Quelle: Schülererhebung 2005, 2007, 2009)

Empirische Untersuchungen zu Nutzungspräferenzen von Schülern

In der Einschätzung nach der Familienstruktur zeigen sich geringe Unterschiede nur in den Jahren 2005 und 2009 dahingehend, dass Kinder und Jugendliche aus nicht allein erziehenden Familien den Lebensweltbezug in den Angeboten höher bewerten als jene aus allein erziehenden Familien.

Tab. 152: Einschätzung der Subdimension „Lebensweltbezug" nach der Familienstruktur

Erhebungszeitpunkt	allein erziehend		nicht allein erziehend	
	N	MW	N	MW
2005	194	2,65	1.071	2,75
2007	279	2,71	1.233	2,71
2009	347	2,64	1.658	2,69

(Quelle: Schülererhebung 2005, 2007, 2009)

Keinen Einfluss auf die Einschätzung hat bei dieser Untersuchung der Erwerbsstatus genommen. Hier zeigen sich keine wesentlichen Unterschiede zwischen den beiden Schülergruppen.

Tab. 153: Einschätzung der Subdimension „Lebensweltbezug" nach dem Erwerbsstatus

Erhebungszeitpunkt	geringerer Erwerbsstatus		höherer Erwerbsstatus	
	N	MW	N	MW
2005	917	2,72	537	2,71
2007	1.090	2,72	621	2,69
2009	1.251	2,68	937	2,69

(Quelle: Schülererhebung 2005, 2007, 2009)

Die Einschätzung der Subdimension nach dem kulturellen Status zeigt in den beiden Schülergruppen unterschiedliche Entwicklungen. Kinder und Jugendliche aus Familien mit einem hohen kulturellen Status bewerten den Lebensweltbezug 2009 geringfügig kritischer als 2005 (-0,05 Differenzpunkte), wobei dieser leichte Rückgang sowohl aus statistischer als auch inhaltlicher Sicht vernachlässigt werden kann. Dagegen fällt die Bewertung von Kindern und Jugendlichen aus Familien mit einem niedrigen kulturellen Status im Verlauf der Erhebungen zunehmend besser aus (+0,18 Differenzpunkte).

Tab. 154: Einschätzung der Subdimension „Lebensweltbezug" nach dem kulturellen Status

Erhebungszeitpunkt	niedriger kultureller Status		hoher kultureller Status	
	N	MW	N	MW
2005	91	2,57	198	2,68
2007	72	2,73	227	2,63
2009	102	2,75	291	2,63

(Quelle: Schülererhebung 2005, 2007, 2009)

Wird in der Jahrgangsstufe 5 der Lebensweltbezug sowohl zu allen Erhebungszeitpunkten am höchsten als auch im zeitlichen Verlauf besser bewertet, so zeigt sich in der Jahrgangsstufe 7 zwischen 2005 und 2009 keine Veränderung und in der Jahrgangsstufe 9 eine zunehmend kritischere Einschätzung (-0,23 Differenzpunkte), so dass die Bewertung 2009 bereits im schwächeren Bereich liegt und die Ergebnisse zwischen allen Jahrgangsstufen signifikant unterschiedlich sind (p<0,01).

Tab. 155: Einschätzung der Subdimension „Lebensweltbezug" nach der Jahrgangsstufe

Erhebungszeitpunkt	5		7		9	
	N	MW	N	MW	N	MW
2005	616	2,87	480	2,59	358	2,63
2007	799	2,90	582	2,57	330	2,50
2009	914	2,93	764	2,59	510	2,40

(Quelle: Schülererhebung 2005, 2007, 2009)

Wird der Lebensweltbezug in den Angeboten an den Gesamtschulen und an den Gymnasien (jeweils -0,08 Differenzpunkte) geringfügig kritischer bewertet, so stellt sich die Einschätzung an den Regionalen Schulen weitgehend unverändert dar (+0,02 Differenzpunkte). Zwischen den Schularten zeigen sich damit 2009 nur unwesentliche Differenzen.

Tab. 156: Einschätzung der Subdimension „Lebensweltbezug" nach der Schulart

Erhebungszeitpunkt	Regionale Schule		Gesamtschule		Gymnasium	
	N	MW	N	MW	N	MW
2005	658	2,68	344	2,77	452	2,74
2007	840	2,73	594	2,77	277	2,55
2009	993	2,70	730	2,69	465	2,66

(Quelle: Schülererhebung 2005, 2007, 2009)

Unterschiedliche Entwicklungstendenzen zeigen sich auch unter der Berücksichtigung des Leistungsstandes. Hier zeigt sich, dass leistungsschwächere Schüler den Lebensweltbezug bei allen Erhebungen kritischer einschätzen und der Anteil der Schüler, der die Subdimension besser bewertet hat, von 2005 nach 2009 abnahm (-0,1 Differenzpunkte). Bei den leistungsstärkeren Schülern hat sich die positive Einschätzung über den Erhebungsverlauf kaum verändert (+0,02 Differenzpunkte). Die große Differenz der Einschätzungen 2009 (0,22 Differenzpunkte) spiegelt sich in einem signifikanten Verteilungsunterschied wider ($p<0,01$).

Tab. 157: Einschätzung der Subdimension „Lebensweltbezug" nach dem Leistungsstand

Erhebungszeitpunkt	leistungsschwächere Schüler		leistungsstärkere Schüler	
	N	MW	N	MW
2005	561	2,66	782	2,76
2007	666	2,63	951	2,76
2009	890	2,56	1.190	2,78

(Quelle: Schülererhebung 2005, 2007, 2009)

Zusammenfassend kann festgestellt werden, dass in allen Subdimensionen die Jahrgangsstufe und der Leistungsstand, in einigen Subdimensionen auch die Schulart, wesentliche Kriterien für signifikante Verteilungsunterschiede zwischen den jeweiligen Schülergruppen und damit für statistisch wie inhaltlich bedeutsame Unterschiede sind. Hervorzuheben sind dabei die Zusammenhänge zwischen diesen Kriterien, wie z. B. zwischen dem Leistungsstand und der Jahrgangsstufe, da der Anteil leistungsstärkerer Schüler mit höherer Jahrgangsstufe abnimmt. Da seit der zweiten Erhebung 2007 an den Gymnasien keine Jahrgangsstufe 5 mehr unterrichtet wird, fehlt demzufolge nicht nur diese in der Regel positiv wertende Altersgruppe, sondern auch ein hoher Anteil leistungsstärkerer Schüler. Diese Faktoren wirken sich wiederum auf die Gesamteinschätzung der Gymnasien aus.

Veränderungen zeigen sich auch in der Einschätzung der einzelnen Subdimensionen über den gesamten Erhebungszeitraum. Allen Subdimensionen gemeinsam ist, dass ihre Mittelwerte – wenn auch teilweise sehr geringfügig – von 2005 nach 2009 gesunken sind. Diese Abnahme fällt dabei sehr unterschiedlich aus: Sinken die Mittelwerte der Subdimension „Lebensweltbezug" von 2005 nach 2009 nur um 0,03 Differenzpunkte, so fällt diese Verringerung hinsichtlich der

Partizipation mit 0,29 Differenzpunkten im Vergleich zu allen Subdimensionen am stärksten aus.

Tab. 158: *Veränderung der Mittelwerte der Subdimensionen von 2005 nach 2009 (in Differenzpunkten)*

Subdimension	Abnahme von 2005 nach 2009 (in Differenzpunkten)
Lebensweltbezug	-0,03
Motivation	-0,05
Schüleraktive Aufgabenorientierung	-0,09
Strukturiertheit Klarheit	-0,10
Partizipation	-0,29

Die unterschiedlichen Einschätzungen zu den jeweiligen Erhebungszeitpunkten haben auch zu Veränderungen der Reihenfolge geführt, wie positiv die einzelnen Subdimensionen bewertet werden. Deutlich wird, dass die Subdimensionen, die stärker durch die Lehrer bzw. Betreuer bestimmt werden, am höchsten, und die Subdimensionen, die stärker den Schüler selbst, sein Wissen und seine Erfahrungen einbeziehen, am niedrigsten bewertet werden.

Hervorzuheben ist dabei, dass bei allen Erhebungen die Subdimension „Schüleraktive Aufgabenorientierung" die höchsten Mittelwerte und somit die größte Zustimmung und die Subdimension „Lebensweltbezug" die niedrigsten Mittelwerte und somit die geringste Zustimmung erhalten haben. In der Gesamtentwicklung betrachtet, hat sich der Stellenwert der Subdimension „Strukturiertheit und Klarheit" nicht verändert. Damit haben sich lediglich bei zwei Subdimensionen deutliche Veränderungen ergeben: Erhielt die Subdimension „Motivation" 2005 im Vergleich mit den anderen Subdimensionen den zweitniedrigsten Mittelwert, so stieg dieser nach 2009 kontinuierlich auf den Zweithöchsten an. Dagegen verringerte sich die Zustimmung der Schüler hinsichtlich der Subdimension im Erhebungszeitraum so stark, dass ihr Mittelwert vom Zweithöchsten 2005 zum Zweitniedrigsten 2009 sank.

Diese Entwicklung wirft die Frage auf, inwieweit Ganztagsangebote schülerorientiert gestaltet werden oder ob sie aus Sicht der Lehrer bzw. Betreuer stärker als eine andere Form des Unterrichts betrachtet und gestaltet werden.

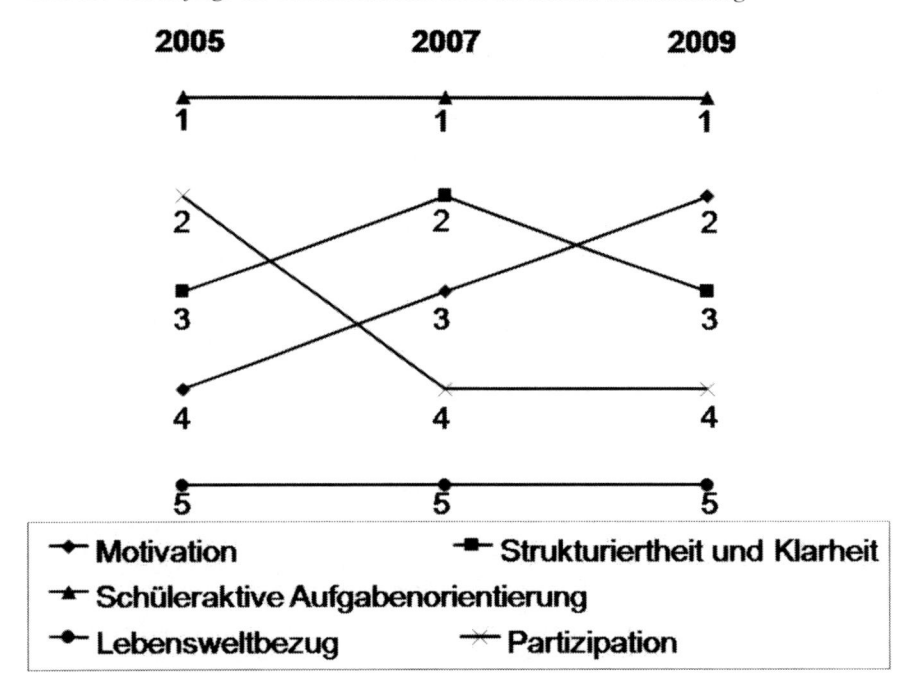

Abb. 33: *Reihenfolge der Subdimensionen nach der Mittelwertbestimmung*

2005   **2007**   **2009**

- ✦ **Motivation**
- ■ **Strukturiertheit und Klarheit**
- ▲ **Schüleraktive Aufgabenorientierung**
- ● **Lebensweltbezug**
- ✕ **Partizipation**

Um eine Erklärung für diese Einschätzung zu finden, sollen zu den jeweiligen Subdimensionen die Items dargestellt werden, die am höchsten bzw. am geringsten bewertet werden. Dabei zeigt sich, dass die Items, die die

- **höchste Zustimmung** erhalten haben, durch einen **hohen Grad an ziel- und ergebnisorientiertem Arbeiten** sowie durch **indirekte Formen der Schülerpartizipation**,
- **geringste Zustimmung** erhalten haben, durch eine **hohe Ausrichtung auf die Schüler**

gekennzeichnet sind.

Aufgrund dieser Einschätzung kann die Schlussfolgerung gezogen werden, dass sich die in den Angeboten behandelten Themen und Inhalte sowie die Art ihrer Vermittlung nicht in dem Maße an den Interessen und Vorstellungen der Schüler orientieren, wie es sich diese wünschen würden. Beachtet man, wie stark sich die Items mit der geringsten Zustimmung einander bedingen, so wird deutlich, dass die Frage der Schülerpartizipation von maßgeblicher Bedeutung für die Einschätzung der Ganztagsangebote durch die Schüler und damit auch für ihre Akzeptanz ist.

Lehrer und Betreuer von Ganztagsangeboten sollten daher Schülern die Möglichkeit geben, häufig über die zu behandelnden Themen mitzuentscheiden und dabei ihre vorhandenen Erfahrungen und Kenntnisse aktiv mit einzubringen. Dieses würde sicherstellen, dass sich die Themen und Inhalte an den Interessen der Schüler orientieren und ermöglichen, dass die Lehrer und Betreuer den zu behandelnden Stoff gemeinsam mit den Schülern interessant und spannend vermitteln. Ein höherer Grad an Mitbestimmung der Schüler würde sich dabei nicht nur auf die Auswahl der Themen und Inhalte beschränken, sondern auch Einfluss auf die Art und Weise nehmen, wie sich die Schüler mit diesen in den Angeboten auseinandersetzen.

Tab. 159: Items der Subdimensionen mit der höchsten bzw. geringsten Zustimmung

Subdimensionen	Items mit der...	
	höchsten Zustimmung	geringsten Zustimmung
Motivation	„Es wird darauf Wert gelegt, dass sichtbare Ergebnisse und Produkte erarbeitet werden."	„Die Themen und Inhalte interessieren mich meistens sehr."
Strukturiertheit und Klarheit	„Man erklärt uns gut, wie wir mit richtigen Methoden arbeiten müssen, um eine Aufgabe besser zu schaffen."	„Auch trockener Stoff wird wirklich interessant und spannend gemacht."
Schüleraktive Aufgabenorientierung	„Es wird darauf geachtet, dass möglichst alle Schüler aktiv etwas erarbeiten."	„Häufig gibt man uns spannende Aufgaben, die wir allein oder in Gruppen lösen müssen."
Partizipation	„Man fragt uns häufig nach unserer Meinung, wenn etwas entschieden oder geplant werden soll."	„Häufig können wir über die Themen mitentscheiden."
Lebensweltbezug	„Das Vorwissen der Schüler wird berücksichtigt."	„Ich kann dort vieles einbringen, was ich außerhalb der Schule mache."

5.6 Unterricht und Lehrer aus Sicht der Schüler

5.6.1 Unterrichtsgestaltung

Alle an der Erhebung teilnehmenden Schüler hatten die Aufgabe, den Unterricht auf der Grundlage ihrer persönlichen Wahrnehmung zu beurteilen. Um den unterschiedlichen fachspezifischen Merkmalen Rechnung zu tragen, wurde auf der Grundlage des Geburtstages des Schülers die Auswahl des zu beurteilenden Faches (Deutsch, Mathematik, Erdkunde, anderes Fach) festgelegt. Die Gesamteinschätzung aller Schüler spiegelt somit das Gesamtbild ihrer Wahrnehmung des Unterrichts wider.

Die Einschätzung des Unterrichts basiert auf den fünf Merkmalsbereichen

- Effektivität der Unterrichtsgestaltung,
- Didaktik der Unterrichtsgestaltung,
- Unterstützung im Unterricht,
- Partizipation im Unterricht sowie
- Motivation im Unterricht.

Im Folgenden sollen die wesentlichen Aussagen zu diesen Merkmalsbereichen dargestellt werden. Die Merkmalsbereiche setzen sich aus einer unterschiedlichen Anzahl von Items zusammen, die nach einer vierstufigen Skalierung (1=stimmt gar nicht, 2=stimmt eher nicht, 3=stimmt eher, 4=stimmt genau) bewertet wurden und aus deren Gesamtheit ein Mittelwert (MW) gebildet wurde. Dieses ermöglicht einen anschaulichen und aussagekräftigen Vergleich zwischen einerseits den Merkmalsbereichen je Erhebungszeitpunkt und andererseits den Einschätzungen innerhalb eines Merkmalsbereiches und ihrer Entwicklung von 2005 nach 2009. Die Prüfung der Reliabilität der Items bestätigte das Zusammenfassen zu allen Erhebungszeitpunkten.

- Effektivität:
  Für die Beschreibung der Effektivität wurden folgende Items zusammengefasst:
  – „Im Unterricht wird fast immer konzentriert gearbeitet."
  – „Im Unterricht kommen wir immer sofort zur Sache."
  – „Im Unterricht wird häufig Zeit verschwendet, für Dinge, die gar nichts mit dem Thema zu tun haben." (recordiert)
  – „Im Unterricht dauert es lange, bis alle Schüler bei der Arbeit sind." (recordiert)
  – „Im Unterricht langweile ich mich oft." (recordiert)

- Didaktik:
  Die Didaktik der Unterrichtsgestaltung wird abgebildet durch die Einschätzung der Items
  - „Im Unterricht wird häufig das Wichtigste nochmals zusammengefasst."
  - „Unser Lehrer/unsere Lehrerin hebt immer wieder hervor, was wichtig ist."
  - „Unser Lehrer/unsere Lehrerin fasst häufig nochmals den Stoff zusammen, damit wir ihn uns gut merken können."
- Unterstützung:
  Das Merkmal „Unterstützung" wird durch folgende Items abgebildet:
  - „Unser Lehrer/unsere Lehrerin erklärt etwas so lange, bis wir es verstehen."
  - „Unser Lehrer/unsere Lehrerin hilft uns beim Lernen."
  - „Unser Lehrer/unsere Lehrerin interessiert sich für den Lernfortschritt jedes einzelnen Schülers/jeder Schülerin."
  - „Unser Lehrer/unsere Lehrerin tut viel, um uns zu helfen."
- Partizipation:
  Zur Beschreibung der Partizipation wurden folgende fünf Items zusammengefasst und auf Reliabilität, die zu allen Erhebungszeitpunkten gegeben war, geprüft:
  - „Unser Lehrer/unsere Lehrerin beteiligt uns bei der Auswahl von Unterrichtsthemen."
  - „Unser Lehrer/unsere Lehrerin lässt uns über die Reihenfolge der zu behandelnden Themen mitentscheiden."
  - „Unser Lehrer/unsere Lehrerin geht auf aktuelle Wünsche von Schülern/innen ein."
  - „Unser Lehrer/unsere Lehrerin lässt uns bei der Zensurengebung mitbestimmen."
  - „Unser Lehrer/unsere Lehrerin lässt uns bei Einschätzungen und Beurteilungen mitbestimmen."
- Motivation:
  Die Einschätzung der Schüler, in welchem Maße sie innerhalb des Unterrichts durch ihre Lehrer motiviert werden, wird durch folgende Items abgebildet:
  - „Unser Lehrer lobt auch die Schwächeren, wenn er merkt, dass sie sich verbessern."
  - „Wenn jemand seine Leistungen gegenüber früher verbessert, so wird er dafür von unserem Lehrer besonders gelobt."
  - „Wenn jemand seine Leistungen verbessert, wird er vom Lehrer gelobt, auch dann, wenn die Leistung im Vergleich zur Klasse unter dem Durchschnitt liegt."

Empirische Untersuchungen zu Nutzungspräferenzen von Schülern 215

- Effektivität der Unterrichtsgestaltung insgesamt
In den Einschätzungen der Merkmalsbereiche zeigen sich Veränderungen von 2005 nach 2009 dahingehend, dass die
  - Didaktik (-0,11 Differenzpunkte) und die Motivation (-0,03 Differenzpunkte) in der Wertung abgenommen haben und die
  - Effektivität (+0,09 Differenzpunkte), die Partizipation (+0,05 Differenzpunkte) sowie die Unterstützung (+0,03 Differenzpunkte) stärker

bewertet werden.

Trotz der schwächeren Bewertung der Didaktik wird dieser Merkmalsbereich auch 2009 im Vergleich zu den anderen Bereichen mit deutlichem Abstand (+0,25 Differenzpunkte) am positivsten bewertet.

Auffällig ist, dass zu allen Erhebungszeitpunkten nur die Partizipation im negativen Wertungsbereich liegt, während alle anderen Merkmalsbereiche deutlich positiv eingeschätzt werden. Damit decken sich die Einschätzungen der Partizipation im Unterricht mit denen in den Angeboten, wobei die Partizipation in den Angeboten noch höher eingeschätzt wird als im Unterricht und hierbei auch noch im positiven Bereich liegt.

Tab. 160: Einschätzungen der Merkmalsbereiche der Unterrichtsgestaltung insgesamt

Merkmalsbereich	2005		2007		2009	
	N	MW	N	MW	N	MW
Effektivität	3.713	2,54	1.441	2,60	1.666	2,63
Didaktik	3.743	3,16	1.425	3,06	1.691	3,05
Unterstützung	3.638	2,71	1.386	2,73	1.665	2,74
Partizipation	1.628	1,94	1.350	1,98	1.652	1,99
Motivation	3.698	2,83	1.406	2,82	1.676	2,80

(Quelle: Schülererhebung 2005, 2007, 2009)

Ausgehend von der Entwicklung der jeweiligen Einschätzungen über den gesamten Erhebungszeitraum werden für die nachfolgenden differenzierten Betrachtungen nach dem Teilnahmeverhalten und dem Leistungsstand die Daten des Erhebungsjahres 2009 untersucht, da diese die aktuellsten Schüleraussagen und somit den gegenwärtigen Entwicklungsstand der untersuchten Bereiche an den Ganztagsschulen in Mecklenburg-Vorpommern widerspiegeln.

- Einschätzung der Unterrichtsgestaltung nach dem Teilnahmeverhalten
  Der Vergleich der Einschätzungen der beiden Schülergruppen, die an Ganztagsangeboten teilnehmen bzw. nicht teilnehmen, zeigt, dass die an den Ganztagsangeboten teilnehmenden Schüler alle Merkmalsbereiche signifikant positiver bewerten als die Nichtteilnehmer.

Tab. 161: Einschätzung der Unterrichtsgestaltung nach dem Teilnahmeverhalten an Ganztagsangeboten (2009)

Merkmalsbereich	keine Teilnahme		Teilnahme		Signifikanz (2-seitig)
	N	MW	N	MW	
Effektivität	422	2,57	1.230	2,65	p<0,05
Didaktik	424	2,98	1.254	3,07	p<0,05
Unterstützung	422	2,60	1.229	2,79	p<0,01
Partizipation	416	1,87	1.222	2,03	p<0,01
Motivation	426	2,68	1.237	2,84	p<0,01

(Quelle: Schülererhebung 2009)

- Einschätzung der Unterrichtsgestaltung nach dem Leistungsstand
  Die Betrachtung der Einschätzungen nach dem Leistungsstand erfordert eine differenziertere Analyse. Mit Ausnahme der Motivation sind die Einschätzungen aller anderen Merkmalsbereiche durch die leistungsschwächeren und -stärkeren Schüler signifikant voneinander unterschiedlich. Auffällig ist hierbei jedoch, dass die Gruppe der leistungsstärkeren Schüler die Effektivität, die Didaktik und die Unterstützung durch die Lehrer positiver, die Partizipation im Unterricht dagegen negativer einschätzt als die der leistungsschwächeren Schüler.

Tab. 162: Einschätzung der Unterrichtsgestaltung nach dem Leistungsstand (2009)

Merkmalsbereich	leistungsschwächer		leistungsstärker		Signifikanz (2-seitig)
	N	MW	N	MW	
Effektivität	678	2,53	908	2,70	p<0,01
Didaktik	688	3,00	917	3,08	p<0,05
Unterstützung	677	2,68	906	2,78	p<0,01
Partizipation	671	2,07	903	1,92	p<0,01
Motivation	683	2,78	913	2,80	–

(Quelle: Schülererhebung 2009)

Damit wird deutlich, dass die Gruppe der leistungsschwächeren Schüler die Partizipationsmöglichkeiten im Unterricht höher, in den Ganztagsangeboten dagegen geringer einschätzt als die Gruppe der leistungsstärkeren Schüler. Der Unterricht scheint sich somit stärker an den Bedürfnissen der leistungsschwächeren Schüler zu orientieren, während in den Ganztagsangeboten die Wünsche und Vorstellungen der leistungsstärkeren Schüler mehr Berücksichtigung finden.

5.6.2 Unterrichtsformen

Die Ganztagsschule – insbesondere die in einer gebundenen Form – bietet erweiterte und bessere Möglichkeiten, den Tagesablauf zeitlich neu zu strukturieren. Dazu zählt unter anderem Unterrichten in Doppelstunden an den Vor- und Nachmittagen, wobei diese im zeitlichen Umfang auch von den traditionellen 90 Minuten abweichen können.

Diese zeitlich veränderte Struktur und die Verbesserung der individuellen Förderung leistungsschwächerer und -stärkerer Schüler erfordern vielfältige Unterrichtsmethoden und bieten zugleich die Chance dafür, den Unterricht gegenüber dem der traditionellen Halbtagsschulen zu verändern.

Nachfolgend soll die Entwicklung der Wahrnehmung von Unterrichtsformen durch die Schüler anhand der Mittelwerte von Gruppen, die verschiedene Unterrichtsformen abbilden, dargestellt werden. Die Berechnung der Mittelwerte basiert auf der Frage „Wie häufig kommen die folgenden Dinge bei Dir im Unterricht vor?" sowie auf der dazugehörigen Antwortskala

- „nie" = 1
- „manchmal" = 2
- „häufig" = 3
- „immer" = 4

Um eine statistisch abgesicherte Gruppierung der Itemauswahl sicherzustellen, wurden die zur Thematik „Unterrichtsformen" aufgeführten Items einer Faktoren- und anschließenden Reliabilitätsanalyse unterzogen. Die Faktorenanalyse ergab die Bildung von vier Gruppen, die unter Berücksichtigung der spezifischen Merkmale ihrer zugehörigen Items wie folgt klassifiziert wurden:

- Klassische Unterrichtsformen
- Nicht-klassische Unterrichtsformen
- Kooperative Lernformen
- Arbeit mit Medien

218   Empirische Untersuchungen zu Nutzungspräferenzen von Schülern

a) Klassische Unterrichtsformen

Zur Bildung der Gruppe wurden folgende Items zusammengefasst:
- „Wir sitzen und hören zu, der Lehrer/Betreuer redet."
- „Der Lehrer/Betreuer redet und stellt Fragen, einzelne Schüler antworten."
- „Jeder arbeitet für sich allein."
- „Wir arbeiten an Aufgaben aus dem Buch."
- „Wir arbeiten an Arbeitsblättern."
- „Eine Schülerin oder ein Schüler trägt etwas vor."

Die Gesamteinschätzung über den Erhebungszeitraum zeigt, dass die Schüler in fast unverändertem Maße die Anwendung klassischer Unterrichtsformen relativ häufig wahrnehmen.

Tab. 163: Wahrnehmung klassischer Unterrichtsformen insgesamt

Wahrnehmung klassischer Unterrichtsformen insgesamt	2005		2007		2009	
	N	MW	N	MW	N	MW
Klassische Unterrichtsformen	3.580	2,77	1.385	2,79	1.696	2,79

(Quelle: Schülererhebung 2005, 2007, 2009)

Eine unterschiedliche Wahrnehmung zeigt sich sowohl im Vergleich zwischen den Jahrgangsstufen 5,7 und 9 als auch zwischen den Erhebungsjahren 2005, 2007 und 2009 innerhalb einer Jahrgangsstufe. So nimmt die Einschätzung der Häufigkeit klassischer Unterrichtsformen mit zunehmender Jahrgangsstufe ab und weist dabei vor allem zwischen den Jahrgangsstufen 5 und 7 größere Differenzen auf. Über den Erhebungszeitraum betrachtet, steigt die Häufigkeit in den Jahrgangsstufen 5 (+0,02 Differenzpunkte) und 7 (+0,03 Differenzpunkte) geringfügig an, während in der Jahrgangsstufe 9 zwischen 2005 und 2009 insgesamt keine Veränderung festzustellen ist.

Tab. 164: Wahrnehmung klassischer Unterrichtsformen nach der Jahrgangsstufe

Erhebungsjahr	Jahrgangsstufe					
	5		7		9	
	N	MW	N	MW	N	MW
2005	1.008	2,85	1.214	2,75	1.358	2,73
2007	428	2,83	484	2,78	473	2,75
2009	544	2,87	567	2,78	585	2,73

(Quelle: Schülererhebung 2005, 2007, 2009)

Hinsichtlich der Schularten zeigen sich nur geringfügige Unterschiede in der Wahrnehmung. An den Regionalen Schule nehmen die Schüler 2009 klassische Unterrichtsformen geringfügig seltener wahr (MW=2,77) als an den Gesamtschulen (MW=2,80) und an den Gymnasien (MW=2,81). Während zwischen 2005 und 2009 die Mittelwerte an den Regionalen Schulen und an den Gesamtschulen nahezu unverändert sind (+0,01 Differenzpunkte), ist an den Gymnasien ein leichter Anstieg festzustellen (+0,04 Differenzpunkte), der jedoch statistisch wie inhaltlich nicht bedeutsam ist.

Tab. 165: *Wahrnehmung klassischer Unterrichtsformen nach der Schulart*

Erhebungsjahr	Regionale Schule		Gesamtschule		Gymnasium	
	N	MW	N	MW	N	MW
2005	1.447	2,76	1.005	2,79	1.128	2,77
2007	440	2,78	436	2,81	509	2,78
2009	488	2,77	588	2,80	620	2,81

(Quelle: Schülererhebung 2005, 2007, 2009)

Klassische Unterrichtsformen werden – vor allem 2009 (0,06 Differenzpunkte) – von leistungsschwächeren Schülern häufiger wahrgenommen als von leistungsstärkeren Schülern, wobei diese Differenz ausschließlich auf einen Anstieg von 2005 nach 2009 um 0,04 Differenzpunkte bei den leistungsschwächeren Schülern zurückzuführen ist.

Tab. 166: *Wahrnehmung klassischer Unterrichtsformen nach dem Leistungsstand*

Erhebungsjahr	leistungsschwächer		leistungsstärker	
	N	MW	N	MW
2005	1.547	2,76	1.747	2,78
2007	560	2,80	772	2,78
2009	700	2,76	909	2,82

(Quelle: Schülererhebung 2005, 2007, 2009)

b) Nicht-klassische Unterrichtsformen
Die Gruppe der nicht-klassischen Unterrichtsformen wurde aus acht Items gebildet:
- „Wir arbeiten an Projekten."
- „Experten von außerhalb der Schule stehen zur Verfügung."

- „Wir arbeiten an frei gewählten Themen (Freiarbeit)."
- „Wir schreiben eigene Texte oder formulieren eigene Aufgabenstellungen."
- „Wir führen Erkundungen durch."
- „Wir besichtigen außerschulische Einrichtungen (Museen, Betriebe usw.)."
- „Wir spielen Theater oder machen Rollenspiele."
- „Wir planen und organisieren gemeinsam eine Präsentation (Aufführung, Ausstellung)."

Insgesamt zeigt sich von 2005 nach 2009 ein leichter Anstieg der wahrgenommenen Häufigkeit um 0,04 Differenzpunkte, wobei die Mittelwerte zu allen Erhebungszeitpunkten im Bereich zwischen „nie (=1)" und „manchmal (=2)" liegen. Damit zeigt sich 2009 zwischen der Wahrnehmung klassischer und nicht-klassischer Unterrichtsformen eine deutliche Differenz von 0,96 Differenzpunkten.

Tab. 167: Wahrnehmung nicht-klassischer Unterrichtsformen insgesamt

Wahrnehmung nicht-klassischer Unterrichtsformen insgesamt	2005		2007		2009	
	N	MW	N	MW	N	MW
Nicht-klassische Unterrichtsformen	3.441	1,79	1.318	1,85	1.630	1,83

(Quelle: Schülererhebung 2005, 2007, 2009)

Der gestiegene Anteil in der Wahrnehmung nicht-klassischer Unterrichtsformen bezieht sich ausschließlich auf die Einschätzungen der Schüler der Jahrgangsstufen 7 (+0,03 Differenzpunkte) und 9 (+0,05 Differenzpunkte), die trotz dieses Anstiegs von 2005 nach 2009 immer noch deutlich unter der Einschätzung der Jahrgangsstufe 5 liegen (-0,12 bzw. -0,19 Differenzpunkte). Die Wahrnehmung nicht-klassischer Unterrichtsformen nimmt demzufolge mit steigender Jahrgangsstufe ab.

Tab. 168: Wahrnehmung nicht-klassischer Unterrichtsformen nach der Jahrgangsstufe

Erhebungsjahr	5		7		9	
	N	MW	N	MW	N	MW
2005	952	1,94	1.163	1,79	1.326	1,70
2007	393	1,97	465	1,87	460	1,74
2009	518	1,94	543	1,82	569	1,75

(Quelle: Schülererhebung 2005, 2007, 2009)

Nahmen 2005 die Schüler der Gesamtschulen (MW=1,82) und der Gymnasien (MW=1,81) nicht-klassische Unterrichtsformen häufiger wahr als Schüler der Regionalen Schulen (MW=1,76), so stieg bis 2009 ihr Anteil um 0,12 Differenzpunkte und somit deutlich über die Einschätzungen an den Gesamtschulen und Gymnasien, an denen sich im Vergleich von 2005 und 2009 kaum Veränderungen vollzogen.

Die gestiegene Wahrnehmung nicht-klassischer Unterrichtsformen ist somit fast ausschließlich auf die Entwicklung an den Regionalen Schulen zurückzuführen.

Tab. 169: Wahrnehmung nicht-klassischer Unterrichtsformen nach der Schulart

Erhebungsjahr	Regionale Schule		Gesamtschule		Gymnasium	
	N	MW	N	MW	N	MW
2005	1.386	1,76	971	1,82	1.084	1,81
2007	413	1,89	424	1,90	481	1,78
2009	462	1,88	572	1,81	596	1,81

(Quelle: Schülererhebung 2005, 2007, 2009)

Zwischen den Einschätzungen der leistungsschwächeren und -stärkeren Schüler zeigen sich zu allen Erhebungszeitpunkten nur geringe Unterschiede im Umfang von 0,02 Differenzpunkten. Nahmen 2005 die leistungsstärkeren Schüler diese Unterrichtsformen um diese Differenz häufiger wahr, so nahmen sowohl 2007 als auch 2009 die leistungsschwächeren Schüler die nicht-klassischen Unterrichtsformen häufiger wahr.

Tab. 170: Wahrnehmung nicht-klassischer Unterrichtsformen nach dem Leistungsstand

Erhebungsjahr	leistungsschwächere Schüler		leistungsstärkere Schüler	
	N	MW	N	MW
2005	1.478	1,78	1.708	1,80
2007	518	1,86	747	1,84
2009	663	1,84	890	1,82

(Quelle: Schülererhebung 2005, 2007, 2009)

c) Kooperative Lernformen

Die Gruppe der kooperativen Lernformen soll zum Ausdruck bringen, wie oft innerhalb des Unterrichts Situationen von den Schülern wahrgenommen werden, in denen sie Aufgabenstellungen nicht alleine, sondern gemeinsam mit

einem anderen Schülern oder mehreren Schülern bearbeiten. Ausgewählt wurden daher die beiden Items
- „Wir arbeiten zu zweit."
- „Wir bearbeiten eine Aufgabe/Frage in kleinen Gruppen."

Der von 2005 nach 2007 wahrgenommene Anstieg kooperativer Lernformen um 0,07 Differenzpunkte relativierte sich nach 2009, so dass im Vergleich von 2005 und 2009 nur ein geringer Anstieg um 0,03 Differenzpunkte festzustellen ist. Kooperative Lernformen werden somit eher nur manchmal von allen befragten Schülern wahrgenommen.

Tab. 171: Wahrnehmung kooperativer Lernformen insgesamt

Wahrnehmung kooperativer Lernformen insgesamt	2005		2007		2009	
	N	MW	N	MW	N	MW
Kooperative Lernformen	3.687	2,14	1.408	2,21	1.721	2,17

(Quelle: Schülererhebung 2005, 2007, 2009)

Kooperative Lernformen wurden zu allen Erhebungszeitpunkten am häufigsten von den Schülern der Jahrgangsstufe 5 wahrgenommen. Dennoch zeigt sich in dieser Jahrgangsstufe zwischen 2005 und 2009 keine Veränderung, während in den Jahrgangsstufen 7 (+0,02 Differenzpunkte) und 9 (+0,05 Differenzpunkte) geringe positive Veränderungen festzustellen sind.

Tab. 172: Wahrnehmung kooperativer Lernformen nach der Jahrgangsstufe

Erhebungsjahr	5		7		9	
	N	MW	N	MW	N	MW
2005	1.052	2,21	1.249	2,12	1.386	2,11
2007	431	2,26	500	2,19	477	2,19
2009	562	2,21	576	2,14	583	2,16

(Quelle: Schülererhebung 2005, 2007, 2009)

Zwischen den Schularten zeigen sich 2009 nur geringe Unterschiede, die sich aus einer weitgehenden Angleichung über den gesamten Erhebungszeitraum ergeben haben. So ist die Wahrnehmung kooperativer Lernformen sowohl an den Regionalen Schulen (+0,03 Differenzpunkte) als auch an den Gymnasien (+0,05 Differenzpunkte) gestiegen, an den Gesamtschulen dagegen gesunken (-0,02 Differenzpunkte).

Empirische Untersuchungen zu Nutzungspräferenzen von Schülern

Tab. 173: *Wahrnehmung kooperativer Lernformen nach der Schulart*

Erhebungsjahr	Schulart					
	Regionale Schule		Gesamtschule		Gymnasium	
	N	MW	N	MW	N	MW
2005	1.496	2,12	1.036	2,21	1.155	2,12
2007	449	2,19	443	2,27	516	2,18
2009	500	2,15	601	2,19	620	2,17

(Quelle: Schülererhebung 2005, 2007, 2009)

Kooperative Lernformen werden von 2005 nach 2009 sowohl von den leistungsschwächeren (+0,01 Differenzpunkte) als auch den leistungsstärkeren Schülern (+0,04 Differenzpunkte) geringfügig häufiger wahrgenommen. Insgesamt zeigt sich somit 2009 zwischen den beiden Gruppen kaum ein Unterschied.

Tab. 174: *Wahrnehmung kooperativer Lernformen nach dem Leistungsstand*

Erhebungsjahr	leistungsschwächere Schüler		leistungsstärkere Schüler	
	N	MW	N	MW
2005	1.589	2,15	1.804	2,14
2007	563	2,23	787	2,20
2009	707	2,16	924	2,18

(Quelle: Schülererhebung 2005, 2007, 2009)

d) Arbeit mit Medien

Die Arbeit mit Medien hat in den vergangenen Jahren in vielen Unterrichtsfächern sowie im außerunterrichtlichen Bereich zunehmend Bedeutung erlangt. Um diese Unterrichtsform abzubilden, wurden folgende Items zusammengefasst:
- „Wir arbeiten am Computer."
- „Wir gucken Filme und Videos."
- „Wir arbeiten selbstständig mit Medien (Computer, Kamera...)"
- „Wir arbeiten selbstständig im Internet."

Die Einschätzung aller befragten Schüler zeigt eine relativ geringe Wahrnehmung dieser Unterrichtsform, die sich von 2005 nach 2009 geringfügig verringert hat. Demnach schätzt die Gesamtheit der Schüler ein, dass nur manchmal Medien im Unterricht zur Anwendung kommen.

Tab. 175: Wahrnehmung der Arbeit mit Medien insgesamt

Wahrnehmung der Arbeit mit Medien insgesamt	2005		2007		2009	
	N	MW	N	MW	N	MW
Arbeit mit Medien	3.648	1,95	1.392	1,89	1.710	1,93

(Quelle: Schülererhebung 2005, 2007, 2009)

Zeigen sich 2009 zwischen den Jahrgangsstufen 5 und 7 kaum Unterschiede in der Wahrnehmung (0,01 Differenzpunkte), so nehmen die Schüler der Jahrgangsstufe 9 die Anwendung von Medien im Unterricht häufiger, aber trotzdem nur manchmal wahr.

Festzustellen ist auch, dass von 2005 nach 2009 die Wahrnehmung in den Jahrgangsstufen 5 (-0,05 Differenzpunkte) und 7 (-0,04 Differenzpunkte) abgenommen und in der Jahrgangsstufe 9 geringfügig angestiegen ist (+0,02 Differenzpunkte).

Tab. 176: Wahrnehmung der Arbeit mit Medien nach der Jahrgangsstufe

Erhebungsjahr	5		7		9	
	N	MW	N	MW	N	MW
2005	1.046	1,95	1.230	1,93	1.372	1,97
2007	425	1,75	492	1,93	475	1,98
2009	555	1,90	573	1,89	582	1,99

(Quelle: Schülererhebung 2005, 2007, 2009)

Zeigen sich 2009 in der Häufigkeit der Anwendung zwischen den Regionalen Schulen und den Gymnasien kaum Unterschiede (0,02 Differenzpunkte) sowie kaum Veränderungen im Vergleich von 2005 und 2009, so ist an den Gesamtschulen über den gesamten Erhebungszeitraum ein Rückgang um 0,08 Differenzpunkte festzustellen, so dass 2009 nur noch ein Mittelwert von 1,83 erreicht wird.

Tab. 177: Wahrnehmung der Arbeit mit Medien nach der Schulart

Erhebungsjahr	Regionale Schule		Gesamtschule		Gymnasium	
	N	MW	N	MW	N	MW
2005	1.483	1,97	1.027	1,91	1.138	1,97
2007	439	1,89	443	1,78	510	1,98
2009	493	1,99	597	1,83	620	1,97

(Quelle: Schülererhebung 2005, 2007, 2009)

Trotz vergleichsweise geringer Unterschiede nehmen leistungsstärkere Schüler die Anwendung von Medien im Unterricht 2007 (+0,08 Differenzpunkte) und 2009 (+0,04 Differenzpunkte) häufiger wahr als leistungsschwächere Schüler, bei denen von 2005 nach 2009 ein Rückgang um 0,04 Differenzpunkte festzustellen ist.

Tab. 178: Wahrnehmung der Arbeit mit Medien nach dem Leistungsstand

Erhebungsjahr	leistungsschwächere Schüler		leistungsstärkere Schüler	
	N	MW	N	MW
2005	1.785	1,95	1.573	1,95
2007	779	1,85	557	1,93
2009	922	1,91	699	1,95

(Quelle: Schülererhebung 2005, 2007, 2009)

5.6.3. Einschätzung der Lehrer außerhalb des Unterrichts

Um Aussagen darüber treffen zu können, wie die Schüler ihre Lehrer außerhalb der Ganztagsangebote einschätzen, wurde auf der Grundlage der in der Fragestellung[29] enthaltenen Items für jeden Erhebungszeitpunkt ein Mittelwert gebildet und dieser über den gesamten Erhebungszeitraum miteinander verglichen. In der Einschätzung ging es dabei nicht um ein bestimmtes Fach, sondern ganz allgemein um das Zusammenleben im Schulalltag.

Die Items wurden dabei so ausgewählt, dass sie identisch mit denen waren, die auch in der Einschätzung der Lehrer bzw. Betreuer in den Ganztagsangeboten gestellt wurden. Da auch für diese ein Mittelwert gebildet wurde, ist eine Vergleichbarkeit der Einschätzungen der Lehrer in den Ganztagsangeboten und der Lehrer außerhalb der Ganztagsangebote und somit auch innerhalb des regulären Unterrichts möglich.

Ziel dieses Vergleichs ist es, Aussagen darüber zu erhalten, ob Schüler, die durch ihre Teilnahme an Ganztagsangeboten häufigere Kontakte zu ihren Lehrern haben und sich diese in der Regel unter anderen Rahmenbedingungen als im Unterricht gestalten, eine gegenüber den Halbtagsschülern veränderte Sichtweise insgesamt zu den Lehrern entwickeln. Es soll somit geprüft werden, ob sich

---

29 Fragestellung: „Wie kommen Schüler/Schülerinnen und Lehrer/Lehrerinnen an Deiner Schule miteinander aus?"

die Teilnahme an Ganztagsangeboten auch insgesamt und übergreifend auf das Schüler-Lehrer-Verhältnis im Schulalltag auswirken kann.
Zu den Items, aus denen der Mittelwert bestimmt wurde, gehören

- „Schüler und Lehrer kommen meistens gut miteinander aus."
- „Den meisten Lehrern ist es wichtig, dass die Schüler sich wohlfühlen."
- „Die meisten Lehrer interessieren sich für das, was die Schüler zu sagen haben."
- „Wenn ein Schüler zusätzliche Hilfe braucht, bekommt er sie von seinen Lehrern."
- „Die Lehrer behandeln die Schüler fair."

Die Prüfung auf Reliabilität ergab für alle Erhebungszeitpunkte einen Alpha-Wert, der die Zusammenstellung der Items rechtfertigt.

Der Vergleich der Mittelwerte zeigt, dass die befragten Schüler ihre Lehrer außerhalb der Ganztagsangebote zu allen Erhebungszeitpunkten positiv (MW>2,5) bewerten. Der geringe Anstieg von 2005 nach 2009 (0,02 Differenzpunkte) kann hierbei vernachlässigt werden, so dass sich eine relative Konstanz in der Einschätzung zeigt.

Tab. 179: Einschätzung der Lehrer außerhalb der Ganztagsangebote (alle befragten Schüler) (Mittelwertskala)

Mittelwertskala (1=am schwächsten... 4=am stärksten)	2005		2007		2009	
	N	MW	N	MW	N	MW
Einschätzung der Lehrer außerhalb der Ganztagsangebote	3.648	2,85	2882	2,92	3.226	2,87

(Quelle: Schülererhebung 2005, 2007, 2009)

Die Betrachtung der Mittelwerte der Einzelitems zu den jeweiligen Erhebungszeitpunkten zeigt, dass

- die Einschätzungen der Items teilweise deutlich voneinander abweichen,
- von 2005 nach 2009 einige Items insgesamt stärker, andere Items wiederum schwächer bewertet werden,
- die Einschätzungen einiger Items deutlich über, andere wiederum deutlich unter den Gesamtmittelwerten der jeweiligen Erhebungszeitpunkte liegen.

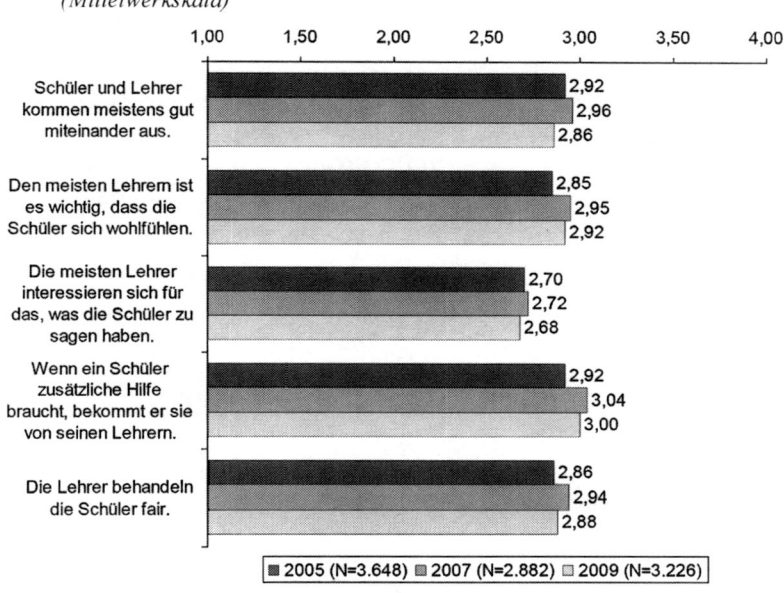

Empirische Untersuchungen zu Nutzungspräferenzen von Schülern

Abb. 34: Einschätzungen der Einzelitems zu den jeweiligen Erhebungszeitpunkten (Mittelwerkskala)

Item	2005 (N=3.648)	2007 (N=2.882)	2009 (N=3.226)
Schüler und Lehrer kommen meistens gut miteinander aus.	2,92	2,96	2,86
Den meisten Lehrern ist es wichtig, dass die Schüler sich wohlfühlen.	2,85	2,95	2,92
Die meisten Lehrer interessieren sich für das, was die Schüler zu sagen haben.	2,70	2,72	2,68
Wenn ein Schüler zusätzliche Hilfe braucht, bekommt er sie von seinen Lehrern.	2,92	3,04	3,00
Die Lehrer behandeln die Schüler fair.	2,86	2,94	2,88

(Quelle: Schülererhebung 2005, 2007, 2009)

Ein positiver Zuwachs zeigt sich von 2005 nach 2009 vor allem bei den Items „Wenn ein Schüler zusätzliche Hilfe braucht, bekommt er sie von seinen Lehrern." und „Den meisten Lehrern ist es wichtig, dass die Schüler sich wohlfühlen.", während sich bei dem Item „Schüler und Lehrer kommen meistens gut miteinander aus." die Bewertung am stärksten verringert hat.

Tab. 180: Entwicklung der Einschätzungen der Items von 2005 nach 2009

Item	Differenz der Mittelwerte zwischen 2005 und 2009
„Wenn ein Schüler zusätzliche Hilfe braucht, bekommt er sie von seinen Lehrern."	+0,08
„Den meisten Lehrern ist es wichtig, dass die Schüler sich wohlfühlen."	+0,07
„Die Lehrer behandeln die Schüler fair."	+0,02
„Die meisten Lehrer interessieren sich für das, was die Schüler zu sagen haben."	-0,02
„Schüler und Lehrer kommen meistens gut miteinander aus."	-0,06

(Quelle: Schülererhebung 2005, 2007, 2009)

228   Empirische Untersuchungen zu Nutzungspräferenzen von Schülern

Zum Erhebungszeitpunkt 2009 ist festzustellen, dass das Item „Wenn ein Schüler zusätzliche Hilfe braucht, bekommt er sie von seinen Lehrern" am stärksten (MW=3,00) bewertet wird und am deutlichsten über dem Gesamtmittelwert von 2009 liegt (+0,13 Differenzpunkte).

Dagegen wird das Item „Die meisten Lehrer interessieren sich für das, was die Schüler zu sagen haben" am schwächsten (MW=2,68) und mit dem höchsten Abstand unter dem Gesamtmittelwert (-0,19 Differenzpunkte) eingeschätzt. Schüler schätzen damit die Unterstützung durch die Lehrer am höchsten, Möglichkeiten der Partizipation dagegen am schwächsten ein. Alle anderen Items differieren nur schwach mit dem Gesamtmittelwert.

Abb. 35: Einschätzungen der Einzelitems zum Erhebungszeitpunkt 2009 (Mittelwertskala)

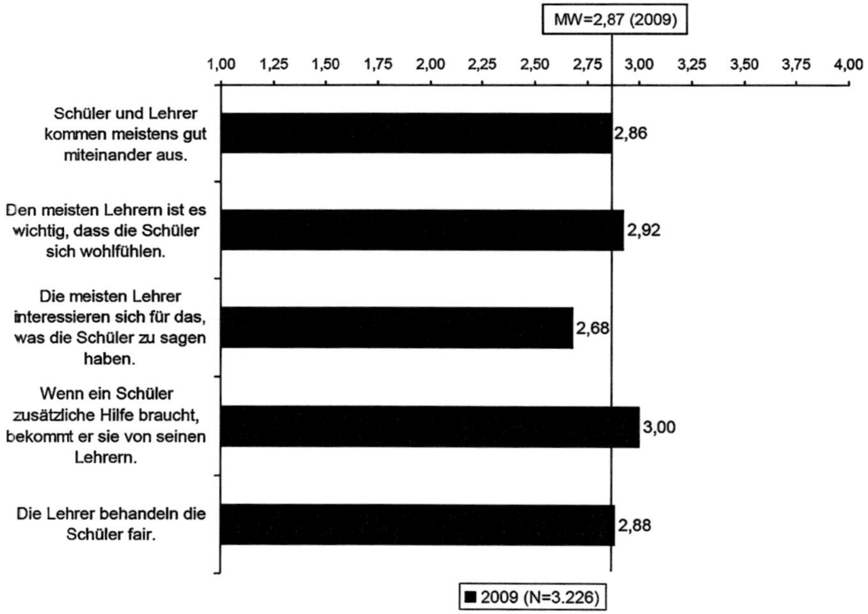

Item	MW 2009 (N=3.226)
Schüler und Lehrer kommen meistens gut miteinander aus.	2,86
Den meisten Lehrern ist es wichtig, dass die Schüler sich wohlfühlen.	2,92
Die meisten Lehrer interessieren sich für das, was die Schüler zu sagen haben.	2,68
Wenn ein Schüler zusätzliche Hilfe braucht, bekommt er sie von seinen Lehrern.	3,00
Die Lehrer behandeln die Schüler fair.	2,88

MW=2,87 (2009)

(Quelle: Schülererhebung 2009)

In der schülergruppenspezifischen Betrachtung nach dem Leistungsstand zeigen sich signifikante Unterschiede (p<0,01) hinsichtlich der Einschätzungen der Lehrer durch die Schüler. Die Gruppe der leistungsstärkeren Schüler bewertet die Lehrer dabei deutlich positiver (MW=2,97) als die leistungsschwächeren Schüler (MW=2,76).

Für diese Untersuchung stellte sich auch die Frage, ob

- die Teilnahme bzw. Nichtteilnahme an Ganztagsangeboten und
- die Anzahl der Tage, an denen Ganztagsangebote besucht werden,

zu unterschiedlichen Einschätzungen der Lehrer führt.

Bei den Einschätzungen der Lehrer außerhalb der Ganztagsangebote ist festzustellen, dass zu allen Erhebungszeitpunkten ein signifikanter Verteilungsunterschied (jeweils $p<0,01$) zwischen den Aussagen der Schüler, die an Ganztagsangeboten teilnehmen, und denen, die nicht teilnehmen, bestehen.

Schüler, die Ganztagsangebote besuchen, schätzen dabei ihre Lehrer außerhalb der Ganztagsangebote im Schulalltag deutlich positiver ein als die Schüler, die keine Ganztagsangebote besuchen.

Tab. 181: *Einschätzung der Lehrer außerhalb der Ganztagsangebote nach dem Teilnahmeverhalten (Mittelwertskala)*

Mittelwertskala (1=am schwächsten... 4=am stärksten)	2005		2007		2009	
	N	MW	N	MW	N	MW
keine Teilnahme an Ganztagsangeboten	2.038	2,78	1.040	2,79	990	2,74
Teilnahme an Ganztagsangeboten	1.492	2,95	1.790	3,00	2.176	2,93

(Quelle: Schülererhebung 2005, 2007, 2009)

Wenn die Schüler, die an den Ganztagsangeboten teilnehmen, ihre Lehrer im Allgemeinen positiver einschätzen als die Schüler ohne eine Teilnahme, dann stellt sich die Frage, ob zwischen den Einschätzungen der Lehrer in den Angeboten und außerhalb der Angebote ein Zusammenhang besteht bzw. wie diese beiden Gruppen von Lehrern durch die an den Ganztagsangeboten teilnehmenden Schüler beurteilt werden.

Dazu sollen die Aussagen der an den Ganztagsangeboten teilnehmenden Schüler (N=1.172) betrachtet werden, die Angaben sowohl zu den Lehrern in den Ganztagsangeboten als auch zu den Lehrern außerhalb der Angebote und somit auch innerhalb des regulären Unterrichts gemacht haben.

Die 2009 an den Ganztagsangeboten teilnehmenden Schüler beurteilen ihr Verhältnis zu den Lehrern in den Ganztagsangeboten (MW=3,08) signifikant positiver ($p<0,01$) als zu den Lehrern im Unterricht (MW=2,90). Zwischen den beiden Einschätzungen besteht ein positiver Zusammenhang mittlerer

Stärke (r=0,695) dahingehend, dass Schüler, die ihre Lehrer in den Ganztagsangeboten positiver bewerten, auch die Lehrer außerhalb der Angebote positiver einschätzen.

Tab. 182: *Einschätzung der Lehrer innerhalb und außerhalb der Ganztagsangebote durch die Ganztagsschüler (Mittelwertskala)*

Mittelwertskala zur Einschätzung der Lehrer... (1=am schwächsten...4=am stärksten)	2009 (N=1.172)
	MW
innerhalb der Ganztagsangebote	3,08
außerhalb der Ganztagsangebote	2,90

(Quelle: Schülererhebung 2009)

Wenn angenommen wird, dass ein positives Schüler-Lehrer-Verhältnis in den Ganztagsangeboten sich auch auf ein positives Schüler-Lehrer-Verhältnis außerhalb der Ganztagsangebote und somit auch innerhalb des regulären Unterrichts auswirken kann, dann stellt sich auch die Frage, ob der zeitliche Nutzungsumfang an Ganztagsangeboten Einfluss auf diese Einschätzungen nimmt. Schüler, die an mehr als nur einem Tag innerhalb der Schulwoche Ganztagsangebote besuchen, haben mehr Möglichkeiten, ihre Lehrer in anderen, vom regulären Unterricht losgelösten Situationen zu erleben und somit einen engeren Kontakt zu ihren Lehrern zu entwickeln, der sich auch auf das Schüler-Lehrer-Verhältnis außerhalb der Angebote auswirken kann. Die Untersuchungen haben gezeigt, dass Schüler, die an mehr als einem Tag Ganztagsangebote besuchen, ihre Lehrer außerhalb der Ganztagsangebote signifikant ($p<0,05$) positiver einschätzen (MW=2,95) als Schüler, die an nur einem Tag Ganztagsangebote wahrnehmen (MW=2,90).

Tab. 183: *Einschätzung der Lehrer außerhalb der Ganztagsangebote nach dem Teilnahmeverhalten (Mittelwertskala)*

Mittelwertskala (1= am schwächsten...4=am stärksten)	Teilnahme an...			
	einem Tag		mehr als einem Tag	
	N	MW	N	MW
Einschätzung der Lehrer außerhalb der Ganztagsangebote	1.054	2,90	1.073	2,95

(Quelle: Schülererhebung 2009)

5.7 Korrelationsanalysen

5.7.1 Korrelationen mit der Anzahl der Teilnahmetage an Ganztagsangeboten

Ausgehend von den Einschätzungen der Lehrer bzw. Betreuer und der wahrgenommenen Effekte von Ganztagsangeboten soll mittels Korrelationsanalysen untersucht werden, ob der zeitliche Nutzungsumfang an Ganztagsangeboten Einfluss auf die Einschätzungen der Schüler nimmt. Ziel dieser differenzierten Analysen ist es, Ergebnisse darüber zu erhalten, ob sich die Einschätzungen zu den Lehrern bzw. Betreuern sowie zu den Effekten von Schülern, die nur an einem Tag Ganztagsangebote besuchen, von denen unterscheiden, die Ganztagsangebote an mehreren Tagen nutzen. Im Mittelpunkt stehen somit nicht der inhaltliche Aspekt bzw. die Anzahl an unterschiedlich besuchten Ganztagsangeboten, sondern vorrangig der zeitliche Aspekt der Teilnahme, da dieser in den Festlegungen der KMK explizit ausgewiesen ist.

Als Grundlage wurde die bereits beschriebene Verteilung der Anzahl der Tage genommen, an denen die Schüler zum Erhebungszeitpunkt 2009 an Ganztagsangeboten teilnahmen. Diese hatte ergeben, dass etwa die Hälfte (49,8%) der teilnehmenden Schüler an einem Tag Ganztagsangebote besuchen. Um eine annähernde Gleichverteilung der miteinander zu vergleichenden Gruppen zu erreichen, wurden daher die Schüler nach den Kriterien „Angebotsnutzung an nur einem Tag" und „Angebotsnutzung an mehr als einem Tag" gruppiert.

Hinsichtlich der Einschätzung von Betreuern und Lehrern zeigen sich keine signifikanten Unterschiede zwischen den beiden Gruppen. Vielmehr gibt es nur sehr geringe Unterschiede, die sowohl aus statistischer als auch inhaltlicher Sicht nicht bedeutsam sind. Die Einschätzung der Betreuer und Lehrer in den Ganztagsangeboten wird demnach nicht signifikant von der Anzahl der Tage genutzter Angebote beeinflusst.

Tab. 184: Einschätzung von Betreuern/Lehrern von Ganztagsangeboten unter dem zeitlichen Nutzungsaspekt

Einschätzung der...	Teilnahme an Ganztagsangeboten an...			
	einem Tag		mehr als einem Tag	
	N	MW	N	MW
Betreuer	612	3,16	490	3,17
Lehrer	680	3,07	541	3,09

(Quelle: Schülerbefragung 2009)

Die Teilnahme an Ganztagsangeboten an mehr als einem Tag bietet Schülern die Möglichkeit, an mehreren Angeboten teilzunehmen oder bestimmte Angebote öfter zu besuchen. Es wird daher angenommen, dass sie dadurch auch besser in der Lage sind, Effekte von Ganztagsangeboten aus lernbezogener, sozialbezogener und hedonistischer Sicht wahrzunehmen und einzuschätzen. Die durchgeführten Mittelwertanalysen bestätigen diese Annahme: Schüler, die an mehr als einem Tag Angebote besuchen, schätzen alle Effekte positiver ein. Beiden Gruppen gemeinsam ist, dass die lernbezogenen Effekte deutlich geringer eingeschätzt werden als die sozialbezogenen und hedonistischen Effekte.

Die großen Differenzen zwischen den beiden Gruppen belegen, dass bei allen Effekten signifikante Verteilungsunterschiede ($p<0,01$) vorliegen.

Tab. 185: Einschätzung der Effekte von Ganztagsangeboten unter dem zeitlichen Nutzungsaspekt (2009)

Einschätzung der...	Teilnahme an Ganztagsangeboten an...			
	einem Tag		mehr als einem Tag	
	N	MW	N	MW
lernbezogenen Effekte	1.027	2,08	1.033	2,37
sozialbezogenen Effekte	1.048	2,63	1.071	2,83
hedonistischen Effekte	1.075	3,14	1.079	3,28

(Quelle: Schülerbefragung 2009)

Die positivere Einschätzung der Effekte durch die Schüler, die an mehr als einem Tag Ganztagsangebote besuchen, wirft die Frage auf, wie sich die beiden Gruppen „Nutzung an einem Tag" und „Nutzung an mehr als einem Tag" hinsichtlich des Leistungsstandes der Schülergruppen zusammensetzen. Diese differenzierte Betrachtung ist erforderlich, um folgende Einflussfaktoren auf die Einschätzung der Effekte zu prüfen:

- Wenn von den Schülern, die Ganztagsangebote an nur einem Tag nutzen, ein überdurchschnittlich hoher Anteil leistungsschwächere Schüler sind, besteht die Gefahr, dass die Effekte – bedingt durch diesen gegenüber den leistungsschwächeren Schülern höheren Anteil – stärker negativ beeinflusst werden, da leistungsschwächere Schüler die Effekte von Ganztagsangeboten unabhängig von der Anzahl der genutzten Tage insgesamt schwächer bewertet haben als leistungsstärkere Schüler.
- Wenn von den Schülern, die Ganztagsangebote an mehr als einem Tag nutzen, ein überdurchschnittlich hoher Anteil leistungsstärkere Schüler sind, besteht

die Gefahr, dass die Effekte – bedingt durch diesen gegenüber den leistungsschwächeren Schülern höheren Anteil – stärker positiv beeinflusst werden, da leistungsstärkere Schüler die Effekte von Ganztagsangeboten unabhängig von der Anzahl der genutzten Tage insgesamt stärker bewertet haben als leistungsschwächere Schüler.

Aus der Betrachtung der Zusammensetzung der beiden Gruppen „Nutzung an einem Tag" und „Nutzung an mehr als einem Tag" wird erkennbar:

- Von den teilnehmenden Schülern ist in beiden Gruppen ein höherer Anteil den leistungsstärkeren Schülern zuzuordnen (55,5% bzw. 58,5%).
- Im Vergleich zwischen beiden Gruppen zeigen sich nur geringfügige Unterschiede in den Anteilen der Schüler nach dem Leistungsstand.
- Die Unterschiede zwischen den Schülergruppen nach dem Leistungsstand sind bei der Nutzung an nur einem Tag (11,0 Prozentpunkte) geringer als bei der Nutzung an mehr als einem Tag (17,0 Prozentpunkte).

Tab. 186: Zusammensetzung der Schülergruppen hinsichtlich der Anzahl genutzter Tage der an den Ganztagsangeboten teilnehmenden Schüler nach ihrem Leistungsstand (2009)

Nutzung von Ganztagsangeboten an...	Leistungsstand			
	leistungsstärker		leistungsschwächer	
	N	%	N	%
einem Tag (N=1.072)	595	55,5	477	44,5
mehr als einem Tag (N=1.106)	647	58,5	459	41,5

(Quelle: Schülerbefragung 2009)

Der höhere Anteil leistungsstärkerer Schüler könnte somit zu einer insgesamt positiveren Einschätzung der Effekte führen. Da diese höheren Anteile jedoch in beiden Gruppen zu finden sind, kann davon ausgegangen werden, dass dann auch in beiden Gruppen die Effekte positiver bewertet werden – nicht aber nur in einer Gruppe. Eine Bestätigung der Annahme, dass die Effekte bei der Nutzung an mehr Tagen nur deshalb positiver ausfallen, da in dieser Gruppe der Anteil an leistungsstärkeren Schülern höher ist als in der Gruppe der Schüler, die an nur einem Tag Ganztagsangebote nutzen, kann daher nicht getroffen werden.

Vielmehr ließe diese Ungleichverteilung der beiden Schülergruppen die Schlussfolgerung zu, dass im Falle einer Gleichverteilung leistungsschwächerer und -stärkerer Schüler die Effekte insgesamt schwächer beurteilt werden würden. Es soll daher geprüft werden, wie sich die Einschätzung der Effekte nach dem Leistungsstand für die Nutzung an nur einem Tag bzw. an mehr als einem Tag darstellt. Hier ist festzustellen, dass

- leistungsstärkere Schüler alle Effekte sowohl bei der Nutzung an einem Tag als auch bei der Nutzung an mehr als einem Tag höher einschätzen als leistungsschwächere Schüler,
- die teilnehmenden Schüler unabhängig von ihrem Leistungsstand die Effekte bei der Nutzung an mehr als einem Tag höher bewerten als bei der Nutzung an nur einem Tag.

Tab. 187: Zusammensetzung der Schülergruppen hinsichtlich der Anzahl genutzter Tage von Ganztagsschülern nach ihrem Leistungsstand (2009)

Einschätzung der...	Teilnahme an Ganztagsangeboten an...			
	einem Tag		mehr als einem Tag	
	leistungs-stärker	leistungs-schwächer	leistungs-stärker	leistungs-schwächer
	MW	MW	MW	MW
lernbezogenen Effekte	2,09	2,05	2,41	2,30
sozialbezogenen Effekte	2,72	2,49	2,86	2,75
hedonistischen Effekte	3,24	2,99	3,35	3,16

(Quelle: Schülerbefragung 2009)

Ein Vergleich der Mittelwerte der Gruppen „Nutzung an einem Tag" und „Nutzung an mehr als einem Tag" nach dem Leistungsstand zeigt, dass sich die Teilnahme an mehr als einem Tag bei den

- lernbezogenen Effekten positiver auf die leistungsstärkeren (0,32 Differenzpunkte) als auf die leistungsschwächeren (0,25 Differenzpunkte) Schüler,
- sozialbezogenen Effekten dagegen positiver auf die leistungsschwächeren (0,26 Differenzpunkte) als auf die leistungsstärkeren (0,14 Differenzpunkte) Schüler und
- hedonistischen Effekten ebenfalls positiver auf die leistungsschwächeren (0,17 Differenzpunkte) als auf die leistungsstärkeren (0,11 Differenzpunkte) Schüler

auswirkt.

Tab. 188: *Differenz der Mittelwerte bei der Nutzung an einem und an mehr als einem Tag nach dem Leistungsstand (2009)*

Effekte	Differenz der Mittelwerte bei der Nutzung an einem und an mehr als einem Tag	
	leistungsstärkere Schüler	leistungsschwächere Schüler
lernbezogenen	0,32	0,25
sozialbezogen	0,14	0,26
hedonistisch	0,11	0,17

(Quelle: Schülerbefragung 2009)

Die Differenzen der Mittelwerte bei der Nutzung an einem und an mehr als einem Tag nach dem Leistungsstand führt somit letztlich auch zu einer Veränderung des Abstandes der jeweiligen Mittelwerte zwischen leistungsschwächeren und -stärkeren Schüler. Hier ist festzustellen, dass die Unterschiede zwischen leistungsschwächeren und -stärkeren Schülern bei der Nutzung an mehr als einem Tag bei den

- lernbezogenen Effekten größer (0,11 statt 0,04 Differenzpunkte),
- sozialbezogenen Effekten dagegen geringer (0,11 statt 0,23 Differenzpunkte) und
- hedonistischen Effekten ebenfalls geringer (0,19 statt 0,25 Differenzpunkte)

werden.

Tab. 189: *Differenz der Mittelwerte zur Einschätzung der Effekte nach dem Leistungsstand (2009)*

Effekte	Differenz der Mittelwerte zur Einschätzung der Effekte nach dem Leistungsstand	
	an einem Tag	an mehr als einem Tag
Lernbezogenen	0,04	0,11
Sozialbezogenen	0,23	0,11
Hedonistischen	0,25	0,19

(Quelle: Schülerbefragung 2009)

5.7.2 Korrelationen zwischen den Einschätzungen der Betreuer bzw. Lehrer und den Effekten von Ganztagsangeboten

Die vergleichende Betrachtung der Einschätzungen über die sozialbezogenen, lernbezogenen und hedonistischen Effekte sowie über die Betreuer und Lehrer von Ganztagsangeboten führte zu der Annahme, dass eine positive Korrelation zwischen beiden Einschätzungen besteht. Schüler, die die Effekte positiv wahrnehmen, würden demnach auch ihre Betreuer bzw. Lehrer höher bewerten. Andererseits würden Schüler, die die Effekte negativ wahrnehmen, auch ihre Betreuer bzw. Lehrer schlechter bewerten. Mittels einer Korrelationsanalyse wurde statistisch überprüft, ob sich die Richtigkeit dieser Annahme bestätigt.

Zur Überprüfung der Annahme bzw. zur Feststellung von möglichen Zusammenhängen und ggf. ihrer Stärke wurden drei Zusammenhangsbereiche ausgewählt und die Zusammenhänge zwischen

- den Lehrern und den Betreuern,
- den Lehrern bzw. Betreuern und den jeweiligen Effekten sowie
- den jeweiligen Effekten

untersucht.

Die Berechnungen des Korrelationskoeffizienten ergab, dass zwischen den Einschätzungen der Lehrer und der Betreuer ein positiver Zusammenhang mittlerer Stärke ($r=0.699$) besteht. Schüler, die ihre Betreuer positiv bzw. negativ einschätzen, schätzen demzufolge häufig auch ihre Lehrer positiv bzw. negativ ein. Da sich die Mittelwerte der Einschätzungen zwischen den Betreuern und Lehrern 2009 nur geringfügig voneinander unterscheiden (Differenz=0,08) und sich die Einschätzungen von Betreuern und Lehrern im Positiven wie im Negativen ähneln, kann angenommen werden, dass Schüler in Bezug auf die Leitung von Ganztagsangeboten zwischen der Rolle des Betreuers und der des Lehrers nur unwesentlich differenzieren und wenn, dann dahingehend, dass Betreuer geringfügig besser bzw. Lehrer geringfügig schlechter eingeschätzt werden. Als eine mögliche Ursache für diese leichte Differenz wurde bereits bei den Ausführungen zu den Einschätzungen der Betreuer und Lehrer auf den Einfluss des Unterrichts und des damit verbundenen – gegenüber den Ganztagsangeboten veränderten – Schüler-Lehrer-Verhältnisses verwiesen, da Schüler ihre Lehrer, aber auch Lehrer ihre Schüler, im Unterricht oftmals anders wahrnehmen als in den Ganztagsangeboten.

Um zu prüfen, ob sich diese Einschätzungen auch in Zusammenhängen zwischen Betreuern bzw. Lehrern und der Wahrnehmung lernbezogener, sozialbezogener bzw. hedonistischer Effekte zeigen, sollen diese differenziert untersucht und miteinander verglichen werden.

Die Zusammenhänge zwischen Lehrern und Effekten stellen sich so dar, dass sich zwischen den Einschätzungen der Lehrer und den

- lernbezogenen Effekten ein schwacher positiver ($r=0.323$),
- sozialbezogenen Effekten ein schwacher positiver ($r=0.403$), einem Zusammenhang mittlerer Stärke näher kommenden,

- hedonistischen Effekten ein schwacher positiver (r=0.486), jedoch fast schon eine mittlere Stärke erreichender Zusammenhang festzustellen ist.

Der Zusammenhang zeigt sich demnach am schwächsten, wenn der wahrgenommene Effekt am stärksten mit dem Lernen und damit auch mit dem Unterricht in Verbindung steht.

Auch bei den Einschätzungen der Betreuer zeigen sich vergleichbare Zusammenhänge:

- lernbezogene Effekte: schwacher positiver Zusammenhang (r=0.382)
- sozialbezogene Effekte: schwacher positiver Zusammenhang (r=0.420)
- hedonistische Effekte: schwacher positiver Zusammenhang (r=0.489)

Der Vergleich zwischen Lehrern und Betreuern hinsichtlich der Stärke der jeweiligen Zusammenhänge zeigt jedoch, dass die Differenz bei den lernbezogenen Effekten (Differenz=0,059) am höchsten ist und umso kleiner wird, je weniger der Effekt mit dem Lernen bzw. dem Unterricht unmittelbar in Verbindung gebracht werden kann (Differenz sozialbezogene Effekte=0,017; Differenz hedonistische Effekte=0,003).

Der ermittelte schwache Zusammenhang zwischen den Einschätzungen zu den Lehrern bzw. Betreuern und den lernbezogenen Effekten macht deutlich, dass Schüler, die die lernbezogenen Effekte ihrer Teilnahme an den Ganztagsangeboten für sich geringer beurteilen, Lehrer bzw. Betreuer trotzdem positiver einschätzen können. Ein Grund für diesen schwachen Zusammenhang könnte sein, dass lernbezogene Motive im Vergleich zu den sozialbezogenen und hedonistischen Motiven den geringsten Einfluss auf die Teilnahme an den Ganztagsangeboten haben und demzufolge in der Einschätzung ihrer Effekte auch nicht den Stellenwert haben wie die sozialbezogenen und hedonistischen Effekte.

Tab. 190: Berechnung der Signifikanzen und Korrelationen nach Pearson zwischen Lehrern, Betreuern und Effekten der Ganztagsangebote 2009

Einschätzungen der...		Einschätzungen der...				
		Lehrer	Betreuer	lernbezogenen Effekte	sozialbezogenen Effekte	hedonistischen Effekte
Betreuer	Korrelation	0.699**	1	0.382**	0.420**	0.489**
	N	1.077	1.117	1.031	1.072	1.088
Lehrer	Korrelation	1	0.699**	0.323**	0.403**	0.486**
	N	1.238	1.077	1.136	1.186	1.207

Die Korrelation ist auf dem Niveau von 0,01 (2-seitig) signifikant.
(Quelle: Schülerbefragung 2009)

5.7.3 Korrelationen zwischen den Einschätzungen der Effekte von Ganztagsangeboten

Wenn die lernbezogenen Effekte nur in einem schwachen Zusammenhang mit den Einschätzungen zu den Lehrern und Betreuern stehen bzw. auf diese nur einen geringen Einfluss ausüben, dann kann angenommen werden, dass einerseits zwischen ihnen und den anderen Effekten ebenfalls nur ein geringer und andererseits zwischen den sozialbezogenen und hedonistischen Effekten ein größerer Zusammenhang besteht, da diese sowohl hinsichtlich der Beweggründe für die Teilnahme als auch in der Einschätzung der Effekte einen höheren Stellenwert aus Sicht der Schüler hatten.

Die Korrelationsberechnungen zeigen, dass zwischen den lernbezogenen und sowohl den sozialbezogenen (r=0.473) als auch insbesondere den hedonistischen (r=0.392) Effekten ein positiver, schwacher Zusammenhang besteht. Ein deutlich engerer Zusammenhang mittlerer Stärke (r=0.568) zeigt sich dagegen zwischen den sozialbezogenen und hedonistischen Einschätzungen.

Tab. 191: *Berechnung der Signifikanzen und Korrelationskoeffizienten nach Pearson zwischen den Effekten der Ganztagsangebote 2009*

Einschätzungen der...		Einschätzungen der...		
		lernbezogenen Effekte	sozialbezogenen Effekte	hedonistischen Effekte
lernbezogenen Effekte	Korrelation	1	0.473**	0.392**
	N	2.158	2.091	2.116
sozialbezogenen Effekte	Korrelation	0.473**	1	0.568**
	N	2.091	2.220	2.180
hedonistischen Effekte	Korrelation	0.392**	0.568**	1
	N	2.116	2.180	2.258

Die Korrelation ist auf dem Niveau von 0,01 (2-seitig) signifikant.
(Quelle: Schülerbefragung 2009)

5.7.4 Korrelationen zwischen den Einschätzungen der Betreuer bzw. Lehrer und den Subdimensionen

In den bisherigen Untersuchungen wurde mittels einer Korrelationsanalyse für den Erhebungszeitpunkt 2009 nachgewiesen, dass zwischen den Einschätzungen der Lehrer bzw. Betreuer und den Einschätzungen der wahrgenommenen Effekte von Ganztagsangeboten Zusammenhänge bestehen. Die Analysen zur Beschreibung der Lern- und Arbeitsweisen in den Ganztagsangeboten und die Aussagen der Schüler, welche Items von ihnen die größte bzw. die geringste Zustimmung erhalten haben, lassen die Schlussfolgerung zu, dass auch zwischen den Einschätzungen zum Grad der Schülerorientierung der Ganztagsangebote und dem Schüler-Lehrer- bzw. Schüler-Betreuer-Verhältnis ein positiver Zusammenhang besteht. Dieser Schlussfolgerung liegt die Annahme zugrunde, dass Lehrer bzw. Betreuer, die die Schüler eng in die inhaltliche und methodische Gestaltung der Ganztagsangebote entsprechend ihren Wünschen, Vorstellungen und Interessen einbeziehen und ihnen somit die Möglichkeit zur aktiven Teilhabe und Mitgestaltung geben, von den Schülern ebenfalls positiv bewertet werden. Bezogen auf diese Annahme soll eine **zweite, differenzierter betrachtete Annahme** formuliert werden: Da die zur Bewertung der Schülerorientierung formulierten Subdimensionen ebenso wesentliche Merkmale zur Beschreibung des Unterrichts sind und sich demzufolge insbesondere die Lehrkräfte mit diesen auseinandersetzen bzw. diese in ihrer Unterrichtsgestaltung berücksichtigen müssen, wird davon ausgegangen, dass zwischen den Einschätzungen der Lehrkräfte und den Subdimensionen ein größerer Zusammenhang besteht als zu den Einschätzungen der Betreuer.

Die Korrelationsanalysen für den Erhebungszeitpunkt 2009 bringen zwei wesentliche Erkenntnisse:

1. Zwischen den Einschätzungen sowohl der Lehrer als auch der Betreuer und allen Subdimensionen bestehen positive Zusammenhänge. Auffällig ist dabei, dass der Zusammenhang zwischen den Lehrern/Betreuern und den Subdimensionen, die von den Schülern am höchsten bewertet werden, stärker ist als der Zusammenhang zu den Subdimensionen, die von den Schülern am geringsten bewertet werden. Dieses trifft insbesondere für die Einschätzung der Subdimension „Partizipation" zu, für die sowohl gegenüber den Lehrern als auch den Betreuern ein schwacher Zusammenhang ($r=0.454$ bzw. $r=0.378$) aus Sicht der Schüler besteht. Dieses bedeutet, dass Lehrer und Betreuer auch dann von den Schülern positiv bewertet werden können, wenn die Einschätzung der Partizipation eher negativ ausfällt.
2. Der Zusammenhang zwischen der Einschätzung der Subdimensionen und den Lehrern ist bei allen Subdimensionen höher als bei den Betreuern. Schüler, die die Subdimensionen positiv einschätzen, schätzen demzufolge ihre Lehrer stärker positiv ein als ihre Betreuer, wenngleich hervorgehoben werden muss, dass für beide Personengruppen hinsichtlich der Subdimensionen „Motivation" und „Strukturiertheit und Klarheit" Zusammenhänge mittlerer Stärke ($0.549 <= r <= 0.616$) und hinsichtlich der Subdimensionen „Partizipation" und

„Lebensweltbezug" Zusammenhänge schwacher Stärke (0.378<=r<=0.491) nachgewiesen werden konnten. Ein unterschiedlicher Korrelationsgrad zeigt sich bei der Subdimension „Schüleraktive Aufgabenorientierung", da hier ein Zusammenhang mittlerer Stärke (r=0.533) gegenüber den Lehrern und ein Zusammenhang schwacher Stärke (r=0.483) gegenüber den Betreuern besteht. Eine Ursache für diese zwischen den beiden Personengruppen unterschiedlich starken Zusammenhänge gegenüber den jeweiligen Subdimensionen kann in den unterschiedlichen Professionen und den damit verbundenen pädagogischen Qualifikationen liegen. Lehrkräfte verfügen hier über einen umfangreichen pädagogischen Erfahrungs- und Kenntnisstand, den sie in ihrer täglichen Unterrichtstätigkeit erworben haben und von dem sie für die Planung, Organisation und Durchführung von Ganztagsangeboten bzw. Arbeitsgemeinschaften gleichermaßen profitieren können.

Tab. 192: Korrelationen nach Pearson zwischen den Einschätzungen der Subdimensionen und der Lehrer/Betreuer von Ganztagsangeboten (2009)

Einschätzungen der...		Einschätzungen der Subdimension				
		Motivation	Strukturiertheit und Klarheit	Schüleraktive Aufgabenorientierung	Partizipation	Lebensweltbezug
Lehrer	Korrelation	0.589**	0.616**	0.533**	0.454**	0.491**
	N	1.189	1.195	1.208	1.182	1.181
Betreu-er	Korrelation	0.551**	0.549**	0.483**	0.378**	0.426**
	N	1.072	1.080	1.091	1.069	1.066

Die Korrelation ist auf dem Niveau von 0,01 (2-seitig) signifikant.
(Quelle: Schülerbefragung 2009)

5.7.5 Korrelationen zwischen den Einschätzungen der Subdimensionen

Die Analysen, welche Items der jeweiligen Subdimensionen am positivsten bzw. am negativsten bewertet wurden, haben deutlich gemacht, dass sich die positive Entwicklung eines Items auch auf eine positivere Bewertung der anderen Items auswirken kann. Es soll daher untersucht werden, ob die Einschätzungen der Subdimensionen miteinander korrelieren.

Die Korrelationsanalysen haben ergeben, dass zwischen allen Subdimensionen positive Zusammenhänge bestehen, die schwach, mittel und stark ausgeprägt sind.

Ein starker, positiver Zusammenhang (r=0.733) zeigt sich zwischen den Subdimensionen „Motivation" und „Strukturiertheit/Klarheit". Die Betrachtung einzelner Items beider Subdimensionen verdeutlicht, wie stark diese einander bedingen: Lehrer und Betreuer, denen es gelingt, auch trockenen Stoff wirklich interessant und spannend darzustellen („Strukturiertheit/Klarheit"), sind auch in der Lage, bei den Schülern Begeisterung und Interesse für Neues zu wecken („Motivation"). Wenn Lehrer und Betreuer Wert darauf legen, dass die Schüler sichtbare Ergebnisse und Produkte erarbeiten („Motivation"), dann müssen sie den Schülern gut erklären, wie sie mit richtigen Methoden arbeiten müssen, um eine Aufgabe besser zu schaffen und das zu Lernende anschaulich und verständlich erklären („Strukturiertheit/Klarheit"). Der statistisch nachgewiesene Zusammenhang kann demnach auch inhaltlich begründet werden.

Ein positiver Zusammenhang mittlerer Stärke (r=0.646) besteht auch zwischen den Einschätzungen der „Motivation" und der „Schüleraktiven Aufgabenorientierung". Auch hier lässt sich aus inhaltlicher Sicht der Zusammenhang darstellen: Wenn Lehrer und Betreuer Wert darauf legen, dass die Schüler sichtbare Ergebnisse und Produkte erarbeiten („Motivation"), dann müssen sie auch darauf achten, dass möglichst alle Schüler aktiv etwas erarbeiten („Schüleraktiven Aufgabenorientierung").

Auch zwischen der „Strukturiertheit/Klarheit" und der „Schüleraktiven Aufgabenorientierung" wurde ein positiver Zusammenhang mittlerer Stärke (r=0.642) nachgewiesen. So kann trockener Stoff wirklich interessant und spannend dargestellt werden („Strukturiertheit/Klarheit"), wenn man den Schülern häufig spannende Aufgaben gibt, die sie alleine oder in Gruppen lösen müssen („Schüleraktiven Aufgabenorientierung").

Ein positiver Zusammenhang mittlerer Stärke (r=0.640) findet sich auch zwischen den Einschätzungen zur „Motivation" und zum „Lebensweltbezug". Damit bei den Schülern Begeisterung und Interesse für Neues geweckt werden kann, muss ihnen die Möglichkeit gegeben werden, Dinge in die Angebote einbringen zu können, die sie außerhalb der Schule machen („Lebensweltbezug").

Weitere positive Zusammenhänge mittlerer Stärke wurden nachgewiesen zwischen den Subdimensionen

- „Strukturiertheit/Klarheit" und „Lebensweltbezug" (r=0.619),
- „Schüleraktive Aufgabenorientierung" und „Lebensweltbezug" (r=0.539),
- „Motivation" und „Partizipation" (r=0.534),
- „Strukturiertheit/Klarheit" und „Partizipation" (r=0.528),
- „Partizipation" und „Lebensweltbezug" (r=0.524) und
- „Schüleraktive Aufgabenorientierung" und „Partizipation" (r=0.494).

Deutlich wird, dass die Subdimension „Partizipation" zu allen anderen Subdimensionen die geringsten Korrelationskoeffizienten aufweist. Die Einschätzung der „Partizipation" ist demzufolge in einem schwachen Zusammenhang zu den Einschätzungen der anderen Subdimensionen zu betrachten.

Tab. 193: Korrelationen nach Pearson zwischen den Einschätzungen der Subdimensionen von Ganztagsangeboten (2009)

Korrelationen zwischen Subdimensionen		Motivation	Strukturiertheit und Klarheit	Schüleraktive Aufgabenorientierung	Partizipation	Lebensweltbezug
Motivation	Korrelation	1	0.733**	0.646**	0.534**	0.640**
	N	2.210	2.168	2.188	2.114	2.152
Strukturiertheit und Klarheit	Korrelation	0.733**	1	0.642**	0.528**	0.619**
	N	2.168	2.205	2.181	2.111	2.147
Schüleraktive Aufgabenorientierung	Korrelation	0.646**	0.642**	1	0.494**	0.539**
	N	2.188	2.181	2.237	2.138	2.167
Partizipation	Korrelation	0.534**	0.528**	0.494**	1	0.524**
	N	2.114	2.111	2.138	2.160	2.096
Lebensweltbezug	Korrelation	0.640**	0.619**	0.539**	0.524**	1
	N	2.152	2.147	2.167	2.096	2.188

Die Korrelation ist auf dem Niveau von 0,01 (2-seitig) signifikant.
(Quelle: Schülerbefragung 2009)

5.7.6 Korrelationen zwischen den Einschätzungen der Effekte und der Subdimensionen von Ganztagsangeboten

Die Beurteilung der Effekte der Ganztagsangebote hatte gezeigt, dass die teilnehmenden Schüler die hedonistischen (MW=3,18) und die sozialbezogenen (MW=2,70) Effekte am höchsten sowie die lernbezogenen Effekte (MW=2,21) am niedrigsten einschätzen.

In der Einschätzung der Subdimensionen wurde deutlich, dass die Schüler insbesondere die schüleraktive Aufgabenorientierung, die Motivation sowie die Strukturiertheit und Klarheit am höchsten, die Partizipation und den Lebensweltbezug dagegen am schwächsten einschätzen.

Es soll daher untersucht werden, ob zwischen den Einschätzungen der Effekte und der Subdimensionen Zusammenhänge bestehen, um Aussagen treffen zu können, welche Subdimensionen stärker bzw. schwächer mit bestimmten Effekten im Zusammenhang stehen.

Die Korrelationsanalyse zeigt, dass

- mit Ausnahme der Partizipation alle anderen Subdimensionen am stärksten mit der Einschätzung der hedonistischen Effekte zusammenhängen,
- alle Subdimensionen am schwächsten mit der Einschätzung der lernbezogenen Effekte zusammenhängen,
- die Subdimensionen, die am höchsten bewertet werden, den stärksten Zusammenhang zu den Effekten haben, die ebenfalls am höchsten bewertet wurden,
- die Einschätzung der Partizipation am schwächsten mit den Effekten und dabei insbesondere mit den lernbezogenen Effekten korreliert.

Insgesamt lässt sich damit feststellen, dass positive Zusammenhänge mittlerer Stärke zwischen den Einschätzungen

- der Motivation und den hedonistischen Effekten (r=0.617),
- der Strukturiertheit und Klarheit und den hedonistischen Effekten (r=0.528),
- der Motivation und den sozialbezogenen Effekten (r=0.526),

und schwache positive Zusammenhänge zwischen allen anderen Subdimensionen und Effekten bestehen.

Tab. 194: Korrelationen nach Pearson zwischen den Effekten und den Subdimensionen von Ganztagsangeboten

Korrelationen zwischen Effekten und Subdimensionen		Sozialbezogene Effekte	Lernbezogene Effekte	Hedonistische Effekte
Motivation	Korrelation	0.526**	0.451**	0.617**
	N	2.130	2.066	2.158
Strukturiertheit und Klarheit	Korrelation	0.473**	0.466**	0.528**
	N	2.128	2.059	2.153
Schüleraktive Aufgabenorientierung	Korrelation	0.415**	0.378**	0.419**
	N	2.147	2.079	2.178
Partizipation	Korrelation	0.347**	0.266**	0.335**
	N	2.077	2.014	2.108
Lebensweltbezug	Korrelation	0.431**	0.400**	0.441**
	N	2.117	2.046	2.136

(Quelle: Schülerbefragung 2009)

Da sich die stärksten Korrelationen auf die Motivation, die Strukturiertheit und Klarheit sowie auf die hedonistischen und sozialbezogenen Effekte beziehen, sollen Erklärungen für die Zusammenhänge anhand der jeweiligen Items sowie der bereits nachgewiesenen Korrelationen gefunden werden. Dabei muss hervorgehoben werden, dass hinsichtlich der

- Subdimensionen die stärkste Korrelation zwischen der Motivation und Strukturiertheit und Klarheit (r=0.733),
- Effekte die stärkste Korrelation zwischen den hedonistischen und den sozialbezogenen Effekten (r=0.568)

nachgewiesen wurde.

Der Zusammenhang zwischen den Einschätzungen der Subdimensionen und der Effekte wird durch die Beziehung der jeweiligen Items zueinander deutlich: Wenn Lehrer in den Angeboten bei den Schülern Begeisterung und Interesse für Neues wecken, indem Themen und Inhalte aufgegriffen werden, die die Schüler interessieren (Motivation), wenn es ihnen gelingt, auch trockenen Stoff interessant und spannend darzustellen (Strukturiertheit und Klarheit), dann kann davon ausgegangen werden, dass den Schülern die Angebote Spaß machen, sie sich nicht langweilen und sich in der Regel gut fühlen (hedonistische Effekte). Die nachgewiesenen positiven Korrelationen mittlerer Stärke zwischen diesen Subdimensionen und den Effekten scheinen diese Wechselwirkung zu bestätigen.

5.7.7 Korrelationen zur Zufriedenheit mit den Ganztagsangeboten

Es soll untersucht werden, welche Faktoren mit der Einschätzung der Zufriedenheit in einem Zusammenhang stehen und demzufolge Einfluss auf die Einschätzung nehmen können.

Dabei stellte sich vor allem die Frage, ob

- die Anzahl der Tage, an denen die Schüler Ganztagsangebote nutzen,
- das Schüler-Lehrer- bzw. Schüler-Betreuer-Verhältnis in den Ganztagsangeboten und
- die Einschätzung der Effekte der Ganztagsangebote

in einem Zusammenhang mit der Zufriedenheit mit den Ganztagsangeboten stehen.

Die Untersuchungen haben gezeigt, dass zwischen der Anzahl der Tage, an denen die Schüler an Ganztagsangeboten teilnehmen, und der Zufriedenheit mit den Ganztagsangeboten kein Zusammenhang besteht (r=0.049). Damit kann nicht von der Annahme ausgegangen werden, dass Schüler mit den Ganztagsangeboten umso zufriedener sind, je öfter sie innerhalb der Schulwoche Angebote besuchen. Auch ein möglicher Zusammenhang, dass Schüler an umso mehr Tagen Angebote besuchen, je zufriedener sie mit den Angeboten an ihrer Schule sind, konnte demzufolge nicht nachgewiesen werden. Ein Erklärungsansatz kann darin gesehen werden, dass Schüler die Einschätzung der Zufriedenheit in der Regel auf ein bestimmtes Angebot beziehen und diese Zufriedenheit nicht automatisch auf alle anderen Angebote übertragen wird. Da viele Angebote innerhalb der Schulwoche oft nur ein Mal realisiert werden, können die Schüler trotz einer eventuell bestehenden Zufriedenheit mit diesem Angebot dieses nicht öfter nutzen.

In Bezug auf die Einschätzungen der Lehrer und Betreuer, die die Ganztagsangebote leiten, zeigt sich dagegen ein Zusammenhang. Dieser fällt bei den Betreuern schwächer aus (r=0.182; p<0,01) als bei den Lehrern (r=0.230; p<0,01)), wobei beide Zusammenhänge positiv sind. Je positiver die Schüler die Leiter ihrer Angebote beurteilen, desto zufriedener sind sie auch mit ihren Angeboten.

Die Einschätzung der Effekte der Ganztagsangebote hatte gezeigt, dass die Schüler die hedonistischen (MW=3,18) und die sozialbezogenen (MW=2,70) Effekte positiver bewerten als die lernbezogenen Effekte, die mit einem Mittelwert von 2,21 im eher negativen Bereich liegen.

Die Stärke des Zusammenhangs zwischen diesen Effekten und der Zufriedenheit spiegelt sich in dieser Einschätzung wider: Positiver bewertete Effekte stehen in einem engeren Zusammenhang mit der Zufriedenheit als negativer bewertete Effekte. Je positiver die hedonistischen Effekte eingeschätzt werden, desto höher ist auch die Zufriedenheit mit den Angeboten (r=0.272; p<0,01). Ein positiver, schwacher Zusammenhang (r=0.272; p<0,01) zeigt sich auch zwischen den lernbezogenen Effekten und der Zufriedenheit. Dagegen zeigt sich zwischen der Einschätzung der lernbezogenen Effekte und der Zufriedenheit kaum ein Zusammenhang (r=0.153; p<0,01).

Eine Ursache für diese unterschiedlich stark ausgeprägten Zusammenhänge können in der unterschiedlichen Wertigkeit der Motive bzw. Beweggründe für die Teilnahme an den Ganztagsangeboten gesehen werden. So gaben 2009 73,6% der Schüler hedonistische und 71,1% der Schüler sozialbezogene, jedoch nur 67,8% von ihnen lernbezogene Motive für die Teilnahme an. Wenn sich diese unterschiedlich hohe Erwartungshaltung in gleichem Maße auch mit der Einschätzung der Effekte deckt, kann von einer entsprechend hohen Zufriedenheit ausgegangen werden. Die Ergebnisse und der Vergleich zwischen den Motiven für die Teilnahme, der Beurteilung der Effekte und der Zufriedenheit mit den Angeboten und die dabei festgestellte Übereinstimmung scheint diese Annahme zu bestätigen.

5.8 Wirkungen der Teilnahme an Ganztagsangeboten

5.8.1 Zufriedenheit mit den Ganztagsangeboten

Um eine allgemeine Gesamteinschätzung über die Ganztagsangebote der Schule zu erhalten, wurden die an den Angeboten teilnehmenden Schüler zu ihrer Zufriedenheit mit diesen befragt[30]. Die Schüler hatten dabei die Möglichkeit, ihre Antworten der Skalierung

- „sehr unzufrieden" (zugewiesener Wert=1)
- „eher unzufrieden" (zugewiesener Wert=2)
- „teils/teils" (zugewiesener Wert=3)
- „eher zufrieden" (zugewiesener Wert=4)
- „sehr zufrieden" (zugewiesener Wert=5)

zuzuordnen.

Anhand der zugewiesenen Werte wurde ein Mittelwert berechnet, der vom Minimalwert „1=negativ" bis zum Maximalwert „5=positiv" reichen konnte. Der Wert „3" entspricht aufgrund seiner Skalierung „teils/teils" der Mitte und demzufolge dem „neutralen Bereich". Alle Mittelwerte größer als „3" sind demnach positiv, alle kleiner als „3" negativ zu werten.

Die Schüler sind mit den Ganztagsangeboten sowohl 2007 als auch 2009 insgesamt zufrieden, da beide Mittelwerte im positiven Bereich (MW>3,0) liegen.

Die Einschätzungen von 2007 und 2009 weisen einen signifikanten Verteilungsunterschied (p<0,01) dahingehend auf, dass die Schüler ihre Zufriedenheit mit den Ganztagsangeboten 2009 kritischer bewerten als 2005 (-0,22 Differenzpunkte). Die Zufriedenheit hat sich damit 2009 stärker dem neutralen Bereich angenähert.

---

30 Fragestellung: „In der Ganztagsschule gibt es neben dem Unterricht noch zusätzliche Ganztagsangebote. Alles in allem: Wie zufrieden bist Du mit diesen an Deiner Schule?"

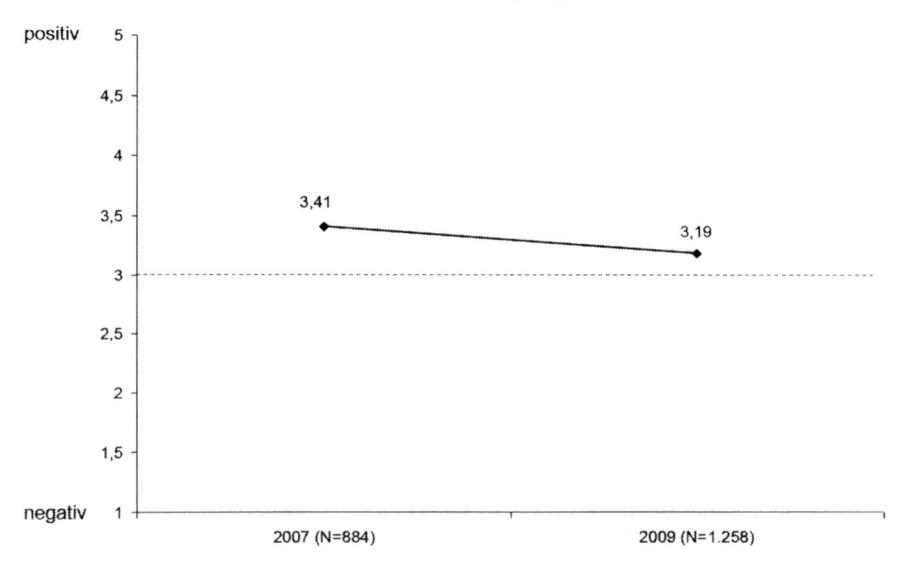

Empirische Untersuchungen zu Nutzungspräferenzen von Schülern 247

Abb. 36: Zufriedenheit der Schüler mit den Ganztagsangeboten (Mittelwertskala)

[Diagramm: positiv 5 ... negativ 1; 2007 (N=884): 3,41; 2009 (N=1.258): 3,19]

(Quelle: Schülererhebung 2007, 2009)

In der geschlechterspezifischen Betrachtung zeigt sich 2007 kein Unterschied. Dieses ändert sich 2009 dahingehend, dass Mädchen (MW=3,24) mit den Angeboten insgesamt zufriedener sind als Jungen (MW=3,15), deren Einschätzungen somit unter dem Gesamtmittelwert von 2009 liegen.

Tab. 195: Zufriedenheit der Schüler mit den Ganztagsangeboten nach dem Geschlecht

Wie zufrieden bist Du mit den Ganztagsangeboten an Deiner Schule?	Weiblich		männlich	
	N	MW	N	MW
2007	448	3,40	432	3,41
2009	634	3,24	617	3,15

(Quelle: Schülererhebung 2007, 2009)

Hinsichtlich der Familienstruktur zeigen sich zwischen den beiden Schülergruppen zu beiden Erhebungszeitpunkten Unterschiede. Kinder und Jugendliche aus allein erziehenden Familien zeigen sich insgesamt in einem geringeren Maße mit den Angeboten zufrieden und liegen zu beiden Erhebungszeitpunkten unter den Gesamtmittelwerten.

248   Empirische Untersuchungen zu Nutzungspräferenzen von Schülern

Tab. 196: Zufriedenheit der Schüler mit den Ganztagsangeboten nach der Familienstruktur

Wie zufrieden bist Du mit den Ganztagsangeboten an Deiner Schule?	allein erziehend		nicht allein erziehend	
	N	MW	N	MW
2007	140	3,37	623	3,42
2009	185	3,14	1.010	3,20

(Quelle: Schülererhebung 2007, 2009)

Geringe Unterschiede, die inhaltlich und statistisch vernachlässigt werden können, zeigen sich sowohl 2007 als auch 2009 zwischen den Einschätzungen der Kinder und Jugendlichen aus Familien mit einem geringeren bzw. höheren Erwerbsstatus.

Tab. 197: Zufriedenheit der Schüler mit den Ganztagsangeboten nach dem Erwerbsstatus

Wie zufrieden bist Du mit den Ganztagsangeboten an Deiner Schule?	geringerer Erwerbsstatus		höherer Erwerbsstatus	
	N	MW	N	MW
2007	542	3,42	342	3,39
2009	631	3,21	627	3,18

(Quelle: Schülererhebung 2007, 2009)

Waren 2007 Kinder und Jugendliche aus Familien mit einem niedrigen bzw. hohen kulturellen Status gleichermaßen (MW=3,21) mit den Ganztagsangeboten zufrieden, so nahm die Zufriedenheit unter dem Aspekt eines niedrigen kulturellen Status nach 2009 stärker ab (-0,1 Differenzpunkte) als bei den Kindern und Jugendlichen aus Familien mit einem hohen kulturellen Status.

Tab. 198: Zufriedenheit der Schüler mit den Ganztagsangeboten nach dem kulturellen Status

Wie zufrieden bist Du mit den Ganztagsangeboten an Deiner Schule?	niedriger kultureller Status		hoher kultureller Status	
	N	MW	N	MW
2007	33	3,21	148	3,21
2009	45	3,11	212	3,17

(Quelle: Schülererhebung 2007, 2009)

Deutliche Unterschiede zeigen sich sowohl zwischen den Einschätzungen der Jahrgangsstufen als in der Entwicklung dieser von 2007 nach 2009. Schüler in der Jahrgangsstufe 5 sind zu beiden Erhebungszeitpunkten mit den Angeboten zufriedener als in den Jahrgangsstufen 7 und 9. Mit steigender Jahrgangsstufe nimmt die Zufriedenheit ab.

Hat sich die Zufriedenheit mit den Angeboten von 2007 nach 2009 in der Jahrgangsstufe 7 kaum verändert, so zeigt sich in den Jahrgangsstufen 5 und 9 eine deutliche Verringerung der Zufriedenheit, die in der Jahrgangsstufe 9 dazu geführt hat, dass die Schüler mit den Angeboten eher unzufrieden sind. Die Einschätzung 2009 weisen zwischen den Jahrgangsstufen 5 und 9 einen signifikanten Verteilungsunterschied auf ($p<0,05$).

Tab. 199: Zufriedenheit der Schüler mit den Ganztagsangeboten nach der Jahrgangsstufe

Wie zufrieden bist Du mit den Ganztagsangeboten an Deiner Schule?	5		7		9	
	N	MW	N	MW	N	MW
2007	389	3,72	332	3,17	163	3,14
2009	484	3,34	473	3,18	301	2,97

(Quelle: Schülererhebung 2007, 2009)

Beachtenswert stellt sich der Vergleich der Einschätzungen nach der Schulart dar. Waren 2007 die Schüler an den Gesamtschulen mit ihren Angeboten am meisten und an den Gymnasien am wenigsten zufrieden, so änderte sich diese Einschätzung 2009. Der Rückgang der Zufriedenheit zeigt sich an den Gymnasien am geringsten (-0,04 Differenzpunkte), an den Gesamtschulen dagegen am stärksten (-0,36 Differenzpunkte). Auch an den Regionalen Schulen zeigt sich ein Rückgang der Zufriedenheit mit den Angeboten (-0,24 Differenzpunkte). Interessant erscheint hierbei die Betrachtung der Entwicklung der schulartspezifischen Teilnahmequoten an den Ganztagsangeboten. So hat im Vergleichszeitraum die Teilnahmequote an den Regionalen Schulen ab- (-1,9 Prozentpunkte), an den Gesamtschulen leicht (+6,5 Prozentpunkte), an den Gymnasien dagegen stark (+21,5 Prozentpunkte) zugenommen. Es ist anzunehmen, dass die Zufriedenheit der Schüler mit ihren Angeboten Einfluss auch auf die Teilnahmequote an den Ganztagsangeboten nimmt.

Tab. 200: Zufriedenheit der Schüler mit den Ganztagsangeboten nach der Schulart

Wie zufrieden bist Du mit den Ganztagsangeboten an Deiner Schule?	Regionale Schule		Gesamtschule		Gymnasium	
	N	MW	N	MW	N	MW
2007	333	3,42	287	3,53	264	3,26
2009	384	3,18	401	3,17	473	3,22

(Quelle: Schülererhebung 2007, 2009)

Die Einschätzungen nach dem Leistungsstand zeigen, dass 2007 leistungsschwächere Schüler in einem geringeren Maße mit den Angeboten zufriedener sind als leistungsstärkere Schüler (-0,11 Differenzpunkte). Dieser Unterschied steigt 2009 an (-0,20 Differenzpunkte), so dass sich ein signifikanter Verteilungsunterschied ($p<0,01$) nachweisen lässt.

Tab. 201: Zufriedenheit der Schüler mit den Ganztagsangeboten nach dem Leistungsstand

Wie zufrieden bist Du mit den Ganztagsangeboten an Deiner Schule?	leistungsschwächere Schüler		leistungsstärkere Schüler	
	N	MW	N	MW
2007	338	3,34	499	3,45
2009	479	3,07	715	3,27

(Quelle: Schülererhebung 2007, 2009)

Abschließend soll geprüft werden, ob zwischen den Einschätzungen zur Zufriedenheit mit den Ganztagsangeboten und Bereichen, die im Rahmen dieser Thematik ebenfalls untersucht und dargestellt wurden, Zusammenhänge bestehen.

- Zeitlicher Nutzungsumfang:
  Es hat sich gezeigt, dass zwischen der Zufriedenheit mit den Angeboten und dem zeitlichen Nutzungsumfang, d. h. ob Angebote an einem Tag oder an mehr als einem Tag genutzt werden, kein Zusammenhang besteht. Angebote an mehr als einem Tag zu nutzen und somit häufig auch mehr Angebote zu nutzen, führt demzufolge nicht zwangsläufig dazu, mit den Angeboten insgesamt zufriedener zu sein.
- Einschätzung der Lehrer in den Angeboten:
  Je positiver die Lehrer in den Angeboten bewertet werden, desto zufriedener sind die Schüler mit ihren Angeboten. Die Zufriedenheit mit den Angeboten steht in einem schwachen positiven Zusammenhang ($r=0.230$; $p<0,01$; $N=1.178$) mit dem Schüler-Lehrer-Verhältnis innerhalb der Angebote.

- Einschätzung der Betreuer in den Angeboten:
  Ein vergleichbares Ergebnis zeigt sich bei der Betrachtung der Einschätzung der Betreuer. Der hier nachgewiesene Zusammenhang mit der Zufriedenheit der Angebote fällt jedoch schwächer aus als bei den Lehrern, die Angebote durchführen ($r=0.182$; $p<0,01$; $N=1.062$).
- Einschätzung der Lehrer außerhalb der Angebote:
  Schüler, die mit ihren Angeboten zufrieden sind, schätzen auch ihr Verhältnis zu den Lehrern außerhalb der Angebote positiv ein ($r=0.185$; $p<0,01$; $N=1.204$).
- Einschätzung der Effekte der Angebote:
  Je stärker Schüler die **lernbezogenen** Effekte der Angebote einschätzen, desto zufriedener sind sie auch mit ihren Angeboten ($r=0.153$; $p<0,01$; $N=1.145$). Der Zusammenhang stellt sich dabei jedoch als sehr gering dar.
  Ein stärkerer positiver Zusammenhang zeigt sich bei der Einschätzung der **sozialbezogenen** Effekte. Schüler, die die sozialbezogenen Effekte der Angebote positiver einschätzen, sind auch mit ihren Angeboten zufriedener ($r=0.233$; $p<0,01$; $N=1.183$).
  Die Einschätzung, dass die Schüler, die die hedonistischen Effekte der Angebote positiv beurteilen, auch mit ihren Angeboten zufrieden sind – und dieses im Vergleich zu den lern- und sozialbezogenen Effekten am stärksten ($r=0.272$; $p<0,01$; $N=1.206$) – ist auch im Zusammenhang mit den Motiven der Schüler für ihre Teilnahme an den Ganztagsangeboten zu betrachten. Hier hatte sich gezeigt, dass hedonistische Motive die größte Bedeutung bei der Entscheidung für die Teilnahme an Ganztagsangeboten hatten. Insofern ist der Zusammenhang zwischen der Einschätzung der hedonistischen Effekte und der Zufriedenheit mit den Angeboten erklärbar, da sich mit der positiven Einschätzung der hedonistischen Effekte die Erwartungshaltung der Schüler aus hedonistischer Sicht bestätigt sieht und somit ein Grund für die Zufriedenheit mit den Angeboten gegeben ist.

5.8.2 Einstellung zur Schule

Den von 2005 nach 2009 gestiegenen Anteil der an den Ganztagsangeboten teilnehmenden Schüler als Grundlage nehmend, soll untersucht werden, ob sich die Teilnahme an den Ganztagsangeboten positiv auf die Beantwortung der Frage „Gehst Du lieber zur Schule, seitdem Du diese Angebote besuchst?" auswirkt.

Dabei lässt sich allgemein feststellen, dass der Anteil der Schüler, der lieber zur Schule geht, seitdem er Ganztagsangebote besucht, sowohl von 2005 (37,5%) nach 2007 (41,0%) als auch nach 2009 (42,2%) gestiegen ist, wenngleich sich der

Anstieg im letzten Zeitraum nicht mehr so stark darstellt wie von 2005 nach 2007. Damit wird jedoch auch deutlich, dass mehr als die Hälfte (57,8%) der an den Ganztagsangeboten teilnehmenden Schüler keine positiven Wirkungen auf ihre Einstellung zum Schulbesuch sieht.

Abb. 37: Anteil der Schüler insgesamt, der seit dem Besuch von Ganztagsangeboten lieber zur Schule geht (in %)

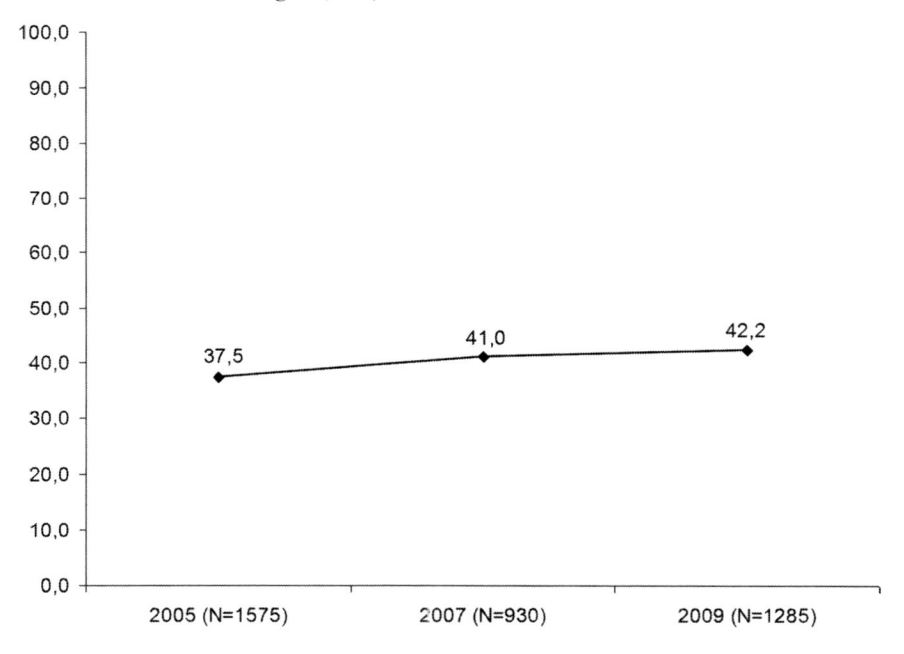

2005 (N=1575)	2007 (N=930)	2009 (N=1285)
37,5	41,0	42,2

(Quelle: Schülerbefragung 2005, 2007, 2009)

Um genauere Aussagen treffen zu können, welche Schülergruppen von der Teilnahme an Ganztagsangeboten so stark profitieren, dass sie deshalb lieber zur Schule gehen, sollen nachfolgend die jeweils klassifizierten Schülergruppen miteinander verglichen werden.

Im geschlechterspezifischen Vergleich zeigt sich, dass zu allen drei Erhebungszeitpunkten ein höherer Anteil an Jungen angab, seit dem Besuch von Ganztagsangeboten lieber zur Schule zu gehen. Während sich bei den Mädchen von 2005 (36,5%) nach 2009 (39,9%) ein geringer Anstieg bei diesem Anteil zeigt, ist bei den Jungen festzustellen, dass bereits 2005 (38,6%) ein höherer Wert erreicht wur-

Empirische Untersuchungen zu Nutzungspräferenzen von Schülern 253

de als bei den Mädchen 2005 und 2007, es von 2005 nach 2007 (44,4%) zu einem stärkeren Anstieg um 5,8 Prozentpunkte kam und dieser höhere Anteil sich auch 2009 (44,7%) bestätigt.

Tab. 202: *Anteil der Schüler nach dem Geschlecht, der seit dem Besuch von Ganztagsangeboten lieber zur Schule geht (in %)*

Geschlecht	Erhebungsjahr	Anteil (in %)
Mädchen	2005 (N=784)	36,5
	2007 (N=469)	37,5
	2009 (N=647)	39,9
Jungen	2005 (N=773)	38,6
	2007 (N=457)	44,4
	2009 (N=631)	44,7

(Quelle: Schülerbefragung 2005, 2007, 2009)

In der Betrachtung nach der Familienstruktur zeigen sich sowohl zum ersten Erhebungszeitpunkte 2005 (0,8 Prozentpunkte) als auch zum dritten Erhebungszeitpunkt 2009 (2,3 Prozentpunkte) kaum Unterschiede in den Einschätzungen, die vernachlässigt werden können. Damit gleicht sich die zwischenzeitlich höhere Differenz von 2007 (4,5 Prozentpunkte) annähernd wieder aus. Die Teilnahme an den Ganztagsangeboten scheint sich damit gleichermaßen positiv auf die Einstellung zur Schule von Kindern und Jugendlichen aus allein bzw. nicht allein erziehenden Familienkonstellationen auszuwirken.

Tab. 203: *Anteil der Schüler nach der Familienstruktur, der seit dem Besuch von Ganztagsangeboten lieber zur Schule geht (in %)*

Familienstruktur	Erhebungsjahr	Anteil (in %)
allein erziehend	2005 (N=212)	36,3
	2007 (N=146)	37,0
	2009 (N=187)	39,6
nicht allein erziehend	2005 (N=1.160)	37,1
	2007 (N=661)	41,5
	2009 (N=1.033)	41,9

(Quelle: Schülerbefragung 2005, 2007, 2009)

Auf differenzierte Darstellungen und vertiefende Erläuterungen zu den Einschätzungen der Schüler unter den Aspekten des Erwerbsstatus und des kulturellen Status soll verzichtet werden, da sich hier keine wesentlichen Unterschiede zwischen den jeweiligen Schülergruppen zeigen. Bereits bei den Beweggründen für die Teilnahme an Ganztagsangeboten zeigten sich zwischen den Jahrgangsstufen deutliche Unterschiede dahingehend, dass sowohl bei den sozial- und lernbezogenen als auch den hedonistischen Motiven der Anteil der Schüler, der mindestens jeweils einen Grund für die Teilnahme angab, mit zunehmender Jahrgangsstufe deutlich abnahm.

Legt man daher zugrunde, dass die Schüler aus der Jahrgangsstufe 5 die größte und die der Jahrgangsstufe 9 die geringste Motivation für die Teilnahme an den Ganztagsangeboten zeigen, so ist anzunehmen, dass sich diese Motivation auch auf die Einstellung zur Schule auswirkt.

Im Vergleich der Jahrgangsstufen zeigen sich deutliche Unterschiede dahingehend, dass sich der Anteil der Schüler, der seit dem Besuch von Ganztagsangeboten lieber zur Schule geht, von 2005 nach 2009

- in der Jahrgangsstufe 5 kontinuierlich und stark (+9,2 Prozentpunkte) erhöht, in der Jahrgangsstufe 7 geringfügig (+4,3 Prozentpunkte) und in der Jahrgangsstufe 9 kaum (+0,8 Prozentpunkte) verändert hat,
- in den Jahrgangsstufen 5 und 7 zwischen allen Erhebungszeitpunkten erhöht, in der Jahrgangsstufe 9 dagegen von 2007 nach 2009 wieder verringert hat (-1,7 Prozentpunkte),
- von der Jahrgangsstufe 5 (57,0%) nach 9 (27,9%) etwa halbiert hat.

Damit gehen zum Abschluss des Erhebungszeitraumes in der Jahrgangsstufe 5 mehr als die Hälfte (57,0%), in der Jahrgangsstufe 7 etwa ein Drittel (36,2%) und in der Jahrgangsstufe 9 etwa ein Viertel (27,9%) der Schüler lieber zur Schule, seitdem sie Ganztagsangebote besuchen. Der starke Rückgang im Verlauf der Jahrgangsstufen einerseits und die geringen Veränderungen in den Jahrgangsstufen 7 und 9 andererseits werfen die Frage nach den Ursachen für diese unterschiedlichen Entwicklungen und somit nach der Zufriedenheit der Schüler mit der Teilnahme an ihren Angeboten auf.

Tab. 204: *Anteil der Schüler nach der Jahrgangsstufe, der seit dem Besuch von Ganztagsangeboten lieber zur Schule geht (in %)*

Jahrgangsstufe	Erhebungsjahr	Anteil (in %)
	2005 (N=673)	47,8
5	2007 (N=401)	53,1
	2009 (N=495)	57,0

Jahrgangsstufe	Erhebungsjahr	Anteil (in %)
7	2005 (N=511)	31,9
	2007 (N=350)	32,9
	2009 (N=478)	36,2
9	2005 (N=391)	27,1
	2007 (N=179)	29,6
	2009 (N=312)	27,9

(Quelle: Schülerbefragung 2005, 2007, 2009)

Die Untersuchungen zu den Teilnahmemotiven hatten gezeigt, dass leistungsstärkere Schüler zu einem größeren Anteil mindestens einen Grund – unabhängig von der Art des Motivs – für ihre Teilnahme an den Ganztagsangeboten, leistungsschwächere Schüler dagegen seltener Gründe für ihre Teilnahme angaben.

Leistungsstärkere Schüler scheinen somit bewusster und in Verbindung mit klareren Zielvorstellungen und Erwartungen an den Ganztagsangeboten teilzunehmen als leistungsschwächere Schüler. Diese Einschätzung deckt sich auch mit der Beantwortung der Frage, wer darüber entscheidet, welche Angebote genutzt werden. Hier geben leistungsstärkere Schüler zu allen drei Erhebungszeitpunkten zu einem höheren Maße als leistungsschwächere Schüler an, dieses selbst zu entscheiden.

Tab. 205: Anteil der Schüler nach dem Leistungsstand, der über die Teilnahme an den Ganztagsangeboten selbst entscheidet (in %)

Leistungsstand	Erhebungsjahr	Anteil (in %)
leistungsschwächere Schüler	2005 (N=595)	87,9
	2007 (N=705)	92,1
	2009 (N=935)	90,2
leistungsstärkere Schüler	2005 (N=874)	94,2
	2007 (N=993)	96,8
	2009 (N=1.249)	96,8

(Quelle: Schülerbefragung 2005, 2007, 2009)

Die größere Verantwortungsübernahme durch die leistungsstärkeren Schüler selbst sowie ihre größere Zielgerichtetheit lassen die Annahme zu, dass diese Schülergruppe seit dem Besuch von Ganztagsangeboten in einem höheren Maße auch lieber zur Schule geht als die Gruppe der leistungsschwächeren Schüler.

Die Angaben dieser Schülergruppen zeigen, dass der Anteil der leistungsstärkeren Schüler, der seit dem Besuch von Ganztagsangeboten lieber zur Schule geht, zu allen Erhebungszeitpunkten größer ist als der der leistungsschwächeren Schüler, wobei sich die jeweiligen Differenzen zu allen Erhebungszeitpunkten um etwa 5,0 Prozentpunkte bewegen (2005: 5,1 Prozentpunkte; 2007: 5,3 Prozentpunkte, 2009: 5,0 Prozentpunkte).

Tab. 206: Anteil der Schüler nach dem Leistungsstand, der seit dem Besuch von Ganztagsangeboten lieber zur Schule geht (in %)

Leistungsstand	Erhebungsjahr	Anteil (in %)
leistungsschwächere Schüler	2005 (N=602)	34,1
	2007 (N=356)	37,6
	2009 (N=487)	39,2
leistungsstärkere Schüler	2005 (N=847)	38,8
	2007 (N=524)	42,9
	2009 (N=729)	44,2

(Quelle: Schülerbefragung 2005, 2007, 2009)

Die schulartbezogene Beantwortung der Frage kann nicht übergreifend vorgenommen werden, sondern erfordert Aussagen zu jeder einzelnen Schulart. Es zeigt sich an den Regionalen Schulen ein deutlicher Anstieg dieses Anteils von 2005 (35,8%) nach 2007 (47,7%) um 11,9 Prozentpunkte. Da sich dieser Anteil auch 2009 (47,3%) bestätigt, kann eine Ursache für diesen Anstieg in der Einführung des Längeren gemeinsamen Lernens gesehen werden, da seitdem auch die leistungsstärkeren Schüler weiterhin an den Regionalen Schulen in der Jahrgangsstufe 5 unterrichtet wurden. Diese beiden Faktoren – Jahrgangsstufe 5 und leistungsstärkere Schüler – könnten sich von 2005 nach 2007 somit positiv auf die Gesamteinschätzung der Schulart ausgewirkt haben.

Wenn sich dieses positiv auf die Regionalen Schulen auswirkt, dann müsste sich der Weggang der Jahrgangsstufe 5 von den Gymnasien in den Angaben von 2005 nach 2009 negativ bemerkbar machen. Dieses zeigt sich – wie an den Gesamtschulen auch (-3,0 Prozentpunkte) – jedoch nur in einem geringen Maße (-2,0 Prozentpunkte). Hierbei ist jedoch auch zu bedenken, dass insbesondere an den Gymnasien überwiegend leistungsstärkere Schüler unterrichtet werden. Dieses kann auch seine Widerspiegelung in dem Anstieg von 2007 nach 2009 (+8,3 Prozentpunkte) finden, während sich an den Gesamtschulen dieser Anteil in annähernd gleich starkem Maße (-2,6 Prozentpunkte) weiter verringert.

Empirische Untersuchungen zu Nutzungspräferenzen von Schülern 257

Tab. 207: *Anteil der Schüler nach der Schulart, der seit dem Besuch von Ganztagsangeboten lieber zur Schule geht (in %)*

Schulart	Erhebungsjahr	Anteil (in %)
Regionale Schule	2005 (N=713)	35,8
	2007 (N=346)	47,7
	2009 (N=385)	47,3
Gesamtschule	2005 (N=372)	43,3
	2007 (N=290)	40,3
	2009 (N=414)	37,7
Gymnasium	2005 (N=490)	35,7
	2007 (N=294)	33,7
	2009 (N=486)	42,0

(Quelle: Schülerbefragung 2005, 2007, 2009)

5.8.3 Ganztagsangebote und ihre Chancen für die Schüler

In einer abschließenden Betrachtung sollten die Schüler die Ganztagsangebote insgesamt dahingehend einschätzen, ob ihnen die Teilnahme Chancen für ihre weitere Entwicklung bieten kann[31]. Dabei hatten sie die Möglichkeit, sich für eine der drei Items

- „Ich denke, dass meine Teilnahme an der Ganztagsschule mir große Chancen für meine Entwicklung bietet." (zugewiesener Wert=1)
- „Ich bin mir nicht sicher, ob die Ganztagsschule mir Chancen für meine Entwicklung bieten kann." (zugewiesener Wert=0)
- „Ich bin mir sicher, dass die Ganztagsschule mir keine Chancen für meine Entwicklung bieten kann." (zugewiesener Wert=-1)

zu entscheiden.

Um eine anschauliche und vereinfachte Darstellung der Einschätzungen zu erreichen, wurden den Items die benannten Werte zugewiesen, anhand derer eine Mittelwertberechnung möglich wurde. Je niedriger der berechnete Mittelwert war,

---

31 Fragestellung: „Nun möchten wir wissen, wie Du die Ganztagsangebote insgesamt einschätzt. Welcher Aussage würdest Du am ehesten zustimmen?"

desto geringer wurden die Chancen, die die Teilnahme an den Ganztagsangeboten für die eigene Entwicklung bringen könnten, eingeschätzt. Höhere Mittelwerte stehen dagegen für größere Chancen.

Die Gesamteinschätzung zeigt, dass die Schüler für sich überwiegend große Chancen aus ihrer Teilnahme an den Ganztagsangeboten für die eigene Entwicklung sehen. Festzustellen ist jedoch auch, dass der Anteil dieser Schüler von 2005 nach 2009 abgenommen hat, wobei sich die Einschätzungen von 2005 und 2009 signifikant voneinander unterscheiden ($p<0,05$) vor.

Abb. 38: Bewertung der Chancen, die sich aus der Teilnahme an den Ganztagsangeboten ergeben

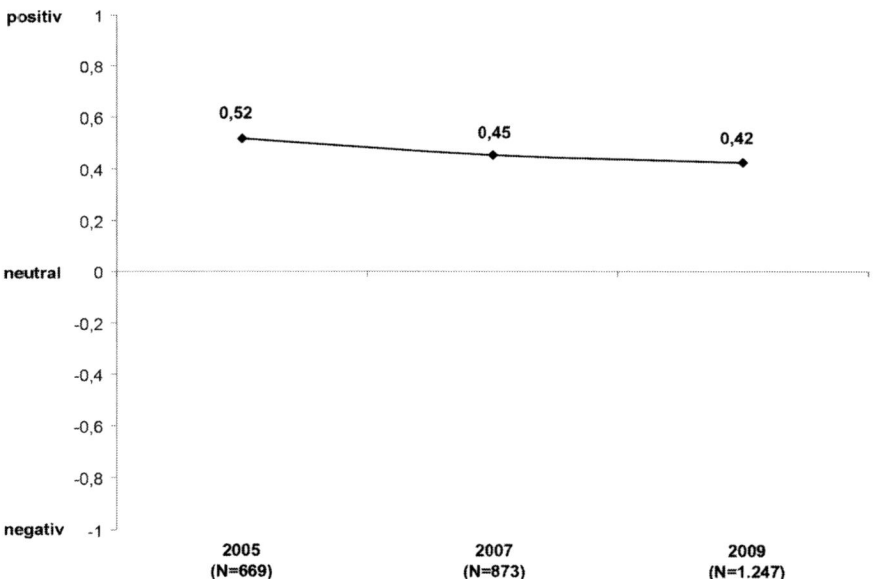

Jahr	Wert
2005 (N=669)	0,52
2007 (N=873)	0,45
2009 (N=1.247)	0,42

(Quelle: Schülererhebung 2009)

Die Einschätzung der Chancen nach dem Geschlecht zeigt, dass Jungen zu allen Erhebungszeitpunkten ihre Chancen höher bewerten als Mädchen. Während die Einschätzungen bei den Mädchen von 2005 nach 2009 kontinuierlich abgenommen haben, zeigen sich bei den Jungen 2007 und 2009 konstante Werte. Diese unterschiedlichen Entwicklungen haben dazu geführt, dass sich 2009 zwischen den Aussagen der Mädchen und Jungen ein signifikanter Verteilungsunterschied ($p<0,05$) zeigt.

Tab. 208: Einschätzung der eigenen Chancen durch die Teilnahme an Ganztagsangeboten nach dem Geschlecht

Erhebungsjahr	Geschlecht			
	weiblich		männlich	
	N	MW	N	MW
2005	337	0,51	320	0,54
2007	447	0,43	422	0,46
2009	635	0,38	605	0,46

(Quelle: Schülererhebung 2005, 2007, 2009)

Hatten die Untersuchungen nach der Zufriedenheit mit den Ganztagsangeboten gezeigt, dass Kinder und Jugendliche aus nicht allein erziehenden Familien einen höheren Grad an Zufriedenheit an gaben als jene aus allein erziehenden Familien, so spiegeln sich diese Bewertungen auch in den Einschätzungen der eigenen Chancen wider. Kinder und Jugendliche aus nicht allein erziehenden Familien schätzen zu allen Erhebungszeitpunkten ihre Chancen höher ein als die Vergleichsgruppe, auch wenn über den gesamten Erhebungszeitraum eine Abnahme der Chancen festzustellen ist. Die Argumentation aus sozialpolitischer Sicht, dass der weitere Ausbau der Ganztagsschule seine Begründung auch in der Zunahme allein erziehender Familienhaushalte findet und durch das Ganztagsangebot in besonderem Maße auch Kinder und Jugendliche aus diesen Familien angesprochen werden sollen, scheint sich aus Sicht dieser Schülergruppe nicht zu bestätigen.

Tab. 209: Einschätzung der eigenen Chancen durch die Teilnahme an Ganztagsangeboten nach der Familienstruktur

Erhebungsjahr	Familienstruktur			
	allein erziehend		nicht allein erziehend	
	N	MW	N	MW
2005	68	0,51	538	0,53
2007	138	0,38	618	0,45
2009	180	0,38	1.004	0,42

(Quelle: Schülererhebung 2005, 2007, 2009)

Ganztagsangebote sollen auch zu einer größeren Chancengleichheit der Kinder und Jugendlichen führen, die aufgrund eines geringeren Erwerbsstatus ihrer Familie in der Nutzung außerschulischer Angebote häufig benachteiligt sind. Da

Ganztagsangebote in der Regel kostenfrei bzw. nur mit sehr geringen finanziellen Belastungen verbunden sind, stellen sie insbesondere für Kinder und Jugendliche aus Familien mit einem geringeren Erwerbsstatus eine finanzierbare Alternative zu Vereinen, Verbänden und privaten, kommerziell ausgerichteten Anbietern dar. Die Einschätzung der Chancen nach dem Erwerbsstatus lässt jedoch keine eindeutige Aussage darüber zu, ob sich besonders diese Schülergruppe durch die Teilnahme an den Ganztagsangeboten höhere Chancen für die eigene Entwicklung erhofft.

Tab. 210: Einschätzung der eigenen Chancen durch die Teilnahme an Ganztagsangeboten nach dem Erwerbsstatus

Erhebungsjahr	Erwerbsstatus			
	geringerer		höherer	
	N	MW	N	MW
2005	371	0,53	298	0,51
2007	531	0,46	342	0,42
2009	624	0,40	623	0,43

(Quelle: Schülererhebung 2005, 2007, 2009)

Das Ziel der Schaffung einer größeren Chancengleichheit auch für Kinder und Jugendliche aus sozial schwachen Familien bzw. Familien mit einem niedrigen kulturellen Status scheint sich hingegen aus Sicht der Schüler zu erfüllen, da diese Schülergruppe zu allen Erhebungszeitpunkten und hierbei besonders 2009 die sich aus der Teilnahme ergebenen Chancen höher einschätzt als Kinder und Jugendliche aus Familien mit einem hohen kulturellen Status.

Tab. 211: Einschätzung der eigenen Chancen durch die Teilnahme an Ganztagsangeboten nach dem kulturellen Status

Erhebungsjahr	kultureller Status			
	niedrig		hoch	
	N	MW	N	MW
2005	27	0,52	124	0,49
2007	30	0,33	144	0,32
2009	43	0,49	212	0,39

(Quelle: Schülererhebung 2005, 2007, 2009)

Beachtenswert zeigt sich die Entwicklung der Einschätzung nach den Jahrgangsstufen dahingehend, dass sich die Chancen durch die Teilnahme an Ganztagsangeboten nach Ansicht der Schüler

- der Jahrgangsstufe 5 von 2005 nach 2009 erhöht haben,
- der Jahrgangsstufen 7 und 9 stark verringert haben und
- der Jahrgangsstufe 9 am geringsten darstellen.

Die Einschätzungen der Chancen, die sich aus der Teilnahme an den Ganztagsangeboten für den einzelnen Schüler ergeben, decken sich unter dem Aspekt der jahrgangsstufenspezifischen Betrachtung mit den Einschätzungen zur Zufriedenheit mit den Ganztagsangeboten. Die Schüler aus den Jahrgangsstufen und Erhebungsjahren, die mit ihren Ganztagsangeboten besonders zufrieden sind, schätzen auch ihre Chancen höher ein.

Bei den Angaben 2009 liegen zwischen den Jahrgangsstufen 5 und 7 sowie 5 und 9 signifikante Verteilungsunterschiede (jeweils $p<0,05$) vor.

Tab. 212: Einschätzung der eigenen Chancen durch die Teilnahme an Ganztagsangeboten nach der Jahrgangsstufe

Erhebungsjahr	Jahrgangsstufe im Erhebungsjahr					
	5		7		9	
	N	MW	N	MW	N	MW
2005	320	0,58	188	0,53	161	0,40
2007	389	0,59	325	0,33	159	0,31
2009	475	0,61	470	0,31	302	0,28

(Quelle: Schülererhebung 2005, 2007, 2009)

Die Einschätzung der Chancen nach der Schulart muss differenzierter betrachtet werden. 2009 zeigen sich zwischen den Schularten kaum Unterschiede, so dass festgestellt werden kann, dass Schüler unabhängig von ihrer besuchten Schulart ihre Chancen gleichermaßen hoch einschätzen. Über den gesamten Erhebungszeitraum betrachtet zeigt sich jedoch, dass 2005 insbesondere die Schüler an den Gesamtschulen ihre Chancen deutlich höher einschätzten (MW=0,66) als die Schüler an den Regionalen Schulen (MW=0,56) und vor allem an den Gymnasien (MW=0,48). Es kann damit festgestellt werden, dass sich die Einschätzungen der Schüler zu ihren Chancen an den Gymnasien geringfügig (-0,07 Differenzpunkte), an den Regionalen Schulen stärker (-0,14 Differenzpunkte) und vor allem an den Gesamtschulen (-0,23 Differenzpunkte) verringert haben.

Tab. 213: Einschätzung der eigenen Chancen durch die Teilnahme an Ganztagsangeboten nach der Schulart

Erhebungsjahr	Schulart komprimiert					
	Regionale Schule		Gesamtschule		Gymnasium	
	N	MW	N	MW	N	MW
2005	193	0,56	68	0,66	408	0,48
2007	329	0,43	284	0,54	260	0,37
2009	373	0,42	399	0,43	475	0,41

(Quelle: Schülererhebung 2005, 2007, 2009)

Haben sich aus Sicht der leistungsstärkeren Schüler die Chancen zwischen 2005 und 2009 geringfügig verringert, so zeigt sich bei den leistungsschwächeren Schülern eine deutliche Abnahme (-0,20 Differenzpunkte).

Zwischen den Einschätzungen der leistungsschwächeren und leistungsstärkeren Schüler besteht 2009 ein signifikanter Verteilungsunterschied ($p<0,01$). Leistungsstärkere Schüler schätzen ihre Chancen, die ihnen aus der Teilnahme an der Ganztagsschule erwachsen, höher ein als leistungsschwächere Schüler.

Tab. 214: Einschätzung der eigenen Chancen durch die Teilnahme an Ganztagsangeboten nach dem Leistungsstand

Erhebungsjahr	Leistungsstand			
	leistungsschwächerer		leistungsstärkerer	
	N	MW	N	MW
2005	221	0,51	404	0,53
2007	331	0,44	495	0,46
2009	472	0,31	710	0,48

(Quelle: Schülererhebung 2005, 2007, 2009)

Abschließend soll untersucht werden, ob sich Zusammenhänge zwischen den Einschätzungen der Chancen und anderen bereits untersuchten Einschätzungen feststellen und Schlussfolgerungen darüber ziehen lassen, welche Faktoren die Chancen, die sich aus der Teilnahme an den Ganztagsangeboten für die Schüler ergeben, beeinflussen.

Empirische Untersuchungen zu Nutzungspräferenzen von Schülern

Die Analysen haben Zusammenhänge dahingehend deutlich gemacht, dass

- je zufriedener die Schüler mit ihren Ganztagsangeboten sind, sie auch ihre Chancen höher einschätzen (r=0.221; N=1.229),
- Schüler, die Ganztagsangebote an mehr als einem Tag besuchen, ihre Chancen höher einschätzen als Schüler, die Ganztagsangebote nur an einem Tag nutzen (r=0.177; N=1.235),
- je positiver die Schüler ihre Lehrer in den Angeboten bewerten, sie umso höher auch ihre Chancen einschätzen (r=0.310; N=1.168),
- je positiver die Schüler ihre Betreuer in den Angeboten bewerten, sie umso höher auch ihre Chancen einschätzen (r=0.328; N=1.050),
- je positiver die Schüler ihre Lehrer außerhalb der Angebote bewerten, sie umso höher auch ihre Chancen einschätzen (r=0.310; N=1.194),
- je positiver die lernbezogenen Effekte eingeschätzt werden, umso höher auch die eigenen Chancen bewertet werden (r=0.380; N=1.137),
- je positiver die sozialbezogenen Effekte eingeschätzt werden, umso höher auch die eigenen Chancen bewertet werden, wobei sich der bestehende Zusammenhang stärker darstellt als bei den lernbezogenen Effekten (r=0.410; N=1.175),
- je positiver die hedonistischen Effekte eingeschätzt werden, umso höher auch die eigenen Chancen bewertet werden, wobei sich der bestehende Zusammenhang im Vergleich zu den lern- und sozialbezogenen Effekten am stärksten darstellt (r=0.477; N=1.199).

6. Zusammenfassung der Untersuchungsergebnisse und Schlussfolgerungen

6.1 Zusammenfassende Betrachtung

Der erste Bereich der Untersuchungen setzte sich mit der Entwicklung der Ganztagsschulen in Mecklenburg-Vorpommern aus rechtlicher und statistischer Sicht auseinander und bildete einen wesentlichen Bestandteil der theoretischen Forschungsarbeit der Forschungsgruppe „Schulentwicklung in Mecklenburg-Vorpommern" (FoSE).

Im Rahmen dieses Teils standen Betrachtungen zum Stand der Schaffung von rechtlichen Grundlagen in Mecklenburg-Vorpommern im Mittelpunkt, die den systematischen und kontinuierlichen Aufbau neuer Ganztagsschulen sowie die Weiterentwicklung der bestehenden Ganztagsschulen zum Ziel haben.

Unter Berücksichtigung der auf Bundesebene durch die KMK verabschiedeten Beschlüsse hinsichtlich des Auf- und Ausbaus von Ganztagsschulen konnte davon ausgegangen werden, dass Mecklenburg-Vorpommern auf der Grundlage dieser Empfehlungen landesspezifisch die rechtlichen Voraussetzungen für den verstärkten Auf- und Ausbau von Ganztagsschulen geschaffen und systematisch weiterentwickelt hat.

Als Ergebnis der Untersuchungen kann festgestellt werden, das das Land Mecklenburg-Vorpommern die Entwicklung der Ganztagsschule im Schulgesetz fest verankert hat. Es hat sich gezeigt, dass Aussagen zur Ganztagsschule, die bereits im Ersten Schulreformgesetz von 1991 zu finden sind (vgl. Kultusministerium des Landes M-V 1991), in allen nachfolgenden Fassungen fortgeführt und weiterentwickelt worden sind. Diese Weiterentwicklungen sind insbesondere ab dem Jahr 2001 vor dem Hintergrund der Ergebnisse der PISA-Studie 2000 und der damit verbundenen Festlegung der Handlungsfelder sowie der Definition der Ganztagsschule durch die KMK im Jahr 2003 zu betrachten. Die Festlegungen zur Ganztagsschule im Schulgesetz von 1996 und die Verwaltungsvorschrift „Die Arbeit an der Ganztagsschule" von 1999 zeigen jedoch, dass der Entwicklung der Ganztagsschule in Mecklenburg-Vorpommern bereits vor den Festlegungen der KMK eine große Bedeutung zugemessen wurde. Die Veröffentlichung des Pädagogischen Konzeptes zur Entwicklung der Ganztagsschulen in Mecklenburg-Vorpommern

2003 sowie die Novellierung der Verwaltungsvorschrift 2006 sind ein Beleg dafür, wie konsequent sich das Land an den Vorgaben der KMK orientierte hat und diese mit ihren landesspezifischen Festlegungen insbesondere hinsichtlich der vorgeschriebenen Mindestzeiträume erweiterte.

Das Schulgesetz in der Fassung des ersten Änderungsgesetzes vom 16.02.2009 und die damit verbundene Novellierung der Verwaltungsvorschrift „Die Arbeit an der Ganztagsschule" vom 09.08.2010 unterstreichen die von der Landesregierung gewollte konsequente und zielgerichtete Entwicklung der Ganztagsschulen in Mecklenburg-Vorpommern. Die eindeutige Positionierung für die Entwicklung von Ganztagsschulen in der gebundenen Form und somit die Schaffung einer Verbindlichkeit sowohl der bundes- als auch landesspezifischen Festlegungen für alle Schüler einer Ganztagsschule verdeutlichen, dass nach der quantitativen Entwicklung der Schwerpunkt stärker auf die qualitative Weiterentwicklung der bestehenden Ganztagsschulen in Mecklenburg-Vorpommern gelegt wird. Die Teilnahme aller Schüler am Ganztagsschulbetrieb, die nur durch die gebundene Form gewährleistet werden kann, stellt dabei die Grundlage der qualitativen Weiterentwicklung dar, so dass darauf in der Verwaltungsvorschrift eindeutig verwiesen wird. Um Kindern und Jugendlichen auch weiterhin die Teilnahme an außerschulischen Vereinsaktivitäten bzw. Mitgliedschaften zu ermöglichen und sich die Teilnahme am Ganztagsschulbetrieb auf diese nicht negativ auswirkt, hebt die Verwaltungsvorschrift die Bedeutung von Kooperationsvereinbarungen deutlich hervor. Dieses ist insbesondere unter dem Aspekt der hohen Wochenstundenzahl in den höheren Jahrgangsstufen bedeutsam, da durch diese der Unterricht ohnehin an mehreren Nachmittagen erteilt werden muss und somit die Schüler häufig nur eingeschränkte Möglichkeiten haben, schulische Ganztagsangebote innerhalb des Schultages zu nutzen.

Hervorzuheben ist hierbei die Verbindung von der Übertragung einer größeren Selbstständigkeit an die Schulen und der Möglichkeit zur Nutzung von schulintern geschaffenen Zeitbudgets. Von den landesspezifischen Festlegungen zur Unterrichtsorganisation, wie z. B. der Länge einer Unterrichtsstunde, den Pausenzeiten und der Verteilung der Unterrichtsstunden über den Schultag, wurden Ganztagsschulen dafür bereits im Jahre 2000 ausdrücklich ausgenommen (vgl. Ministerium für Bildung, Wissenschaft und Kultur 2000). Dieses stellt einen qualitativen Unterschied zwischen Halb- und Ganztagsschulen dahingehend dar, dass die Blockung von Unterrichtsstunden zwar an Halb- und Ganztagsschulen gleichermaßen möglich ist, an Ganztagsschulen jedoch zur Schaffung von individuellen Lernzeiten Zeitbudgets gezielt zur Anwendung kommen können und somit eine größere Flexibilität in der Tagesgestaltung gewährleistet wird. In welchem Maße und in welchem Zeitrahmen sich die veränderten rechtlichen Vorgaben des Schulgesetzes und der Verwaltungsvorschrift auswirken, werden die jährlichen Berichte der KMK zur Entwicklung ganztägig geführter Verwaltungseinheiten bei den allgemein bildenden Schulen sowie in den jährlich erscheinenden Landesstatistiken zur Entwicklung der Ganztagsschulen in Mecklenburg-Vorpommern zeigen.

Neben der Schaffung und Weiterentwicklung von rechtlichen Grundlagen, mit denen die Ganztagsschulentwicklung in Mecklenburg-Vorpommern befördert werden sollte, hat sich das Land gleichzeitig zum Ziel gesetzt, durch die Entwicklung und Sicherstellung förderlicher Rahmenbedingungen die Schulen bei der Umsetzung der ganztagsschulspezifischen rechtlichen Grundlagen systematisch und kontinuierlich zu unterstützen. Diese Begleitsysteme wurden so konzipiert, dass sie die schulische Arbeit sowohl in Form von Förderprogrammen und Kooperationsvereinbarungen mit außerschulischen Einrichtungen, Verbänden und Vereinen als auch durch die Bereitstellung personeller, zeitlicher und finanzieller Ressourcen unterstützen. Hervorzuheben ist hierbei, dass diese ganztagsschulspezifischen Rahmenbedingungen unabhängig von den Novellierungen des Schulgesetzes bzw. den Verwaltungsvorschriften und den unterschiedlichen Konstellationen der regierenden Parteien auf Landesebene kontinuierlich weiterentwickelt wurden. Dadurch konnte den Schulen Sicherheit, Planbarkeit und Kontinuität in ihrer Entwicklung zu einer ganztägig konzipierten Bildungseinrichtung gewährleistet werden. Neben landesspezifischen Rahmenbedingungen wurden durch das Land auch bundesweit wirkende Unterstützungssysteme in die Ganztagsschulentwicklung implementiert und für die Schulen somit verstärkt nutzbar gemacht. Dieses ermöglichte es den Schulen auch, die eigene Entwicklung im Kontext mit bundesweiten Entwicklungstendenzen zu betrachten und sich selbst mit anderen Schulen im gesamten Bundesgebiet zu vergleichen, um Rückschlüsse auf die eigene Entwicklungsarbeit zu ziehen.

Die statistischen Erhebungen der KMK zugrunde legend wurde der gegenwärtige Entwicklungsstand der Ganztagsschulen in Mecklenburg-Vorpommern auf der Grundlage der Anforderungen der KMK untersucht.

Es hat sich gezeigt, dass sich die Zahl der Ganztagsschulen in Mecklenburg-Vorpommern in den vergangenen Jahren kontinuierlich und schulartunabhängig erhöht hat, wobei die Entwicklung differenziert betrachtet und dargestellt werden muss.

Die Untersuchungen haben gezeigt, dass sich in Mecklenburg-Vorpommern wie in der gesamten Bundesrepublik nach dem Inkrafttreten des Investitionsprogramms „Zukunft Bildung und Betreuung" im Jahre 2003 der Anteil der Verwaltungseinheiten mit Ganztagsschulbetrieb in den unmittelbaren Folgejahren deutlich erhöht hat. Der kontinuierliche prozentuale Anstieg bis 2005 konnte sich ab 2006 in Mecklenburg-Vorpommern – entgegen der bundesweiten Entwicklung – jedoch nicht mehr fortsetzen. Neben dem prozentualen Anteil an Verwaltungseinheiten mit Ganztagsschulbetrieb ist in Mecklenburg-Vorpommern dem zahlenmäßigen Anteil besondere Aufmerksamkeit zu widmen. Hier relativiert sich der prozentuale Anteil, da die Anzahl der Ganztagsschulen 2006 und 2007 rückläufig war – dieser Rückgang sich prozentual jedoch aufgrund des insgesamten Rückgangs an öffentlichen allgemein bildenden Schulen in Mecklenburg-Vorpommern nicht zeigte.

Schulartspezifisch zeigt sich der stärkste Anstieg des Ganztagsschulbetriebes bei den Schularten mit mehreren Bildungsgängen sowie bei den Gymnasien. Auch hier muss diese Entwicklung unter landesspezifischen Aspekten, wie z. B. der Einführung des Längeren gemeinsamen Lernens und dem damit verbundenen Wegfall der Jahrgangsstufen 5 und 6 an den Gymnasien sowie der Zunahme an Zusammenschlüssen von Regionalen Schulen und Gymnasien zu Kooperativen Gesamtschulen und somit zu Schulen mit mehreren Bildungsgängen, betrachtet werden.

Die frühzeitige Favorisierung der gebundenen Ganztagsschulform durch das Land Mecklenburg-Vorpommern kann als eine Ursache dafür gesehen werden, dass zu allen untersuchten Zeitpunkten der Anteil der am Ganztagsschulbetrieb teilnehmenden Schüler höher war als im Bundesdurchschnitt. Dieses bestätigt sich insbesondere bei der spezifischen Betrachtung der Entwicklung von Ganztagsschülern nach der gebundenen bzw. offenen Form und der Anteile der Ganztagsschulform. Hier zeigen sich nicht nur deutliche Unterschiede hinsichtlich der Teilnahme von Ganztagsschülern nach der Ganztagsschulform, sondern auch entgegengesetzte Entwicklungstendenzen hinsichtlich der Anteile von gebundenen bzw. offenen Ganztagsschulen.

Der zweite Bereich der Untersuchungen setzt sich auf der Grundlage der empirischen Forschung mit dem Teilnahmeverhalten der Ganztagsschüler auseinander. Ziel war es dabei, Entwicklungen hinsichtlich der Teilnahmequote, des zeitlichen und quantitativen Nutzungsumfangs, der Beweggründe für die Teilnahme an bzw. die Auswahl von Ganztagsangeboten darzustellen und Konsequenzen dahingehend abzuleiten, wie sich das Nutzungsverhalten entsprechend der bundes- und landesspezifischen Richtlinien zur Ganztagsschule weiter entwickeln kann.

Die wissenschaftlichen Untersuchungen orientierten sich hierbei auch auf die Entwicklungen, die sich im Teilnahmeverhalten der Ganztagsschüler hinsichtlich der Teilnahmequote und des zeitlichen sowie quantitativen Nutzungsumfangs von 2005 nach 2009 gezeigt haben.

Dabei wurde deutlich, dass der Nutzungsumfang insgesamt unter den rechtlichen Vorgaben liegt und sich zudem zwischen den jeweiligen Schülergruppen unterscheidet.

Zusammenfassung der Untersuchungsergebnisse

Über den gesamten Erhebungszeitraum von 2005 nach 2009 betrachtet, zeigt sich an den befragten Ganztagsschulen eine Zunahme des Anteils an Ganztagsschülern um 26,6 Prozentpunkte (2005: 42,4%; 2009: 69,0%). Damit nahmen 2009 mehr als zwei Drittel der befragten Schüler an Ganztagsangeboten teil. In der differenzierten Betrachtung ist jedoch festzustellen, dass sich dieser Anstieg zwischen den jeweils aufeinanderfolgenden Erhebungszeitpunkten (2005/2007 bzw. 2007/2009) nicht kontinuierlich vollzog. Die Untersuchungen der Anteile der an Ganztagsangeboten teilnehmenden Schüler nach soziodemografischen und schulbezogenen Merkmalen zeigen folgende Ergebnisse:

- Kinder und Jugendliche aus allein erziehenden Familienstrukturen nehmen zu allen Erhebungszeitpunkten zu einem prozentual annähernd gleichen Anteil an Ganztagsangeboten teil wie Kinder und Jugendliche aus nicht allein erziehenden Familienstrukturen. An den befragten Ganztagsschulen ist demnach kein selektiver Charakter der Teilnahme an Ganztagsangeboten nach der Familienstruktur festzustellen.
- An den befragten Ganztagsschulen hat sich weiter gezeigt, dass Kinder und Jugendliche unabhängig vom Erwerbsstatus der Familie (geringerer bzw. höherer) in fast gleichem Maße an Ganztagsangeboten teilnehmen. Der Erwerbsstatus der Familie wirkt sich demnach nicht selektiv auf die Nutzung von Ganztagsangeboten aus.
- Die Betrachtung der beiden Extremgruppen nach dem kulturellen Status zeigt zu allen Erhebungszeitpunkten keine statistisch bedeutsamen Unterschiede in der Nutzung von Ganztagsangeboten. Festzustellen ist jedoch eine unterschiedliche Entwicklung der Anteile an Ganztagsschülern innerhalb jeder Extremgruppe über den gesamten Erhebungszeitraum. Zeigt sich bei Ganztagsschülern aus Familien mit einem hohen kulturellen Status von 2005 nach 2009 eine kontinuierliche Zunahme (+24,7 Prozentpunkte), so ist bei Ganztagsschülern aus Familien mit einem niedrigen kulturellen Status dieser Anstieg nur von 2005 nach 2007 (+19,9 Prozentpunkte) feststellbar, während von 2007 nach 2009 eine Stagnation festzustellen ist (-1,6 Prozentpunkte). Ein Zusammenhang zwischen dem kulturellen Status und der Teilnahme an Ganztagsangeboten ist durch die vorliegenden Untersuchungen demnach nicht nachweisbar.
- Die Ergebnisse der Untersuchungen zeigen deutliche Unterschiede in den Anteilen der Ganztagsschüler in den untersuchten Jahrgangsstufen 5, 7 und 9 dahingehend, dass mit steigender Jahrgangsstufe der Anteil an Ganztagsschülern abnimmt. Festzustellen ist jedoch auch eine unterschiedliche Entwicklung dieses Anteils über den gesamten Erhebungszeitraum innerhalb

einer Jahrgangsstufe. Zeigt sich in den Jahrgangsstufen 7 und 9 zwischen den jeweils aufeinanderfolgenden Erhebungszeitpunkten ein Anstieg dieses Anteils, so ist in der Jahrgangsstufe 5 von 2007 nach 2009 ein leichter Rückgang zu verzeichnen (-2,5 Prozentpunkte).
- Dass die Entwicklung der Ganztagsschule nicht an eine Schulart gebunden ist, sondern sich als eine neue Schulkultur etablieren soll, zeigt sich in der Entwicklung des Anteils an Ganztagsschülern nach der Schulart. Sowohl an den Regionalen Schulen, den Gesamtschulen als auch an den Gymnasien ist der Anteil an Ganztagsschülern über den gesamten Erhebungszeitraum gestiegen, wobei jedoch auch hier eine differenzierte Betrachtung Unterschiede deutlich macht. So ist 2009 der Anteil der Ganztagsschüler an den Gymnasien am höchsten (78,1%) und an den Gesamtschulen am geringsten (66,0%). Zudem zeigt sich an den Regionalen Schulen von 2007 nach 2009 eine Stagnation der Entwicklung (-1,9 Prozentpunkte).

Ein weiterer Aspekt der Untersuchungen orientierte darauf, welche Motive und Einflussfaktoren für die Schüler hinsichtlich der Teilnahme am Ganztagsschulbetrieb bedeutsam sind und wie sich deren Bedeutung über den Erhebungszeitraum für die Schüler entwickelt hat. Die Auswertung der Ergebnisse hat gezeigt, dass die Entscheidung für eine Teilnahme an Ganztagsangeboten einerseits in Beweggründen gesehen werden kann, die für die Schüler persönlich relevant und somit selbstbestimmt sind, und andererseits durch schulbezogene Faktoren, z. B. wenn die Ganztagsschule in einer gebundenen Form organisiert wird, beeinflusst wird und somit fremdbestimmt sein kann.

Es konnte nachgewiesen werden, dass Schüler die Entscheidung über die Teilnahme an Ganztagsangeboten – bezogen auf den familialen Kontext – weitgehend allein treffen. Dagegen hat der Anteil der Eltern, der die Entscheidung über die Teilnahme an Ganztagsangeboten trifft, über den gesamten Erhebungszeitraum kontinuierlich abgenommen. Bezogen auf die einzelnen Jahrgangsstufen haben die Ergebnisse gezeigt, dass der Einfluss der Eltern auf diese Entscheidung nicht nur über den Erhebungszeitraum insgesamt, sondern auch mit steigender Jahrgangsstufe deutlich abnimmt.

Hinsichtlich der schulischen Einflüsse auf die Entscheidung über eine Teilnahme an den Ganztagsangeboten wurde festgestellt, dass einerseits der Einfluss der Lehrer gestiegen ist und es für zunehmend mehr Schüler gar keine andere Möglichkeit mehr gab, als an den Ganztagsangeboten teilzunehmen. Ein Grund für diese Zunahme kann in der Weiterentwicklung der Ganztagsschulen von der offenen zur gebundenen Form bzw. im Hochwachsen der Jahrgangsstufen gesehen

Zusammenfassung der Untersuchungsergebnisse

werden, die in der teilweise gebundenen Form unterrichtet werden. Unter diesen Möglichkeiten haben die Schüler nicht mehr die Option selbst zu entscheiden, ob sie am Ganztagsschulbetrieb teilnehmen oder nicht, sondern nur noch darüber, welche Angebote sie besuchen. Als Bestätigung dieser Annahme kann eine jahrgangsstufenspezifische Analyse herangezogen werden, durch die nachgewiesen werden konnte, dass in der Jahrgangsstufe 5 der Anteil der Schüler, der schulbezogene Gründe für eine Teilnahme an Ganztagsangeboten angibt, von 2005 nach 2009 kontinuierlich gestiegen ist, während sich dieser Anteil in der Jahrgangsstufe 7 vor allem von 2005 nach 2007 und in der Jahrgangsstufe 9 von 2007 nach 2009 deutlich erhöht hat.

Die Entscheidung, welche Ganztagsangebote durch den Schüler besucht werden, wird zu allen drei Erhebungszeitpunkten in einem sehr hohen Maße durch ihn selbst getroffen. Auch bei dieser Frage hat der Anteil der Schüler, bei dem die Eltern diese Entscheidung treffen, deutlich abgenommen.

Hinsichtlich der Motive für die Teilnahme an Ganztagsangeboten zeigen die Ergebnisse dieser wissenschaftlichen Untersuchung, dass sich der Anteil der Schüler, der mindestens einen sozialbezogenen bzw. hedonistischen Grund als Motiv für seine Teilnahme angibt, über den gesamten Erhebungszeitraum betrachtet kaum verändert hat. Veränderungen zeigen sich in der Einschätzung der lernbezogenen Motive dahingehend, dass 2005 mehr als drei Viertel (77,7%) der befragten Schüler mindestens einen lernbezogenen Grund für ihre Teilnahme angab und dieser Anteil 2009 auf etwa zwei Drittel (67,8%) gesunken ist.

Der Anteil der Schüler, der nicht mindestens einen lernbezogenen Grund für die Teilnahme angab, liegt somit höher als bei den sozialbezogenen bzw. hedonistischen Gründen.

Zu den wesentlichen Erkenntnissen der schülergruppenspezifischen Betrachtung sind die Feststellungen zu zählen, dass

- 2009 ein höherer Anteil an Jungen insgesamt weniger sozialbezogene, hedonistische und lernbezogene Gründe für die Teilnahme an Ganztagsangeboten angibt als Mädchen,
- 2009 vor allem ein deutlich höherer Anteil an Jungen keine lernbezogenen Gründe (35,9%) angibt als bei den Mädchen (28,7%),
- für Kinder und Jugendliche aus allein erziehenden Familien sozialbezogene und hedonistische Motive eine größere Rolle für ihre Teilnahme an Ganztagsangeboten spielen als bei Kindern und Jugendlichen aus nicht allein erziehenden Familien, während sich bei den lernbezogenen Motiven 2009 kaum Unterschiede zeigen,

- ein deutlich höherer Anteil an Schülern aus Familien mit einem hohen kulturellen Status sowohl sozialbezogene und hedonistische als auch lernbezogene Motive für ihre Teilnahme angibt als Schüler aus Familien mit einem niedrigen kulturellen Status,
- leistungsschwächere Schüler insgesamt zu einem wesentlich höheren Anteil keine sozialbezogenen, hedonistischen und lernbezogenen Gründe für die eigene Teilnahme angeben können als leistungsstärkere Schüler,
- sozial- und lernbezogene Motive mit steigender Jahrgangsstufe an Bedeutung für die Teilnahme an Ganztagsangeboten abnehmen,
- sich die Abnahme an lernbezogenen Motiven mit steigender Jahrgangsstufe vor allem auf leistungsschwächere Schüler bezieht,
- hedonistische Motive vor allem von Schülern der Jahrgangsstufe 5 benannt werden.

Untersucht wurden weiterhin die Entwicklungen bezüglich des Nutzungsumfangs während des Erhebungszeitraumes und die Arten von Ganztagsangeboten, die Schüler hinsichtlich ihrer Teilnahme bevorzugen.

Um ein differenziertes Bild des Nutzungsumfangs an Ganztagsangeboten zu erhalten, auf dessen Grundlage detaillierte Analysen durchgeführt und Schlussfolgerungen abgeleitet werden konnten, wurde die Nutzung der Ganztagsangebote aus unterrichts- und freizeitbezogener Sicht untersucht.

Bei der Betrachtung der *unterrichtsbezogenen* Ganztagsangebote zeigt sich, dass

- zu allen drei Erhebungszeitpunkten jeweils etwa ein Viertel der Schüler ein bzw. drei unterrichtsbezogene Ganztagsangebote und etwa ein Drittel der Schüler zwei unterrichtsbezogene Ganztagsangebote nutzte,
- der Anteil der Schüler, der ein Angebot nutzt, über den Erhebungszeitraum gesunken, und der Anteil derer, der zwei bis fünf Angebote nutzt, gestiegen ist,
- insgesamt mehr als die Hälfte der Schüler zwei bis drei Angebote nutzt,
- der Anteil der Schüler, der an der Hausaufgabenhilfe/-betreuung teilnimmt, von etwa einem Drittel (2005) auf fast die Hälfte (2009) gestiegen, der Anteil der Schüler, der an Fördergruppen/-unterricht teilnimmt, etwa gleich geblieben ist und zu allen Erhebungszeitpunkten weniger als ein Drittel umfasst.

Insgesamt zeigt sich eine starke Diskrepanz zwischen der Nutzung von fachbezogenen und fachunabhängigen Lernangeboten dahingehend, dass zu allen Erhebungszeitpunkten weniger als ein Drittel der Schüler fachbezogene, jedoch fast zwei Drittel der Schüler fachunabhängige Lernangebote nutzt. Dieses lässt die Schlussfolgerung zu, dass Ganztagsangebote insgesamt umso mehr genutzt werden, je weniger sie in einem unmittelbaren Zusammenhang mit einem Unterrichtsfach stehen.

Zusammenfassung der Untersuchungsergebnisse

Aus *freizeitbezogener* Sicht lässt sich feststellen, dass

- der Teil der Schüler, der nur ein Angebot nutzt, von 2005 nach 2009 zwar rückläufig ist, 2009 jedoch immer noch mehr als ein Drittel der Schüler (38,7%) umfasst,
- sich der Teil der Schüler, der zwei Angebote nutzt, über den Erhebungszeitraum fast verdoppelt hat und 2009 mehr als die Hälfte der Schüler umfasst (54,6%),
- die genutzten Angebote keinen ganztagsschulspezifischen Charakter tragen, sondern ebenso an Halbtagsschulen zu finden und daher nicht als Qualitätskriterium für Ganztagsschulen zu werten sind.

Es konnte nachgewiesen werden, dass der Nutzungsumfang an Ganztagsangeboten im Allgemeinen und in Bezug auf ihren unterrichts- und freizeitbezogenen Charakter im Besonderen über den Erhebungszeitraum gestiegen ist und hierbei insbesondere die unterrichtsbezogenen Angebote zunehmend frequentiert wurden, wobei festgestellt werden muss, dass sich trotz den Anstiegs in beiden Bereichen die Nutzung freizeitbezogener Angebote deutlich höher darstellt als die Nutzung unterrichtsbezogener Angebote.

Hierbei muss hervorgehoben werden, dass 2009

- mit steigender Jahrgangsstufe die Anzahl sowohl der unterrichts- als auch der freizeitbezogenen Angebote deutlich sinkt,
- der Teil der Schüler, der maximal nur ein unterrichtsbezogenes Angebot nutzt, an den Regionalen Schulen und den Gesamtschulen im Vergleich zu den Gymnasien deutlich höher ist,
- leistungsstärkere Schüler insgesamt mehr unterrichts- und freizeitbezogene Angebote nutzen als leistungsschwächere Schüler.

Die Untersuchungen haben gezeigt, dass leistungsstärkere Schüler zu einem höheren Anteil lernbezogene Teilnahmemotive haben als leistungsschwächere Schüler. Diese Motive spiegeln sich nach dem Erkenntnisstand dieser wissenschaftlichen Untersuchungen auch darin wider, dass diese Schülergruppe stärker unterrichtsbezogene Angebote nutzt. Es hat sich gezeigt, dass Schüler,

- die aus lernbezogenen Motiven am Ganztagsschulbetrieb teilnehmen, sich auch stärker für Ganztagsangebote entscheiden, die durch einen engeren Bezug zum Unterricht gekennzeichnet sind und

- deren Teilnahme am Ganztagsschulbetrieb stärker durch hedonistische Motive geprägt ist, sich dann auch eher für hedonistisch geprägte Ganztagsangebote entscheiden. Zeigten sich hier vor allem bei den Schülern der Jahrgangsstufe 5 in starkem Maße hedonistisch geprägte Teilnahmemotive, so zeigt sich auch in dieser Jahrgangsstufe die stärkste Nutzung freizeitbezogener und somit hedonistisch geprägter Angebote.

Der **dritte Untersuchungsbereich** setzte sich mit der Frage auseinander, wie Ganztagsschüler ihre Angebote hinsichtlich der Wahrnehmung von Effekten sowie der Art und Weise des Lernens und Arbeitens einschätzen und ob sich hierbei Zusammenhänge zur Einschätzung der Lehrer und Betreuer von Ganztagsangeboten zeigen. Weiterhin wurde untersucht, ob sich Zusammenhänge zwischen dem zeitlichen Teilnahmeverhalten an Ganztagsangeboten und den Einschätzungen der Ganztagsschüler zeigen.

Mit den Untersuchungen wurde das Ziel verfolgt zu ermitteln, welche sozialbezogenen, lernbezogenen und hedonistischen Effekte von Ganztagsangeboten Ganztagsschüler feststellen und welche Unterschiede sich in den Aussagen der Schüler der gebildeten Schülergruppen zeigen.

Den entsprechend der KMK geforderten konzeptionellen Zusammenhang von Ganztagsangeboten und Unterricht zugrunde legend (vgl. Sekretariat der Ständigen Konferenz der KMK 2009), wurde davon ausgegangen, dass Ganztagsangebote in besonderem Maße auch lernbezogene Effekte zur Folge haben. Da für die Schüler auch andere Motive – sozialbezogene und hedonistische – ausschlaggebend sind, um an Ganztagsangeboten teilzunehmen, wurde zudem untersucht, wie stark Ganztagsschüler die jeweiligen Effekte einschätzen.

Die Ergebnisse der Untersuchung zeigen, dass die hedonistischen Effekte am stärksten, die lernbezogenen Effekte dagegen am schwächsten wahrgenommen werden. Bei der Analyse der Ergebnisse – insbesondere zu den lernbezogenen Effekten – muss jedoch auch darauf verwiesen werden, dass Lerneffekte immer auftreten, diese aber den Schülern oftmals nicht bewusst sind bzw. sie diese auch nicht direkt zum Fach in Beziehung setzen.

In der differenzierten Einschätzung der jeweiligen Effekte durch die einzelnen Schülergruppen zeigen sich jedoch Unterschiede dahingehend, dass

- Jungen die sozialbezogenen Effekte signifikant geringer einschätzen als Mädchen,
- Kinder und Jugendliche aus allein erziehenden Familien die sozialbezogenen Effekte signifikant geringer einschätzen als Kinder und Jugendliche aus nichtallein erziehenden Familien,

Zusammenfassung der Untersuchungsergebnisse 275

- Kinder und Jugendliche aus Familien mit einem geringeren Erwerbsstatus die sozialbezogenen Effekte signifikant geringer einschätzen als Kinder und Jugendliche aus Familien mit einem höheren Erwerbsstatus,
- Kinder und Jugendliche aus Familien mit einem niedrigen kulturellen Status sowohl die lernbezogenen als auch die hedonistischen Effekte von Ganztagsangeboten signifikant geringer einschätzen als Kinder und Jugendliche aus Familien mit einem hohen kulturellen Status,
- mit steigender Jahrgangsstufe alle Effekte geringer eingeschätzt werden,
- die hedonistischen Effekte von Schülern der Jahrgangsstufe 5 – die zugleich auch am stärksten hedonistische Teilnahmemotive hatten – am stärksten bewertet werden,
- die lernbezogenen Effekte von Schülern der Jahrgangsstufe 9 – die zugleich auch am geringsten lernbezogene Teilnahmemotive hatten – am niedrigsten bewertet werden,
- die Einschätzung der jeweiligen Effekte unabhängig von der Schulart ist und somit durch Faktoren beeinflusst zu sein scheint, die schulartübergreifend Geltung haben,
- leistungsstärkere Schüler alle Effekte signifikant besser einschätzen als leistungsschwächere Schüler,
- sowohl leistungsstärkere als auch -schwächere Schüler die lernbezogenen Effekte von Ganztagsangeboten am geringsten einschätzen, wobei nur die Einschätzung dieser Effekte bei beiden Schülergruppen gleichermaßen kritisch bewertet wird und der der leistungsschwächeren Schüler hierbei noch signifikant geringer ausfällt.

Die Untersuchungen beschäftigten sich weiterhin mit der Einschätzung der Schüler bezüglich der Art und Weise, wie in Ganztagsangeboten gearbeitet und gelernt wird, und welche Unterschiede sich in den Einschätzungen zwischen den gebildeten Schülergruppen zeigen.

Ausgehend von der Forderung, dass sich die Ganztagsschule mit ihren Angeboten im Besonderen auf die stärkere individuelle Förderung aller Schüler richten soll, konnte davon ausgegangen werden, dass sich Ganztagsangebote in starkem Maße durch eine schülerorientierte Aufgabenstellung und sich daher auch durch eine hohe und über den Erhebungszeitraum steigende Motivation auszeichnen.

Um eine Einschätzung aus Sicht der Schüler darüber zu erhalten, in welchem Maße Ganztagsangebote schülerorientiert gestaltet werden, wurden Subdimensionen gebildet, für die auf der Grundlage zusammengefasster Items vergleichbare Mittelwerte ermittelt wurden. Im Vergleich der Mittewerte der jeweiligen

Subdimensionen wurde deutlich, dass zu allen Erhebungszeitpunkten die „Schüleraktive Aufgabenorientierung" in den Ganztagsangeboten am höchsten und der „Lebensweltbezug" am niedrigsten bewertet wurden. Hervorzuheben sind die Entwicklungstendenzen der Subdimensionen „Motivation", die durch einen kontinuierlichen Anstieg der Einschätzung gekennzeichnet ist, und „Partizipation", die über den gesamten Erhebungszeitraum betrachtet, an Wert abgenommen hat.

Diese Einschätzungen bestätigen die Annahme, dass sich Ganztagsangebote insgesamt betrachtet, in starkem Maße durch eine schülerorientierte Aufgabenstellung und sich daher auch durch eine hohe und über den Erhebungszeitraum steigende Motivation auszeichnen.

Die itembezogene Betrachtung jeder Subdimension hat gezeigt, dass die am höchsten bewerteten Items vorrangig auf ein ziel- und ergebnisorientiertes Arbeiten und die am geringsten bewerteten Items durch einen hohen Grad an Schülerorientierung gekennzeichnet sind. Betrachtet man diesen Aspekt im Zusammenhang mit den geringen Bewertungen der Partizipation und des Lebensweltbezuges in den Angeboten, so lässt dieses die Schlussfolgerung zu, dass Ganztagsangebote aus Sicht der Schüler gegenwärtig stärker lehrer- bzw. angebots- und weniger schüler- bzw. bedarfsorientiert gestaltet werden.

Untersucht wurden weiterhin die Zusammenhänge zwischen den Einschätzungen der Ganztagsschüler hinsichtlich der Bewertung der Effekte und der Schülerorientierung sowie hinsichtlich der Effekte und den Einschätzungen über die Lehrkräfte bzw. Betreuer in den Ganztagsangeboten.

Mittels Korrelationsanalysen konnte bestätigt werden, dass zwischen den wahrgenommenen hedonistischen, lern- und sozialbezogenen Effekten von Ganztagsangeboten und den Einschätzungen der Schüler zur Schülerorientierung bzw. zu den Subdimensionen von Ganztagsangeboten Zusammenhänge unterschiedlichen Grades bestehen,. Hierbei hat sich im Besonderen gezeigt, dass zwischen den Einschätzungen der Motivation bzw. der Strukturiertheit und Klarheit von Ganztagsangeboten und den hedonistischen Effekten sowie zwischen der Motivation und den sozialbezogenen Effekten positive Zusammenhänge mittlerer Stärke bestehen, während zwischen allen anderen Subdimensionen und Effekten schwache positive Zusammenhänge nachgewiesen werden konnten.

Die Untersuchungen hinsichtlich möglicher Zusammenhänge zwischen den Einschätzungen der Lehrer bzw. Betreuer und den wahrgenommenen Effekten von Ganztagsangeboten haben gezeigt, dass sich zwischen den Einschätzungen aller Effekte und den Einschätzungen sowohl der Lehrer als auch der Betreuer schwache positive Zusammenhänge zeigen. Damit hat sich die Annahme nicht bestätigt, da insbesondere hinsichtlich der lernbezogenen Effekte ein stärkerer Zusammenhang

Zusammenfassung der Untersuchungsergebnisse 277

zu den Einschätzungen der Lehrer als zu den Betreuern besteht. Vielmehr zeigt sich, dass der Zusammenhang am schwächsten ist, wenn der wahrgenommene Effekt am stärksten mit dem Lernen bzw. dem Unterricht verbunden ist.

Auch die Annahme, dass sich zwischen den Einschätzungen der hedonistischen und sozialbezogenen Effekte und den Einschätzungen der Lehrkräfte bzw. Betreuer geringere Zusammenhänge zeigen, bestätigt sich nicht. Bei den auch hier nachgewiesenen schwachen positiven Zusammenhängen muss jedoch darauf verwiesen werden, dass diese stärker zu einem Zusammenhang mittlerer Stärke tendieren als bei den lernbezogenen Effekten.

Die Ergebnisse machen deutlich, dass für Schüler insbesondere die soziale Komponente eine große Rolle in der Bewertung des Schüler-Lehrer-Verhältnisses spielt und diese weniger durch lernbezogene Faktoren beeinflusst wird. In den nachgewiesenen positiven Zusammenhängen annähernd mittlerer Stärke zwischen den Einschätzungen der Lehrer und den sozialbezogenen bzw. hedonistischen Effekten kann jedoch auch die Chance gesehen werden, eine bessere Einschätzung der lernbezogenen Effekte zu erreichen, da sich ein positives Schüler-Lehrer-Verhältnis in starkem Maße auch auf die Motivation von Schülern hinsichtlich ihrer Lerneinstellung auswirken kann.

Bei den Untersuchungen zu den Zusammenhängen zwischen dem zeitlichen Teilnahmeverhalten an Ganztagsangeboten und den Einschätzungen der Ganztagsschüler wurde von der Annahme ausgegangen, dass häufigere Kontakte zwischen Ganztagsschülern und Lehrkräften durch die Nutzung von Ganztagsangeboten Einfluss auf das Schüler-Lehrer-Verhältnis sowohl innerhalb als auch außerhalb des Unterrichts nehmen, wobei Lehrkräfte umso positiver bewertet werden, je höher die Anzahl der Tage ist, an denen Ganztagsschüler Angebote nutzen. Diese Annahme lässt auch die Schlussfolgerung zu, dass Schüler, die an Ganztagsangeboten teilnehmen, Lehrkräfte positiver bewerten als Schüler, die keine Ganztagsangebote besuchen, also im klassischen Sinne „Halbtagsschüler" sind.

Die Untersuchungen zeigen hierzu ein differenziertes Ergebnis:

- Ganztagsschüler schätzen zu allen Erhebungszeitpunkten Lehrer außerhalb der Ganztagsangebote signifikant positiver ein als Halbtagsschüler.
- Ganztagsschüler schätzen Lehrer innerhalb von Ganztagsangeboten signifikant positiver ein als Lehrer außerhalb von Ganztagsangeboten, also in der Regel die Lehrer, mit denen der reguläre Pflichtunterricht stattfindet.
- Schüler, die an mehr als einem Tag Ganztagsangebote nutzen, schätzen die Lehrer innerhalb von Ganztagsangeboten vergleichbar ein wie die Schüler, die nur an einem Tag Ganztagsangebote nutzen.

- Schüler, die an mehr als einem Tag Ganztagsangebote nutzen, schätzen die Lehrer außerhalb von Ganztagsangeboten signifikant positiver ein als Schüler, die an einem Tag Ganztagsangebote nutzen.

Die wissenschaftlichen Ergebnisse müssen demnach differenziert beantwortet werden:

- Die Teilnahme an Ganztagsangeboten wirkt sich insgesamt positiv auf das Schüler-Lehrer-Verhältnis aus.
- Ganztagsschüler schätzen das Schüler-Lehrer-Verhältnis innerhalb der Ganztagsangebote positiver ein als außerhalb der Ganztagsangebote.
- Die Frage, ob Ganztagsangebote an einem oder an mehr als einem Tag genutzt werden, nimmt keinen Einfluss auf die Einschätzung des Schüler-Lehrer-Verhältnisses innerhalb der Ganztagsangebote, wirkt sich jedoch signifikant positiv auf das Schüler-Lehrer-Verhältnis außerhalb der Ganztagsangebote aus.

Es wurde ferner davon ausgegangen, dass lernbezogene, sozialbezogene und hedonistische Effekte durch Ganztagsschüler stärker wahrgenommen werden, wenn eine hohe Nutzungsfrequenz vorhanden ist. Der Vergleich diesbezüglicher Einschätzungen zwischen Schülern, die Ganztagsangebote an einem bzw. an mehr als einem Tag nutzen, bestätigt diese Annahme. Hier zeigt sich, dass alle Effekte signifikant stärker wahrgenommen werden, wenn Ganztagsangebote an mehr als einem Tag genutzt werden.

Im **vierten Untersuchungsbereich** standen Analysen zu möglichen Wirkungen der Teilnahme an Ganztagsangeboten auf die Wahrnehmung des Unterrichts, die Einschätzungen zu den Lehrkräften bzw. Betreuern sowie die Beurteilung der Chancen, die sich aus der Teilnahme an Ganztagsangeboten für die Schüler ergeben können, im Mittelpunkt.

Bedeutsam war hierbei, ob sich in der Wahrnehmung des Unterrichts durch Ganztagsschüler und Halbtagsschüler Unterschiede zeigen. Da neben den an den Erhebungen teilnehmenden Ganztagsschulen keine klassischen Halbtagsschulen untersucht wurden, wurde als Vergleichsgruppe für die Ganztagsschüler die Gruppe von Schülern genommen, die nicht an Ganztagsangeboten teilnehmen und somit mit Schülern von Halbtagsschulen vergleichbar sind.

Da neben der Unterrichtsorganisation auch die Unterrichtsgestaltung ein wesentliches Arbeitsfeld der Ganztagsschulen in Mecklenburg-Vorpommern ist, stand insbesondere die Wahrnehmung von Unterrichtsmethoden durch die Schüler im Fokus der Betrachtungen. Den Untersuchungen lag die Annahme zugrunde,

Zusammenfassung der Untersuchungsergebnisse

dass sich an Ganztagsschulen eine positive Tendenz insbesondere in der Anwendung nicht-klassischer Unterrichtsmethoden und kooperativer Lernformen insgesamt zeigt. Es wurde weiter angenommen, dass sich diese Tendenz zwischen den einzelnen Jahrgangsstufen dahingehend unterscheidet, als dass das Maß der positiven Einschätzung mit steigender Jahrgangsstufe abnimmt.

Die Untersuchungen zur Wahrnehmung der Unterrichtsmethoden haben gezeigt, dass die befragten Schüler – unabhängig davon, ob sie an Ganztagsangeboten teilnehmen oder nicht – klassische Unterrichtsformen zu allen Erhebungszeitpunkten unverändert stark wahrgenommen haben. Auch hinsichtlich der als „nicht-klassisch" spezifizierten Unterrichtsformen zeigen sich über den gesamten Erhebungszeitraum betrachtet kaum Unterschiede in der Wahrnehmung, jedoch werden diese zu allen Erhebungszeitpunkten deutlich weniger wahrgenommen als die klassischen Unterrichtsformen.

Auch in der Wahrnehmung kooperativer Lernformen zeigt sich von 2005 nach 2009 ein nur geringfügiger und nicht signifikanter Anstieg. Die Annahme, dass sich an den befragten Ganztagsschulen innerhalb des Erhebungszeitraumes deutliche Veränderungen hinsichtlich einer veränderten Unterrichtsgestaltung entsprechend den Intentionen der geltenden Verwaltungsvorschriften und Orientierungen vollzogen haben, hat sich nach Erkenntnissen dieser wissenschaftlichen Untersuchung demnach nicht bestätigt.

Als verifiziert kann dagegen die Annahme gesehen werden, dass die Wahrnehmung nicht-klassischer und kooperativer Lernformen mit steigender Jahrgangsstufe abnimmt. Es hat sich jedoch auch gezeigt, dass Schüler der Jahrgangsstufe 5 auch klassische Unterrichtsformen stärker wahrnehmen als Schüler der Jahrgangsstufen 7 und 9.

Mit den Untersuchungen zum Grad der Zufriedenheit der Ganztagsschüler mit den Ganztagsangeboten und ihrer Entwicklung über den Erhebungszeitraum wurde das Ziel verbunden, festzustellen, inwieweit sich Zusammenhänge zwischen der Einschätzung der Zufriedenheit und weiteren untersuchten Bereichen, wie der Anzahl der Tage, an denen Schüler Ganztagsangebote besuchen, den Einschätzungen zu den Lehrkräften bzw. Betreuern und den Effekten zeigen.

Hierbei wurde von der Annahme ausgegangen, dass sich innerhalb des gesamten Erhebungszeitraumes an den Ganztagsschulen Veränderungen auch hinsichtlich der Realisierung von Ganztagsangeboten vollzogen haben und sich diese auch in zunehmend positiveren Einschätzungen der Ganztagsschüler zeigen. Hinsichtlich des Nutzungsumfangs wurde weiter angenommen, dass sich Zusammenhänge dahingehend zeigen, dass Schüler, die an mehreren Tagen Ganztagsangebote nutzen und die die Lehrkräfte bzw. Betreuer ihrer Ganztagsangebote sowie deren Effekte positiv einschätzen, auch mit ihren Ganztagsangeboten insgesamt zufriedener sind.

Dabei zeigt sich, dass die Zufriedenheit der Schüler mit den Ganztagsangeboten zu allen Erhebungszeitpunkten zwar im positiven Bereich liegt, sich die Einschätzung von 2005 nach 2009 jedoch signifikant verschlechtert hat. Nachgewiesen wurde auch, dass Schüler, die an mehreren Tagen Ganztagsangebote nutzen, mit ihren Ganztagsangeboten insgesamt nicht zufriedener sind als Schüler, die Angebote nur an einem Tag nutzen.

Verifiziert werden konnte die Annahme, dass Schüler mit ihren Angeboten umso zufriedener sind, desto positiver sie ihre Lehrer bzw. Betreuer in den Angeboten einschätzen. Dieser Zusammenhang stellt sich bei den Lehrern noch stärker dar als bei den Betreuern.

Die Wahrnehmung der Effekte steht ebenfalls in einem Zusammenhang mit der Zufriedenheit der Angebote, wobei diese Zusammenhänge in unterschiedlich starkem Maße nachgewiesen werden konnten. Hierbei sind die jeweiligen Effekte in ihrem Gesamtkontext zu betrachten. Dabei wurde deutlich, dass lernbezogene Motive den geringsten und hedonistische sowie sozialbezogene Motive den stärksten Einfluss auf die Entscheidung zur Teilnahme an Ganztagsangeboten haben.

Die Untersuchungen haben gezeigt, dass zwischen der Wahrnehmung der lernbezogenen Effekte von Ganztagsangeboten und der Zufriedenheit der Schüler mit diesen auch der geringste Zusammenhang besteht. Wesentlich größer stellt sich dagegen der Zusammenhang zwischen der Wahrnehmung der hedonistischen bzw. sozialbezogenen Effekte und der Zufriedenheit mit den Angeboten dar.

Hier kann die Schlussfolgerung gezogen werden, dass in der Übereinstimmung der vergleichsweise hohen Erwartungshaltung aus hedonistischer bzw. sozialbezogener Sicht bei der Entscheidung für die Teilnahme an Ganztagsangeboten mit dem hohen Grad an Wahrnehmung ihrer Effekte ein Grund für die Zufriedenheit mit den Ganztagsangeboten liegen kann.

Durch einen perspektivorientierten Charakter war die Frage gekennzeichnet, wie Ganztagsschüler die nachhaltigen Wirkungen ihrer Teilnahme an den Ganztagsangeboten zu den jeweiligen Erhebungszeitpunkten für sich persönlich beurteilen und wie sich diese Wirkungen über den gesamten Erhebungszeitraum entwickelt haben.

Ausgangspunkt war die Annahme, dass der Anteil der Schüler, der seit dem Besuch von Ganztagsangeboten lieber zur Schule geht, über den Erhebungszeitraum zugenommen hat und sich Ganztagsschüler aus ihrer Teilnahme größere Chancen für ihre weitere Zukunft erhoffen.

Die Ergebnisse dieser Analysen haben gezeigt, dass die Zufriedenheit mit den Ganztagsangeboten über den gesamten Erhebungszeitraum betrachtet signifikant gesunken ist. Diese Verringerung spiegelt sich jedoch nicht in der Aussage wider, ob die Schüler seit dem Besuch von Ganztagsangeboten lieber zur Schule gehen oder nicht. Hier hat sich gezeigt, dass der Anteil der Schüler, der seit dem Besuch von Ganztagsangeboten lieber zur Schule geht, sich über den gesamten Erhebungszeitraum zwar geringfügig gestiegen ist, jedoch zu allen Erhebungszeitpunkten für mehr als die Hälfte der Ganztagsschüler diese Aussage nicht zutrifft. Hinsichtlich der jeweiligen Schülergruppen muss diese Einschätzung differenziert betrachtet werden. Schüler, die in Bezug auf ihre jeweilige Vergleichsgruppe zu einem höheren Anteil lieber zur Schule gehen und auf die sich die Teilnahme an Ganztagsangeboten demzufolge besonders positiv auswirkt, gehören zur Gruppe der

- Jungen,
- Kinder und Jugendlichen aus nicht allein erziehenden Familien,
- Schüler aus der Jahrgangsstufe 5 und
- leistungsstärkeren Schüler.

Die Bewertung der Chancen, die sich aus der Teilnahme an den Ganztagsangeboten ergeben, kann in einem Zusammenhang mit der Einschätzung der Zufriedenheit mit den Angeboten betrachtet werden. Konnte hinsichtlich der Zufriedenheit eine signifikante Abnahme über den gesamten Erhebungszeitraum nachgewiesen werden, so zeigt sich auch in der Einschätzung der Chancen eine signifikante Abnahme, auch wenn die Gesamteinschätzung zu allen Erhebungszeitpunkten zeigt, dass sich die Schüler überwiegend große Chancen aus ihrer Teilnahme an den Angeboten für die eigene Entwicklung erhoffen. Die differenzierte Betrachtung der Schülergruppen zeigt auch hier eine unterschiedliche Einschätzung der eigenen Chancen. Schüler, die ihre Chancen höher bewerten als die der jeweils anderen Vergleichsgruppe, sind bspw.

- Jungen,
- Kinder und Jugendliche aus nicht allein erziehenden Familien,
- Kinder und Jugendliche aus Familien mit einem höheren Erwerbsstatus,
- Schüler aus der Jahrgangsstufe 5 und
- leistungsstärkere Schüler.

6.2 Schlussfolgerungen und Konsequenzen

Ausgehend von den Untersuchungsergebnissen der Erhebung sollen abschließend Schlussfolgerungen und Konsequenzen entsprechend den vier benannten

Untersuchungsbereichen abgeleitet werden, die sich förderlich auf eine qualitative und schülerorientierte Weiterentwicklung von Ganztagsangeboten auswirken können.

- **Erster Untersuchungsbereich:**
Die Analysen der rechtlichen Grundlagen haben gezeigt, dass Mecklenburg-Vorpommern auf der Grundlage der Festlegungen der KMK landesspezifisch die rechtlichen Voraussetzungen für den verstärkten Auf- und Ausbau von Ganztagsschulen geschaffen und diese systematisch – mit dem Ziel der Entwicklung von Ganztagsschulen in der gebundenen Form – weiterentwickelt hat. Aus statistischer Sicht kann weiter festgestellt werden, dass sich auch in Mecklenburg-Vorpommern der Anteil an Ganztagsschulen kontinuierlich und schulartunabhängig – und somit den Intentionen des Landes folgend – erhöht hat. Es wurde jedoch auch deutlich, dass der prozentuale Anstieg im Zusammenhang mit dem Rückgang der Anzahl an öffentlichen allgemein bildenden Schulen betrachtet werden muss und nicht ausschließlich im zahlenmäßigen Anstieg von Ganztagsschulen begründet ist.
Die Festlegung eines hohen Grades an Verbindlichkeit zur Weiterentwicklung der Ganztagsschulen in der gebundenen Form durch das Schulgesetz von 2009 und die Verwaltungsvorschrift von 2010 und die damit verbundene Teilnahme aller Schüler am Ganztagsschulbetrieb verfolgt dabei auch das Ziel eines weiteren kontinuierlichen Anstiegs des Anteils an Ganztagsschülern – und dieses insbesondere in der gebundenen Form – in den kommenden Jahren. Damit hat das Land seine auf die weitere Entwicklung der Ganztagsschule bezogenen Intentionen aus organisationsspezifischer Sicht perspektivorientiert definiert. Mit der Novellierung der Verwaltungsvorschrift „Die Arbeit in der Ganztagsschule" vom 09. August 2010 wurden auch die inhaltlichen Schwerpunkte, zu denen im Pädagogischen Konzept der Ganztagsschulen Aussagen getroffen worden waren, überarbeitet, präzisiert und auf aktuelle Fragen der Schulentwicklung in Mecklenburg-Vorpommern, z. B. der Beschulung von Schülern mit einem bestimmten Förderbedarf an Regelschulen, abgestimmt.
Mit der Schaffung des organisatorischen Rahmens und den Festlegungen zur inhaltlichen Ausgestaltung wurde den Ganztagsschulen in Mecklenburg-Vorpommern eine klare Orientierung für ihre weitere schulische Entwicklungsarbeit gegeben. Nachdem in den vergangenen Jahren der Schwerpunkt auf die quantitative Entwicklung der Ganztagsschulen gelegt wurde und sich diese im Zusammenhang mit dem Investitionsprogramm „Zukunft Bildung und Betreuung" positiv entwickelt hat, sollte künftig verstärkt die qualitative

Entwicklung in den Mittelpunkt der Entwicklungsarbeit an Ganztagsschulen gestellt werden.

Die weitere Entwicklung von Halbtagsschulen zu Ganztagsschulen, die zunehmende Etablierung der gebundenen Form und den daraus zu erwartenden Anstieg an Ganztagsschülern zugrunde legend, sollte das Land neben den bereits rechtlich definierten Festlegungen auch Rahmenbedingungen, die dieser veränderten Situation Rechnung tragen und die Ganztagsschulen in ihrer Entwicklung fördern und unterstützen, sicherstellen und kontinuierlich weiterentwickeln. Diese Unterstützungsressourcen müssen sich auf alle Bereiche beziehen, die charakteristisch für Ganztagsschulen sind und sich qualitativ von Halbtagsschulen unterscheiden. Das IZBB-Programm hat gezeigt, wie durch die Schaffung fördernder Faktoren wirksame Impulse und Anregungen nicht nur für die räumliche Gestaltung von Ganztagsschulen gegeben, sondern wie Halbtagsschulen motiviert werden können, sich zu einer ganztägig gestalteten Bildungseinrichtung zu entwickeln.

Um Ganztagsschulen nicht nur quantitativ, sondern vor allem qualitativ weiterzuentwickeln, sollten die bereits vorhandenen Unterstützungssysteme weiter ausgebaut, durch das Land unterstützt und den aktuellen und künftigen Erfordernissen angeglichen werden. Hierzu zählt im Besonderen die Zuweisung von Anrechnungsstunden für den Ganztagsschulbetrieb, die von wesentlicher Bedeutung für die Realisierung des Ganztagsschulbetriebes entsprechend den rechtlichen Vorgaben des Bundes und Landes sowie für die Sicherstellung von Angeboten sind. Mit der bereits erfolgten Erhöhung des Berechnungsfaktors für Anrechnungsstunden für den Ganztagsschulbetrieb von 0,06 auf 0,1 je Ganztagsschüler hat das Land verbesserte Voraussetzungen für die Schaffung eines breiteren Spektrums an Ganztagsangeboten geschaffen (vgl. Ministerium für Bildung, Wissenschaft und Kultur M-V 2006c, S. 137). Da mit der zunehmenden Etablierung von Ganztagsschulen in der gebundenen Form auch von einem Ansteigen der Ganztagsschülerzahl ausgegangen werden kann, wird sich auch die Anzahl der zugewiesenen Ganztagsschulstunden für die Schulen erhöhen. Unter Berücksichtigung der Vorgaben der KMK und des Landes hinsichtlich des zeitlichen Nutzungsumfangs von Ganztagsangeboten ist jedoch auch von einem deutlichen Anstieg bereitzustellender Ganztagsangebote auszugehen. Das Land sollte daher unter dem Aspekt der qualitativen Weiterentwicklung von Ganztagsschulen sicherstellen, dass jedem am Ganztagsschulbetrieb teilnehmenden Schüler sein lern- und freizeitbezogenes Angebot bereitgestellt wird, das für seine schulische und persönliche Entwicklung wichtig ist und seinen Interessenlagen entspricht. Zur Schaffung dieser dann erforderlichen Angebotsbreite

sollte den Schulen ein höherer Anrechnungsbedarf zugewiesen werden, der z. B. durch eine weitere Erhöhung des Berechnungsfaktors auf der Grundlage der am Ganztagsschulbetrieb teilnehmenden Schüler realisiert werden kann.
Die Ganztagsschulentwicklung der kommenden Jahre sollte jedoch auch im Kontext mit anderen bundesweiten und landesspezifischen Entwicklungstendenzen und bildungspolitischen Intentionen betrachtet werden. Auf Mecklenburg-Vorpommern bezogen wird sich unter Berücksichtigung der Entwicklung der Anzahl unterrichtender Lehrkräfte die Frage zu stellen sein, durch wen der durch die steigenden Teilnehmerzahlen zu erwartende Mehrbedarf an Ganztagsangeboten künftig abgesichert werden soll.

Hierbei sollte Folgendes berücksichtigt werden:

- Die Lehrkräfte an den allgemein bildenden Schulen der Sekundarstufe I werden in den kommenden Jahren die Möglichkeit haben, zur Vollbeschäftigung zurückkehren. Für vollbeschäftigte Lehrkräfte wird sich damit der zeitlich zur Verfügung stehende Freiraum deutlich einschränken, so dass die Durchführung von Ganztagsangeboten unter den gegenwärtigen Festlegungen zum Berechnungsfaktor aufgrund der zeitlichen Mehrbelastung gegenüber einer regulären Unterrichtsstunde an Attraktivität verlieren kann.
- Wenn Ganztagsangebote in einem konzeptionellen Zusammenhang mit dem Unterricht (vgl. Sekretariat der Ständigen Konferenz der KMK 2009, S. 5) und im Zentrum die Förderung des individuellen Lernprozesses durch gezielt arrangierte Lernprozesse stehen sollen (vgl. Ministerium für Bildung, Wissenschaft und Kultur Mecklenburg-Vorpommern 2010, S. 545), wird künftig den unterrichtsbezogenen Ganztagsangeboten eine größere Bedeutung beizumessen sein. Ganztagsangebote, die diese Kriterien erfüllen wollen, sollten daher auch künftig überwiegend von Lehrkräften durchgeführt werden, da diese im Besonderen über die erforderlichen fachlichen und methodischen Qualifikationen verfügen.
- Da ein hoher Anteil der Schüler auch die Betreuer von Ganztagsangeboten positiv eingeschätzt, sollte dieses Untersuchungsergebnis künftig verstärkt genutzt werden, um insbesondere freizeitbezogene Ganztagsangebote von außerschulischen Personen durchführen zu lassen. Dieses gewinnt auch unter dem Aspekt an Bedeutung, dass Betreuer entsprechend ihrer persönlichen, themenspezifischen Qualifikation einen wesentlichen Beitrag zu einer größeren Angebotsvielfalt leisten können und Schulen somit bessere Möglichkeiten haben, Ganztagsangebote schülerorientiert auszurichten. Die Einbindung von Betreuern bzw. außerschulischen Einrichtungen und Institutionen bietet die Möglichkeit zur Nutzung von

Kompetenzen, über die Lehrkräfte bzw. die Institution Schule nicht oder nicht hinreichend genug verfügen.
Um auch für Lehrkräfte die Übernahme und Durchführung von Ganztagsangeboten attraktiver zu machen und die Qualität insbesondere der unterrichtsbezogenen Ganztagsangebote zu sichern und weiter zu erhöhen, sollten die zusätzlich bereit gestellten Lehrersollstunden für Ganztagsschulen gemäß Unterrichtsversorgungsverordnung nicht wie bisher mit dem Faktor 1,5 multiplizieren und bei der Unterrichtsverpflichtung als Zeitstunden berücksichtigen, sondern wie eine reguläre Unterrichtsstunde im Zeitumfang von 45 Minuten anrechnen. Dieses würde auch den Stellenwert von Ganztagsangeboten erhöhen und in der Wertigkeit dem regulären Pflichtunterricht gleichsetzen.
Unter Berücksichtigung der Kriterien für eine wirtschaftliche, sparsame und effiziente Verwendung zusätzlich bereitgestellter Lehrersollstunden für Ganztagsschulen sollte geprüft werden, inwieweit den Ganztagsschulen auf der Grundlage einer größeren Selbstständigkeit mehr Eigenverantwortung hinsichtlich der Anrechnung der Zeiteinheiten für Ganztagsangebote, z. B. entsprechend den Anforderungsniveaus der Angebote, übertragen werden kann. Dieses würde den Schulen ermöglichen, auf der Grundlage ihres schulspezifischen Profils eigene Schwerpunkte in den außerunterrichtlichen Ganztagsangeboten nicht nur zu setzen, sondern auch den eigenen Intentionen entsprechend anzuerkennen und zu fördern. Eine Möglichkeit hierfür bestände auch in einer teilweisen Kapitalisierung der zugewiesenen Lehrerwochenstunden. Dieses böte der Einzelschule die Möglichkeit, entsprechend ihres Profils und der Ergebnisse einer schülerorientierten Bedarfsanalyse Kooperationsverträge mit außerschulischen Partnern auf einer finanziellen Grundlage abzuschließen und somit Kompetenzen zu erschließen, die an der Schule selbst nicht oder in nicht ausreichendem Maße vorhanden sind.
Wenn Ganztagsschule nicht „den ganzen Tag Schule" bedeuten und „Ganztagsangebot" nicht eine andere Bezeichnung für den regulären Pflichtunterricht sein soll, dann sollte die ganztagsschulspezifische Qualifikation der Lehrkräfte im Rahmen von Fort- und Weiterbildungsveranstaltungen künftig einen höheren Stellenwert erhalten. Es sollte daher unter Verantwortung des Institutes für Qualitätsentwicklung Mecklenburg-Vorpommerns eine ganztagsschulbezogene Fort- und Weiterbildungskonzeption erarbeitet werden, auf deren Grundlage Lehrkräfte auf die besonderen Herausforderungen ganztägiger Bildungs-, Erziehungs- und Betreuungsaufgaben vorbereitet und für die Tätigkeit an gebundenen Ganztagsschulen weiter qualifiziert werden. Dieses beinhaltet auch die Vermittlung übergreifender Kenntnisse zu Fragen der Schulentwicklung im nationalen und internationalen Kontext.

Die Einbeziehung von und die Zusammenarbeit mit Institutionen und Einrichtungen, die landes- und bundesweit über spezifische Kenntnisse der Ganztagsschulentwicklung verfügen, sollte hierbei fortgeführt und systematisch weiterentwickelt werden.

Hinsichtlich des prozentualen Anteils an Ganztagsschulen bei den jeweiligen Schularten sollte verstärkt der Ausbau bei den Förderschulen unterstützt werden, da sich hier auch im bundesweiten Vergleich ein starker Nachholbedarf zeigt. Ganztägig gestaltete Konzeptionen können insbesondere für Förderschulen aufgrund ihrer – im Vergleich zu anderen Regelschulen – eigenen Spezifik von besonderer Bedeutung sein. Hierbei gilt es zu prüfen, ob für Förderschulen besondere Rahmenbedingungen geschaffen werden sollten, die den Auf- und Ausbau einer Angebotsstruktur unterstützen, die in besonderem Maße auch sozialbezogene Aspekte berücksichtigen.[32]

- **Zweiter Untersuchungsbereich:**

Ausgangspunkt der empirischen Untersuchungen waren grundlegende Analysen zum Teilnahmeverhalten der Ganztagsschüler sowohl hinsichtlich der Gesamtpopulation als auch hinsichtlich der differenziert betrachteten Schülergruppen.

Dass an den untersuchten Ganztagsschulen der Anteil der Ganztagsschüler über den gesamten Erhebungszeitraum deutlich angestiegen ist und zum Erhebungszeitpunkt 2009 mehr als zwei Drittel aller Schüler umfasste, kann als Ergebnis einer kontinuierlichen Weiterentwicklung der Ganztagsschulen hin zu einer gebundenen Form und demzufolge als ein Hochwachsen der Jahrgangsstufen von Klasse 5 an angesehen werden, die am Ganztagsschulbetrieb teilnehmen. Die unterschiedliche Entwicklung von 2005 bis 2007 und von 2007 bis 2009 lässt jedoch auch die Erkenntnis zu, dass sich die Teilnahme am Ganztagsschulbetrieb mit steigender Jahrgangsstufe problematischer darstellt. Ziel sollte es daher sein, Ganztagsangebote so zu gestalten, dass sie den altersspezifischen Interessenlagen und Besonderheiten, z. B. der Vorbereitung auf den Schulabschluss und die weiterführende Ausbildung, der Jahrgangsstufen 9 und 10 stärker als bisher gerecht werden und insbesondere diesen Schülern zusätzliche, über den regulären Pflichtunterricht hinausgehende Chancen für ihre weitere Zukunft bieten. Die Teilnahmemotive von Schülern dieser Jahrgangsstufen

---

32 Auch durch die gegenwärtig geführte Diskussion über die Umsetzung der Inklusion rückt die Frage nach der weiteren Gestaltung sowie der Aufgabenbereiche der Förderschule verstärkt in den Mittelpunkt schulpolitischer Diskussionen.

sollten dabei besondere Beachtung finden und bei der Entwicklung der Angebotsstruktur angemessen berücksichtigt werden.

Als eine wesentliche Erkenntnis der Untersuchungen kann angesehen werden, dass sich in Bezug auf die Nutzung sowohl nach der Familienstruktur als auch nach dem Erwerbsstatus kein selektiver Charakter zeigt. Ganztagsangebote besitzen demzufolge eine hohe Attraktivität, die vor allem nicht durch finanzielle Belastungen geprägt ist. Die weitgehend kostenfreie Gestaltung von Ganztagsangeboten sollte daher auch künftig im Mittelpunkt der Entwicklung einer breiten Angebotsstruktur stehen, um generell allen Schülern die Möglichkeit der Teilnahme zu bieten.

Eine verstärkte Beachtung sollte die Teilnahme an Ganztagsangeboten von Schülern unter dem Aspekt des kulturellen Status finden. Ganztagsangebote sollten hierbei eine kompensatorische Funktion übernehmen, um möglichen kulturellen Defiziten in den Familien entgegenzuwirken. Ganztagsangebote, die sich diesem Bereich im Besonderen widmen, z. B. Schülerbibliotheken, Autorenclubs und Theatergruppen, sollten daher feste Bestandteile an den Schulen sein.

Auch wenn die Ganztagsschule nicht an eine bestimmte Schulart gebunden ist, scheint es schulartspezifische Faktoren zu geben, die Einfluss auf die Teilnahmequote nehmen. Der hohe Anteil von Ganztagsschülern an den untersuchten Gymnasien wirft die Frage auf, ob Gymnasien durch veränderte Zeitstrukturen, z. B. die Blockung von Unterrichtsstunden, eher zusätzliche Zeitbudgets schaffen, die für die Bereitstellung von Ganztagsangeboten, z. B. individuelle Lernzeiten für alle Schüler, genutzt werden. Der Anteil von Ganztagsschülern an den Gesamtschulen und Regionalen Schulen sollte in den kommenden Jahren weiter erhöht werden. Dazu sollten die Teilnahmemotive solcher Schülergruppen verstärkt Beachtung finden, die an diesen Schularten überwiegend beschult werden.

Wenn Schüler in starkem Maße selbst darüber entscheiden, ob bzw. an welchen Ganztagsangeboten sie teilnehmen, wird deutlich, dass sich die Struktur von Ganztagsangeboten auch an den jahrgangsspezifischen Teilnahmemotiven der Schüler orientieren muss. Hierbei muss beachtet werden, dass es für Schüler wichtig ist, Ganztagsangebote als gemeinsam gestaltete Zeit mit ihren Freunden zu erleben und hierbei gemeinsame Interessen, Hobbies und sonstige Freizeitaktivitäten eine große Rolle spielen. Ganztagsangebote können damit eine Kompensationsfunktion für ein verändertes soziales Umfeld, das sich z. B. durch den Wegfall von Freizeitangeboten vor allem auf dem Land ergeben hat, übernehmen und Schülern alternative Kontaktmöglichkeiten im Freundeskreis bieten. Die Bedeutung dieser Funktion zeigt sich vor allem bei Kindern und

Jugendlichen aus allein erziehenden Familien, was als Indiz für diese Kompensationsfunktion angesehen werden kann. Unter diesem Aspekt betrachtet sollte daher künftig den Bereichen der Betreuung und Erziehung, wie im 12. Kinder- und Jugendbericht (vgl. BMFSFJ 2005) gefordert, eine größere Aufmerksamkeit gewidmet werden.

Die Bedeutung der Teilnahmemotive sollte ebenfalls im Kontext mit dem Teilnahmeverhalten nach dem Leistungsstand der Schüler betrachtet werden. Die Erkenntnisse, dass leistungsschwächere Schüler insgesamt zu einem wesentlich höheren Anteil keine sozialbezogenen, hedonistischen und lernbezogenen Gründe für die eigene Teilnahme an Ganztagsangeboten angeben können als leistungsstärkere Schüler, und sich die Abnahme an lernbezogenen Motiven mit steigender Jahrgangsstufe vor allem auf leistungsschwächere Schüler bezieht, macht deutlich, dass sich Ganztagsangebote noch stärker als bisher auf diese Schülergruppe ausrichten müssen, da sie zu einer Risikogruppe zu zählen ist und einer besonderen Förderung bedarf (vgl. Deutsches PISA-Konsortium 2001, S. 171; Sekretariat der Ständigen Konferenz der KMK 2002, S. 6f.). Ziel der Ganztagsschulen sollte es daher sein, diese Schüler künftig stärker zu einer Teilnahme an Ganztagsangeboten zu motivieren. Dazu sollte beachtet werden, dass Ganztagsangebote und der reguläre Pflichtunterricht hinsichtlich ihrer Gestaltung zwar in einem konzeptionellen Zusammenhang stehen sollen, Ganztagsangebote jedoch aufgrund ihrer Spezifik anders organisiert, durchgeführt und geleitet werden können als der Pflichtunterricht. Ganztagsangebote sollten daher so konzipiert werden, dass insbesondere bei leistungsschwächeren Schülern verstärkt die hedonistischen und sozialbezogenen Intentionen angesprochen und über diese Motivation unterrichtsbezogene Lerninhalte in anderer Form vermittelt werden.

Die Ergebnisse zur Nutzung unterrichtsbezogener Angebote haben gezeigt, dass sich der Anteil der Schüler, der kein oder ein Angebot nutzt, über den gesamten Erhebungszeitraum betrachtet zwar kontinuierlich verringert hat, 2009 aber immer noch fast 30% der Schüler umfasst. Damit ist dieser Anteil größer als der Anteil der Schüler, der drei unterrichtsbezogene Angebote nutzt und fast so groß wie der Anteil der Schüler, der zwei unterrichtsbezogene Angebote nutzt. Die Feststellung, dass sich diese beiden Anteile über den gesamten Erhebungszeitraum kaum verändert haben, macht deutlich, dass Ganztagsschulen nicht nur die Implementierung unterrichtsbezogener Angebote, sondern vor allem ihre verstärkte Nutzung durch die Schüler in den Mittelpunkt ihrer Entwicklungsarbeit stellen sollten. Auch hierbei sollten die Erkenntnisse über das Nutzungsverhalten der Schüler nach dem Leistungsstand Berücksichtigung finden, da insbesondere für leistungsschwächere Schüler unterrichtsbezogene Angebote eine zusätzliche Chance zum Ausgleich vorhandener Lerndefizite darstellen können. Diese Chance sollte auch Schülern höherer Jahrgangsstufen verstärkt bewusst gemacht werden, da sie unmittelbar vor ihrem Schulabschluss stehen und durch unterrichtsbezogene Angebote eine gezielte Vorbereitung auf die Abschlussprüfungen erhalten können. Für Schulen bedeutet dieses jedoch auch, dass sich Ganztagsangebote insbesondere für Schüler dieser Altersgruppe sehr stark an deren persönlichen Bedürfnissen, aber auch an den schulischen Erfordernissen orientieren sollten und die individuelle Förderung hier einen besonderen Stellenwert erhalten kann.

Im gestiegenen Anteil an Schülern der Jahrgangsstufe 5, der mehr als ein unterrichtsbezogenes Angebot nutzt, kann ein positiver Ansatz für eine stärkere individuelle Förderung gesehen werden, der insbesondere für die Orientierungsstufe bedeutsam ist. Ziel sollte es daher sein, im Rahmen des Längeren gemeinsamen Lernens für die Jahrgangsstufen 5 und 6 unterrichtsbezogene Ganztagsangebote so zu gestalten, dass sowohl leistungsschwächere als auch -stärkere Schüler gefördert und gefordert werden. Die Bedeutung solcher Angebote liegt im weiteren schulischen Entwicklungsweg der Schüler begründet, da leistungsstärkere Schüler gezielter auf das gymnasiale Anforderungsniveau vorbereitet und das häufig unterschiedliche Leistungsniveau der Schüler nach Abschluss der Primarstufe dem Anforderungsniveau der Orientierungsstufe angeglichen werden kann.

Die nachgewiesene Diskrepanz zwischen der Nutzung von fachbezogenen und fachunabhängigen Lernangeboten wirft jedoch auch die Frage auf, inwiefern die Ganztagsschule in Mecklenburg-Vorpommern zum gegenwärtigen Zeitpunkt den Erwartungen und Anforderungen gerecht wird, die die KMK mit der Benennung der Handlungsfelder 2002 in Auswertung der Ergebnisse der PISA-Studie 2000 definierte (vgl. Sekretariat der Ständigen Konferenz der KMK 2002), die aber auch in den rechtlichen Grundlagen der Ganztagsschule in Mecklenburg-Vorpommern benannt und als Zielsetzungen festgelegt sind (vgl. Ministerium für Bildung, Wissenschaft und Kultur Mecklenburg-Vorpommern 2003a, 2009, 2010). Hierbei kann im Besonderen Bezug zur Verwaltungsvorschrift „Die Arbeit in der Ganztagsschule" (2010) genommen werden, die hinsichtlich der Organisation und Arbeitsweise an Ganztagsschulen festlegt, dass „die Förderung des individuellen Lernprozesses" im Zentrum steht und dieses „in gezielt arrangierten Lernprozessen sowohl [...] im Unterricht nach der jeweiligen Stundentafel als auch [...] in ergänzenden Angeboten" erfolgen

soll (ebd., S. 545). Die von der KMK geforderte Verzahnung von Ganztagsangeboten und Unterricht (vgl. Sekretariat der Ständigen Konferenz der KMK 2009, S. 5) findet in diesen Aussagen ihre Widerspiegelung. Im Widerspruch zu dieser Zielsetzung steht dagegen die aus den Untersuchungsergebnissen gezogene Schlussfolgerung, dass Ganztagsangebote insgesamt umso mehr genutzt werden, je weniger sie in einem unmittelbaren Zusammenhang mit einem Unterrichtsfach stehen. Auch hieraus ergibt sich ein Handlungsbedarf für die Schulen, da insbesondere fachgebundene Ganztagsangebote eine besondere Form außerunterrichtlicher individueller Förderung sowohl leistungsschwächerer als auch -stärkerer Schüler darstellen. Ziel sollte es daher sein, diese Angebote durch ein hohes Maß an Schülerorientierung attraktiver und die Teilnahme für Schüler interessanter zu gestalten. In der weiteren Entwicklung der Ganztagsschulen zur gebundenen Form kann ebenfalls eine Chance gesehen werden, fachgebundene Ganztagsangebote als feste Bestandteile in den Schultag zu integrieren. Die Teilnahme an ihnen kann dann wahlobligatorisch gestaltet werden, indem sie für unterschiedliche Fächer parallel angeboten werden und Schüler die Wahl hätten, sich für die Teilnahme an einem Angebot zu entscheiden. Voraussetzungen hierfür sind eine flexible Stundenplangestaltung, die die Schaffung zusätzlicher Zeitbudgets ermöglicht und ein hoher Grad an Lehrerverfügbarkeit zu den jeweiligen Angebotszeiten. Die Implementation individueller Lernzeiten als charakteristisches und verpflichtendes Element von Ganztagsschulen sollte rechtlich festgelegt werden.
Auch wenn die Ganztagsschule nicht an eine bestimmte Schulart gebunden ist, zeigen sich dennoch große Unterschiede hinsichtlich der Teilnahme an unterrichtsbezogenen Ganztagsangeboten, da an Regionalen Schulen und Gesamtschulen der Anteil an Schülern, der maximal ein unterrichtsbezogenes Angebot nutzt, deutlich höher ist als an Gymnasien. Ein Grund hierfür kann in der Verteilung der Schüler nach dem Leistungsstand gesehen werden, da an den Gymnasien ein höherer Anteil an leistungsstärkeren Schülern unterrichtet wird und diese – wie die Untersuchungen gezeigt haben - unterrichtsbezogene Angebote stärker nutzen als leistungsschwächere Schüler.
Unter Berücksichtigung der Ergebnisse der PISA-Studien, nach denen in der Bundesrepublik die soziale Herkunft in einem engen Zusammenhang mit den Bildungschancen von Kindern und Jugendlichen steht, sollten daher insbesondere an Schularten, die zur Berufsreife und Mittleren Reife führen, unterrichtsbezogene Angebote verstärkt implementiert und wahlobligatorisch angeboten werden. Um alle Schüler und damit auch verstärkt Schüler der höheren Jahrgangsstufen sowie Schüler mit Lerndefiziten zu erreichen, sollte

die Ganztagsschule in der gebundenen Form organisiert werden. Dieses ermöglicht zudem eine zeitliche Umstrukturierung des Schultages, so dass die unterrichtsbezogenen Ganztagsangebote nicht additiv am Nachmittag stattfinden, sondern auch in den Vormittag integriert werden können.
Die in der Verwaltungsvorschrift „Die Arbeit in der Ganztagsschule" beschriebenen Ziele und Aufgaben, nachdem die Ganztagsschule „ein Lern- und Lebensort [ist], an dem junge Menschen eigene Interessen und Neigungen entdecken, Sozial- und Selbstkompetenzen entwickeln, ein gemeinschaftliches Miteinander kennen lernen und an sinnvolles Freizeitverhalten herangeführt werden" (Ministerium für Bildung, Wissenschaft und Kultur Mecklenburg-Vorpommern 2010, S. 545) findet in den Untersuchungsergebnissen dahingehend Bestätigung, dass Schüler zunehmend mehr freizeitbezogene Ganztagsangebote nutzen. Diese können und sollten auch zunehmend eine kompensatorische Funktion insbesondere für die Schüler übernehmen, die aufgrund ihrer sozialen Verhältnisse nur eingeschränkte Möglichkeiten der Nutzung vereinsgebundener Aktivitäten oder kommerzieller Anbieter, z. B. im Bereich des Nachhilfeunterrichts, haben. Mecklenburg-Vorpommern hat hierfür die rechtlichen Grundlagen geschaffen, indem festgelegt wurde, dass „die Angebote der Ganztagsschule [...] kostenfrei und allen Schülerinnen und Schülern zugänglich" sind (Ministerium für Bildung, Wissenschaft und Kultur Mecklenburg-Vorpommern 2010, S. 546).
Da laut Verwaltungsvorschrift und Schulgesetz die Ganztagsschulen auch verstärkt Kooperationen mit außerschulischen Partnern eingehen sollen, um zusätzlich Ganztagsangebote implementieren zu können (vgl. ebd.), wurde in der Verwaltungsvorschrift auch die Möglichkeit benannt, dass „kostenpflichtige ergänzende außerunterrichtliche Angebote Dritter gemäß § 40 des Schulgesetzes im Rahmen des Ganztagsschulbetriebes unterbreitet werden [können]" (ebd.). Damit die dafür entstehenden Kosten – insbesondere die Personalkosten – nicht oder zumindest nicht in vollem Umfang durch die teilnehmenden Schüler getragen werden müssen, sollten die Schulen prüfen, inwiefern Förderprogramme hierfür Verwendung finden können. Da diese vielfältiger Art und häufig auch regional, überregional oder ministeriell angebunden sind, wäre zu prüfen, ob die Schule in enger Zusammenarbeit mit dem und mit Unterstützung durch den Schulträger Möglichkeiten der Förderung prüft und Antragsverfahren gemeinsam stellt und bearbeitet. Eine Zusammenarbeit zwischen Schulträger und Schule in der Form, dass der Schulträger die personelle Verantwortung für die Antragstellung und Bearbeitung von Fördermittelanträgen übernimmt, wäre daher im Sinne einer Entlastung der Schule sowie einer effektiven Nutzung vorhandener Fachkompetenzen zu prüfen. Sich daraus ergebende zusätzliche

Belastungen für die Schulen sollten durch die Bereitstellung eines höheren Anrechnungsbedarfes angemessen ausgeglichen werden.

- **Dritter Untersuchungsbereich:**
Die Ergebnisse hinsichtlich der Wahrnehmung von Effekten hatten gezeigt, dass Schüler hedonistische Effekte am stärksten, lernbezogene Effekte dagegen am schwächsten wahrnehmen. Hieraus ergibt sich für die Schulen ein bedeutsamer Handlungsbedarf, da Ganztagsangebote mehr als nur eine freizeitbezogene Kompensationsfunktion erfüllen sollen. Es stellt sich somit nicht nur die Frage nach der quantitativen, sondern auch der qualitativen Weiterentwicklung von Ganztagsangeboten und hierbei insbesondere der der unterrichtsbezogenen Angebote. Damit diese ihrer spezifischen Aufgabe gerecht werden können, müssen sie in einem – wie von der KMK geforderten – konzeptionellen Zusammenhang zum regulären Pflichtunterricht stehen. Um diesen konzeptionellen Zusammenhang zu erreichen, sind Veränderungen nicht nur in der Gestaltung der Ganztagsangebote, sondern auch in der Unterrichtsgestaltung erforderlich. An Ganztagsschulen besteht somit nicht nur die Chance, aufgrund veränderter zeitlicher, räumlicher und personeller Rahmenbedingungen den Unterricht zu verändern, sondern auch die Notwendigkeit, den Unterricht im Kontext mit den unterrichtsbezogenen Ganztagsangeboten zu konzipieren.

Ganztagsschulen verfügen über ein besonderes Potenzial, um Schulentwicklungsprozesse wirkungsvoll zu initiieren, da neben der Entwicklung der Organisationsform der Ganztagsschule (=Organisationsentwicklung) und dem Einsatz der zusätzlich zur Verfügung stehenden Personalressourcen (=Personalentwicklung) dem dritten und maßgeblichen Bereich der Schulentwicklung, der Unterrichtsentwicklung, eine besondere Bedeutung beizumessen ist.

Ziel der Ganztagsschulen sollte es daher sein, die lernbezogenen Effekte von Ganztagsangeboten durch eine engere Verzahnung zwischen Unterricht und unterrichtsbezogenen Ganztagsangeboten auf der Grundlage ihrer konzeptionell aufeinander abgestimmten Weiterentwicklung zu erhöhen.

Die Einschätzungen, nach denen Jungen, Kinder und Jugendliche aus allein erziehenden Familien und aus Familien mit einem geringeren Erwerbsstatus die sozialbezogenen Effekte von Ganztagsangeboten signifikant geringer beurteilen als die der jeweiligen Vergleichsgruppe, verdeutlicht die Notwendigkeit, dass sich Ganztagsschulen verstärkt Personengruppen mit besonderen Problemlagen – und demnach auch den Risikogruppen (vgl. Autorengruppe Bildungsberichterstattung 2008, S. 10f.) – widmen müssen, für die insbesondere die sozialbezogenen Effekte einen besonderen Stellenwert haben. Ziel sollte es

Zusammenfassung der Untersuchungsergebnisse

daher sein, dass Ganztagsschulen ihr Angebotsspektrum so konzipieren, dass den schülergruppenspezifischen Bedürfnissen nicht nur aus lernbezogener, sondern auch aus sozialbezogener und hedonistischer Sicht stärker Rechnung getragen wird, um einer möglichen schülergruppenspezifischen Selektivität der Ganztagsschule vorzubeugen. Diese Notwendigkeit wird unter dem Aspekt, dass leistungsstärkere Schüler alle Effekte signifikant höher einschätzen als leistungsschwächere Schüler, besonders deutlich.

Da die Einschätzung der Effekte schulartunabhängig erfolgte, kann die Schlussfolgerung gezogen werden, dass die dafür erforderlichen Rahmenbedingungen übergreifend weiterentwickelt und den aktuellen Entwicklungserfordernissen angepasst werden müssen. Dazu ist eine grundlegende und detaillierte Analyse des aktuellen Entwicklungsstandes im Kontext mit den Wirkungen der hemmenden und fördernden Rahmenbedingungen zur Ganztagsschulentwicklung erforderlich.

Die Ergebnisse der Einschätzungen, in welchem Maße Ganztagsangebote schülerorientiert gestaltet werden, hatten gezeigt, dass aus Sicht der befragten Schüler die Faktoren „Schüleraktive Aufgabenorientierung" am höchsten und „Lebensweltbezug" am niedrigsten bewertet wurden. Unter Berücksichtigung der Ergebnisse der itembezogenen Betrachtung der untersuchten Subdimensionen, nach denen Items mit einem ziel- und ergebnisorientierten Charakter am stärksten und Items sowohl mit einem schülerorientierten als auch schülerpartizipativen Charakter am schwächsten bewertet wurden, konnte die Schlussfolgerung gezogen werden, dass Ganztagsangebote gegenwärtig stärker lehrer- bzw. angebotsorientiert, dagegen jedoch in einem geringeren Maße schüler- und bedarfsorientiert gestaltet werden.

Unter Berücksichtigung der Intentionen des Landes Mecklenburg-Vorpommern, nach denen Ganztagsschulen künftig in der gebundenen Form gestaltet und somit langfristig alle Schüler in den Ganztagsschulbetrieb eingebunden werden sollen, ergibt sich für die Schulen zunehmend die Notwendigkeit, Ganztagsangebote in einem stärkeren Maße an den Interessen, Teilnahmemotiven, Zielsetzungen und individuellen Erfordernissen der Schüler auszurichten und inhaltlich wie methodisch schülerorientiert zu gestalten. Dieses erfordert jährlich zu erhebende Bedarfsanalysen sowohl bei den Schülern, die bereits Ganztagsangebote besuchen, als auch bei denen, die nicht am Ganztagsschulbetrieb teilnehmen. Damit wird die bereits getroffene Empfehlung, dass die Bereitstellung der Ganztagsangebote nicht ausschließlich auf den Angeboten der Lehrkräfte, sondern auch auf der Einbeziehung außerschulischer Partner bzw. von Eltern basieren sollte, verstärkt, um Kompetenzen, die bei außerschulischen

Personengruppen vorhanden bzw. stärker als bei Lehrkräften ausgeprägt sind, in einem hohen Maße in den Ganztagsschulbetrieb und somit auch in die Schulentwicklung einfließen zu lassen.

Die mittels Korrelationsanalysen nachgewiesenen Zusammenhänge zwischen den Einschätzungen zur Motivation bzw. zur Strukturiertheit und Klarheit von Ganztagsangeboten und ihren hedonistischen Effekten machen deutlich, dass Ganztagsangebote konzeptionell geplant, vorbereitet und durchgeführt sowie kontinuierlich einer Evaluation unterzogen werden müssen. Insofern stellt sich die Frage nach der Entwicklung schulinterner Rahmenpläne für Ganztagsangebote, die einerseits Grundlage für den konzeptionellen Zusammenhang zum Unterricht sein und andererseits sicherstellen können, dass Ganztagsangebote systematisch gestaltet und weiterentwickelt werden.

Insgesamt hatte sich gezeigt, dass für Schüler die soziale Komponente eine große Rolle in der Bewertung des Schüler-Lehrer-Verhältnisses spielt und somit die hedonistischen bzw. sozialbezogenen Aspekte diesbezüglich eine größere Bedeutung haben als die lernbezogenen Aspekte. Schulen sollten daher prüfen, inwiefern die Verbesserung des Schüler-Lehrer-Verhältnisses bei allen betroffenen Personengruppen stärker thematisiert werden kann, welche schulinternen Grundsätze diesbezüglich im Schulprogramm verankert werden sollten und wie die Schule den Begriff des „Schulklimas" in Bezug auf das Verhältnis zwischen Schülern und Lehrern für sich selbst definiert.

Die Bedeutung der Teilnahme an Ganztagsangeboten für das Verhältnis von Schülern zu ihren Lehrern im Allgemeinen und zu ihren Lehrern innerhalb der Ganztagsangebote im Besonderen konnte in den Untersuchungen positiv nachgewiesen werden. Dieser Zusammenhang sollte insbesondere Lehrkräften bewusst gemacht werden, um diese stärker zu einem Engagement im Ganztagsschulbereich zu motivieren, da aufgrund des Anstiegs der zu unterrichtenden Wochenstundenzahl bis zur Vollzeitbeschäftigung auch die Belastung für Lehrkräfte ansteigen wird und somit die Gefahr besteht, dass die Übernahme von Ganztagsschulstunden zu den gegenwärtig festgelegten Bedingungen (vgl. Ministerium für Bildung, Wissenschaft und Kultur M-V 2006c, S. 137) an Attraktivität verliert.

Die in den Untersuchungen nachgewiesene Diskrepanz zwischen dem zeitlichen Nutzungsumfang an Ganztagsschulen laut KMK und seiner gegenwärtigen Umsetzung an den befragten Ganztagsschulen wurde bereits problematisiert und die Konsequenz abgeleitet, dass Ganztagsschüler Angebote an mehreren Tagen nutzen müssten. Diese Forderung wird durch die Untersuchungen dahingehend besonders unterstrichen, dass sowohl lernbezogene als auch sozialbezogene und hedonistische Effekte signifikant stärker wahrgenommen werden, wenn Ganztagsangebote an mehr als einem Tag genutzt werden. Ganztagsschulen sollten daher eine große Attraktivität ihrer Angebote anstreben, ein breites Angebotsspektrum entwickeln und zeitliche Strukturen schaffen, die vielen Schülern eine Teilnahme ermöglicht.

- **Vierter Untersuchungsbereich:**
Der laut KMK geforderte konzeptionelle Zusammenhang zwischen Ganztagsangeboten und Unterricht bildete den Ausgangspunkt für die Untersuchungen zur Wahrnehmung des Unterrichts an Ganztagsschulen. Bereits in der Darstellung der Ergebnisse des dritten Untersuchungsbereiches wurde hervorgehoben, dass sich Unterricht an Ganztagsschulen verändern kann und muss, wenn Ganztagsangebote und Unterricht stärker aufeinander abgestimmt werden. Die Untersuchungen hierzu hatten jedoch gezeigt, dass sich über den gesamten Erhebungszeitraum betrachtet kaum Veränderungen in der Wahrnehmung klassischer wie nicht-klassischer Unterrichtsformen zeigen, wobei klassische Unterrichtsformen deutlich stärker wahrgenommen werden als nicht-klassische. Da das pädagogische Ganztagsschulkonzept insbesondere Aussagen „zur veränderten Unterrichtsorganisation entsprechend der Lernbedürfnisse der Schülerinnen und Schüler und der Inhalte des Unterrichts" enthalten soll (Ministerium für Bildung, Wissenschaft und Kultur Mecklenburg-Vorpommern 2010, S. 545), sollten sich die Schulen noch intensiver als bisher mit diesem Schwerpunkt auseinandersetzen und hierbei prüfen, welche schulinternen Festlegungen hinsichtlich einer veränderten Unterrichtsgestaltung für das gesamte Kollegium verbindlich definiert werden können. Die qualitative Weiterentwicklung des Pädagogischen Konzeptes sollte daher rechtlich verbindlich definiert sein. Die signifikante Verschlechterung der Zufriedenheit der Schüler mit ihren Ganztagsangeboten macht deutlich, dass die qualitative Weiterentwicklung der Ganztagsschule künftig im Mittelpunkt der Entwicklungsarbeit an Ganztagsschulen stehen muss. Diese Forderung ergibt sich auch aus den Intentionen Mecklenburg-Vorpommerns zur Entwicklung von Ganztagsschulen: wenn sowohl die Anzahl der Ganztagsschüler als auch ihr zeitlicher Nutzungsumfang steigen sollen, kann dieses durch rechtliche Festlegungen reglementiert werden. Dieses führt jedoch nicht in dem Maße zu einer größeren Identifikation der Schüler mit ihrer Ganztagsschule, als wenn die Angebote derart schülerorientiert und attraktiv gestaltet werden, dass die Schüler insgesamt mit ihnen zufriedener sind. Damit Ganztagsangebote diese Kriterien erfüllen können, sind systematisch durchgeführte Evaluationen, mit denen die Bedürfnisse der Schüler erfasst werden, erforderlich.

Durch eine auf die Schülerbedürfnisse zielgerichtete Ausrichtung der Ganztagsangebote kann auch ein höherer Anteil an Schülern erreicht werden, der durch die Teilnahme an Ganztagsangeboten insgesamt lieber zur Schule geht. Hierbei muss auch berücksichtigt werden, dass attraktive, schülerorientierte Ganztagsangebote Schüler stärker zu einer Teilnahme motivieren, so dass sie auch an mehreren Angeboten bzw. Tagen diese besuchen können. Dieses wiederum kann – wie die Untersuchungen gezeigt haben – zu einem besseren Schüler-Lehrer-Verhältnis und einer stärkeren Wahrnehmung lernbezogener, sozialbezogener und hedonistischer Effekte führen, so dass Ganztagsschüler sowohl mit ihren Angeboten zufriedener sind als auch insgesamt lieber zur Schule gehen.

Literaturverzeichnis

Appel, S. (1978): Fünftage – Ganztagsschule – auch heute noch eine pädagogische Herausforderung. In: GTS 18. 1978, S. 29-40.
Appel, S. /Ludwig, H./Rother, U./Rutz, G. (Hrsg.) (2003): Jahrbuch Ganztagsschule 2004. Neue Chancen für die Bildung. Schwalbach/Ts.
Appel, S. (2004): Handbuch Ganztagsschule. Praxis – Konzepte – Handreichungen Schwalbach/Ts.
Autorengruppe Bildungsberichterstattung (Hrsg.) (2008): Bildung in Deutschland 2008. Ein indikatorengestützter Bericht mit einer Analyse zu Übergängen im Anschluss an den Sekundarbereich I. Im Auftrag der Ständigen Konferenz der Kultusminister der Länder in der Bundesrepublik Deutschland und des Bundesministeriums für Bildung und Forschung. Bielefeld.
Baumert, J./Schümer, G. (2001): Familiäre Lebensverhältnisse, Bildungsbeteiligung und Kompetenzerwerb. In: Baumert, J./Klieme, E./Neubrand, M./Prenzel, M./Schiefele, U./Schneider, W./Stanat, P./Tillmann, K.-J./Weiß, M. (Hrsg.) (2001): PISA 2000. Basiskompetenzen von Schülern im internationalen Vergleich. Opladen, S. 323-407.
Bettmer, F./Maykus, St./Prüß, F./Richter, A. (Hrsg.) (2007): Ganztagsschule als Forschungsfeld. Wiesbaden.
BMBF – Bundesministerium für Bildung und Forschung (Hrsg.) (2003): Verwaltungsvereinbarung Investitionsprogramm „Zukunft Bildung und Betreuung" 2003-2007. Berlin.
BMBF – Bundesministerium für Bildung und Forschung (Hrsg.) (2006): Ergänzende Information zur Verwaltungsvorschrift Investitionsprogramm „Zukunft Bildung und Betreuung": Kostenneutrale Verlängerung des Förderzeitraums. Berlin.
BMFSFJ – Bundesministerium für Familie, Senioren, Frauen und Jugend (Hrsg.) (2002): 11. Kinder- und Jugendbericht. Zusammenfassung. Berlin.
BMFSFJ – Bundesministerium für Familie, Senioren, Frauen und Jugend (Hrsg.) (2005): Zwölfter Kinder- und Jugendbericht über die Lebenssituation junger Menschen und die Leistungen der Kinder- und Jugendhilfe in Deutschland. Berlin.
Bundesjugendkuratorium (Hrsg.) (2001): Streitschlicht Zukunftsfähigkeit. Bonn.
Burow, O.-A./Pauli, B. (2004): Ganztagsbildung. Von der Unterrichtsanstalt zum Kreativen Feld. Literaturanalyse im Auftrag der Stadt Frankfurt – Stadtschulamt. Kassel.

Deutscher Bildungsrat (Hrsg.) (1969): Empfehlungen der Bildungskommission. Einrichtung von Schulversuchen mit Gesamtschulen. Stuttgart.

Deutsches PISA-Konsortium (Hrsg.) (2001): Basiskompetenzen von Schülern im internationalen Vergleich. Opladen.

DKJS – Deutsche Kinder- und Jugendstiftung gGmbH (Hrsg.) (2002): „Für die Zukunft unserer Kinder - eine Gemeinschaftsaktion für Jugend und Zukunft". Berlin.

Europäische Kommission (2001): Einen europäischen Raum des lebenslangen Lernens schaffen. Mitteilung der Kommission. www.europa.eu.int/education.

Fölling-Albers, M. (2000): Kindheitsforschung. Frankfurt a. M.

Höhmann, K./Holtappels, H. G./Schnetzer, T. (2005): Ganztagsschule in verschiedenen Organisationsformen. Forschungsergebnisse einer bundesweiten Schulleiterbefragung. In: Appel, S. /Ludwig, H./Rother, U./Rutz, G. (Hrsg.) (2005): Jahrbuch Ganztagsschule 2006. Schulkooperationen. Schwalbach/Ts., S. 169-186.

Höhmann, K./Kamski, I./Schnetzer, T. (2006): Was ist eigentlich eine Ganztagsschule? Eine Informationsbroschüre für Eltern und Interessierte mit DVD. Bonn.

Holtappels, H. G. (1994): Ganztagsschule und Schulöffnung. Weinheim.

Holtappels, H. G. (2005): Ganztagsschulen entwickeln und gestalten – Zielorientierungen und Gestaltungsansätze. In: Höhmann, K./Holtappels, H. G./Kamski, I./Schnetzer, T. (Hrsg.): Entwicklung und Organisation von Ganztagsschulen. Anregungen, Konzepte, Praxisbeispiele. Dortmund, S. 7-44.

Holtappels, H. G./Klieme, E./Rauschenbach, T./Stecher, L. (Hrsg.) (2007): Ganztagsschule in Deutschland. Ergebnisse der Ausgangserhebung der „Studie zur Entwicklung von Ganztagsschulen" (StEG). Weinheim u. a.

Holtappels, H.-G. (2009): Ganztagsschule und Schulentwicklung. Konzeptionen, Steuerung und Entwicklungsprozesse. In: Prüß, F./Kortas, S. /Schöpa, M. (Hrsg.): Die Ganztagsschule: von der Theorie zur Praxis.

Ipfling, H.-J. (1981): Modellversuche mit Ganztagsschulen und anderen Formen ganztägiger Förderung. Bericht über eine Auswertung – BLK. Bonn.

Ipfling, H.-J/Lorenz, U. (1979): Schulversuche mit Ganztagsschulen. Bericht der Projektgruppe zur Begleitung der Schulversuche mit Ganztagsschulen in Rheinland-Pfalz 1971-1977. Mainz.

Kultusministerium des Landes Mecklenburg-Vorpommern (Hrsg.) (1991): Schulgesetz des Landes Mecklenburg-Vorpommern (SchulG M-V). Schwerin.

Kultusministerium des Landes Mecklenburg-Vorpommern (Hrsg.) (1996): Schulgesetz des Landes Mecklenburg-Vorpommern (SchulG M-V). Schwerin.

Ministerium für Bildung, Wissenschaft und Kultur Mecklenburg-Vorpommern (Hrsg.) (1997): Schulbaurichtlinie des Landes Mecklenburg-Vorpommern (SchBauRL M-V). Schwerin.

Literaturverzeichnis

Ministerium für Bildung, Wissenschaft und Kultur Mecklenburg-Vorpommern (Hrsg.) (1998): Verwaltungsvorschrift „Die Arbeit an der Grundschule". Schwerin.

Ministerium für Bildung, Wissenschaft und Kultur Mecklenburg-Vorpommern (Hrsg.) (1999a): Verwaltungsvorschrift „Die Arbeit in der Ganztagsschule". Schwerin.

Ministerium für Bildung, Wissenschaft und Kultur Mecklenburg-Vorpommern (Hrsg.) (1999b): Organisation und Zuständigkeit des Landesinstitutes für Schule und Ausbildung Mecklenburg-Vorpommern (L.I.S. A.). Verwaltungsvorschrift des Ministeriums für Bildung, Wissenschaft und Kultur vom 28. März 1999 (Mittl.bl. BM M-V S. 218ff.). Schwerin.

Ministerium für Bildung, Wissenschaft und Kultur Mecklenburg-Vorpommern (Hrsg.) (2000): Verwaltungsvorschrift „Hinweise zur Schulorganisation für allgemein bildende Schulen". Schwerin.

Ministerium für Bildung, Wissenschaft und Kultur Mecklenburg-Vorpommern (Hrsg.) (2001): Richtlinie für die Förderung von Kooperationsprojekten „Gemeinsam Sport in Schule und Verein". Verwaltungsvorschrift. In: Ministerium für Bildung, Wissenschaft und Kultur Mecklenburg-Vorpommern, Nr. 11/2001. Schwerin, S. 595ff.

Ministerium für Bildung, Wissenschaft und Kultur Mecklenburg-Vorpommern (Hrsg.) (2003a): Entwurf „Pädagogisches Konzept zur Entwicklung von Ganztagsschulen in Mecklenburg-Vorpommern". Schwerin.

Ministerium für Bildung, Wissenschaft und Kultur Mecklenburg-Vorpommern (Hrsg.) (2003b): Verwaltungsvorschrift „Richtlinie über die Förderung von Investitionen zur Errichtung und zum Ausbau von Schulen in Ganztagsform". Schwerin.

Ministerium für Bildung, Wissenschaft und Kultur Mecklenburg-Vorpommern (Hrsg.) (2003c): Projektbeschreibung zum Modellvorhaben „Mehr Selbstständigkeit für Schulen" in Mecklenburg-Vorpommern. Schwerin.

Ministerium für Bildung, Wissenschaft und Kultur Mecklenburg-Vorpommern (Hrsg.) (2004): Verordnung über die Unterrichtsversorgung an den allgemein bildenden Schulen und beruflichen Schulen für das Schuljahr 2004/2005. In: Mitteilungsblatt des Ministeriums für Bildung, Wissenschaft und Kultur Mecklenburg-Vorpommern, Nr. 6/2004. Schwerin, S. 318–334.

Ministerium für Bildung, Wissenschaft und Kultur Mecklenburg-Vorpommern (Hrsg.) (2006a): Schulgesetz des Landes Mecklenburg-Vorpommern (SchulG M-V). Schwerin

Ministerium für Bildung, Wissenschaft und Kultur Mecklenburg-Vorpommern (Hrsg.) (2006b): Verwaltungsvorschrift „Die Arbeit an der Ganztagsschule".

In: Mitteilungsblatt des Ministeriums für Bildung, Wissenschaft und Kultur Mecklenburg-Vorpommern, Nr. 3/2006. Schwerin, S. 167-169.

Ministerium für Bildung, Wissenschaft und Kultur Mecklenburg-Vorpommern (Hrsg.) (2006c): Verordnung über die Unterrichtsversorgung an den allgemein bildenden Schulen und beruflichen Schulen für das Schuljahr 2006/2007. In: Mitteilungsblatt des Ministeriums für Bildung, Wissenschaft und Kultur Mecklenburg-Vorpommerns, Nr. 3/2006. Schwerin, S. 126-144.

Ministerium für Bildung, Wissenschaft und Kultur Mecklenburg-Vorpommern (Hrsg.) (2009): Schulgesetz des Landes Mecklenburg-Vorpommern (SchulG M-V). Schwerin

Ministerium für Bildung, Wissenschaft und Kultur Mecklenburg-Vorpommern (Hrsg.) (2010): Die Arbeit in der Ganztagsschule. Verwaltungsvorschrift. In: Mitteilungsblatt des Ministeriums für Bildung, Wissenschaft und Kultur Mecklenburg-Vorpommern, 8/2010. Schwerin, S. 545-547.

Oelkers, J. (1988): Kann die Schule noch verteidigt werden? In: Ermert, K. (Hrsg.): Die gemeinwesenorientierte Schule oder: Was hat Bildung mit dem Leben zu tun? Loccum, S. 110-123.

Oelkers, J. (2003): Wie man Schule entwickelt. Eine bildungspolitische Analyse nach PISA. Weinheim u. a.

Oelkers, J. (2009): Ganztagsschule und Bildungsstandards. In: Appel, S. /Ludwig, H./Rother, U./Rutz, G. (Hrsg.) (2009): Jahrbuch Ganztagsschule 2009. Leben – Lernen – Leisten. Schwalbach/Ts., S. 38-48.

PISA-Konsortium Deutschland (Hrsg.) (2004): PISA 2003. Der Bildungsstand der Jugendlichen in Deutschland. Münster u. a.

PISA-Konsortium Deutschland (Hrsg.) (2005): PISA 2003. Der zweite Vergleich der Länder in Deutschland – Was wissen und können Jugendliche? Münster u. a.

PISA-Konsortium Deutschland (Hrsg.) (2007): PISA 2006: Die Ergebnisse der dritten internationalen Vergleichsstudie. Münster u. a.

Prüß, F./Kortas, S. /Richter, A./Schöpa, M. (2005): Forschungsbericht. Untersuchung zur Ausgangssituation der Ganztagsschulen und Selbstständigeren Schulen in Mecklenburg-Vorpommern. Forschungsgruppe „Schulentwicklung in Mecklenburg-Vorpommern". Unveröffentlicht. Greifswald.

Prüß, F./Kortas, S. /Richter, A./Schöpa, M. (2007): Die Praxis der Ganztagsschulforschung – Ein Überblick zur wissenschaftlichen Begleitung der Ganztagsschulentwicklung. In: Bettmer, F./Maykus, St./Prüß, F./Richter, A. (Hrsg.) (2007): Ganztagsschule als Forschungsfeld. Wiesbaden, S. 109-152.

Prüß, F./Kortas, S. /Schöpa, M. (2010): Die Ganztagsschule in Mecklenburg-Vorpommern.

Literaturverzeichnis

Wissenschaftliche Begleitung zur "Entwicklung von Ganztagsschulen in Mecklenburg-Vorpommern unter Berücksichtigung des Organisationsaspektes ‚Mehr Selbstständigkeit für Schulen'". Forschungsbericht. Unveröffentlicht. Greifswald.

Quellenberg, H. (2007): Ganztagsschulen im Spiegel der Statistik. In: Holtappels, H. G./Klieme, E./Rauschenbach, T./Stecher, L. (Hrsg.): Ganztagsschule in Deutschland. Ergebnisse der Ausgangserhebung der „Studie zur Entwicklung von Ganztagsschulen" (StEG). Weinheim u. a., S. 14-36.

Quellenberg, H./Carstens, R./Stecher, L. (2007): Hintergründe, Design und Stichprobe. In: Holtappels, H. G./Klieme, E./Rauschenbach, T./Stecher, L. (Hrsg.): Ganztagsschule in Deutschland. Ergebnisse der Ausgangserhebung der „Studie zur Entwicklung von Ganztagsschulen" (StEG). Weinheim u. a., S. 51-68.

Quellenberg, H. (2009): Studie zur Entwicklung von Ganztagsschulen (StEG) – ausgewählte Hintergrundvariablen, Skalen und Indices der ersten Erhebungswelle. In: Materialien zur Bildungsforschung (24). Frankfurt a. M.

Radisch, F./Klieme, E. (2003): Wirkung ganztägiger Schulorganisation. Bilanzierung der Forschungslage. Literaturbericht im Rahmen von „Bildung plus". Frankfurt a. M.

Radisch, F./Stecher, L./Klieme, E./Kühnbach, O. (2007): Unterrichts- und Angebotsqualität aus Schülersicht. In: Holtappels, H. G./Klieme, E./Rauschenbach, T./Stecher, L. (Hrsg.): Ganztagsschule in Deutschland. Ergebnisse der Ausgangserhebung der „Studie zur Entwicklung von Ganztagsschulen" (StEG). Weinheim u. a., S. 227-260.

Rolff, H.-G./Buhren, C./Lindau-Bank, D./Müller, S. (1999): Manual Schulentwicklung. Handlungskonzept zur pädagogischen Schulentwicklungsberatung (SchuB). Weinheim/Basel.

Röll, F.-J. (2003): Der Einfluss der Medien. In: Hessische Landeszentrale für politische Bildung (Hrsg.): Polis 37. Wiesbaden, S. 20.

Sekretariat der Ständigen Konferenz der Kultusminister der Länder in der Bundesrepublik Deutschland (KMK) (Hrsg.) (2002): PISA 2000 – Zentrale Handlungsfelder. Zusammenfassende Darstellung der laufenden und geplanten Maßnahmen in den Ländern. Bonn.

Sekretariat der Ständigen Konferenz der Kultusminister der Länder in der Bundesrepublik Deutschland (KMK) (Hrsg.) (2004): Bericht über die allgemein bildenden Schulen in Ganztagsform in den Ländern in der Bundesrepublik Deutschland Schuljahr 2002/2003. Berlin.

Sekretariat der Ständigen Konferenz der Kultusminister der Länder in der Bundesrepublik Deutschland (2007a): KMK-Pressemitteilung vom 04.12.2007, (www.kmk.org/aktuell/home.htm?pm). Bonn.

Sekretariat der Ständigen Konferenz der Kultusminister der Länder in der Bundesrepublik Deutschland (2007b): KMK-Pressemitteilung vom 21.03.2007, (www.kmk.org/presse-und-aktuelles/pm2007/wir-nehmen-die-kritik-des-un-sonderberichterstatters-auf.html). Bonn.

Sekretariat der Ständigen Konferenz der Kultusminister der Länder in der Bundesrepublik Deutschland (Hrsg.) (2008): Allgemein bildende Schulen in Ganztagsform in den Ländern in der Bundesrepublik Deutschland – Statistik 2002–2006. Bonn.

Sekretariat der Ständigen Konferenz der Kultusminister der Länder in der Bundesrepublik Deutschland (KMK) (Hrsg.) (2009): Allgemein bildende Schulen in Ganztagsform in den Ländern in der Bundesrepublik Deutschland. Statistik 2003-2009. Bonn.

SPD/CDU (2006): Vereinbarung über die Bildung einer Koalitionsregierung für die 5. Legislaturperiode des Landetages von Mecklenburg-Vorpommern. Schwerin.

SPD/CDU (2011): Koalitionsvereinbarung 2011-2016 zur Bildung einer Koalitionsregierung für die 6. Wahlperiode des Landetages von Mecklenburg-Vorpommern. Schwerin.

Statistisches Bundesamt (Hrsg.) (2008): Bildungsfinanzbericht 2008. Im Auftrag des Bundesministeriums für Bildung und Forschung und der Ständigen Konferenz der Kultusminister der Länder in der Bundesrepublik Deutschland. Wiesbaden.

Statistisches Bundesamt (Hrsg.) (2009a): Bildungsausgaben. Ausgaben je Schüler/in 2006. Wiesbaden.

Statistisches Bundesamt (Hrsg.) (2009b): Fachserie 11, Reihe 1. Daten zu Schulen und Klassen 2007/2008. Wiesbaden.

Tillmann, K.-J. (2005): Ganztagsschule: die richtige Antwort auf PISA? In: Höhmann, K./Holtappels, H. G./Kamski, I./Schnetzer, T. (2005): Entwicklung und Organisation von Ganztagsschulen. Anregungen, Konzepte, Praxisbeispiele. IFS-Verlag. Dortmund. S. 45-58.

Züchner, I./Arnoldt, B./Vossler, A. (2007): Kinder und Jugendliche in Ganztagsangeboten. In: Holtappels, H. G./Klieme, E./Rauschenbach, T./Stecher, L. (Hrsg.) (2007): Ganztagsschule in Deutschland. Ergebnisse der Ausgangserhebung der „Studie zur Entwicklung von Ganztagsschulen" (StEG). Weinheim u. a., S. 106-122.

Internetverweise

www.archiv.bundesregierung.de/bpaexport/regierungserklaerung/64/84264/multi.htm
www.dkjs.de
www.ganztagsschulen.org/_downloads/BMBF_Grafiken08.pdf
www.mv.ganztaegig-lernen.de
www.projekt-steg.de
www.projekt-steg.de/steg/de/projektdesign.html
www.raa-mv.de
www.schuleplus-mv.de
www.wissenschaftsrat.de/Veroeffentlichungen.htm

Abbildungsverzeichnis

Abb. 1:	Forschungsdesign	27
Abb. 2:	Dimensionenmodell der Ganztagsschule	29
Abb. 3:	Schnittmenge der Untersuchungspopulationen von FoSE und StEG auf der Grundlage der ersten Schulleitererhebung (N=139) (vgl. ebd.)	31
Abb. 4:	Anzahl der Schulen bzw. der Ganztagsschulen je Schulart und Anteil der Ganztagsschulen je Schulart im Schuljahr 2007/2008	42
Abb. 5:	Anteil der Verwaltungseinheiten mit Ganztagsschulbetrieb an allen Verwaltungseinheiten in öffentlicher Trägerschaft in Mecklenburg-Vorpommern und Deutschland von 2004/2005 bis 2007/2008 (in %)	75
Abb. 6:	Verteilung der Leistungsstärke der Schüler nach dem Beschäftigungsumfang der Mutter und des Vaters (in %)	113
Abb. 7:	Nutzungsumfang an Ganztagsangeboten aus zeitlicher Sicht insgesamt (in %)	125
Abb. 8:	Anteile der Schüler nach dem Nutzungsverhalten aus zeitlicher Sicht entsprechend der rechtlichen Grundlagen (in %)	126
Abb. 9:	Entwicklung des Nutzungsverhaltens der Schüler an den Ganztagsangeboten aus zeitlicher Sicht zwischen 2005 und 2009 (in %)	127
Abb. 10:	Nutzungsumfang an Ganztagsangeboten aus zeitlicher Sicht nach dem Geschlecht (in %)	128
Abb. 11:	Nutzungsumfang an Ganztagsangeboten aus zeitlicher Sicht nach der Familienstruktur (in %)	128
Abb. 12:	Nutzungsumfang an Ganztagsangeboten aus zeitlicher Sicht nach dem Erwerbsstatus (in %)	129
Abb. 13:	Nutzungsumfang an Ganztagsangeboten aus zeitlicher Sicht nach dem Leistungsstand (in %)	133
Abb. 14:	Motive für die Teilnahme an Ganztagsangeboten nach dem Geschlecht (in %)	136
Abb. 15:	Motive für die Teilnahme an Ganztagsangeboten nach der Familienstruktur (in %)	137

Abb. 16:	Motive für die Teilnahme an Ganztagsangeboten nach dem kulturellen Status (in %)	138
Abb. 17:	Motive für die Teilnahme an Ganztagsangeboten nach dem Leistungsstand (in %)	139
Abb. 18:	Einfluss der Eltern auf die Teilnahme an den Ganztagsangeboten nach der Jahrgangsstufe (in %)	145
Abb. 19:	Einschätzung der Effekte von Ganztagsangeboten 2009 insgesamt (Mittelwertskala)	170
Abb. 20:	Einschätzung der Effekte von Ganztagsangeboten 2009 nach dem Geschlecht (Mittelwertskala)	171
Abb. 21:	Einschätzung der Effekte von Ganztagsangeboten 2009 nach der Familienstruktur (Mittelwertskala)	172
Abb. 22:	Einschätzung der Effekte von Ganztagsangeboten 2009 nach dem Erwerbsstatus (Mittelwertskala)	173
Abb. 23:	Einschätzung der Effekte von Ganztagsangeboten 2009 nach dem kulturellen Status (Mittelwertskala)	174
Abb. 24:	Einschätzung der Effekte von Ganztagsangeboten 2009 nach der Jahrgangsstufe (Mittelwertskala)	176
Abb. 25:	Einschätzung der Effekte von Ganztagsangeboten 2009 nach der Schulart (Mittelwertskala)	177
Abb. 26:	Einschätzung der Effekte von Ganztagsangeboten 2009 nach dem Leistungsstand (Mittelwertskala)	178
Abb. 27:	Einschätzung der Betreuer und Lehrkräfte (Mittelwertskala)	180
Abb. 28:	Mittelwerte zur Einschätzung der „Motivation" in den Ganztagsangeboten	186
Abb. 29:	Mittelwerte zur Einschätzung der „Strukturiertheit/Klarheit" in den Ganztagsangeboten	191
Abb. 30:	Mittelwerte zur Einschätzung der „Schüleraktiven Aufgabenorientierung" in den Ganztagsangeboten	196
Abb. 31:	Mittelwerte zur Einschätzung der „Partizipation" in den Ganztagsangeboten	200
Abb. 32:	Mittelwerte zur Einschätzung des „Lebensweltbezuges" in den Ganztagsangeboten	205
Abb. 33:	Reihenfolge der Subdimensionen nach der Mittelwertbestimmung	211
Abb. 34:	Einschätzungen der Einzelitems zu den jeweiligen Erhebungszeitpunkten (Mittelwerkskala)	227

Abbildungsverzeichnis

Abb. 35:	Einschätzungen der Einzelitems zum Erhebungszeitpunkt 2009 (Mittelwertskala)	228
Abb. 36:	Zufriedenheit der Schüler mit den Ganztagsangeboten (Mittelwertskala)	247
Abb. 37:	Anteil der Schüler insgesamt, der seit dem Besuch von Ganztagsangeboten lieber zur Schule geht (in %)	252
Abb. 38:	Bewertung der Chancen, die sich aus der Teilnahme an den Ganztagsangeboten ergeben	258

Tabellenverzeichnis

Tab. 1: Rücklauf der einzelnen Befragungsgruppen 33
Tab. 2: Anzahl der Schulen und ihr prozentualer Anteil an den allgemein bildenden Schulen in Deutschland (Schuljahr 2007/2008) 41
Tab. 3: Entwicklung der Ganztagsschulen nach Schularten (Schuljahr 2006/2007) 42
Tab. 4: Vergleich der Schularten hinsichtlich der Förderung aus IZBB-Mitteln und prozentualem Anstieg in den Schuljahren 2003/2004-2007/2008 44
Tab. 5: Aussagen der Verwaltungsvorschrift „Die Arbeit in der Ganztagsschule" und des Pädagogischen Konzeptes zur Entwicklung der Ganztagsschulen in Mecklenburg-Vorpommern 57
Tab. 6: Schwerpunkte des Pädagogisches Konzeptes und der Verwaltungsvorschrift „Die Arbeit an der Ganztagsschule" 59
Tab. 7: Entwicklung der Anzahl von Verwaltungseinheiten mit Ganztagsschulbetrieb in M-V 76
Tab. 8: Entwicklung des prozentualen Anteils der Ganztagsschulen an den Schularten der öffentlichen allgemein bildenden Schulen der Sekundarstufen I und II in M-V 77
Tab. 9: Vergleich der Entwicklung der Ganztagsschüler an den öffentlichen allgemein bildenden Schulen in Mecklenburg-Vorpommern und Deutschland (in %) 78
Tab. 10: Entwicklung der Schülerzahlen im Ganztagsschulbetrieb 2003–2007 78
Tab. 11: Entwicklung der Anteile der Ganztagsschüler nach der Ganztagsschulform (in %) 79
Tab. 12: Entwicklung der Anteile der gebundenen Ganztagsschulform in Mecklenburg-Vorpommern und im Bundesdurchschnitt (in %) 79
Tab. 13: Prozentualer Anteil der Ganztagsschulen an den Schularten der öffentlichen allgemein bildenden Schulen der Sekundarstufen I und II im Schuljahr 2009/2010 80
Tab. 14: Prozentualer Anteil der Schularten an den öffentlichen allgemein bildenden Ganztagsschulen der Sekundarstufen I und II im Schuljahr 2009/2010 (N=175) (in %) 80

Tab. 15:	Verteilung der Schülerpopulation nach dem Geschlecht (in %)	81
Tab. 16:	Zuordnung von Jahrgangsstufe und Alter der Schüler	82
Tab. 17:	Verteilung der Schülerpopulation nach Altersgruppen (in %)	82
Tab. 18:	Kriterien der Zuordnung nach der Familienstruktur	83
Tab. 19:	Verteilung der Schülerpopulation nach der Familienstruktur	83
Tab. 20:	Beschäftigungsumfang der Mütter und Väter der befragten Schüler (in %)	84
Tab. 21:	Verteilung der Schülerpopulation nach dem Erwerbsstatus der Familie	86
Tab. 22:	Angaben zur Anzahl der Bücher im Haushalt	87
Tab. 23:	Kriterien der Zuordnung nach dem kulturellen Status	87
Tab. 24:	Angaben zum Vorhandensein von Tageszeitungen und Kunstwerken im Haushalt	87
Tab. 25:	Verteilung der Schülerpopulation nach dem kulturellen Status der Familie	88
Tab. 26:	Verteilung der Schülerpopulation nach der Jahrgangsstufe	88
Tab. 27:	Verteilung der Schülerpopulation nach den Schularten	89
Tab. 28:	Verteilung der Schüler nach der Schulart und der Jahrgangsstufe (in %)	90
Tab. 29:	Mittel aus den Kernfächern Mathe, Deutsch und 1. Fremdsprache	91
Tab. 30:	Verteilung des Notendurchschnitts Mathematik, Deutsch und 1. Fremdsprache und Anteile der kumulierten Prozente	92
Tab. 31:	Verteilung der Schüler nach dem Leistungsstand	93
Tab. 32:	Mittelwert (Notendurchschnitt) aller Schüler im leistungsstärkeren Bereich in Mathematik, Deutsch und 1. Fremdsprache	93
Tab. 33:	Verteilung des Notendurchschnitts der leistungsstärkeren Schüler in den Kernfächern zusammengefasst	94
Tab. 34:	Mittelwert (Notendurchschnitt) aller Schüler im leistungsschwächeren Bereich in Mathematik, Deutsch und 1. Fremdsprache	95
Tab. 35:	Verteilung des Notendurchschnitts der leistungsschwächeren Schüler in den Kernfächern zusammengefasst	95
Tab. 36:	Geschlechterspezifische Betrachtung der Familienstruktur	97
Tab. 37:	Betrachtung der Familienstruktur nach Altersgruppen	97
Tab. 38:	Betrachtung der Familienstruktur nach dem Zusammenleben mit Mutter/Vater in einem gemeinsamen Haushalt	98

Tabellenverzeichnis

Tab. 39:	Betrachtung der Familienstruktur nach dem Zusammenleben mit den Geschwistern	98
Tab. 40:	Verteilung der Schüler aus allein und nicht allein erziehenden Familienstrukturen nach der Jahrgangsstufe (in %)	99
Tab. 41:	Anteile allein bzw. nicht allein erziehender Familien nach den Schularten (in %)	99
Tab. 42:	Geschlechterspezifische Betrachtung des Erwerbsstatus (2005)	100
Tab. 43:	Geschlechterspezifische Betrachtung des Erwerbsstatus (2007)	100
Tab. 44:	Geschlechterspezifische Betrachtung des Erwerbsstatus (2009)	100
Tab. 45:	Verteilung des Erwerbsstatus nach Altersgruppen	101
Tab. 46:	Verteilung des Beschäftigungsumfangs der Mütter und Väter bei Familien mit einem geringeren Erwerbsstatus (in %)	102
Tab. 47:	Verteilung der Schüler aus Familien mit einem geringeren bzw. höheren Erwerbsstatus nach der Jahrgangsstufe (in %)	103
Tab. 48:	Anteile der Schüler aus Familien mit einem geringeren bzw. höheren Erwerbsstatus in den Jahrgangsstufen 5, 7 und 9 (in %)	103
Tab. 49:	Verteilung der Schüler nach dem Erwerbsstatus auf die Schularten	104
Tab. 50:	Anteile der Schüler aus Familien mit einem geringeren bzw. höheren Erwerbsstatus in den Schularten (in %)	105
Tab. 51:	Notenverteilung im Fach Deutsch nach dem Erwerbsstatus der Eltern (in %)	106
Tab. 52:	Notenverteilung im Fach Mathematik nach dem Erwerbsstatus der Eltern (in %)	107
Tab. 53:	Notenverteilung in der 1. Fremdsprache nach dem Erwerbsstatus der Eltern (in %)	108
Tab. 54:	Verteilung des Erwerbsstatus der Eltern nach dem Leistungsstand (in %)	109
Tab. 55:	Geschlechterspezifische Betrachtung nach dem Leistungsstand	110
Tab. 56:	Verteilung des Leistungsstandes nach Altersgruppen	110
Tab. 57:	Anteile leistungsschwächerer und -stärkerer Schüler nach Altersgruppen (in %)	111
Tab. 58:	Beschäftigungsumfang der Mütter leistungsschwächerer und -stärkerer Schüler	112
Tab. 59:	Beschäftigungsumfang der Väter leistungsschwächerer und -stärkerer Schüler	113
Tab. 60:	Verteilung der leistungsschwächeren und -stärkeren Schüler nach der Jahrgangsstufe	114

Tab. 61:	Anteile leistungsschwächerer und -stärkerer Schüler in den Jahrgangsstufen (in %)	114
Tab. 62:	Verteilung der Schüler nach dem Erwerbsstatus auf die Schularten	116
Tab. 63:	Anteile leistungsschwächerer und -stärkerer Schüler in den Schularten (in %)	117
Tab. 64:	Anteil an Ganztagsschülern insgesamt (in %)	118
Tab. 65:	Vorstellungen der nicht an den Ganztagsangeboten teilnehmenden Schüler hinsichtlich einer möglichen Teilnahme 2005, 2007 und 2009 (in %)	118
Tab. 66:	Anteil der Ganztagsschüler nach dem Geschlecht (in %)	119
Tab. 67:	Anteil der Ganztagsschüler nach der Familienstruktur (in %)	120
Tab. 68:	Anteil der Ganztagsschüler nach dem Erwerbsstatus (in %)	120
Tab. 69:	Anteil der Ganztagsschüler nach dem kulturellen Status (in %)	121
Tab. 70:	Anteil der Ganztagsschüler nach der Jahrgangsstufe (in %)	122
Tab. 71:	Anteil der Ganztagsschüler nach der Schulart (in %)	123
Tab. 72:	Anteil der Ganztagsschüler nach dem Leistungsstand (in %)	123
Tab. 73:	Nutzungsumfang an Ganztagsangeboten aus zeitlicher Sicht nach der Jahrgangsstufe 5 (in %)	130
Tab. 74:	Nutzungsumfang an Ganztagsangeboten aus zeitlicher Sicht nach der Jahrgangsstufe 7 (in %)	130
Tab. 75:	Nutzungsumfang an Ganztagsangeboten aus zeitlicher Sicht nach der Jahrgangsstufe 9 (in %)	131
Tab. 76:	Nutzungsumfang an Ganztagsangeboten aus zeitlicher Sicht an den Regionalen Schulen (in %)	131
Tab. 77:	Nutzungsumfang an Ganztagsangeboten aus zeitlicher Sicht an den Gesamtschulen (in %)	132
Tab. 78:	Nutzungsumfang an Ganztagsangeboten aus zeitlicher Sicht an den Gymnasien (in %)	132
Tab. 79:	Motive für die Teilnahme an Ganztagsangeboten insgesamt (in %)	135
Tab. 80:	Sozialbezogene Motive für die Teilnahme an Ganztagsangeboten nach der Jahrgangsstufe (in %)	140
Tab. 81:	Lernbezogene Motive für die Teilnahme an Ganztagsangeboten nach der Jahrgangsstufe (in %)	141
Tab. 82:	Lernbezogene Motive für die Teilnahme an den Ganztagsangeboten nach Jahrgangsstufe und Leistungsstand (in %)	142

Tabellenverzeichnis

Tab. 83:	Hedonistische Motive für die Teilnahme an Ganztagsangeboten nach der Jahrgangsstufe (in %)	143
Tab. 84:	„Wer hat entschieden, ob Du an den Ganztagsangeboten teilnimmst?" – familiäre Einflüsse (in %)	144
Tab. 85:	„Wer hat entschieden, ob Du an den Ganztagsangeboten teilnimmst?" – schulische Einflüsse (in %)	145
Tab. 86:	Anteil der schulbezogenen Gründe für die Teilnahme an Ganztagsangeboten nach Jahrgangsstufe und Erhebungsjahr (in %)	146
Tab. 87:	„Wer hat entschieden, welche Angebote Du besuchst?" (in %)	147
Tab. 88:	Nutzungsumfang an unterrichtsbezogenen Ganztagsangeboten – Einzeldarstellung (in %)	150
Tab. 89:	Nutzungsumfang an unterrichtsbezogenen Ganztagsangeboten – gruppierte Darstellung (in %)	150
Tab. 90:	Teilnahme an der Hausaufgabenhilfe/-betreuung und an Fördergruppen/-unterricht (in %)	151
Tab. 91:	Teilnahme an fachbezogenen und fachunabhängigen Angeboten (in %)	151
Tab. 92:	Teilnahme an Projekttagen/-wochen und Dauerprojekten (in %)	152
Tab. 93:	Nutzungsumfang an freizeitbezogenen Ganztagsangeboten (in %)	153
Tab. 94:	Teilnahme an Freizeitangeboten und Veranstaltungen (in %)	154
Tab. 95:	Themenspezifische Gruppierung der Ganztagsangebote	154
Tab. 96:	Entwicklung der Teilnahmequoten an den Angeboten nach Angebotsbereichen (in %)	155
Tab. 97:	Teilnahmequoten bei den freizeitbezogenen/sportlich orientierten Angeboten	156
Tab. 98:	Teilnahmequoten bei den mathematisch/naturwissenschaftlich orientierten Angeboten	157
Tab. 99:	Teilnahmequoten bei den sprachlich orientierten Angeboten	157
Tab. 100:	Teilnahmequoten bei den musisch/kulturell orientierten Angeboten	158
Tab. 101:	Teilnahmequoten bei den handwerklich/beruflich orientierten Angeboten	158
Tab. 102:	Anteile genutzter unterrichtsbezogener Ganztagsangebote (gruppiert) nach dem Geschlecht (in %)	159
Tab. 103:	Anteile genutzter freizeitbezogener Ganztagsangebote (gruppiert) nach dem Geschlecht (in %)	160

Tab. 104: Anteile genutzter Angebotsbereich (gruppiert) nach dem Geschlecht (in %) 160
Tab. 105: Anteile genutzter unterrichtsbezogener Ganztagsangebote (gruppiert) nach der Jahrgangsstufe (in %) 161
Tab. 106: Anteile genutzter freizeitbezogener Ganztagsangebote (gruppiert) nach der Jahrgangsstufe (in %) 162
Tab. 107: Anteile genutzter Angebotsbereich (gruppiert) nach der Jahrgangsstufe 163
Tab. 108: Anteile genutzter unterrichtsbezogener Ganztagsangebote (gruppiert) nach der Schulart (in %) 164
Tab. 109: Anteile genutzter freizeitbezogener Ganztagsangebote (gruppiert) nach der Schulart (in %) 164
Tab. 110: Anteile genutzter Angebotsbereich (gruppiert) nach der Schulart 165
Tab. 111: Anteile genutzter unterrichtsbezogener Ganztagsangebote (gruppiert) nach dem Leistungsstand (in %) 166
Tab. 112: Anteile genutzter freizeitbezogener Ganztagsangebote (gruppiert) nach dem Leistungsstand (in %) 167
Tab. 113: Anteile genutzter Angebotsbereich (gruppiert) nach dem Leistungsstand 167
Tab. 114: Verteilung leistungsschwächerer und -stärkerer Schüler nach dem kulturellen Status (in %) 175
Tab. 115: Wertigkeit der eingeschätzten Items für Betreuer und Lehrer von Ganztagsangeboten 182
Tab. 116: Mittelwerte der Einzelitems der Subdimension „Motivation" 187
Tab. 117: Einschätzung der Subdimension „Motivation" nach dem Geschlecht 187
Tab. 118: Einschätzung der Subdimension „Motivation" nach der Familienstruktur 188
Tab. 119: Einschätzung der Subdimension „Motivation" nach dem Erwerbsstatus 188
Tab. 120: Einschätzung der Subdimension „Motivation" nach dem kulturellen Status 188
Tab. 121: Einschätzung der Subdimension „Motivation" nach der Jahrgangsstufe 189
Tab. 122: Einschätzung der Subdimension „Motivation" nach der Schulart 190
Tab. 123: Einschätzung der Subdimension „Motivation" nach dem Leistungsstand 190

Tabellenverzeichnis 315

Tab. 124: Mittelwerte der Einzelitems der Subdimension
„Strukturiertheit/Klarheit" 192
Tab. 125: Einschätzung der Subdimension „Strukturiertheit/Klarheit"
nach dem Geschlecht 192
Tab. 126: Einschätzung der Subdimension „Strukturiertheit/Klarheit"
nach der Familienstruktur 193
Tab. 127: Einschätzung der Subdimension „Strukturiertheit/Klarheit"
nach dem Erwerbsstatus 193
Tab. 128: Einschätzung der Subdimension „Strukturiertheit/Klarheit"
nach dem kulturellen Status 193
Tab. 129: Einschätzung der Subdimension „Strukturiertheit/Klarheit"
nach der Jahrgangsstufe 194
Tab. 130: Einschätzung der Subdimension „Strukturiertheit/Klarheit"
nach der Schulart 194
Tab. 131: Einschätzung der Subdimension „Strukturiertheit/Klarheit"
nach dem Leistungsstand 195
Tab. 132: Mittelwerte der Einzelitems der Subdimension
„Schüleraktive Aufgabenorientierung" 196
Tab. 133: Einschätzung der Subdimension „Schüleraktive
Aufgabenorientierung" nach dem Geschlecht 197
Tab. 134: Einschätzung der Subdimension „Schüleraktive
Aufgabenorientierung" nach der Familienstruktur 197
Tab. 135: Einschätzung der Subdimension „Schüleraktive
Aufgabenorientierung" nach dem Erwerbsstatus 197
Tab. 136: Einschätzung der Subdimension „Schüleraktive
Aufgabenorientierung" nach dem kulturellen Status 198
Tab. 137: Einschätzung der Subdimension „Schüleraktive
Aufgabenorientierung" nach der Jahrgangsstufe 198
Tab. 138: Einschätzung der Subdimension „Schüleraktive
Aufgabenorientierung" nach der Schulart 199
Tab. 139: Einschätzung der Subdimension „Schüleraktive
Aufgabenorientierung" nach dem Leistungsstand 199
Tab. 140: Reliabilitätsprüfung zur Ermittlung der „Partizipation" in
den Ganztagsangeboten 200
Tab. 141: Mittelwerte der Einzelitems der Subdimension
„Partizipation" 201
Tab. 142: Einschätzung der Subdimension „Partizipation" nach dem
Geschlecht 202

Tab. 143: Einschätzung der Subdimension „Partizipation" nach der Familienstruktur 202
Tab. 144: Einschätzung der Subdimension „Partizipation" nach dem Erwerbsstatus 202
Tab. 145: Einschätzung der Subdimension „Partizipation" nach dem kulturellen Status 203
Tab. 146: Einschätzung der Subdimension „Partizipation" nach der Jahrgangsstufe 203
Tab. 147: Einschätzung der Subdimension „Partizipation" nach der Schulart 204
Tab. 148: Einschätzung der Subdimension „Partizipation" nach dem Leistungsstand 204
Tab. 149: Reliabilitätsprüfung zur Ermittlung des „Lebensweltbezuges" in den Ganztagsangeboten 205
Tab. 150: Mittelwerte der Einzelitems der Subdimension „Lebensweltbezug" 206
Tab. 151: Einschätzung der Subdimension „Lebensweltbezug" nach dem Geschlecht 206
Tab. 152: Einschätzung der Subdimension „Lebensweltbezug" nach der Familienstruktur 207
Tab. 153: Einschätzung der Subdimension „Lebensweltbezug" nach dem Erwerbsstatus 207
Tab. 154: Einschätzung der Subdimension „Lebensweltbezug" nach dem kulturellen Status 208
Tab. 155: Einschätzung der Subdimension „Lebensweltbezug" nach der Jahrgangsstufe 208
Tab. 156: Einschätzung der Subdimension „Lebensweltbezug" nach der Schulart 208
Tab. 157: Einschätzung der Subdimension „Lebensweltbezug" nach dem Leistungsstand 209
Tab. 158: Veränderung der Mittelwerte der Subdimensionen von 2005 nach 2009 (in Differenzpunkten) 210
Tab. 159: Items der Subdimensionen mit der höchsten bzw. geringsten Zustimmung 212
Tab. 160: Einschätzungen der Merkmalsbereiche der Unterrichtsgestaltung insgesamt 215
Tab. 161: Einschätzung der Unterrichtsgestaltung nach dem Teilnahmeverhalten an Ganztagsangeboten (2009) 216

Tabellenverzeichnis

Tab. 162: Einschätzung der Unterrichtsgestaltung nach dem Leistungsstand (2009) 216
Tab. 163: Wahrnehmung klassischer Unterrichtsformen insgesamt 218
Tab. 164: Wahrnehmung klassischer Unterrichtsformen nach der Jahrgangsstufe 218
Tab. 165: Wahrnehmung klassischer Unterrichtsformen nach der Schulart 219
Tab. 166: Wahrnehmung klassischer Unterrichtsformen nach dem Leistungsstand 219
Tab. 167: Wahrnehmung nicht-klassischer Unterrichtsformen insgesamt 220
Tab. 168: Wahrnehmung nicht-klassischer Unterrichtsformen nach der Jahrgangsstufe 220
Tab. 169: Wahrnehmung nicht-klassischer Unterrichtsformen nach der Schulart 221
Tab. 170: Wahrnehmung nicht-klassischer Unterrichtsformen nach dem Leistungsstand 221
Tab. 171: Wahrnehmung kooperativer Lernformen insgesamt 222
Tab. 172: Wahrnehmung kooperativer Lernformen nach der Jahrgangsstufe 222
Tab. 173: Wahrnehmung kooperativer Lernformen nach der Schulart 223
Tab. 174: Wahrnehmung kooperativer Lernformen nach dem Leistungsstand 223
Tab. 175: Wahrnehmung der Arbeit mit Medien insgesamt 224
Tab. 176: Wahrnehmung der Arbeit mit Medien nach der Jahrgangsstufe 224
Tab. 177: Wahrnehmung der Arbeit mit Medien nach der Schulart 224
Tab. 178: Wahrnehmung der Arbeit mit Medien nach dem Leistungsstand 225
Tab. 179: Einschätzung der Lehrer außerhalb der Ganztagsangebote (alle befragten Schüler) (Mittelwertskala) 226
Tab. 180: Entwicklung der Einschätzungen der Items von 2005 nach 2009 227
Tab. 181: Einschätzung der Lehrer außerhalb der Ganztagsangebote nach dem Teilnahmeverhalten (Mittelwertskala) 229
Tab. 182: Einschätzung der Lehrer innerhalb und außerhalb der Ganztagsangebote durch die Ganztagsschüler (Mittelwertskala) 230
Tab. 183: Einschätzung der Lehrer außerhalb der Ganztagsangebote nach dem Teilnahmeverhalten (Mittelwertskala) 230
Tab. 184: Einschätzung von Betreuern/Lehrern von Ganztagsangeboten unter dem zeitlichen Nutzungsaspekt 231
Tab. 185: Einschätzung der Effekte von Ganztagsangeboten unter dem zeitlichen Nutzungsaspekt (2009) 232

Tab. 186: Zusammensetzung der Schülergruppen hinsichtlich der Anzahl genutzter Tage der an den Ganztagsangeboten teilnehmenden Schüler nach ihrem Leistungsstand (2009) 233

Tab. 187: Zusammensetzung der Schülergruppen hinsichtlich der Anzahl genutzter Tage von Ganztagsschülern nach ihrem Leistungsstand (2009) 234

Tab. 188: Differenz der Mittelwerte bei der Nutzung an einem und an mehr als einem Tag nach dem Leistungsstand (2009) 235

Tab. 189: Differenz der Mittelwerte zur Einschätzung der Effekte nach dem Leistungsstand (2009) 235

Tab. 190: Berechnung der Signifikanzen und Korrelationen nach Pearson zwischen Lehrern, Betreuern und Effekten der Ganztagsangebote 2009 237

Tab. 191: Berechnung der Signifikanzen und Korrelationskoeffizienten nach Pearson zwischen den Effekten der Ganztagsangebote 2009 238

Tab. 192: Korrelationen nach Pearson zwischen den Einschätzungen der Subdimensionen und der Lehrer/Betreuer von Ganztagsangeboten (2009) 240

Tab. 193: Korrelationen nach Pearson zwischen den Einschätzungen der Subdimensionen von Ganztagsangeboten (2009) 242

Tab. 194: Korrelationen nach Pearson zwischen den Effekten und den Subdimensionen von Ganztagsangeboten 243

Tab. 195: Zufriedenheit der Schüler mit den Ganztagsangeboten nach dem Geschlecht 247

Tab. 196: Zufriedenheit der Schüler mit den Ganztagsangeboten nach der Familienstruktur 248

Tab. 197: Zufriedenheit der Schüler mit den Ganztagsangeboten nach dem Erwerbsstatus 248

Tab. 198: Zufriedenheit der Schüler mit den Ganztagsangeboten nach dem kulturellen Status 248

Tab. 199: Zufriedenheit der Schüler mit den Ganztagsangeboten nach der Jahrgangsstufe 249

Tab. 200: Zufriedenheit der Schüler mit den Ganztagsangeboten nach der Schulart 250

Tab. 201: Zufriedenheit der Schüler mit den Ganztagsangeboten nach dem Leistungsstand 250

Tab. 202: Anteil der Schüler nach dem Geschlecht, der seit dem Besuch von Ganztagsangeboten lieber zur Schule geht (in %) 253

Tabellenverzeichnis

Tab. 203: Anteil der Schüler nach der Familienstruktur, der seit dem Besuch von Ganztagsangeboten lieber zur Schule geht (in %) 253

Tab. 204: Anteil der Schüler nach der Jahrgangsstufe, der seit dem Besuch von Ganztagsangeboten lieber zur Schule geht (in %) 254

Tab. 205: Anteil der Schüler nach dem Leistungsstand, der über die Teilnahme an den Ganztagsangeboten selbst entscheidet (in %) 255

Tab. 206: Anteil der Schüler nach dem Leistungsstand, der seit dem Besuch von Ganztagsangeboten lieber zur Schule geht (in %) 256

Tab. 207: Anteil der Schüler nach der Schulart, der seit dem Besuch von Ganztagsangeboten lieber zur Schule geht (in %) 257

Tab. 208: Einschätzung der eigenen Chancen durch die Teilnahme an Ganztagsangeboten nach dem Geschlecht 259

Tab. 209: Einschätzung der eigenen Chancen durch die Teilnahme an Ganztagsangeboten nach der Familienstruktur 259

Tab. 210: Einschätzung der eigenen Chancen durch die Teilnahme an Ganztagsangeboten nach dem Erwerbsstatus 260

Tab. 211: Einschätzung der eigenen Chancen durch die Teilnahme an Ganztagsangeboten nach dem kulturellen Status 260

Tab. 212: Einschätzung der eigenen Chancen durch die Teilnahme an Ganztagsangeboten nach der Jahrgangsstufe 261

Tab. 213: Einschätzung der eigenen Chancen durch die Teilnahme an Ganztagsangeboten nach der Schulart 262

Tab. 214: Einschätzung der eigenen Chancen durch die Teilnahme an Ganztagsangeboten nach dem Leistungsstand 262

STUDIEN ZUR PÄDAGOGIK DER SCHULE

Hrsg. von Stephanie Hellekamps, Wilfried Plöger
und Wilhelm Wittenbruch

Mitbegründet von Rudolf Biermann

Band 1 Josef Fellsches: Erziehung und eingreifendes Handeln. Eine Grundlegung pädagogischer Praxis. 1981.

Band 2 Rudolf Biermann (Hrsg.): Unterricht - ein Programm der Schüler. 1981.

Band 3 Hubert Steinhaus: Hitlers pädagogische Maximen. "Mein Kampf" und die Destruktion der Erziehung im Nationalsozialismus. 1981.

Band 4 Reinhard Fischer: Lernen im non-direktiven Unterricht. Eine Felduntersuchung im Primarbereich am Beispiel der Montessori-Pädagogik. 1982.

Band 5 Dieter Schulz: Pädagogisch relevante Dimensionen konkurrierender Schulentwicklungsplanung. Bestandsaufnahme und qualitative Analyse der Schulentwicklungsplanung in den Ländern der Bundesrepublik. 1981.

Band 6 Ingrid Fähmel: Zur Struktur schulischen Unterrichts nach Maria Montessori. Beschreibung einer Montessori-Grundschule in Düsseldorf. 1981.

Band 7 Doris Bosch/Wilhelmine Buschmann/Reinhard Fischer: Beziehungstheoretische Didaktik. Dimensionen der sozialen Beziehung im Unterricht. 1981.

Band 8 Roswitha Abels: Einstellungen und Veränderung der Einstellungen von Eltern zur Gesamtschule. Eine empirische Untersuchung an der Gesamtschule Bochum 1978/79. 1983.

Band 9 Wolf-Eberhard Allihn: Schülererwartungen an den Pädagogik-Unterricht am Gymnasium. 1983.

Band 10 Horst Haecker/Walter Werres: Schule und Unterricht im Urteil der Schüler. Bericht einer Schülerbefragung in der Sekundarstufe I. 1983.

Band 11 Franzjörg Baumgart / Käte Meyer-Drawe / Bernd Zymek (Hrsg.): Emendatio rerum humanarum. Erziehung für eine demokratische Gesellschaft. Festschrift für Klaus Schaller. 1985.

Band 12 Kornelia Möller: Lernen durch Tun. Handlungsintensives Lernen im Sachunterricht der Grundschule. 1987.

Band 13 Wilfried Plöger (Hrsg.): Naturwissenschaftlich-technischer Unterricht unter dem Anspruch der Allgemeinbildung. 1988.

Band 14 Michael Soostmeyer: Zur Sache Sachunterricht. Begründung eines situations-, handlungs- und sachorientierten Unterrichts in der Grundschule. 2. Auflage. 1992. 3., überarbeitete und ergänzte Auflage 1999.

Band 15 Elke Sumfleth: Lehr- und Lernprozesse im Chemieunterricht. Das Vorwissen des Schülers in einer kognitionspsychologisch fundierten Unterrichtskonzeption. 1988.

Band 16 Eva Müller: Bildnerische Eigentätigkeit im Religionsunterricht der Primarstufe. Entwicklung einer Lernform. 1990.

Band 17 Ortwin Nimczik: Spielräume im Musikunterricht. Pädagogische Aspekte musikalischer Gestaltungsarbeit. 1991.

Band 18 Wilfried Plöger: Allgemeine Didaktik und Fachdidaktik. Modelltheoretische Untersuchungen. 1992.

Band 19   Birgit Rödl: Lehrer-Eltern-Kooperation in der Grundschule. Erfahrungen und Reflexionen. 1993.
Band 20   Michael Lönz: Das Schulportrait. Ein Beitrag der Einzelschulforschung zur Schulreform. 1996
Band 21   Walter Werres (Hrsg.): Schüler in Schule und Unterricht. Berichte und Untersuchungsverfahren. 1996.
Band 22   Ulrike Kurth: Zwischen Engagement und Verweigerung. Lehrer an katholischen Gymnasien im Schnittbereich kirchlicher und schulischer Perspektiven. 1996.
Band 23   Rudolf Biermann/Herbert Schulte; unter Mitarbeit von Hans-Eckehard Landwehr und Burkhard Lehmann: Bildschirmmedien im Alltag von Kindern und Jugendlichen – Medienpädagogische Forschung in der Schule. Projekt "Medienerziehung in der Schule" – Forschungsbericht Teil 1. 1996.
Band 24   Rudolf Biermann/Herbert Schulte; unter Mitarbeit von Hans-Eckehard Landwehr: Leben mit Medien – Lernen mit Medien. Fallstudien zum medienpädagogischen Handeln in der Schule. Projekt "Medienerziehung in der Schule" – Forschungsbericht Teil 2. 1997.
Band 25   Barbara Müller-Naendrup: Lernwerkstätten an Hochschulen. Ein Beitrag zur Reform der Primarstufenlehrerbildung. 1997.
Band 26   Markus Brenk / Ulrike Kurth (Hrsg.): SCHULe erLEBEN. Festschrift für Wilhelm Wittenbruch. 2001.
Band 27   Hans-Ulrich Musolff / Stephanie Hellekamps: Die Bildung und die Sachen. Zur Hermeneutik der modernen Schule und ihrer Didaktik. 2003.
Band 28   Inge Angelika Strunz: Sprachenvielfalt an Hauptschulen. Ein Anstoß für die Schulprogrammarbeit. 2003.
Band 29   Markus Brenk: Kunsterziehung als pädagogisches Problem der Schule. Zur Bedeutung eines didaktischen Konzepts der Kunsterziehungsbewegung für das Verhältnis von Allgemeiner Didaktik und Musikdidaktik. 2003.
Band 30   Beate Lückert: Europa-Projekte. Das Konzept *projet éducatif* und seine Realisierung an einer Schule mit europäischer Ausrichtung. 2003.
Band 31   Gerhard Fuest: Freie Katholische Schule. Studien zu ihrer postkonziliaren Theorie und ihrer pädagogischen Praxis. 2010.
Band 32   Markus Brenk / Anton Salomon (Hrsg.): Schulporträtforschung und Schulentwicklung. Grundlegung, Modelle, Projekte, Instrumentarien. Unter Mitarbeit und Beratung von Franz Hammerer und Wilhelm Wittenbruch. 2010.
Band 33   Claudia Hidding-Kalde: Das Programm "Reflexives Lernen". Seine Funktion in der pädagogisch orientierten Schulentwicklung und Lehrerfortbildung. Studien zur Gründungs- und Aufbauphase einer Grundschule. 2010.
Band 34   Stephanie Bermges: Die Grenzen der Erziehung. Eine Untersuchung zur romantischen Bildungskonzeption Friedrich Schleiermachers. 2010.
Band 35   Martina von Heynitz: Bildung und literarische Kompetenz nach Pisa. Konzeptualisierungen literar-ästhetischen Verstehens am Beispiel von Test-, Prüf- und Lernaufgaben. 2012.
Band 36   Anja Schwertfeger: Generationsbeziehungen in der Schule. 2013.
Band 37   Matthias Morten Schöpa: Die Ganztagsschule. Entwicklungsstand, Nutzungspräferenzen und Perspektiven in Mecklenburg-Vorpommern. 2014.

www.peterlang.com